GeldTip

Die Deutsche Bibliothek – CIP-Einheitsaufnahme

Bolanz, Max:

GeldTip: Der persönliche Finanzberater /

Max Bolanz, Matthias Reinhart (VZ). –

2., aktualisierte und erw. Aufl. – Wien : Ueberreuter, 1997

ISBN 3-7064-0382-X

S 0355 1 2 3 / 99 98 97

Gestaltung: MifflinSchmid, CH-8001 Zürich

Grafiken: Margrit Hauser, CH-8500 Frauenfeld

Realisation: Hans Rudolf Ziegler, CH-8003 Zürich

Printed in Austria

Vorwort

Im Börsenboom der letzten zwei Jahre haben Kleinanleger zum ersten Mal Aktien gekauft. Kurzfristige grosse Gewinne liessen die Risiken von Börsengeschäften vergessen. Das Wechselspiel von Risiko und Rendite macht der *GeldTip* durchschaubar – nur ein Beispiel, wie der *GeldTip* hilft, wesentliche Zusammenhänge zu verstehen.

Ende 1995 erschien der *GeldTip* zum ersten Mal in Buchform und war bereits kurze Zeit nach Erscheinen auf der Bestsellerliste. Der Kern der *GeldTips* war vielen bereits bekannt aus Beiträgen der Fernsehsendung CASH-TV: Max Bolanz hatte während zwei Jahren in CASH-TV wöchentlich Angebote von Banken und Versicherungen verglichen, vor riskanten oder unseriösen Anlagen gewarnt und einfache, überzeugende Entscheidungshilfen gegeben. Weiter kein Wunder also, dass der *GeldTip* zu einem der erfolgreichsten Sachbücher wurde.

Für die Neuauflage wurde der *GeldTip* vollständig überarbeitet. Die Analysen und Angaben zu Renditen, Zinsen und Steuersätzen wurden aktualisiert und erweitert. Die Auswirkungen von neuen oder revidierten Gesetzen und Verordnungen wurden berücksichtigt. Zu allen Fragen rund um Geldanlagen, Vorsorge, Versicherungen, Immobilien und Steuern finden sich überzeugende Antworten und klare Empfehlungen. Damit wird der *GeldTip* zum allgemeinverständlichen Nachschlagewerk.

Der *GeldTip* basiert auf der Expertise des VZ, des einzigen banken- und versicherungsunabhängigen Beratungsunternehmens. Keinem anderen Finanzberater steht eine breitere Datenbank zur Verfügung. In Dutzenden von Beratungsgesprächen werden im VZ täglich Probleme von Kunden gelöst. Auf diese Erfahrungen stützen sich Bolanz und seine Mitautoren im vorliegenden Werk

Ruedi Matter

KAPITEL 1

Geldanlagen und Vermögen

Der Weg zur Anlagestrategie

In unserer Gesellschaftsform gilt der Besitz von privatem Eigentum als erstrebenswertes Ziel. Jeder möchte ein Vermögen erwirtschaften oder, wenn er bereits vermögend ist, sein Vermögen erhalten oder vermehren. Welche Motive stehen hinter diesem Streben? Antworten finden wir bei den Ökonomen: Keynes beispielsweise unterscheidet in seiner spartheoretischen Arbeit von 1936 das Vorsorgemotiv, das Umsatzmotiv (zur Sicherstellung der Zahlungsfähigkeit) und das Spekulationsmotiv. Kombiniert man diese Erkenntnisse mit der Maslowschen Bedürfnispyramide, kann man drei Motive unterscheiden: Absicherung, Konsum und Selbstverwirklichung.

Spar- und Anlagemotive

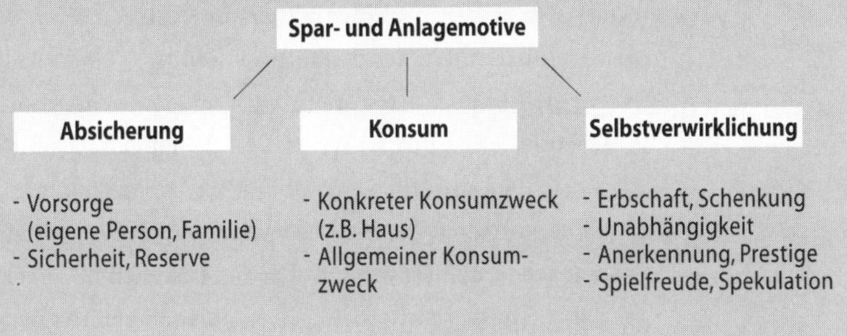

Die Absicherung dient der persönlichen Vorsorge und der nahestehender Personen. Eine gewisse Reserve, ein Sicherheitspolster, ist ein weiteres Absicherungsmotiv. Das Konsummotiv kann auf einen konkreten Konsumzweck ausgerichtet sein: Eine junge Familie beispielsweise möchte sich in einigen Jahren ein eigenes Haus kaufen und bildet deshalb Eigenkapital. Das Konsumziel kann auch ganz allgemein formuliert sein: Man möchte sich in Zukunft einmal etwas leisten können. Die Selbstverwirklichung ist das Motiv mit den meisten Facetten: Soziale Komponenten (Erbschaft, Schenkung, Stiftung), der Wunsch nach Unabhängigkeit, das Streben nach Macht, Anerkennung und Erfolg oder Spiel- und Spekulationsfreude können mögliche Antriebe sein.

Persönliche Anlagestrategie

Die persönlichen Motive zum Sparen und zur Geldanlage müssen in konkrete Vorgaben umgewandelt werden, damit eine passende Anlagestrategie erarbeitet werden kann. Je schärfer die Ausgangslage analysiert wird und je klarer die Ziele formuliert werden, desto genauer wird die Anlagestrategie den persönlichen Bedürfnissen entsprechen. Allerdings kommt es oft zu Zielkonflikten: Eine hohe Rendite lässt sich mit geringem Risiko nicht erreichen. Oder: Eine gute Liquidität, also eine grosse Flexibilität der Anlagen, geht leider nicht einher mit einer attraktiven Rendite. Und: Anlagen lassen sich ohne Kosten nicht aktiv managen. Darum sind die Prioritäten richtig zu setzen und diejenigen Ziele stärker zu gewichten, die einem wirklich wichtig erscheinen.

Die Vorgaben für eine Anlagestrategie sollten streng systematisch erarbeitet werden. Die nebenstehende Checkliste ist dabei eine wertvolle Hilfe; sie kann auch benutzt werden, um in periodischen Abständen zu prüfen, ob eine Anlagestrategie noch mit den Zielen übereinstimmt.

Checkliste zur Ableitung einer persönlichen Anlagestrategie

Vermögen und Einkommen
Wieviel Vermögen besitze ich heute, und wie habe ich dieses aufgeteilt? Wieviel Einkommen habe ich heute und in der Zukunft zur Verfügung, und wieviel davon kann ich sparen?

Anlageziel
Was bezwecke ich mit der Anlage meines Vermögens? Möchte ich langfristig einen möglichst hohen Wertzuwachs, oder muss ich heute bereits vom Vermögen leben? Ist mein Vermögen eine Reserveposition, oder benötige ich es später, um mein Einkommen sicherzustellen?

Risikotoleranz
Welches Risiko bin ich bereit, bei meinen Anlagen einzugehen? Wie würde ich reagieren, wenn ein Verlust von 10% auftreten würde?

Zeithorizont
Über welchen Zeithorizont möchte ich meine Vermögensanlagen planen? Sind in Zukunft massgebliche Mittelzuflüsse oder Mittelabflüsse zu erwarten?

Liquiditätsbedürfnis
Wieviel Liquiditätsbedürfnis – sprich Flexibilität – möchte ich bei meinen Anlagen behalten? Benötige ich kurzfristig Geld? Wieviel flüssige Mittel möchte ich als eiserne Reserve behalten?

Referenzwährung
Welche Währung ist für mich massgebend? In welcher Währung fallen heute und in Zukunft die Kosten für meinen Lebensunterhalt an?

Steuerbarkeit
In welchem Land (welchem Kanton, welcher Gemeinde) bin ich heute bzw. in Zukunft steuerpflichtig? Wie hoch ist meine persönliche Steuerbelastung auf Vermögen, Einkommen und Vermögensübergängen?

Das «magische» Dreieck

Die elementaren Eckwerte einer Anlagestrategie sind Risiko, Rendite und Liquidität. Risiko bedeutet, dass das Vermögen in seiner Höhe schwanken, abnehmen oder sogar ganz verlorengehen kann. Rendite meint letztlich den Netto-Zuwachs an Vermögen. Liquidität heisst: Gewisse Vermögensteile können jederzeit ohne Verlust «flüssig gemacht» werden.

Betrachtet man diese drei Grössen genauer, konstatiert man einen klassischen Zielkonflikt. Deshalb nennt man das Spannungsverhältnis zwischen diesen drei Grössen das «magische» Dreieck. Denn keine der drei Komponenten kann maximiert werden, ohne dass es einen Einfluss auf die anderen zwei hätte.

Das "magische" Dreieck

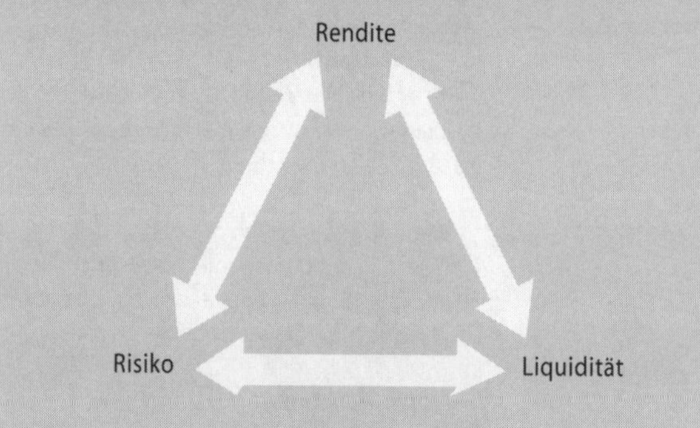

Das Idealziel jedes Anlegers ist natürlich höchste Rendite bei gleichzeitig geringstem Risiko und höchster Liquidität. Dieses Ziel ist leider nicht zu erreichen. Denn eine hohe Rendite bedeutet immer auch hohes Risiko und geringe Liquidität. Das Dilemma ist perfekt: Welcher der drei Eckpfeiler ist der wichtigste?

Der Ausweg aus dem Dilemma

Die Antwort lautet: Alle drei spielen in der persönlichen Anlagestrategie eine Rolle und müssen richtig gewichtet werden. Dazu muss das Vermögen in einzelne Teile zerlegt und für jeden Teil ein eigenes Ziel festlegt werden.

Ein erster, kleinerer Vermögensteil sichert die Liquidität. Die geringe Rendite ist der Preis der Flexibilität. Ein zweiter, grösserer Vermögensteil dient der langfristigen Substanzerhaltung und -vermehrung des Vermögens. Die Rendite-Erwartung und das Risiko stehen in einem ausgeglichenen Verhältnis. Ein dritter, wiederum kleinerer Teil des Vermögens optimiert die Rendite. Höheres Risiko und mangelnde Liquidität werden bewusst in Kauf genommen.

Die folgende Abbildung zeigt die drei Vermögensteile (1) Liquiditätsreserve, (2) Substanzerhaltung/-vermehrung und (3) Rendite-Optimierung in ihren Ausprägungen in bezug auf die Faktoren des «magischen» Dreiecks: Risiko, Rendite und Liquidität.

Beispielhafte Gewichtung im "magischen" Dreieck

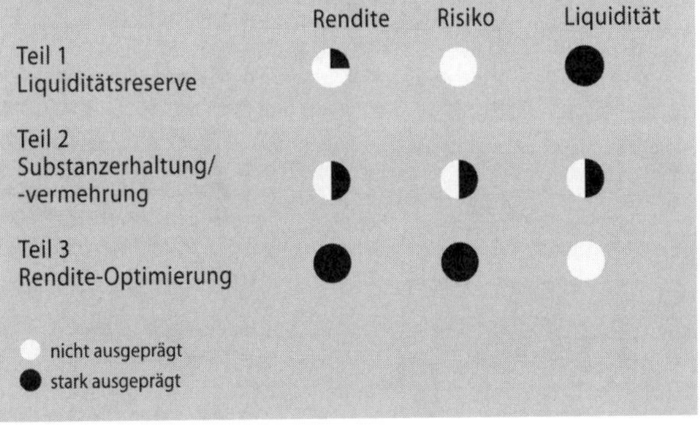

Die Rendite als wichtigster Erfolgsmassstab

Die Netto-Rendite

Viele Anleger verstehen unter Rendite die Ausschüttungen, die im Lauf eines Jahres von Vermögensteilen anfallen. Ausschüttungen können Zinsen von Konti, Festgeldern oder Obligationen sein, Dividenden von Aktien oder Ausschüttungen von Anlagefonds. Zur Rendite gehören jedoch auch die realisierten Gewinne und Verluste, wenn man einzelne Positionen im Lauf eines Jahres verkauft und den Verkaufspreis mit dem Einstandskurs oder dem Kurs anfangs Jahr vergleicht. Dabei sind auch Währungsveränderungen zu berücksichtigen. Die letzte Renditekomponente sind nicht realisierte Gewinne und Verluste durch Kurs- und Währungsentwicklungen. Zwar stehen diese Veränderungen nur auf dem Papier, doch ist die Renditeberechnung immer eine

Berechnung der Rendite

Vermögensentwicklung
Basis: keine Zu- und Abflüsse

Vermögenswert am 1.1. — Vermögenswert am 31.12.

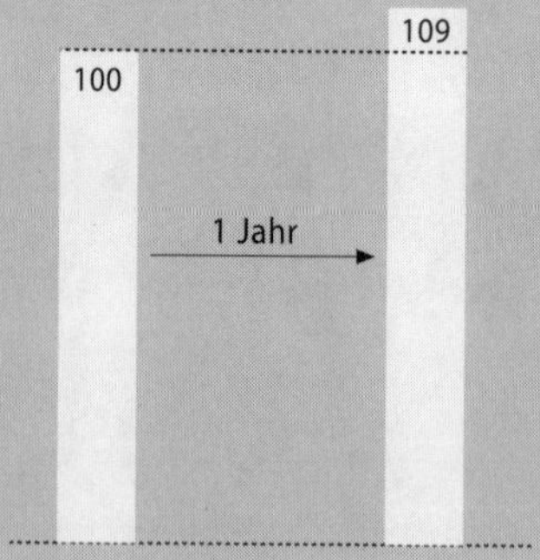

Herleitung der Netto-Rendite*

\+ Zinsen
\+ Dividenden

= **Ausschüttungen**
+/- Realisierte Kursgewinne/-verluste
+/- Realisierte Währungsgewinne/-verluste

= **Ausschüttungen und realisierte Gewinne/Verluste**
+/- Nicht realisierte Kursgewinne/-verluste
+/- Nicht realisierte Währungsgewinne/-verluste

= **Brutto-Rendite**
\- Gebühren

= **Netto-Rendite (vor Steuern) = Performance**

* Ohne Berücksichtigung der Verrechnungssteuer
© VZ

buchhalterische Stichtagsbetrachtung, die auch Buchgewinne und -verluste erfasst. Wichtig: Sämtliche Gebühren und Spesen müssen abgezogen werden, damit die echte Netto-Rendite berechnet wird. Die so ermittelte Zahl nennt man auch Performance.

Kursgewinne von Aktien

Kapitalgewinn entsteht vor allem bei Aktien, in Form von Kursgewinn. Im langfristigen Durchschnitt (> 10 Jahre) liegt beispielsweise der Kursgewinn von Schweizer Aktien bei ca. 8% pro Jahr. Die Kursveränderung ist jedoch nicht jedes Jahr gleich stark, sie schwankt kräftig. Werden einige wichtige Verhaltensregeln eingehalten, ist jedoch auf lange Sicht eine Rendite von 8% absolut realistisch.

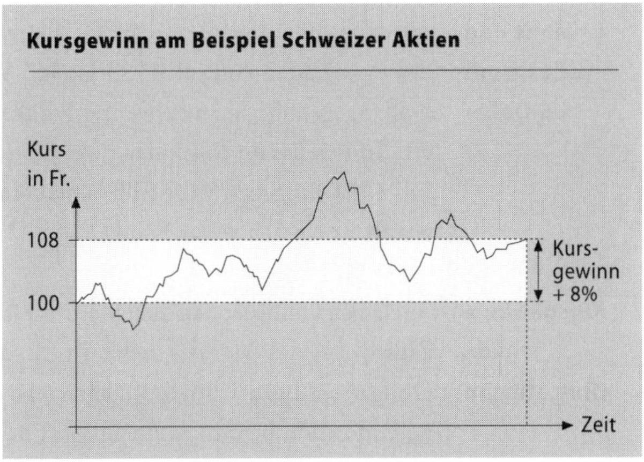

Währungsgewinne

Eine weitere Form von Kapitalgewinn oder -verlust entsteht auf Fremdwährungsanlagen durch schwankende Wechselkurse. Verändert sich der Wechselkurs einer fremden Währung gegenüber der Heimwährung, z.B. des US-Dollars gegenüber dem Schweizer Franken, muss dieser Gewinn oder Verlust in die Gesamtbetrachtung eingerechnet werden, um die effektive Rendite zu ermitteln (Grafik nächste Seite).

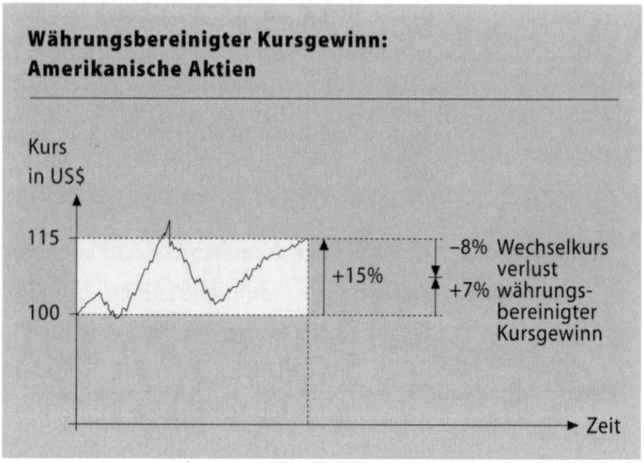

Währungsgewinne und -verluste mit US-Dollar

Wie stark sich Währungsveränderungen auswirken können, zeigt folgendes Beispiel (siehe Grafik rechte Seite oben): In den zwei Jahren von Juli 1993 bis Juli 1995 büsste der US-Dollar gegenüber dem Schweizer Franken 23% seines Werts ein. In den darauf folgenden zwei Jahren von Juli 1995 bis Juli 1997 hingegen wurde die amerikanische Währung gegenüber dem Schweizer Franken um 27% stärker.

Kursgewinne von Obligationen

Auch bei Obligationen fallen Kursgewinne an: Wenn das Zinsniveau des Marktes tiefer ist als der Zinscoupon der Obligation. Beabsichtigte Kursgewinne entstehen, wenn eine Obligation bereits zu einem Wert unter 100% herausgegeben wird. Kursgewinne von Obligationen liegen in der Regel deutlich unter den Aktiengewinnen.

Ist das aktuelle Zinsniveau tiefer als der Zinscoupon einer Obligation, liegt der Kurs über 100%, weil der Zinscoupon der Obligation mehr bringt, als der Markt aktuell abwirft, z.B. beim Kauf «neuer» Obligationen. Umgekehrt liegt der Kurs einer Obligation unter 100%, wenn der Zinscoupon tiefer ist als der aktuelle Marktzins: Die Obli-

Veränderungen des US-Dollar gegenüber dem Schweizer Franken

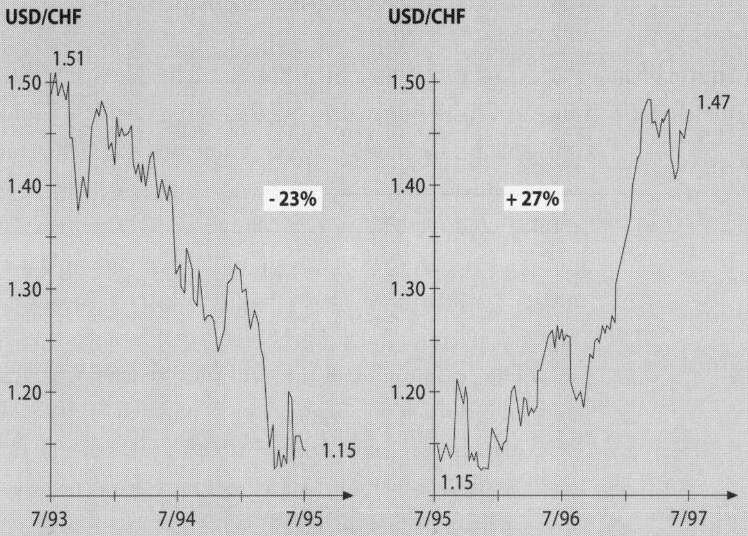

Quelle: VZ-Research, basierend auf Daten von REUTERS

Kursgewinne und Kursverluste bei Obligationen

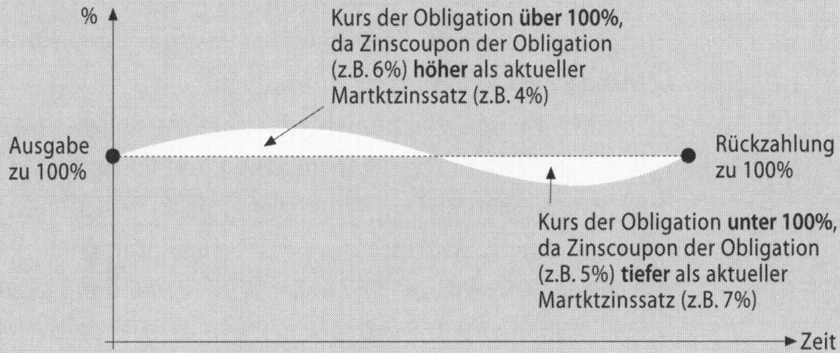

gation ist weniger wert als «neue» Obligationen. Auf den ersten Blick paradoxe Konsequenz also: Fallende Zinsen führen zu steigenden Obligationenkursen und steigende Zinsen zu fallenden Obligationenkursen.

Brutto nicht gleich Netto

Attraktive Brutto-Renditen dürfen nicht darüber hinwegtäuschen, dass «unter dem Strich» häufig deutlich weniger übrig bleibt, als ursprünglich angenommen. Zunächst müssen sämtliche Gebühren abgezogen werden, welche auf Käufen und Verkäufen erhoben werden. Diese Transaktionskosten sind zu verteilen auf die Zeitperiode, in der die Anlage gehalten wurde. Bei Schweizer Aktien beispielsweise liegen Kauf- und Verkaufsgebühren je bei etwa einem Prozent. Die gesamthaft 2% für Kauf und Verkauf schmälern somit die jährliche (annualisierte) Rendite einer Aktie, die beispielsweise ein halbes Jahr gehalten wurde, um 4%. Hält man die Aktie jedoch zwei Jahre, reduziert sich die jährliche Rendite lediglich um ca. 1%.

Weitere Gebühren entstehen durch die Aufbewahrung der Wertschriften bei einer Bank (Depotgebühren) und durch gewisse Dienstleistungen der Depotbank (z.B. Inkassogebühren für das Einkassieren von Zinsen). Hat man der Bank oder einem unabhängigen Vermögensverwalter ein sogenanntes Vermögensverwaltungsmandat gegeben, kommen noch Gebühren für die Vermögensverwaltung, d.h. für das Management der Anlagen, hinzu.

Der zweite – und oftmals grösste – Kostenblock sind jedoch die Steuern. Aus diesem Grund kommt der steuerlichen Optimierung des Vermögens grösste Bedeutung zu. Die wichtigste Voraussetzung zur Steueroptimierung von Anlagen: Kursgewinne sind in der Schweiz (im Bund und in allen Kantonen) für Privatpersonen grundsätzlich steuerfrei, hingegen unterliegen Kapitalerträge (Zinsen, Dividenden) der vollen Einkommenssteuer. (Auf spezielle Möglichkeiten zur Steueroptimierung wird im Kapitel 5, «Steuern», detailliert eingegangen.)

Hat man Gebühren und Steuern von der Brutto-Rendite in Abzug gebracht, verbleibt die nominale Netto-Rendite. Der effektive, reale Netto-Wertzuwachs des Vermögens ergibt sich jedoch erst, wenn man auch die Inflation berücksichtigt.

Berechnet man dem oben beschriebenen Raster entsprechend die Rendite von Schweizer-Franken-Obligationen und die Rendite von Schweizer Aktien, ergibt sich folgendes Bild (siehe Abbildung unten): Die Brutto-Rendite von Schweizer Obligationen liegt im langfristigen Durchschnitt bei 4,5%; vor allem bei entsprechender Steuerbela-

Herleitung der Real-Rendite

	Fr.-Obligation (Laufzeit 10 Jahre)	Schweizer Aktienmarkt (Durchschnitt 10 Jahre)
Brutto-Rendite p.a.	**4,5%**	**10,0%**
Gebühren		
- Kauf/Verkauf (verteilt auf Laufzeit)	– 0,1%	– 1,0%
- Depotführung	– 0,2%	– 0,2%
- Übrige Bankgebühren	– 0,1%	– 0,1%
Netto-Rendite I (nach Gebühren)	**= 4,1%**	**= 8,7%**
Steuern		
- Einkommenssteuer (Ann. 40%)	– 1,8%	– 0,8%
- Vermögenssteuer (Ann. 0,7%)	– 0,7%	– 0,7%
Netto-Rendite I I (nach Gebühren)	**= 1,6%**	**= 7,2%**
Inflation (Schätzung nächste 10 Jahre)	– 2,0%	– 2,0%
Netto-Rendite III (real)	**= 0,4%**	**= 5,2%**

© VZ

stung reduziert sich diese Rendite auf unter Null. Aktien werfen im langfristigen Durchschnitt eine Rendite von ca. 10% ab (8% Kursgewinn und 2% Dividende). Eine wichtige Rolle spielen die Gebühren: Wer hektisch kauft und verkauft, schmälert die Brutto-Rendite empfindlich. Hält man jedoch seine (sorgfältig ausgewählten!) Aktien über eine lange Zeit, halten sich die Gebühren in Grenzen. Es bleibt schliesslich deutlich mehr als bei einer Obligation.

Kleiner Unterschied mit grossen Folgen

Viele Anleger sind der Ansicht, dass ein geringer Rendite-Unterschied nicht allzu bedeutend ist. Auf einen kurzen Zeithorizont bezogen mag dies stimmen. Rechnet man jedoch mit spitzem Bleistift die Folgen von Rendite-Unterschieden über eine lange Anlagedauer, kommt man zu erstaunlichen Unterschieden.

Beispiel 1: Regelmässige Einzahlungen
Zahlt man regelmässig 500 Fr. pro Monat in eine Anlage ein, beträgt die gesamte Auszahlung bei 3% Rendite nach zehn Jahren 70'000 Fr. Davon sind 60'000 Fr. die Summe der eigenen Einzahlungen und 10'000 Fr. Zins und Zinseszins.

Zinseszinseffekt bei monatlichen Einzahlungen

Monatliche Einzahlungen von 500 Fr. während 10 Jahren		Monatliche Einzahlung von 500 Fr. während 30 Jahren	
Zinssatz	Zins und Zinseszins	Zinssatz	Zins und Zinseszins
3% p.a.	10'000 Fr.	3% p.a.	112'100 Fr.
	↓ x 2		↓ x 2
5,5% p.a.	20'000 Fr.	4,8% p.a.	224'200 Fr.

Bei einem Zinssatz von 5,5% ist dieser Betrag mit 20'000 Fr. bereits doppelt so hoch.

Noch krasser wird der Unterschied bei 30 Jahren regelmässiger Einzahlung: Gesamthaft sind dann 180'000 Fr. einbezahlt worden (500 Fr. pro Monat mal 30 Jahre). Zinsen und Zinseszinsen machen bei 3% Rendite 112'100 Fr. Eine Verdopplung (224'200 Fr.) wird bereits bei einem Zinssatz von 4,8% erzielt.

Das Rechenbeispiel beweist, dass auch scheinbar kleine Rendite-Unterschiede in absoluten Zahlen ausgedrückt erhebliche Differenzen schaffen.

Beispiel 2: Einmalige Investition
Legt man 100'000 Fr. zehn Jahre fest an, wächst das Vermögen bei 4% Rendite um 48'000 Fr. Bei 7% Rendite verdoppelt sich der Vermögenszuwachs. Eine 30jährige Anlage von 100'000 Fr. wächst bei 4% um 224'000 Fr. und bereits bei 4,8% um 448'000 Fr.

Zinseszinseffekt bei einmaligen Investitionen

Investition von 100'000 Fr. über 10 Jahre		Investition von 100'000 Fr. über 30 Jahre	
Zinssatz	Zins und Zinseszins	Zinssatz	Zins und Zinseszins
4% p.a.	48'000 Fr.	4% p.a.	224'000 Fr.
	↓ x2		↓ x2
7% p.a.	96'000 Fr.	5,8% p.a.	448'000 Fr.

Der Grund dafür, dass beispielsweise ganze 1,8 Prozentpunkte Rendite-Unterschied den Vermögenszuwachs verdoppeln, liegt im grossen Zinseszinseffekt. Und je länger die

Spardauer (bei regelmässigen Einzahlungen) oder die Anlagedauer (bei einmaligen Investments), desto stärker wirkt sich dieser Zinseszinseffekt aus. Leider gibt es auch die umgekehrte Wirkung: Die Inflation zehrt ständig am Vermögen. Um so wichtiger ist eine gute und stabile Rendite, die diesen Negativeffekt ausgleicht.

Renditen unterschiedlicher Anlageformen

Diese Erkenntnis führt zur Frage, mit welchen Anlageformen über längere Zeit eine attraktive Rendite erzielt werden kann. Die Antwort auf diese Frage bringt uns zurück zum «magischen» Dreieck. Es veranschaulicht, dass jede Anlageform die drei Faktoren Rendite, Risiko und Liquidität unterschiedlich gewichtet; die Rendite-Erwartung einer Anlage steigt mit den Zugeständnissen bezüglich Risiko und Liquidität.

Kurzfristige festverzinsliche Anlagen in der Referenzwährung des Anlegers haben das geringste Risiko und die höchste Liquidität. (Die Referenzwährung ist die Währung, «in der ein Anleger denkt», sprich: seine Einnahmen und Ausgaben plant; also ist beispielsweise für einen in der Schweiz wohnhaften Investor die Referenzwährung der Schweizer Franken.) Zu den kurzfristigen festverzinslichen Anlagen zählen alle Arten von Konti, Festgeld- und Geldmarktanlagen. Die Rendite-Erwartung liegt – abhängig von der Marktsituation – zwischen 0,5 und 4%.

Mit zunehmender Laufzeit festverzinslicher Anlagen erhöht sich sukzessive das Risiko von Kursschwankungen. Die Laufzeit beeinflusst auch die Liquidität, da eine sofortige Verfügbarkeit der angelegten Gelder mit einem Verlust verbunden sein kann. Typisch für diese Kategorie sind Obligationen mit unterschiedlich langen (Rest-)Laufzeiten. Die Rendite-Erwartung bewegt sich in der Regel zwischen 4 und 5%.

In der Schweiz sind die Zinsen vergleichsweise tief, weil der Kapitalzufluss aus dem Ausland immer stark war. Auch die politisch stabile Lage, die gesunde Wirtschaft und die niedrige Inflation drücken auf die Zinsen.

In einer Bandbreite von 3,5 bis 4,5% bewegen sich die Renditen von Versicherungsanlagen (mehr zu Versicherungsanlagen im Kapitel 5, «Steuern»).

Obligationen in Fremdwährungen sind mittel- bis langfristige festverzinsliche Anlagen mit einem deutlich grösseren Risiko als Schweizer-Franken-Anlagen. Die Rendite-Erwartung kann – je nach Währung – im zweistelligen Bereich liegen, wird aber mit dem Risiko einer negativen Wechselkursveränderung erkauft. Über die höchsten Zinscoupons verfügen Obligationen in Weichwährungen; entsprechend haben diese Währungen aber auch ein höheres Wechselkursrisiko als Hartwährungen wie DM oder Gulden.

Das höchste Risiko und die geringste Liquidität haben Aktienanlagen. Dafür sind die höchsten Renditen zu erwar-

Rendite-Erwartungen unterschiedlicher Anlageformen

Anlageform	Rendite-Erwartung (Ø p.a., nach Gebühren)
Privatkonto (Fr.)	0,5-1,0%
Sparkonto (Fr.)	1,5-2,5%
Geldmarktfonds (Fr.)	3,0-4,0%
Einmaleinlagen-Versicherung (Fr.)	3,5-4,5%
Obligation (Fr.)	4,0-5,0%
Obligation (DM)	5,5-6,5%
Aktien Schweiz	>8%
Aktien USA	>9%
Aktien Emerging Markets	>10%

ten: Bei Schweizer Aktien beispielsweise sind Renditen um 8% realistisch. Ausländische Aktienmärkte, vor allem die aufstrebenden Schwellenländer (die sogenannten «Emerging Markets»), sollten mittel- bis langfristig sogar klar im zweistelligen Rendite-Bereich liegen.

Hohe Zinsen im Ausland

Im historischen Vergleich waren die Renditen von Schweizer Obligationen stets auf einem tieferen Niveau als im Ausland. In den zehn Jahren von 1987 bis 1997 lag die Rendite von Schweizer Obligationen zwischen 3,4 und 6,7%, deutsche Rentenpapiere hingegen brachten in den letzten zehn Jahren ca. 2% mehr Zins: insgesamt also fast 40% mehr Rendite!

Unterschiedliches Zinsniveau von Schweizer Franken, Deutscher Mark, US-Dollar und Italienischer Lira

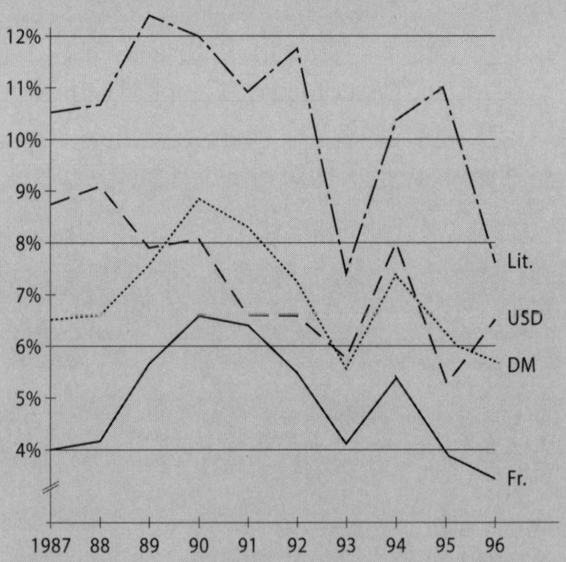

Basis: Zinssätze 10jähriger Staatsanleihen

Der Unterschied zu den USA war im gleichen Zeitraum noch etwas grösser. Und in einem Hochzinsland wie Italien waren die Zinsen mehr als doppelt so hoch wie in der Schweiz.

Referenzwährung massgebend

Die hohen Zinsen im Ausland veranlassen manchen Anleger, verstärkt in Fremdwährungen anzulegen. Doch auch im Ausland wachsen die Bäume nicht in den Himmel – zumindest dann nicht, wenn man die Renditen wieder in die Referenzwährung, z.B. den Schweizer Franken, umrechnet. Und selbst der flexibelste Anleger, der in ein Hochzinsland auswandert und damit die Anlagewährung zur Referenzwährung macht, kann seinen Vorteil nicht in barer Münze

Veränderung des US-Dollar gegenüber dem Schweizer Franken (8/77 bis 8/97)

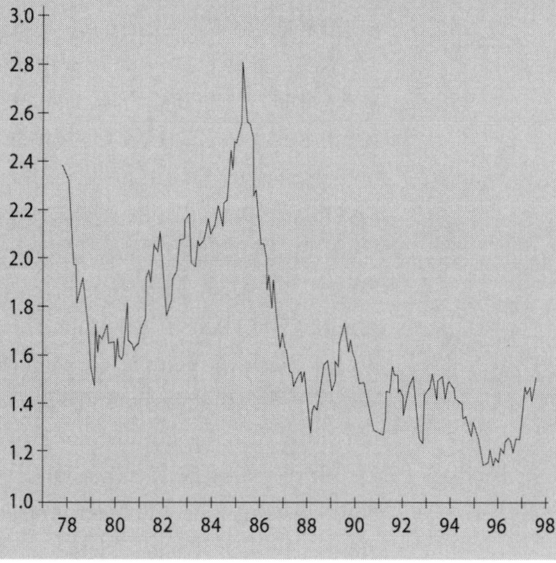

nutzen: Hohe Zinsen bedeuten meist auch hohe Inflation und damit einen geringeren Geldwert.

Wie stark die Wechselkurse die Ergebnisse in der Referenzwährung beeinflussen, zeigt das Beispiel des US-Dollar. Die Grafik auf der vorherigen Seite zeigt: Vor zwanzig Jahren (1977) kostete ein Dollar etwa 2.40 Fr. Innerhalb kürzester Zeit pendelte sich der Kurs dann auf einem wesentlich tieferen Niveau von 1.70 Fr. ein (1979 bis 1981). Zwar stieg er langsam wieder bis auf 2.80 Fr., fiel dann aber im Frühjahr 1995 erneut unter 1.20 Fr. Diesen Verlust von umgerechnet über 50% (8% pro Jahr!) machte auch die höhere Verzinsung von Dollar-Obligationen nicht wett.

Wechselkursveränderungen als Chance

Trotz möglichen Fremdwährungsverlusten sind Fremdwährungsanlagen nicht generell aus einer Anlagestrategie auszuschliessen. Doch ist vor dem Kauf einer Fremdwährungsanlage dringend zu empfehlen, nicht nur Rendite-Überlegungen anstellen, sondern auch Risiko-Überlegungen! Das ist gar nicht so kompliziert, wie folgendes Beispiel zeigt.

Nehmen wir an, ein Schweizer Anleger überlegt sich heute (1997), 100’000 Fr. in eine Fr.-Obligation mit 3,4% Rendite oder in eine US$-Obligation mit 6,1% Rendite zu investieren. Der Dollarkurs beim Kauf beträgt 1.50 Fr. Die Fr.-Obligation wird in zehn Jahren, also im Jahr 2007, einen Wert von 139’700 Fr. haben (Annahme: Reinvestition aller Zinsen). Die US$-Obligation hingegen hat dann einen Wert von 120’500 US$. Ist der Dollarkurs im Jahr 2007 immer noch so hoch wie beim Kauf, nämlich 1.50 Fr., beträgt der Wert der US$-Obligation 180’800 Fr. Der Anleger hätte somit einen Vorteil gegenüber der Fr.-Obligation von 41’100 Fr., also 29% mehr Rendite. Dieser Zusatzgewinn gegenüber einer Schweizer-Franken-Anlage ist verlockend. Wie gross aber ist das Risiko? Oder anders gefragt: Wie stark darf

Chance und Risiko von Fremdwährungsanlagen am Beispiel einer US$-Obligation

		US$-Obligation (10jährig, Rendite 6,1%)		
	Fr.-Obligation (10jährig, Rendite 3,4%)	in US$	in Fr. bei Wechselkurs 1,50	Wechselkurs Fr. zu US$ für gleichen Wert wie Fr.-Obligation
1997	100'000 Fr.	66'667 US$	100'000 Fr.	1,500
1999	106'900 Fr.	75'000 US$	112'600 Fr.	1,425
2001	114'300 Fr.	84'500 US$	126'700 Fr.	1,353
2003	122'200 Fr.	95'100 US$	142'700 Fr.	1,285
2005	130'700 Fr.	107'100 US$	160'600 Fr.	1,220
2007	139'700 Fr.	120'500 US$	180'800 Fr.	1,159

Lesebeispiel:
Bei einem konstanten Wechselkurs (1,50) ist die US$-Obligation im Jahr 2005 160'600 Fr. wert und die Fr.-Obligation 130'700 Fr.
Damit die US$-Obligation 2005 mindestens den gleichen Wert hat wie die Fr.-Obligation, darf der Wechselkurs nicht unter 1,22 Fr. fallen.

Quelle: VZ-Analyse, Stand 8/97

der Dollarkurs fallen, damit die Rendite der US$-Obligation immer noch so hoch ist wie die der Fr.-Obligation? Soll der Fremdwährungswert der US$-Obligation von 120'500 US$ im Jahr 2007 mindestens 139'700 Fr. entsprechen (also dem Wert der Fr.-Obligation), darf der Dollarkurs bis auf 1.159 Fr. fallen (139'700 Fr. geteilt durch 120'500 US$).

Mit dieser Risiko-Analyse gewinnt der Anleger eine bessere Vorstellung vom Einfluss des Wechselkurses auf die zukünftige Rendite. Wie gross das Risiko ist, kann jedoch nicht genau bestimmt werden, denn weder der Anleger selbst noch Experten können wissen, ob der Dollarkurs im Jahr 2007 nun bei 1.50 Fr. oder bei 1.15 Fr. steht. Die

Wechselkursveränderung könnte deutlich stärker ausfallen und den Dollarkurs z.B. auf unter einen Franken drücken. Andererseits wäre auch eine positive Wechselkursentwicklung möglich, beispielsweise auf 1.80 Fr.

Sichere Prognosen gibt es nicht – sonst wären es keine Voraussagen. Zumindest aber kann der private Anleger aufmerksam die Expertenmeinungen verfolgen, um herauszulesen, wie gross die Wahrscheinlichkeit ist, dass der US-Dollar auf unter 1.15 Fr. fällt. Eine noch bessere Methode: Den aktuellen Kursverlauf einer Fremdwährung verfolgen und bei einem Absinken unter eine bestimmte Marke die Fremdwährungsanlage verkaufen. Setzt man sich solche Limiten und hält man sie diszipliniert ein, kann der Wechselkursverlust zumindest im Rahmen gehalten werden.

Aktien langfristig attraktiver als Obligationen

Aktien bringen bessere Renditen als Obligationen – das ist das Resultat vieler wissenschaftlicher Untersuchungen. Der Vergleich der jährlichen Renditen von Schweizer Aktien und von Schweizer Obligationen – jeweils bereinigt um die Inflation – ergibt ein eindrückliches Bild:

In den letzten 71 Jahren, von 1926 bis 1996, haben Schweizer Aktien im Durchschnitt 8% Rendite pro Jahr gebracht. Inflationsbereinigt bleiben davon immerhin 5,5%. Schweizer Obligationen haben im gleichen Zeitraum nominal eine Rendite von 4,6% pro Jahr erwirtschaftet, nur unwesentlich mehr als die jährliche Inflationsrate.

Aktien-Renditen schwanken stark

Analysiert man die Jahres-Renditen von Schweizer Aktien in der jüngeren Vergangenheit – über einen Zeitraum von bloss zwanzig Jahren: von 1977 bis 1996 – ergibt sich folgendes Bild: In sechs Perioden verzeichnete der Index einstellige Positiv-Renditen (+1,8 bis +9,8%). In neun Perioden konnten zweistellige Positiv-Renditen erzielt werden; die zwei

Jährliche Wertveränderung von Schweizer Aktien

1926 bis 1996, inflationsbereinigt

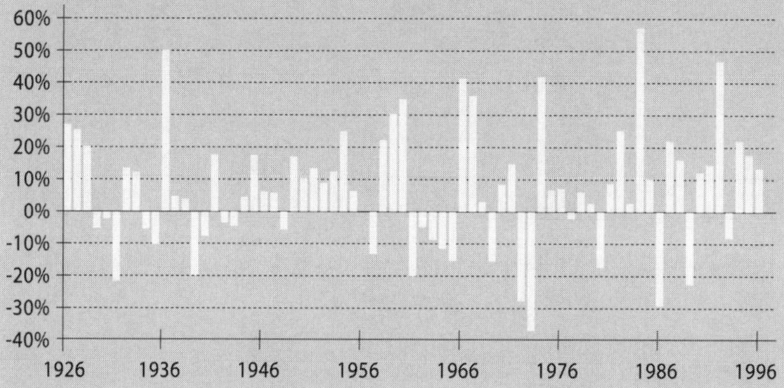

Quelle: Pictet & Cie.

Jährliche Wertveränderung von Schweizer Obligationen

1926 bis 1996, inflationsbereinigt

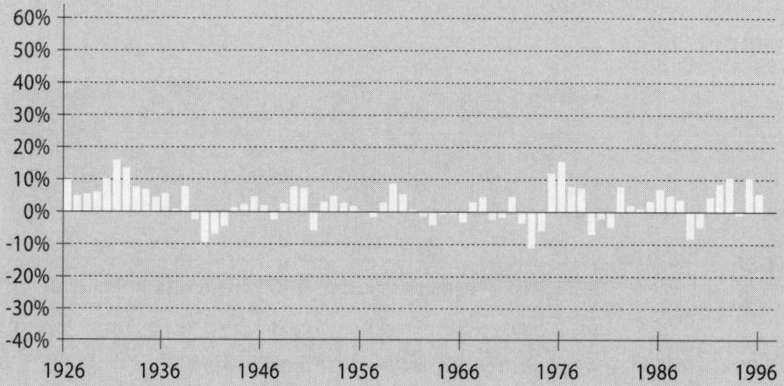

Quelle: Pictet & Cie.

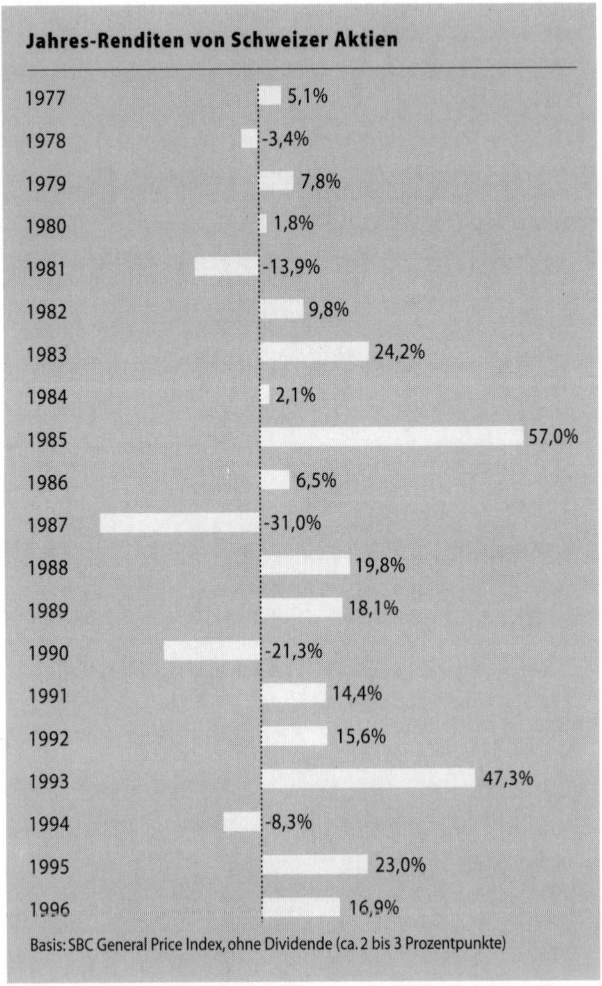

höchsten Wertveränderungen lagen deutlich über 40%. In fünf Perioden mussten Negativ-Renditen hingenommen werden; der grösste Verlust betrug 31%.

Selbstverständlich liefert diese Analyse nur ein Beispiel, wie Kursverläufe von Aktien sich auswirken, sie ist jedoch repräsentativ, denn ähnliche Resultate ergeben sich auch, wenn man andere Zeiträume wählt oder einen anderen Aktienmarkt betrachtet.

Zusammenfassend lässt sich festhalten, dass die meisten Jahres-Renditen positiv sind, teilweise sogar im zweistelligen Bereich – dies spricht eindeutig für Aktienanlagen. Allerdings schwanken die Kurse stark, so dass es zwei Typen von Investoren gibt: den vorsichtigen und den risikofreudigen. Der risikofreudige Anleger lässt sich nicht irritieren und investiert einen Grossteil seines Vermögens in Aktien. Für den vorsichtigen Investor jedoch ist eine Negativ-Rendite wie 1987 – immerhin 31% – deutlich mehr, als er verkraften könnte oder möchte. Doch selbst für den vorsichtigen Investor lohnt sich die Anlage in Aktien: Langfristig waren Aktien-Renditen immer positiv und in den allermeisten Fällen klar höher als die Renditen von Obligationen. Die nachfolgende Abbildung liefert den Beweis: Ermittelt man die durchschnittliche Jahres-Rendite von Aktienanlagen über verschiedenste 10-Jahres-Perioden, ist das Ergebnis immer positiv.

Durchschnittliche Aktien-Rendite pro Jahr während verschiedener 10-Jahres-Perioden

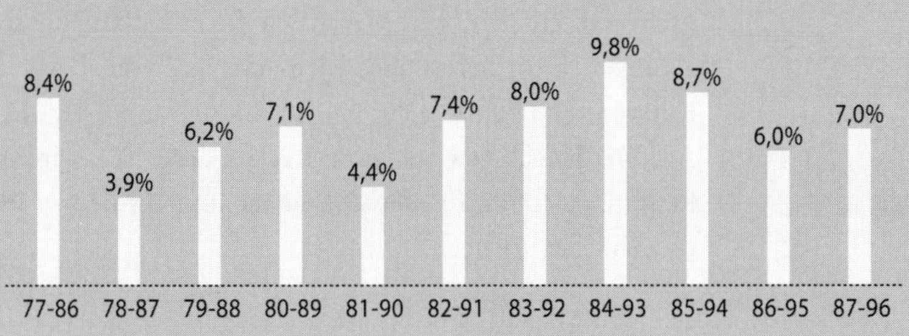

Basis: SBC General Price Index, ohne Dividende (ca. 2 Prozentpunkte)

Pensionskassen und Aktien

Die Erkenntnis, dass Aktienanlagen langfristig bessere Renditen bringen als festverzinsliche Anlagen, setzt sich nicht nur bei Experten, sondern auch in breiten Anlegerkreisen mehr und mehr durch. Diese Einsicht spiegelt sich auch in den gesetzlichen Bestimmungen, nach denen eine Pensionskasse ihre Vorsorgegelder anzulegen hat.

Bei der Anlage von Vorsorgegeldern im Rahmen der zweiten Säule ist ein Aktienanteil von 50% des Gesamtvermögens einer Pensionskasse zulässig – obwohl die Vorschriften bezwecken, dass die Gelder einer Pensionskasse äusserst sicher angelegt sind. Oder sollte man besser sagen: «Gerade weil» eine Pensionskasse ihre Gelder sicher anlegen muss? Schliesslich ist es das Ziel einer Pensionskassenverwaltung, die Renteneinkommen im Alter sicherzustellen, und dieses Ziel kann nur erreicht werden, wenn während der Einzahlungs- und Akkumulierungsphase des Kapitals eine ausreichende Rendite erwirtschaftet wird. Dieser Einsicht verschliesst sich jetzt auch die AHV nicht mehr und investiert seit 1997 einen Teil der Kapitalien in Aktien.

Langer Atem und gute Nerven

Wichtig sowohl für den privaten als auch für den grossen institutionellen Anleger: Aktienanlagen erfordern eine langfristige Strategie und eine bewusste Risikobereitschaft. Oder deutsch und deutlich: Aktienanlagen brauchen einen langen Atem und gute Nerven. Wenn sich die erhofften Kurssteigerungen nicht sofort einstellen oder gar eine Baisse zu Kursverlusten führt, geht die Rechnung kurzfristig nicht auf. Wer jedoch gewisse Durststrecken durchhält, wird mit Renditen belohnt, die deutlich höher sind als die von festverzinslichen Anlagen.

Keine Rendite ohne Risiko

Unterschiedliche Anlagen erzielen entsprechend dem Risiko unterschiedliche Renditen: Je höher das Risiko, desto höher auch die Rendite. Denn: Das bewusst eingegangene Risiko wird schliesslich belohnt. Geht man davon aus, dass die Rendite einer Obligation, herausgegeben z.B. durch die Schweizerische Eidgenossenschaft, als risikolos einzustufen ist, entspricht der Mehrertrag, der durch Aktien erzielt werden kann (und auch soll), einer Risikoprämie.

Die Erkenntnis des zwingenden Zusammenhangs zwischen Risiko und Rendite muss man auch als privater Anleger interpretieren und in Anlageentscheidungen umsetzen. Dies verlangt zunächst einmal Antwort auf die Frage, was unter Risiko eigentlich zu verstehen ist und wie Risiko – auch rechnerisch – erfasst werden kann.

Die beiden wichtigsten Risiken sind bei sämtlichen Anlageformen vorhanden – mehr oder weniger stark ausgeprägt: das Ausfallrisiko (Totalverlust) und das Kursrisiko (Schwankungen). Diese zwei Risikoarten sollen im folgenden detailliert dargestellt werden.

Der Schuldner macht die Qualität

Das grösste Risiko einer Geldanlage ist das Ausfallrisiko. Es steht für den schlimmsten Fall, den «worst case», der eintritt, wenn eine Institution, auf die man gesetzt hat, bankrott geht oder Teile des Eigen- oder Fremdkapitals nicht mehr gedeckt sind, bzw. nicht mehr zurückbezahlt werden. Das Ausfallrisiko gibt es bei Aktien, deren Kurs in einer Krisensituation schlagartig in den Keller fallen können, aber auch bei festverzinslichen Anlagen wie kurzfristigen Ausleihungen (Festgeldern) oder mittel- bis langfristigen Obligationen. Somit gilt der Grundsatz, dass die Sicherheit einer Anlage immer nur so gut ist wie der Schuldner.

Ausfallrisiko von Obligationen

Käufer von Aktien sind sich häufig klarer über die Risiken als Käufer von Obligationen. Denn die tägliche Bewertung der Aktienkurse und die zum Teil grossen Kursschwankungen sensibilisieren den Anleger für das Risiko, das mit einem Aktienkauf verbunden ist. Anders verhält es sich bei Obligationen, die häufig als sichere, konservative Anlage betrachtet werden, weil sich grosse öffentliche und private Institutionen wie Länder, Kantone oder Unternehmungen über Obligationen finanzieren: Sie begeben (oder emittieren) eine Obligation, um Kapital zu Marktzinssätzen zu beschaffen.

Im Grunde genommen ist eine Obligation jedoch nichts anderes als ein Darlehen, das bei den zeichnenden Anlegern aufgenommen wird. Der Schuldner verspricht, die Zinsen regelmässig zu zahlen und zum Rückzahlungstermin die Schuld zu tilgen. Anders als bei Krediten, die eine Bank einer Unternehmung gewährt, wird jedoch kein ausführliches Kreditgesuch gestellt; die Rückzahlungsmöglichkeiten werden nicht eingehend geprüft. Vielmehr verlassen sich die meisten Anleger – nicht nur die privaten, sondern auch die professionellen institutionellen Anleger – in der Regel auf den Namen und den Bekanntheitsgrad des Schuldners.

Ratings

Eine Orientierungshilfe bieten sogenannte Ratings: Einstufungen der Schuldnerqualität. Diese Ratings werden von spezialisierten Rating-Firmen wie Standard & Poor's oder Moody's erarbeitet und veröffentlicht. Das Rating «AAA» («triple A») beispielsweise drückt aus, dass der Schuldner über eine ausserordentlich grosse Kapazität für Zins- und Kapitalrückzahlungen verfügt.

Generell können alle Schuldner, die mindestens mit einem «A» qualifiziert sind, als zuverlässig eingestuft werden. Anders liegt der Fall bei «B»-, «C»- oder «D»-Einstufungen:

Damit äussert die Rating-Agentur ihre Bedenken, ob Zinsen bezahlt und Schulden getilgt werden.

Obligationen-Ratings geben Aufschluss über die Schuldnerqualität

Standard & Poor's

AAA	Ausserordentlich grosse Kapazität für Zins- und Kapitalrückzahlungen
AA	Sehr grosse Kapazität für Zinsen- und Schuldendienst
A	Grosse Kapazität für Zinsen- und Schuldendienst, jedoch ungünstigere Witschaftsbedingungen als AAA und AA
BBB	Angemessene Kapazität für Zinsen- und Schuldendienst
BB B CCC CC	Vorwiegend spekulativ im Hinblick auf Kapazität für Zins- und Schuldenrückzahlungen
C	"Income Bonds"*, bei denen keine Zinsen bezahlt werden
D	In Verzug

* Bei "Income Bonds" wird nur dann ein Zins entrichtet, wenn dieser vom Schuldner auch verdient worden ist.

Grösse gibt keine Sicherheit

Leider gibt es genügend Beispiele dafür, dass sich auch Rating-Agenturen irren und Unternehmen mit einem soliden Ruf und einem «A»-Rating von heute auf morgen zahlungsunfähig werden können. Dies veranlasst viele Anleger, nur Obligationen von multinationalen Grosskonzernen oder öffentlichen Institutionen zu zeichnen. Doch Grösse schützt eine Unternehmung nicht vor eingeschränkter Wettbewerbsfähigkeit, falschen Geschäftsstrategien oder ungünstigen Rahmenbedingungen. Ganz vorsichtige Obligationen-Käufer konzentrieren sich deshalb auf öffentliche Institutionen. Wie gross ist das Schuldnerrisiko von Staatsanleihen? Bedenkliche Entwicklungen zeichnen sich ab: Die öffentlichen Haushalte sind immer stärker überschuldet, allein um die zukünftigen Zinslasten zu finanzieren, müssen

Länder, Kantone und Gemeinden immer neue Anleihen auflegen. Entgegen dem ursprünglichen Ziel, Obligationen für Investitionen zu nutzen, dienen sie bald nur noch dazu, die Zinsen früherer Schulden zu begleichen.

Wenn diese Entwicklung nicht gestoppt werden kann, müssen die gewaltigen Schuldenberge früher oder später über eine Inflation abgebaut werden – eine Geldentwertung, per Dekret verordnet vom Staat, dem grössten Schuldner. Diese Radikalmassnahme ist keineswegs so abwegig, wie es heute scheinen mag. Beispiele aus der Vergangenheit zeigen, dass eine Geldentwertung durchaus als politisches Instrument benutzt werden kann, um Ungleichgewichte rasch wieder ins Lot zu bringen. Das Nachsehen hat der Anleger, der sein Erspartes vertrauensvoll einem zuverlässig erscheinenden Schuldner anvertraut hat.

Kursrisiko von Obligationen

Ausser dem Schuldnerrisiko gibt es auch bei Obligationen ein Kursrisiko: Obligationen haben einen Kurs, der je nach Marktsituation stark schwanken kann. Der Kursverlauf kann nur einem Anleger egal sein, der bereits beim Kauf der Obligation die feste Absicht hat, die Obligation bis zum Verfalltermin zu halten. Besonders Kassenobligationen von Banken werden in der Regel bis zum Verfall gehalten, meist wird nicht einmal ein Kurs ausgewiesen: Kassenobligationen erscheinen im Depotauszug immer mit einer Bewertung von 100%. Erst wenn ein Anleger vor Ablauf verkaufen möchte, merkt er, dass es doch einen Kurs gibt: Je nach Marktlage wird die Bank ihre Kassenobligation – wenn überhaupt – nur mit Abschlag zurücknehmen.

Den Kurs einer Obligation beeinflussen zwei Kategorien von Faktoren. Ausgabe- und Rückzahlungspreis, Zinscoupon, (Rest-)Laufzeit und Schuldnerqualität sind wertpapierspezifische Faktoren. Der zweiten Kategorie zuzuordnen sind der aktuelle Marktzinssatz und das ökonomische Umfeld, insbesondere die Zinserwartungen.

Die wertpapierspezifischen Faktoren kann man dem Emissionsprospekt oder -inserat entnehmen, in dem ein Staat, ein Kanton oder ein Unternehmen die Ausgabe einer Obligation ankündigt.

Kursrisiko von Obligationen

Wertpapierspezifische Einflussfaktoren	Marktspezifische Einflussfaktoren
- Schuldnerqualität - Ausgabepreis - Rücknahmepreis - Zinscoupon - (Rest-)Laufzeit	Marktzins (Ist- und Erwartungshaltung), abhängig von: - Staatlicher Schuldenpolitik - Geldpolitik - Konjunktur - Inflation - Ausländischen Zinsen und Wechselkursen

Ausgabe- und Rücknahmepreis

Der Ausgabe- oder Emissionspreis von normalverzinslichen Obligationen beträgt in der Regel 100%. Anders bei tiefverzinslichen Obligationen, die z.B. nur einen Zinscoupon von 3% haben, obwohl am Markt aktuell 5% bezahlt werden. Tiefzinsobligationen werden «unter pari», also unter 100%, ausgegeben. Der Rücknahme- oder Rückzahlungspreis liegt in der Regel bei 100%, kann aber auch zu leicht höheren oder tieferen Preisen erfolgen.

Zinscoupon

Der Zinscoupon berechtigt den Inhaber von Obligationen zum Bezug eines jährlichen Zinses. Der Begriff «Zinscoupon» kommt daher, dass eine physische Obligation für jedes Laufjahr einen Coupon, einen Papierabschnitt, aufweist, auf dem Zinstermin und -satz aufgeführt sind. Früher, als viele Anleger Obligationen zu Hause oder in einem Schliessfach aufbewahrten, wurde der Zins gegen Vorlage des Coupons am Bankschalter ausbezahlt. Dies ist heute nur noch üblich bei sogenannten «Tafelpapieren» – Papiere, die man gegen bar über die «Tafel», d.h. über den Tisch, gekauft hat. Ansonsten werden die Zinsen heute direkt dem Konto gutgeschrieben.

Die Höhe des Zinscoupons ist abhängig vom Markt. Abweichungen vom Marktzins sind möglich bei Schuldnern, die als besonders gut oder besonders schlecht eingestuft werden. Somit entspricht der höhere Zins, der von einem schwachen Schuldner bezahlt wird, einer Prämie für das Risiko, dass die Obligation nicht zurückbezahlt wird.

(Rest-)Laufzeit

Die (Rest-)Laufzeit einer Obligation ist für die Kursbildung wesentlich, weil die aktuellen Konditionen immer im Zusammenhang mit den zu erwartenden Marktveränderungen stehen. Erwartet man beispielsweise steigende Zinsen, ist das aktuelle Zinsniveau nur beschränkt attraktiv. Der Kurs einer Obligation wird also wesentlich von den Zukunftserwartungen geprägt.

Marktspezifische Kursfaktoren einer Obligation

Bei der Ausgabe oder Emission einer Obligation ist die Höhe des Zinscoupons abhängig von der Schuldnerqualität und eng verknüpft mit dem aktuellen Marktzinssatz, der im Prinzip dem Durchschnittszinssatz aller in einem bestimmten Zeitraum ausgegebenen Obligationen entspricht.

Eine Reihe von ökonomischen Faktoren beeinflussen die Schweizer Zinsen: staatliche Schuldenpolitik, Geldpolitik, Konjunktur, Inflation, ausländische Zinsen und Wechselkursveränderungen. Oft folgen die Marktzinsen den Zinssätzen von Referenzanlagen: den Leitzinsen. Das sind die Zinsen, die von den Banken für ihre Refinanzierung bei den Nationalbanken bezahlt werden.

Vereinfacht gesagt, bildet sich der Kurs einer Obligation am Markt durch den Vergleich des Zinscoupons mit dem aktuellen Zinssatz und mit den erwarteten künftigen Zinsentwicklungen.

Kursrisiko von Obligationen messbar

Das Grundprinzip der Obligationenkurse wurde bereits erläutert: Fallende Zinsen führen zu steigenden Kursen und steigende Zinsen führen zu fallenden Kursen.

Das Ausmass der Kursveränderung – und damit auch das Kursrisiko – kann mit Hilfe der Restlaufzeit, der Laufzeit bis zum Verfall, ermittelt werden: Je näher der Rück-

Risikomass bei Obligationen: die Duration (Restlaufzeit)

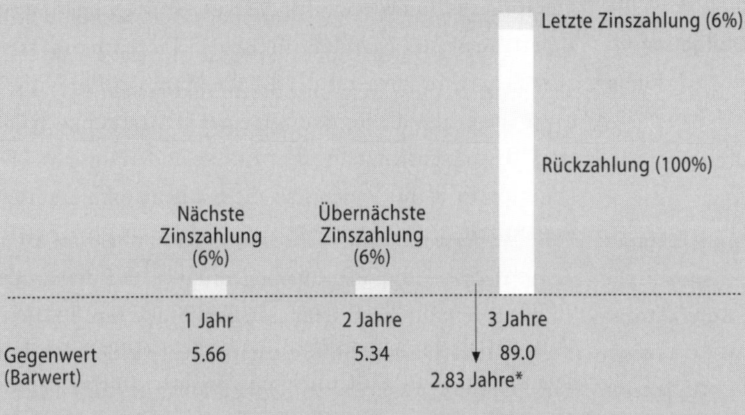

$$\text{* Duration} = \frac{(5.66 \times 1) + (5.34 \times 2) + (89.0 \times 3)}{5.66 + 5.34 + 89.0} = \frac{283.34}{100} = 2.83$$

Quelle: E.W. Heri : Was Anleger auch noch wissen sollten…; Helbling und Lichtenhahn, 1996

zahlungstermin rückt, desto stärker gleicht sich der Kurs dem Rückzahlungspreis (z.B. 100%) an. Ist der Rückzahlungstermin jedoch noch in weiter Ferne, kann der aktuelle Kurs erheblich vom Rückzahlungskurs abweichen.

Das Risikomass, mit dem die Reaktion des Kurses auf Marktzinsänderungen gemessen wird, nennt man «Duration».

Die Duration bestimmt die durchschnittliche Laufzeit aller Couponzahlungen und der Kapitalrückzahlung. Die Duration wird mathematisch korrekt ermittelt, indem man die Rückzahlung sowie sämtliche Zinszahlungen auf ihren heutigen Wert umrechnet (abdiskontiert) und mit ihrer Zeitdauer gewichtet. (Die Herleitung dieser Formel ist aus der Abbildung auf der vorangehenden Seite ersichtlich.)

Sinken die Zinsen, steigen die Obligationenkurse

Was kann man nun mit diesem Risikomass, der Duration, im praktischen Anlage-Alltag anfangen? Konkret drückt die Duration aus, um wieviel sich der Kurs einer Obligation verändert, wenn der Marktzins um einen Prozentpunkt steigt oder fällt. Und je weiter der Rückzahlungstermin entfernt ist (je länger also die Restlaufzeit einer Obligation noch dauert), desto stärker fällt die Kursveränderung aus. Die Duration ist nichts anderes als die mathematisch ermittelte Restlaufzeit.

Wer die Duration nicht ermitteln kann oder will, nimmt die Restlaufzeit einer Obligation annäherungsweise als Massstab des Kursrisikos. Die Restlaufzeiten sind in jedem Depotauszug ersichtlich. Ein privater Anleger kann in der Praxis folgende Faustregel anwenden: Die Kursveränderung der Obligation ist ungefähr so gross wie die Restlaufzeit multipliziert mit der Marktzinsänderung. Am Beispiel einer Obligation mit einer Restlaufzeit von fünf Jahren: Sinken die Marktzinsen beispielsweise von 6 auf 5%, also um einen Prozentpunkt, führt dies zu einem Kursanstieg der Obligation um ca. 5 Prozentpunkte (Restlaufzeit mal Zinsänderung = 5 Jahre x 1%). Eine zu 100% gekaufte Obligation würde also am Markt zu 105% bewertet werden. Im umgekehrten Fall würde ein Anstieg der Marktzinsen von 5 auf 6% zu einem 5%igen Kursverlust führen; eine zu 100% gekaufte Obligation würde am Markt also nur noch zu 95% bewertet werden. Bei einer Restlaufzeit von zehn Jahren würde der Kursverlust bei einer Marktzinsänderung um ein Prozent sogar 10% betragen.

Anlagetaktik mit Obligationen

Der Zusammenhang zwischen Restlaufzeit und Kursschwankung führt zu anlagetaktischen Verhaltensregeln: Wer höhere Zinsen erwartet, kauft Obligationen mit kurzer (Rest-)Laufzeit, weil sich eine Zinserhöhung bei diesen Titeln am wenigsten auswirkt. Umgekehrt kauft Obligationen mit langen (Rest-) Laufzeiten, wer einen deutlichen Zinsrückgang erwartet. So sind auch kurzfristig deutliche Kursgewinne möglich.

Wegen dieser Konsequenzen im Umgang mit Obligationen werden die Entscheidungen der Zentralbanken weltweit immer mit grosser Spannung erwartet. Wird die Nationalbank die Leitzinsen senken? Oder wird sie ein klares Signal für eine weiterhin stabile Zinssituation geben? Die Verlautbarungen der Zentralbanken wirken sich unmittelbar auf die Kurse der Obligationen aus.

Kursrisiko von Aktien

Aktien haben noch in weitaus stärkerem Mass als Obligationen ein Kursrisiko. Dieses Risiko wird gemessen mit einer statistischen Grösse: der Standardabweichung. Diese Grösse, häufig auch als Volatilität bezeichnet, misst das Ausmass der Kursschwankungen und zeigt, um wieviel der Grossteil der Kurswerte während einer bestimmten Zeitperiode vom Kursmittelwert abweicht. Oder anders ausgedrückt: Eine grosse Standardabweichung bedeutet, dass die Kurse gewaltig nach oben und nach unten ausgeschlagen haben. Eine geringe Standardabweichung hingegen zeigt, dass die Kursschwankungen moderat waren und die Kurse sich relativ gleichmässig entwickelten.

Die folgende Abbildung illustriert an einem Beispiel das unterschiedliche (Schwankungs-)Risiko von Anlagen. Im linken Teil der Grafik liegen die meisten Kurswerte in einer Bandbreite von 4%. Das (geringe) Risiko von 4% entspricht in etwa der Schwankungsbandbreite von Franken-Obligationen. Im rechten Teil der Grafik bewegen sich die meisten Kurswerte in einer Bandbreite von 15%. Dieses Risiko ist typisch für Schweizer Aktien.

Risiko gemessen als Kursschwankung*

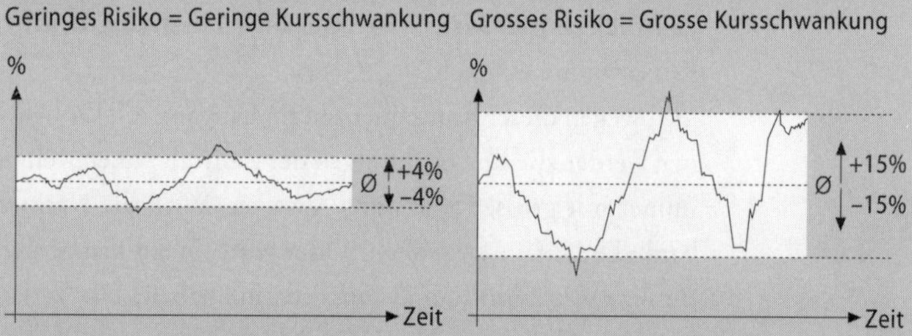

* Statistisches Mass für Risiko = Volatilität
= Standardabweichung, d.h. Schwankung von 2/3 aller Kurswerte gegenüber dem Kurs-Mittelwert

Risiko/Rendite-Verhältnis von Anlagen

Der Zusammenhang zwischen Risiko und Rendite verschiedener Anlageformen kann in einem Koordinatensystem dargestellt werden. Auf der liegenden Achse wird das Risiko in Prozent abgetragen, auf der stehenden Achse die Rendite in Prozent. Nun kann man die verschiedenen Anlageformen wie z.B. Franken-Geldmarktanlagen, Franken-Obligationen, Fremdwährungsobligationen (z.B. in US$) und Aktien verschiedener Länder eintragen (in unserem Beispiel: Schweiz, USA, Deutschland und Südostasien = SOA). Um die jeweils korrekten Werte zu ermitteln, müssen die Zeiträume lange genug und klar definiert sein (in untenstehendem Beispiel zehn Jahre). Zudem müssen repräsentative Indizes verwendet werden, um den Charakter der Anlagekategorien richtig wiederzugeben.

Risiko-Rendite-Matrix (in Fr.)

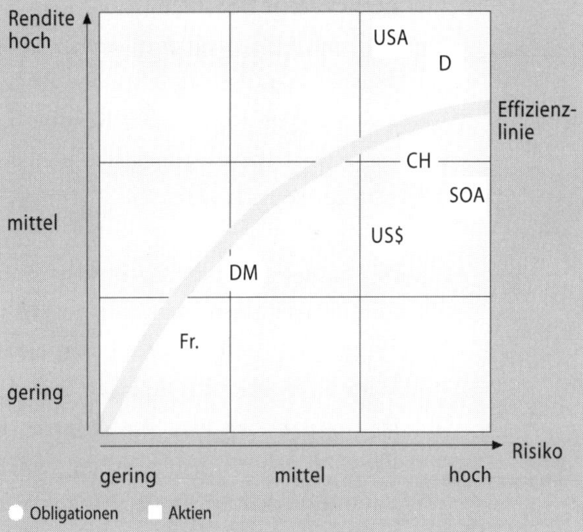

Erkenntnisse zu Risiko und Rendite

Das obenstehende Bild führt zu folgenden Schlussfolgerungen:

1. Der Risiko/Rendite-Zusammenhang ist nicht linear. Mehr Risiko führt nicht in gleichem Umfang zu höherer Rendite. Zunächst wächst zwar die Rendite bei steigendem

Risiko überproportional, dann aber werden die Rendite-Steigerungen immer kleiner, auch wenn das Risiko stark wächst. Beispielsweise nimmt die Rendite im Grenzbereich nur noch um 0,5 Prozentpunkte zu, obwohl das Risiko um 5 Prozentpunkte steigt. Man kann also durch eine Erhöhung des Risikos die Rendite nicht beliebig steigern.

2. Anlagen sollten sich auf einer «effizienten» Linie befinden.
Anlagen unterhalb der eingezeichneten Linie, der sogenannten Effizienzlinie, haben ein unausgewogenes Risiko/Rendite-Verhältnis. So haben die in unserer Beispiel-Matrix eingezeichneten US$-Obligationen ein hohes Risiko, ohne dabei jedoch einen entsprechenden Ertrag abzuwerfen. Diese Anlage ist insofern «ineffizient», als es Anlagen gibt, die bei gleich hohem Risiko mehr Rendite (in Franken gerechnet) erwirtschaften bzw. eine gleich hohe Rendite bei bedeutend geringerem Risiko erzielen.

3. Es lassen sich drei Risikoklassen unterscheiden.
Die Anlageformen lassen sich gemäss ihres Risiko/Rendite-Verhaltens in drei Risikoklassen einteilen. In der Risikoklasse 1 finden sich Anlagen mit dem kleinsten Risiko, gleichzeitig aber auch der kleinsten Rendite. Zur Risikoklasse 2 gehören Anlagen mit einem mittleren Risiko/Rendite-Verhältnis. In der Risikoklasse 3 sind Anlagen mit hohem Risiko, gleichzeitig aber auch hohen Renditen.

Optimierung von Risiko und Rendite mit System

Aufgrund der bisherigen Überlegungen ist klar geworden, dass ein professionelles Management von Vermögensanlagen primär ein Management von Risiken ist. Risiken kann man nicht wegzaubern, aber man kann sie bewusst eingehen, anstatt zufällig ein unüberschaubares Risiko zu laufen. Zudem lässt sich Risiko durch methodisches Vorgehen reduzieren.

Drei Risikoklassen

Die wichtigste Massnahme eines kontrollierten Risiko-Managements ist die Aufteilung des Vermögens auf drei verschiedene Risikoklassen. Je nach individuellen Zielen und Rahmenbedingungen werden die Risikoklassen unterschiedlich stark gewichtet und führen schliesslich zur persönlichen Anlagestrategie (vgl. die Checkliste am Anfang dieses Kapitels).

Systematische Aufteilung des Portfolios auf drei Risikoklassen

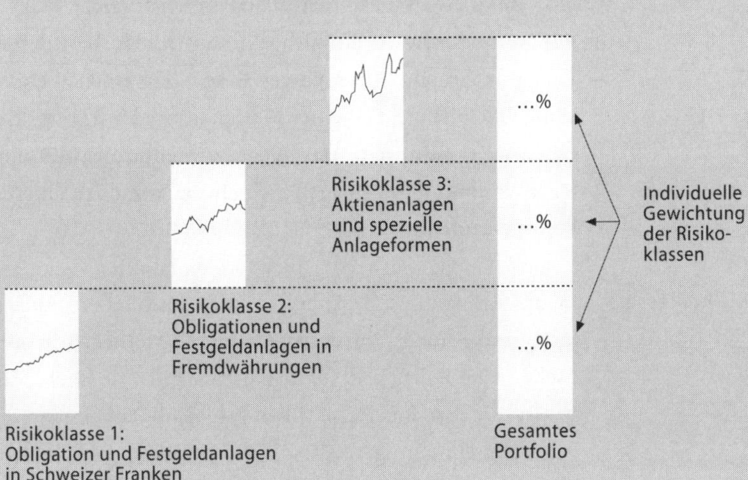

Risikoklasse 1 In der Risikoklasse 1 sind die sichersten Anlagen, beispielsweise festverzinsliche Geldanlagen in der Referenzwährung des Investors, also Obligationen in Franken eines Schweizer Anlegers. Anlagen in der Risikoklasse 1 dienen auch der Liquiditätsreserve in Form von Konti oder Festgeldanlagen.

In die Risikoklasse 1 gehören auch Vorsorgeanlagen der staatlichen, beruflichen und privaten Vorsorge. Insbesondere Lebensversicherungen entsprechen vom Charakter her ganz klar der Risikoklasse 1, da sie eine ausserordentlich hohe Sicherheit bieten. Hier einzuordnen sind auch Immobilien, die als Sachanlagen einen sinnvollen Risikoausgleich zu den Finanzanlagen darstellen.

Risikoklasse 2 In die Risikoklasse 2 gehören festverzinsliche Anlagen in Fremdwährungen. Dazu zählen Geldmarktfonds, Obligationen und Obligationenfonds, aber auch Wandelanleihen und andere «Hybrid-Anlagen», die nicht mehr eindeutig nur einen Anlagecharakter besitzen (z.B. den einer Obligation), sondern auch Bestandteile anderer Anlageformen beinhalten. Beispielsweise können obligationenähnliche Papiere mit dem Recht verknüpft sein, zu einem bestimmten Zeitpunkt in eine Aktie umgewandelt zu werden. Oder es kann mit dem Kauf einer Obligation gleichzeitig eine Option verknüpft sein: Das Recht, während einer bestimmten Zeit eine Aktienanlage zu einem im voraus definierten Preis zu kaufen.

Risikoklasse 3 In die Risikoklasse 3 gehören Aktien und andere Anlageformen, die hohen Kursschwankungen unterliegen. Je exotischer eine Anlage, desto risikoreicher ist sie auch. Beispielsweise hat die Aktie einer grundsoliden Grossunternehmung ein geringeres Risiko als die Aktie einer aufstrebenden jungen Technologiefirma. Das Risiko von Aktienfonds, die in Europa investieren, ist geringer als dasjenige von Aktienfonds, die in Südostasien Geld anlegen.

Derivate

Der Durchschnittsanleger geht nicht über die Risikoklasse 3 hinaus. Spekulanten jedoch investieren auch in Anlageformen, die ein weit grösseres Risiko haben als Aktien: derivative Finanzinstrumente. Beispielsweise kauft man sich mit Optionen das Recht (bei Futures das Recht und die Pflicht), zu einem bestimmten Zeitpunkt ein Basisprodukt (z.B. eine Aktie) zu einem bestimmten Preis zu kaufen (Call-Option) oder zu verkaufen (Put-Option). Einer hohen Gewinnchance steht das Risiko eines 100%igen Verlustes gegenüber. Unter Umständen kann es sogar zu einer Nachschusspflicht kommen, wenn z.B. eine Futures-Spekulation völlig fehlschlägt. Aus diesem Grund gilt für den Durchschnittsanleger: Hände weg von Derivaten!

Derivate zur Absicherung

Allerdings sind Derivate sinnvoll, wenn Positionen gegen Kurs-, Zins- oder Währungsrisiken abgesichert werden sollen. Dieses Vorgehen ist vor allem bei grösseren Depots durchaus üblich. Eine Pensionskasse etwa kann nicht sämtliche Anlagen verkaufen, wenn kurzfristig Unsicherheiten über den Kursverlauf bestehen. Risiko und Risikoreduktion liegen bei Derivaten also nahe beieinander.

Für private Anleger ist es jedoch immer noch nicht sehr einfach, im Rahmen einer Anlagestrategie Derivate einzusetzen. Ein Hindernis ist das fehlende Wissen über die Funktionsweise, den Nutzen, die Anwendung und den konkreten Umgang mit Derivaten. Ein weiteres Hindernis sind die hohen Kosten, die mit dem Einsatz von derivaten Finanzinstrumenten verbunden sind. Ein Rechenbeispiel soll den Nutzen und die Kosten von Derivaten veranschaulichen.

Beispiel zu Derivaten

Ein privater Anleger hat die Hälfte seines Wertschriftenvermögens von einer Million Franken in Schweizer Aktien investiert. In der Vergangenheit ist er damit recht gut gefahren, obwohl er in den schlechten Börsenjahren 1987, 1990 und 1994 Kursverluste hinnehmen musste. Inzwischen ist es Mitte 1997, und die Börse hat sensationelle Kursgewinne verzeichnet. Über 50% hat der Anleger allein im ersten Halbjahr 1997 verdient. Diese Gewinne möchte er sichern, ohne künftige Gewinne zu versäumen. Er setzt deshalb auf Derivate.

Er kauft eine Put-Option auf den SMI (Swiss Market Index) und erwirbt sich damit bis zu einem bestimmten Zeitpunkt das Recht, zu einem bereits heute fixierten Preis – dem Strike – zu verkaufen. Fällt der Markt unter den Strike, erhält der Anleger die Differenz zwischen dem

Kosten einer Depotabsicherung mit Derivaten

	Beispiel A		Beispiel B	
Stand des SMI am 31.7.97	5'894		5'894	
Strike (Verkaufspreis mit Verfall 19.9.97)	5'700		5'900	
Differenz zwischen aktuellem SMI und Strike		3,29%		-0,10%
Preis des Puts	145		226	
Notwendige Anzahl Kontrakte*	18		17	
Anzahl Puts pro Kontrakt	5		5	
Kosten des Puts	13'050	2,61%	19'210	3,84%
Courtagen/Spesen	195	0,04%	232	0,05%
Total Absicherungskosten		**2,65%**		**3,89%**
Maximaler Verlust		5,94%		3,79%
	in % des Depotwertes von 500'000 Fr.		in % des Depotwertes von 500'000 Fr.	

* Depotwert (500'000 Fr.) geteilt durch Strike (5'700 bzw. 5'900) geteilt durch Anzahl Puts pro Kontrakt (5)

Marktkurs und dem Strike ausbezahlt, der Verlust ist gedeckt. Steigt der Markt weiterhin, profitiert er vollumfänglich von den Kursgewinnen.

Die Kosten für eine solche Absicherung während eines Monats liegen in unserem Rechenbeispiel bei 2,65 bzw. 3,89% des abzusichernden Vermögens (Preis des Puts, Courtagen und Spesen). Bei einer weiter steigenden Börse müsste der Anleger diese Absicherungskosten von seinem Gewinn abziehen. Bei einem Kurszerfall müsste der Anleger ausser den Absicherungskosten auch die Differenz zwischen dem aktuellen Marktniveau und dem Strike tragen. Er käme damit in Fall A auf Gesamtkosten von 5,94%.

Am schlechtesten fährt der Anleger, wenn die Börse sich «seitwärts» bewegt und weder markante Kurssteigerungen noch -verluste bringt. Dann steht der Anleger nämlich nach Ablauf des Kontrakts, in unserem Beispiel nach knapp zwei Monaten, vor der gleichen Frage: Soll er für Kosten von rund 3% sein Aktiendepot erneut schützen? Allzu oft kann diese Absicherung nicht wiederholt werden, weil sonst die Kosten grösser werden als die durchschnittlich zu erwartende Jahres-Rendite.

Das Beispiel zeigt, dass Derivate nur sinnvoll und kostenmässig zu vertreten sind, wenn die Börse mit grosser Wahrscheinlichkeit in kurzer Zeit entweder verliert oder gewinnt, beispielsweise in Zeiten von deutlichen Marktüberhitzungen.

Risiko und Rendite unterschiedlicher Strategien

Nach diesem Exkurs zurück zur Anlagestrategie und den Risikoklassen, die den persönlichen Zielen entsprechend gewichtet werden, so dass Risiko und Rendite im voraus weitgehend definiert sind. Längerfristig ist also nicht eine einzelne Aktie ausschlaggebend für das Ergebnis, vielmehr ist entscheidend, ob man – überspitzt formuliert – sein Vermögen ganz in Aktien investiert (Risikoklasse 3) oder auf das Sparbuch legt.

An folgendem Beispiel soll die Wirkung unterschiedlicher Anlagestrategien verdeutlicht werden: Ein konservativer oder defensiver Anleger investiert 60% von 100'000 Fr. in die Risikoklasse 1, 25% in die Risikoklasse 2 und 15% in die Risikoklasse 3. Er ist nicht bereit, grössere Kursverluste zu akzeptieren. Besonders wichtig ist ihm, dass das Geld jederzeit verfügbar ist.

Ein offensiver Investor teilt seine Anlagen genau umgekehrt auf: 15% in Risikoklasse 1, 25% in Risikoklasse 2 und 60% in Risikoklasse 3. Er möchte möglichst hohe Kursgewinne erzielen und nimmt gewisse Kursschwankungen in Kauf. Doch schafft er mit 40% des Anlagevermögens ein Sicherheitspolster, auch als Liquiditätsreserve.

Die beiden Anleger haben somit ihre individuellen Zielsetzungen in konkrete Anlagestrategien umgesetzt. Was können sie nun bezüglich Risiko und Rendite erwarten? Die

Risiko- und Rendite-Erwartungen unterschiedlicher Anlagestrategien

	Rendite-Ziel	Risiko-Erwartung	Defensive Anlagestrategie	Offensive Anlagestrategie
Risikoklasse 3	9,0%	15%	15'000 Fr.	60'000 Fr.
Risikoklasse 2	6,0%	7%	25'000 Fr.	25'000 Fr.
Risikoklasse 1	4,5%	4%	60'000 Fr.	15'000 Fr.
		Total	**100'000 Fr.**	**100'000 Fr.**
		Rendite-Ziel	**5,6%**	**7,6%**
		Risiko-Erwartung	**6,4%**	**11,4%**

Bei der Berechnung des durchschnittlichen Risikos und der durchschnittlichen Rendite der beiden Strategien sind Erfahrungswerte eingesetzt worden, wie sie über eine längere Zeit in der Praxis realistisch sind.

Grafik zeigt, dass der defensive Investor mit einer Brutto-Rendite von 5,6% rechnen kann – bei einem moderaten Risiko von 6,4% (Standardabweichung). Der offensive Anleger sollte eine Brutto-Rendite von 7,6% erzielen, geht dafür aber auch ein Risiko von 11,4% ein. Die Risiko- und Renditezahlen besagen, dass der defensive Anleger mit grosser Wahrscheinlichkeit (von 68%) mit einer Rendite-Bandbreite zwischen -0,8% und +12% rechnen kann (5,6% +/- 6,4%). Legt man zwei Volatilitäten zugrunde, erhöht sich die Wahrscheinlichkeit auf 95%, dass die Rendite zwischen -7,2% und +18,4% schwanken wird (5,6% +/- 12,8%). Der offensive Anleger erreicht mit 68%iger Wahrscheinlichkeit Renditen zwischen -3,8% und +19,0% bzw. mit 95%iger Wahrscheinlichkeit Werte zwischen -15,2% und +30,4%.

Bessere Rendite bei vertretbarem Risiko

Welche Erkenntnisse lassen sich aus diesen Ergebnissen ableiten? Zunächst einmal wird deutlich, dass auch ein offensiver Anleger die Rendite nicht beliebig steigern kann, jedenfalls nicht über eine längere Anlagedauer. Kurzfristig kann ein aktienlastiger Investor vielleicht einen ungewöhnlich hohen Gewinn erwirtschaften, muss aber auch das Risiko akzeptieren, einen Verlust zu realisieren.

Die Beispiele zeigen aber auch, dass sich das Gesamtrisiko des offensiven Anlegers in vertretbarem Rahmen bewegt – trotz eines Anteils der Risikoklasse 3 von 60%. Denn das Gesamtrisiko des Depots beträgt bloss 11,4%, im Gegensatz zu reinen Aktienanlagen, die zwischen 15 und 25% Risiko tragen.

Nun ist also das Anlagevermögen schon einmal grob aufgeteilt; in einem nächsten Schritt ist das Risiko innerhalb der einzelnen Klassen zu optimieren. Am Beispiel von Aktienanlagen soll dieser Prozess veranschaulicht werden.

Wo liegt das grösste Risiko?

Wissenschaftliche Untersuchungen über das langfristige Risiko von Aktien haben ergeben, dass das Gesamtrisiko einer Aktie durch vier wesentliche Komponenten bestimmt wird: das Firmen-, das Branchen-, das Länder- und das Globalrisiko.

Den grössten Anteil am Gesamtrisiko hat das Firmenrisiko: die wirtschaftliche Entwicklung eines Unternehmens, unabhängig davon, wie sich die jeweilige Branche, das jeweilige Land oder die Weltwirtschaft entwickeln. Es liegt also auf der Hand, zur Risikominimierung zunächst dort anzusetzen, wo sich der grösste «Hebel» bietet, und zu versuchen, das Firmenrisiko systematisch zu reduzieren.

Das firmenspezifische Risiko kann nicht genau ermittelt werden, denn niemand kann mit Gewissheit sagen, wie sich ein Unternehmen in Zukunft entwickeln wird. Selbst Firmen, die heute als Aushängeschild unserer Wirtschaft gelten, könnten in naher Zukunft mit Schwierigkeiten kämpfen. Man kann deshalb das Firmenrisiko nur reduzieren, indem man nicht alles auf ein Pferd setzt, sondern seine Mittel auf mehrere Unternehmen verteilt. Dass dieses (intuitiv richtige) Vorgehen zu einer deutlichen Risikominimierung führt, ist in wissenschaftlichen Untersuchungen eindrücklich bewiesen worden.

Der Nutzen der Diversifikation, der Risikostreuung, ist eine der massgeblichen Erkenntnisse der modernen Portfolio-Theorie. Sie hat die Anlagegrundsätze und -entscheidungen von Banken und Vermögensverwaltern in den letzten Jahren stark beeinflusst.

Portfolio schlägt Einzelaktie

Im Rahmen der modernen Portfolio-Theorie wurden verschiedenste Untersuchungen durchgeführt, um herauszufinden, in welchem Ausmass eine Diversifikation das Risiko reduziert. Zusammenfassend kann man festhalten, dass durch die Kombination mehrerer Aktientitel ein «Portfolio» entsteht mit einem Gesamtrisiko, das deutlich geringer ist als das Risiko eines einzigen Aktientitels. Im Extremfall lässt sich das Risiko um mehr als die Hälfte reduzieren. Aber auch

Mit zunehmender Anzahl Titel reduziert sich das Risiko

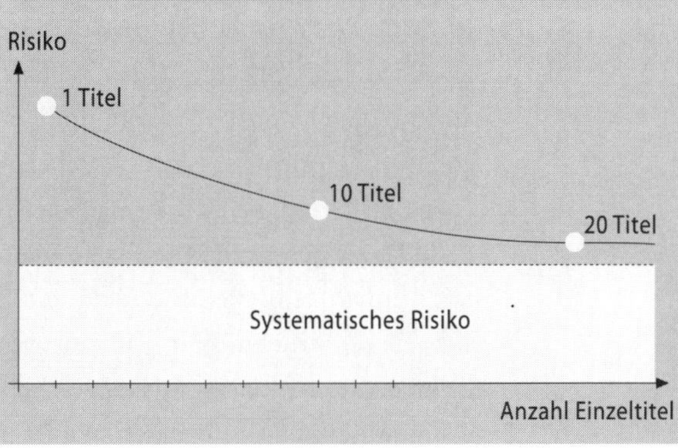

die Diversifikation eliminiert das Risiko nicht vollständig: Ein Aktienengagement ist immer mit einem Grundrisiko verbunden, dem sogenannten systematischen Risiko. Ausserdem reduziert sich bei einem Portfolio mit mehr als 20 Einzeltiteln das Risiko nur noch geringfügig. Es macht also aus risikotechnischen Überlegungen keinen Sinn, hundert einzelne Titel zu halten.

Internationale Diversifikation

Im Rahmen des Risiko-Managements haben wir bereits die zwei wichtigsten Diversifikationsmöglichkeiten kennengelernt: die Verteilung auf drei Risikoklassen und die Streuung auf mehrere Einzeltitel der gleichen Kategorie. Mit einer internationalen Diversifikation kann das Risiko weiter reduziert werden.

Eine internationale Diversifikation teilt die Mittel verschiedenen Anlagemärkte zu, aus der Erkenntnis heraus,

Internationale Diversifikation
Beispiel: Portfoliokombinationen Schweiz - Europa

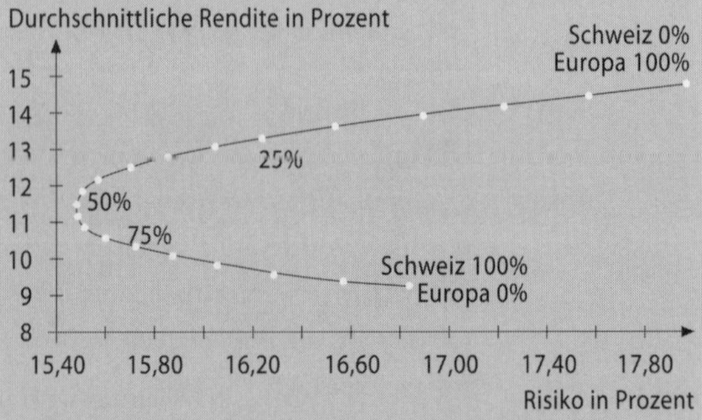

Quelle: H. Zimmermann et.al., Finanzmarkt Schweiz: Strukturen im Wandel; Herausgeber: Zürcher Kantonalbank

dass sich die internationalen Märkte nicht parallel, sondern in gegenläufigen Richtungen entwickeln. So kann es in den USA eine kräftige Hausse geben, während in Japan die Börse stagniert oder gar in eine Baisse fällt. Werden nun Investitionen in beiden Märkten getätigt, wird der negative Verlauf in Japan durch die Kurssteigerungen in den USA wettgemacht.

Sogar eine Diversifikation in nahe Märkte innerhalb Europas senkt das Risiko, wie ein Beispiel aus den Jahren 1980 bis 1987 verdeutlicht: Bei einer Konzentration auf Schweizer Aktien lag die Rendite bei ca. 9%, bei einem Risiko von knapp 17%. Durch eine Beimischung europäischer Aktien reduzierte sich das Risiko auf gut 15%, ohne dass ein Rendite-Verlust in Kauf genommen werden musste – im Gegenteil: Die Rendite verbesserte sich sogar auf 11,5%. Eine Konzentration auf Europa wiederum hätte zwar eine noch höhere Rendite gebracht, aber auch ein grösseres Risiko.

Die Konsequenz aus dieser Analyse: Langfristig orientierte Anleger, insbesondere mit grösseren Engagements in Aktien, also einer Übergewichtung der Risikoklasse 3, kommen nicht darum herum, ihre Vermögenswerte international zu streuen.

Top-Down-Ansatz

Um in der Anlagestrategie eine systematische internationale Diversifikation zu erreichen, geht man nach dem sogenannten Top-Down-Ansatz vor: Konsequent von «oben nach unten» werden wirtschaftliche und wirtschaftspolitische Daten untersucht auf ihre Bedeutung und ihren Einfluss auf die Anlagenmärkte.

Der Top-Down-Ansatz verlangt aufwendige Analyse- und Prognosearbeiten und erfordert ein hohes Fachwissen auf verschiedenen Gebieten. Ein privater Anleger kann diese Arbeit nicht selbst leisten, sondern muss sich von einer Bank oder einem Vermögensverwalter beraten lassen. Sie verfügen über das notwendige Wissen und die Informationen, die sie von ihren spezialisierten Research-Abteilungen erhalten.

Es ist wichtig, dass auch private Anleger den Top-Down-Prozess der Spezialisten verstehen und in seinen Grundsätzen nachvollziehen. Auf jeden Fall ist es nützlich, Informationen aus Zeitungen oder Zeitschriften zu wirtschaftlichen und wirtschaftspolitischen Ereignissen in seine Anlageentscheidungen einfliessen zu lassen. Folgende Kategorien, für die jeweils Analysen und Prognosen erstellt werden, kann man unterscheiden.

1. Wirtschaftslage
Die Lage der Weltwirtschaft wird mit Hilfe von Daten über Konjunktur, Inflation und Aussenhandel beschrieben. Anhand dieser Indikatoren wird versucht, den zukünftigen Wirtschaftsverlauf zu prognostizieren.

2. Wirtschaftspolitik
Geld- und Budgetpolitik und andere staatliche Massnahmen beeinflussen die Wirtschaft wesentlich. Wichtig ist es vor allem, künftige Entscheidungen von Regierungen, Zentralbanken oder internationalen Gremien rechtzeitig in den Überlegungen zu berücksichtigen.

3. Zinsen und Wechselkurse
Eine dritte Analyse und Prognose beschäftigt sich mit der Entwicklung der kurz- und langfristigen Zinsen sowie den Wechselkursen.

4. Branchen und Unternehmen
Um beurteilen zu können, ob Aktienengagements heute oder in Zukunft empfehlenswert sind, werden vor allem die Gewinne und Aktien von Branchen und einzelnen Unternehmen analysiert.

Diversifikation in der Praxis

Aus den Analysen sind schliesslich Schlussfolgerungen für die Anlagestrategie abzuleiten. Am wichtigsten: die Rangfolge und die Gewichtung der einzelnen Anlagekategorien und die Risiko- und Rendite-Prognosen, in der Regel auf ein Jahr.

Die wesentlichen Anlagekategorien innerhalb der Obligationen sind Währungen und Restlaufzeiten. So kann beispielsweise eine Währungs- und Zinsprognose zur Empfehlung kommen, in US-Dollar-Obligationen mit langer Laufzeit zu investieren. Damit setzt man sowohl auf einen positiven Währungseffekt als auch auf fallende Zinsen und damit steigende Obligationenkurse.

Innerhalb der Aktien wird die übliche Unterscheidung zwischen einzelnen Ländern oder allenfalls Regionen getroffen. Ergibt die Analyse der Wirtschaftslage, der Wirtschaftspolitik sowie der Zinsen und Wechselkurse für ein Land besonders gute Voraussetzungen, und stimmen gleich-

Top-Down-Ansatz für eine internationale Diversifikation

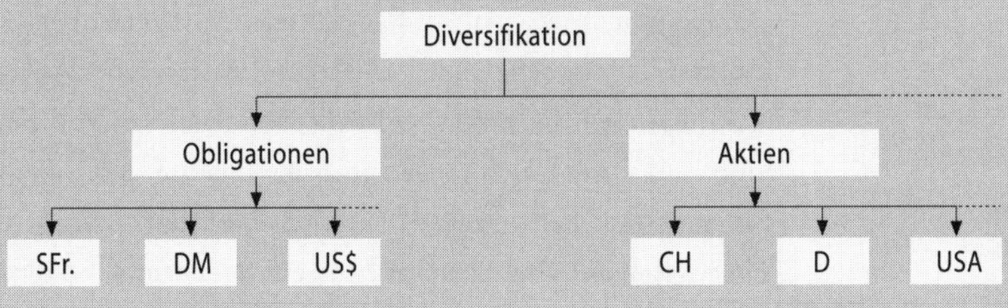

zeitig die Kennzahlen der in diesem Land ansässigen Unternehmen, wird in einen solchen Aktienmarkt verstärkt investiert.

Branchen statt Länder

Die Aufteilung der Aktienmärkte nach Ländern basiert auf der These, dass der Einfluss eines Landes auf die Börse grösser ist als alle anderen Einflüsse. Das ist heute nur noch bedingt richtig. Im Zeitalter der Telekommunikation und der weltumspannenden Informationsnetze sind die Anleger in aller Welt viel besser in der Lage als früher, Daten von Volkswirtschaften und Unternehmen anderer Länder zu untersuchen. Nicht nur die Verfügbarkeit von Informationen hat sich dramatisch verbessert, sondern auch die Möglichkeit, diese Informationen umzusetzen und Investitionen zu tätigen. Anleger kennen keine Landesgrenzen mehr, sie kaufen in Sekundenbruchteilen den Titel ihrer Wahl an einem Tausende von Kilometern entfernten Börsenplatz.

Die Kategorisierung nach Ländern verliert auch an Bedeutung, weil heute viele Unternehmen weltumspannend tätig sind. Das Nahrungsmittelunternehmen Nestlé beispielsweise macht bloss noch einen Bruchteil des Umsatzes in der Schweiz. Unternehmen wie Nestlé muss man völlig losgelöst vom Herkunftsland analysieren, um Investitionsentscheide zu fällen. Sinn machen auch Untersuchungen spezifischer Branchen nach Kundenverhalten, Marktwachstum, Konkurrenzintensität und anderen Kriterien.

Es gibt aber erst wenige Untersuchungen über den Einfluss der Branchen auf Rendite und Risiko einer Anlage. Noch basieren die meisten historischen Analysen von Portfolios auf einer Länderauswahl. Eine Analyse des VZ über die grössten Schweizer Aktientitel bestätigt jedoch die These, dass der Branche eine grössere Bedeutung zukommt als dem Land.

SMI-Titel über zehn Jahre

Das VZ untersuchte 17 der 20 grössten Unternehmen der Schweiz, alles sogenannte Blue Chips, die im «Swiss Market Index» (SMI) enthalten sind. Drei Unternehmen (Surveillance, Ciba Spezialitätenchemie und Clariant) wurden nicht berücksichtigt, weil sie noch nicht zehn Jahre vom SMI erfasst werden. Der Untersuchungszeitraum umfasst die zehn Jahre von Mai 1987 bis Mai 1997. Lange genug, um Zufälligkeiten auszuschliessen. In diese Zeit fällt ausserdem der berüchtigte Crash vom Oktober 1987, als der gesamte Schweizer Aktienmarkt um mehr als 30% abstürzte.

Spitzenreiter im Zehn-Jahres-Vergleich ist die Pharma-Industrie: Wer vor zehn Jahren 100'000 Fr. in Roche oder Novartis (damals noch Ciba-Geigy und Sandoz) investiert hat, ist heute im Besitz eines Aktienpakets im Wert von über einer Million Fr. Dieses Wachstum entspricht einer durchschnittlichen Rendite pro Jahr von 26,8 (Roche) bzw. 25,8% (Novartis). Ähnlich gut haben sich nur Alusuisse, ABB und Ems-Chemie entwickelt. Die Finanzwerte, also die Grossbanken und die grossen Versicherungsgesellschaften, bilden die Schlusslichter der Rangliste. Hätte man vor zehn Jahren 100'000 Fr. in UBS-Aktien investiert (damals noch SBG), wären diese bloss auf 224'000 Fr. angewachsen – eine durchschnittliche Rendite pro Jahr von 8%. 800'000 Fr. weniger Vermögenszunahme als bei einer Investition in Roche oder Novartis.

Zukunftsbranchen: Gesundheit und Informationstechnologie

Es wäre zu einfach, das Management allein für die unterschiedliche Entwicklung von Unternehmen verantwortlich zu machen, auch wenn die Banken die Aktionärsinteressen lange Zeit nicht ausreichend berücksichtigt haben. Der Hauptgrund für die unterschiedliche Performance der Aktien ist aber das Marktumfeld der Branche. Und das ist für Pharma-Unternehmen attraktiver.

Überdurchschnittliches Wachstum, immer neue Technologien und hohe Margen machen eine Branche interessant. Langfristig werden deshalb Aktien von Unternehmen im Gesundheitswesen (Pharma, Biotechnologie, HMO etc.) oder der Informationstechnologie (Halbleiter, Software, Internet, Telecom etc.) besser rentieren als andere Aktien.

Pharma-Aktien klar besser als Finanz-Aktien

Basis: Kurssteigerung pro Jahr, Kurse 5/87 bis 5/97, exkl. Dividende

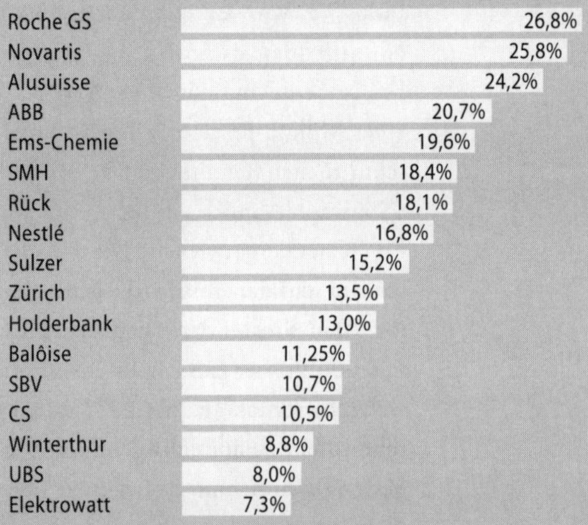

Quelle: VZ-Research, basierend auf Datenmaterial der Bank Vontobel

Jedes Land mit eigenen Branchen-Favoriten

Eine Untersuchung der Bank Bär bestätigt, dass die Pharma-Industrie weltweit eine der attraktivsten Branchen ist. Ein anderes interessantes Ergebnis der Studie: In jedem Land sind es andere Branchen, die in der Vergangenheit besonders gut rentiert haben. In der Schweiz konnte die Pharma-Branche als einzige Branche überhaupt den Marktdurch-

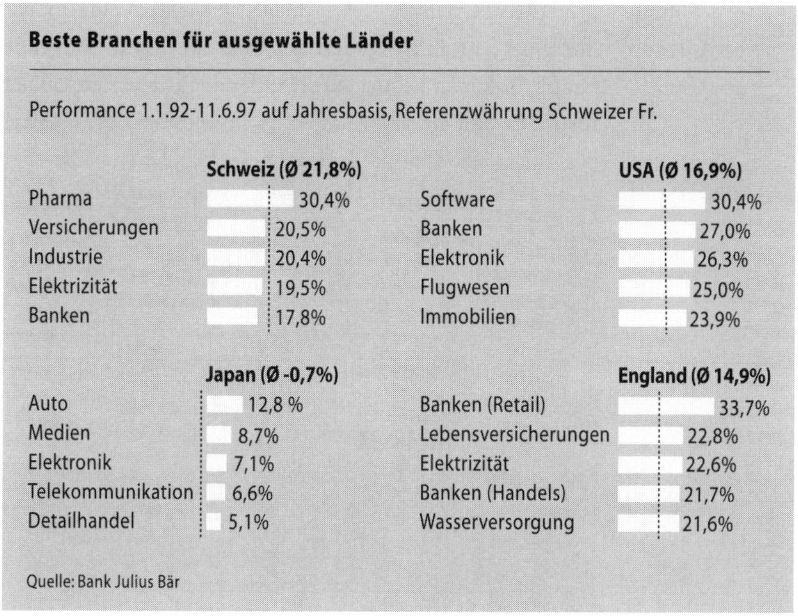

schnitt schlagen. In den USA hingegen gibt es eine Reihe von Branchen, die über dem Durchschnitt lagen, am besten lief die Software-Industrie. Die Banken, in der Schweiz eher eine schwächere Branche, sind in den USA auf Platz zwei zu finden. In England führen die Banken sogar die Hitliste der besten Branchen an.

Entscheidend ist also nicht die Branche an sich, sondern wie sie sich in ihrem spezifischen Markt behauptet. Die Amerikaner und Engländer zum Beispiel sind im Banking offensichtlich um Klassen besser als ihre Schweizer Kollegen. Damit ergibt sich folgendes Branchen-Portfolio:

Pharma-Aktien der Schweiz, Elektronik-Aktien von USA und Japan; in Banken investiert man in den USA, in England und in Holland und in die Automobil-Industrie in Deutschland und Japan.

Timing von Anlagen

Das richtige Timing von Anlageentscheiden fällt in der Praxis oft schwer. Das praktische Problem zeigt die folgende Grafik: Soll man heute kaufen? Oder doch abwarten, ob der Kurs fällt und einen günstigeren Einstiegspreis ermöglicht?

Kaufen oder abwarten?

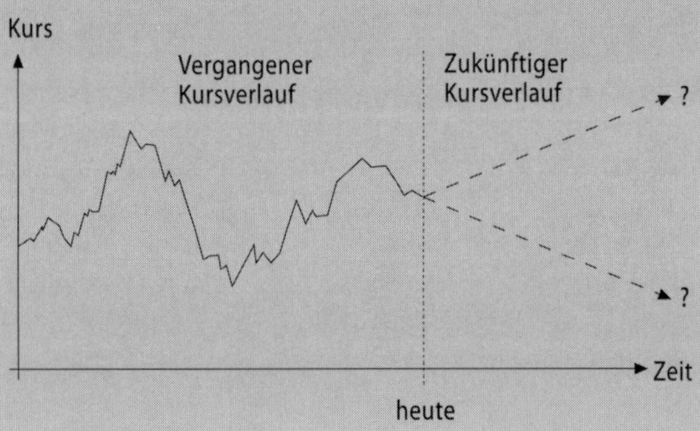

Bei Aktien langfristig wenig relevant

Insbesondere bei Aktienkäufen ist das Timing schwierig, und niemand will riskieren, kurz vor einem Crash einzusteigen. Ein Trost: Aktien sind immer Kursschwankungen unterworfen, die sich über längere Zeit wieder ausgleichen sollten. Man könnte also folgenden Standpunkt einnehmen: «Über das Timing mache man sich keine allzu grossen Gedanken, sondern kaufe irgendwann und warte dann einfach ab» – nach der Devise: «Augen zu und kaufen, abwarten und Tee trinken».

Viele Untersuchungen zeigen, dass dieses zufällige Vorgehen so schlecht gar nicht ist: Über lange Zeit gesehen haben Einstiegs- und Ausstiegszeitpunkt nur einen sehr geringen Einfluss auf die Gesamt-Rendite. Auch eine Analyse des

VZ belegt den schwachen Einfluss des Einstiegszeitpunkts auf die Rendite.

Wie lange braucht es für 8% Rendite?

Untersucht wurde ein Zeitraum von knapp zehn Jahren (September 1987 bis Dezember 1996). Basis waren die monatlichen Endwerte des Swiss Performance Index (SPI), der den Schweizer Aktiendurchschnitt repräsentiert. Frage: Wie lange dauerte es, bis ein Investment in Schweizer Aktien zu irgendeinem Zeitpunkt der letzten zehn Jahre eine Rendite von 8% erreichte? Dauerte es länger als ein Jahr, wurde die Zielmarke annualisiert: Der Kursgewinn musste ab dem Einstiegszeitpunkt durchschnittlich 8% pro Jahr betragen.

112 Einstiegspunkte wurden untersucht. Seit September 1987 ging es nur in einem einzigen Fall länger als sechs Jahre, bis 8% Kursgewinn erreicht waren: beim Einstieg

Wie lange wartet man auf 8% Kursgewinn pro Jahr?

100% = 112 untersuchte Einstiegszeitpunkte (Monate)
von 9/1987 bis 12/1996

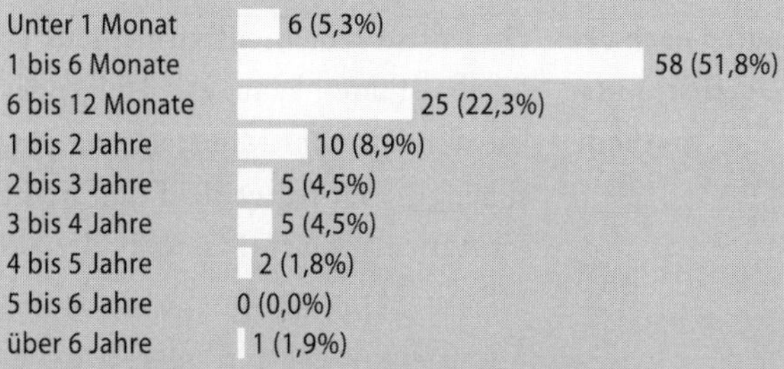

Lesebeispiel:
Bei 10 Einstiegspunkten (8,9% von 112 untersuchten Einstiegspunkten), dauerte es 1 bis 2 Jahre, bis 8% Kursgewinn pro Jahr erzielt wurden.

Quelle: VZ-Research

kurz vor dem Crash im Oktober 1987. Bei sieben Einstiegspunkten benötigte man länger als drei Jahre, um die Zielmarke von 8% zu erreichen. Und bei weiteren fünf Einstiegspunkten dauerte es länger als zwei Jahre. Gesamthaft waren es also dreizehn Einstiegsmonate (12%), nach denen es für 8% Rendite mehr als zwei Jahre brauchte.

Bei 99 Einstiegsmonaten – in 88% aller Fälle – mussten sich die Anleger weniger als zwei Jahre gedulden, um auf 8% Kursgewinn zu kommen. In sechs Fällen wurde das Gewinnziel bereits nach einem Monat erreicht. Einen solchen Supereinstieg erwischte man beispielsweise im Dezember 1996: Allein im Januar 1997 stiegen die Aktienwerte um mehr als 8%.

Das Resultat der Untersuchung stimmt optimistisch: Einzig die Tatsache, dass ein Einstieg kurz vor einem Crash die Rendite empfindlich beeinflusst, gibt zu denken. Doch auch für diesen Fall gibt es ein Rezept: Gestaffelt einsteigen! Damit erreicht man eine systematische Risikoverteilung und steigt allenfalls nur mit einem Teil der Gelder zum schlechtesten Zeitpunkt ein.

Kaufen nach der Durchschnittsmethode

Dass diese Durchschnittsmethode sogar zu einer besseren Rendite führen kann, zeigt folgendes Beispiel: Ein Anleger hat während fünf Monaten, von Januar bis Mai 1995, unabhängig vom Kursverlauf fünf Mal für 10'000 Fr. Schweizer Aktien gekauft (Massstab: der SPI). Das Resultat dieser Salami-Taktik: Es wurde weder zum Höchststand noch zum Tiefststand gekauft, sondern zu einem Durchschnittskurs, im konkreten Fall mit einem besseren Ergebnis als bei der herkömmlichen Kaufmethode. Die Rendite der Durchschnittsmethode lag bei 6,8% – gegenüber 5%, die ein Anleger erreicht hätte, der im Januar die ganze Anlagesumme investiert hätte.

Kauf nach der Durchschnittsmethode
Beispiel: Statt 1 x 50'000 Fr. werden 5 x 10'000 Fr. gekauft

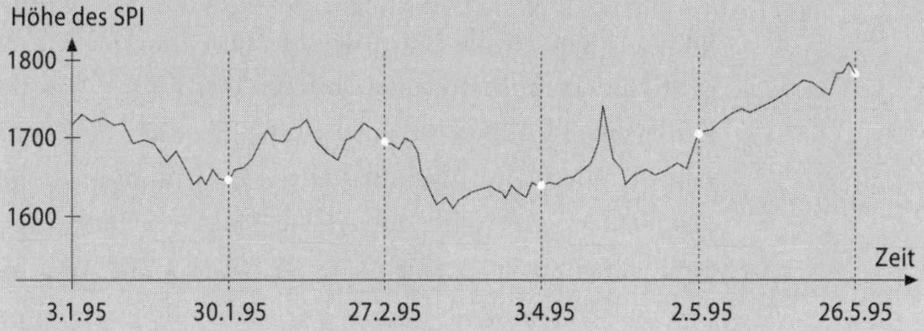

1 x 50'000 Fr. am 3.1.95 brachte bis 26.5.95 eine Rendite von 5,0%
5 x 10'000 Fr. (alle 4 Wochen Kauf einer Tranche) brachten bis 26.5.95 eine Rendite von 6,8%

Quelle: VZ-Research

Aktive Bewirtschaftung: Höhere Gebühren

Die Durchschnittsmethode führt uns zu einem weiteren praktischen Problem: den Gebühren. Der Kauf in vielen kleinen Stückelungen führt üblicherweise zu höheren Kaufgebühren als ein einmaliger Kauf mit einer grösseren Summe. Auch wer sein Depot aktiv bewirtschaftet, also häufig Käufe und Verkäufe tätigt, leidet unter den Gebühren.

Da beisst sich die Katze in den Schwanz: Ein Anleger, der bemüht ist, sein Depot zu optimieren, erzielt vielleicht eine bessere Rendite. Aber seine Optimierung kostet Gebühren: Die Rendite wird kleiner. Umschichtungen machen also nur Sinn, wenn tatsächlich die Rendite steigt.

Klassischer Interessenkonflikt

Bei den Gebühren kommt erschwerend ein klassischer Interessenkonflikt hinzu. Der Anleger will eine möglichst hohe Netto-Rendite erzielen, er akzeptiert Gebühren mit klarer, sachlicher Begründung. Das gleiche Interesse verfolgt grundsätzlich auch der Berater der Bank. Doch seine Bank hat auch das Ziel, regelmässig Gebühren zu verursachen; es sind Erträge notwendig, um das Bankgeschäft wirtschaftlich erfolgreich zu betreiben.

Die folgende Abbildung zeigt, wie sich ein häufiges Umschichten auf die Netto-Rendite auswirkt: Das Beispiel geht von einem Startkapital von 100'000 Fr. aus, das ausschliesslich in Aktien mit einer Brutto-Rendite von 8% pro Jahr investiert wird. Wenn das Depot zweimal pro Jahr umgeschichtet wird (ohne zusätzliche Rendite!), bleibt nach zwei Jahren nur noch eine Netto-Rendite von 3,8% übrig.

Die Annahme, dass ein Aktien-Portfolio zweimal pro Jahr umgeschichtet wird, ist durchaus realistisch. Bei Obligationen geht man davon aus, dass einmal alle zwei Jahre vollständig umgeschichtet wird. Folglich kann man bei einem gemischten Portfolio, das je 50% Aktien und Obligationen enthält, davon ausgehen, dass das Depot im Durchschnitt einmal im Jahr umgeschichtet wird.

Häufige Umschichtungen verursachen hohe Gebühren

=	**Startkapital (brutto)**	**100'000**
–	Kaufgebühren	-1'000
=	Startkapital (netto)	99'000
+	Kursgewinn (8%)	+7'920
–	Kauf-/Verkaufsgebühren	-3'120
=	Kapital nach 1 Jahr	103'800
+	Kursgewinn (8%)	+8'300
–	Kauf-/Verkaufsgebühren	-4'300
=	**Kapital nach 2 Jahren**	**107'800**

ø Brutto-Rendite: 8% p.a.

ø Netto-Rendite: 3,8% p.a.

Annahmen
- Reines Aktienportfolio
- Vollständige Umschichtung des Depots zweimal pro Jahr
- Gebühren für Kauf und Verkauf je 1%

Fonds – ideale Bausteine einer Anlagestrategie

Bisher haben wir die wichtigsten Grundsätze einer persönlichen Anlagestrategie diskutiert. Nun ist es gar nicht so einfach, diese Erkenntnisse in die Praxis umsetzen – wie immer steckt der Teufel im Detail.

Praktische Probleme konsequenter Diversifikation

Wer seine Anlagen in der Schweiz auf drei Risikoklassen aufteilen will, kann die Checkliste am Anfang dieses Kapitels zu Hilfe nehmen. Für eine internationale Diversifikation braucht es einen qualifizierten Berater. Schwieriger ist es, das Firmenrisiko gezielt zu diversifizieren. Die Faustregel, in jedem Anlagemarkt mindestens zehn Einzeltitel einzusetzen, scheitert häufig an zwei Schwierigkeiten:

- Meist ist das Vermögen nicht gross genug, um die erforderliche Anzahl Einzeltitel zu kaufen. Für jeden Einzeltitel gibt es eine Mindestgrösse. Selbst wenn sie sehr klein ist, zwingen die Gebühren für Kauf, Verkauf und Depot dazu, Stückelungen von mindestens 10'000 Fr. vorzunehmen. Möchte man also in 5 Märkte und je 20 Titel investieren, benötigt man bereits eine Million Fr.
- Selbst wenn es das Vermögen erlaubt, in genügend Einzeltitel zu investieren, ist der Prozess, die Titel auszuwählen, zu überwachen und zu verwalten, sehr aufwendig. Auch leidet die Übersichtlichkeit des Depots an der grossen Zahl von Titeln. Es braucht viel Zeit, um Transparenz zu erreichen.

Ein Ausweg aus diesen Schwierigkeiten bietet eine besondere Anlageform: die Fonds. In einen Anlagefonds investieren viele einzelne Anleger. So kommen grosse Fondsvermögen zusammen, oft von mehreren hundert Millionen Fr. Dieses

Vermögen wird dann von einer Fondsleitung oder einem Fondsmanager verwaltet. Der Manager oder ein Team von Spezialisten trifft die Anlageentscheide und versucht, aufgrund von Einzelanalysen die attraktivsten Einzeltitel zu finden, in die dann investiert wird.

Funktionsweise eines Anlagefonds

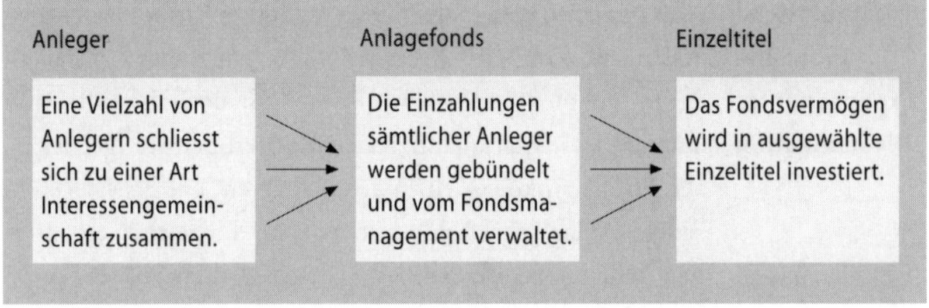

Mit einem Anlagefonds erreicht man auf praktische Art und Weise eine Diversifikation in Einzeltiteln. Ein Fonds investiert in der Regel in mindestens zehn, häufig auch in bedeutend mehr einzelne Aktien. Ein weiterer Vorteil: Es gibt für jede denkbare Anlagekategorie ein breites Angebot an Fonds. Damit kann auch die internationale Diversifikation ideal verwirklicht werden. Man muss lediglich in jedem Segment, in das man investieren will, z.B. DM-Obligationen oder US-Aktien, einen geeigneten Fonds auswählen. (Die Auswahlkriterien für Fonds werden einige Seiten später ausführlich beschrieben.)

Fondskategorien

In bezug auf Risiko und Rendite verhält sich ein Fonds wie die entsprechenden Einzelanlagen: Ein Obligationenfonds grundsätzlich wie eine Obligation (kleines bis mittleres Risiko, mittlere Rendite), ein Aktienfonds wie eine einzelne Aktie (grössere Kursschwankungen, aber auch grössere

Kursgewinne). Nachstehend werden die wichtigsten Fondskategorien genauer beschrieben.

Geldmarktfonds

Geldmarktfonds – Money Market Funds – legen in kurzfristige Festgeldanlagen gegebener Währungen an. Die grosse Beliebtheit dieser Fonds kommt daher, dass ein Geldmarktfonds den Anleger zeitlich nicht bindet – im Unterschied zur traditionellen Festgeldanlage: Traditionell muss man sich immer entscheiden, ob man sein Geld beispielsweise einen, drei oder sechs Monate fest anlegen möchte. Fondsanteile hingegen können jederzeit gekauft oder verkauft werden; der Anleger ist folglich immer liquid (Ausnahmen sind geschlossene Fonds oder Immobilienfonds). Geldmarktfonds bieten gegenüber traditionellen Festgeldern noch einen weiteren Vorteil mit der Stückelung, die oft nur wenige tausend Franken beträgt.

Obligationenfonds

Obligationenfonds investieren in Obligationen einzelner Währungen wie Fr., DM, US$ oder Yen. Es gibt auch Obligationenfonds, die in verschiedene Währungen investieren. Damit kauft man sich praktisch einen Währungskorb, beispielsweise mit Fonds in ECU, in Weichwährungen (z.B. Mix von Lira und Peseten) oder in Schlüsselwährungen (z.B. Mix von US$, £, FF und DM). Weitere Unterscheidungskriterien innerhalb der Kategorie Obligationenfonds: die durchschnittliche Restlaufzeit (Duration) und die Bonität der Schuldner.

Aktienfonds

Aktienfonds konzentrieren sich zumeist auf einzelne Länder, z.B. Aktienfonds Schweiz. Damit kauft man sich in einen ganzen Markt ein, statt in eine risikoreichere Einzelaktie zu investieren. Spezialformen von Aktienfonds sind die sogenannten Indexfonds, die das Fondsvermögen gemäss einem

Referenz-Index anlegen, z.B. dem Swiss Performance Index (SPI).

Small Cap Fonds Nebenwertefonds oder Small Cap Fonds (Small Capitalisation Fonds) investieren ausschliesslich in Aktien kleinerer bis mittelgrosser Unternehmen. Klein heisst in diesem Fall, dass die Börsenkapitalisierung in der Regel maximal 500 Millionen Fr. beträgt. Bei «mittelgrossen» Unternehmen liegt die Börsenkapitalisierung bei maximal 2 Milliarden Fr. (Die Börsenkapitalisierung entspricht dem Gesamtwert aller Aktien eines Unternehmens an der Börse: Die Zahl der Aktien wird multipliziert mit dem Aktienkurs.)

Small Cap Fonds sind interessant, weil sich ein weiterer Diversifikationseffekt ergibt: Eine Beimischung von Small Caps in ein Aktienportfolio reduziert das Gesamtrisiko und steigert gleichzeitig die Rendite, weil sich Blue Chips und Nebenwerte oft gegensätzlich oder zeitversetzt entwickeln: Wenn Blue Chips boomen, laufen die Nebenwerte häufig hinterher und umgekehrt.

Öko-Fonds Immer mehr Investoren möchten nicht nur nach ökonomischen, sondern auch nach ökologischen Gesichtspunkten investieren. Nebst Direktanlagen oder Einlagen bei alternativen Banken sind Öko-Fonds geeignete Anlageinstrumente. Allerdings ist nicht jedes Unternehmen in der Umweltbranche ökologisch. Wer in Umwelttechnologie investieren will und beispielsweise ein Unternehmen in der Entsorgung wählt, setzt am falschen Ende an. Entsorgungsfirmen sind am Ende der Wirtschaftskette tätig, man spricht in diesem Zusammenhang auch von «end-of-pipe-technology».

Entscheidendes Kriterium ist vielmehr, ob sich eine Unternehmung ökologisch verantwortungsvoll verhält – unabhängig von der Branche. Ein fundiertes Urteil bewertet vor allem die «sustainability», die «Nachhaltigkeit», mit der eine Firma ihre wirtschaftlichen Interessen verfolgt. Moderne Ansätze unterscheiden zwischen «sustainability leaders», Unternehmen, die in ihrer Branche führend sind, und «sustainability pioneers», Unternehmen, die künftige Entwicklungen vorwegnehmen.

Strategie-Fonds

Ist ein Vermögen zu klein, um es auf verschiedene Fonds aufzuteilen, kann man in Strategie- oder Portfolio-Fonds investieren, die Geldmarkt-, Obligationen- und Aktienanlagen mischen. Strategie-Fonds gibt es in verschiedenen Währungen. Sie sind bis zu einem Anlagevolumen von 100'000 Fr. zu empfehlen.

Jede grössere Bank verfügt über eine breite Palette von Strategie-Fonds. Je nach Zielsetzung und Gesamtrisiko der Fonds tragen sie Bezeichnungen wie «Einkommen» oder «Wachstum».

Mit Fonds den Index schlagen?

Viele Anleger stehen Fonds skeptisch gegenüber. Eines der wichtigsten Argumente: die scheinbar ungenügende Performance von Fonds. Die Kritiker behaupten, Fonds rentierten schlechter als der Durchschnitt des jeweiligen Marktes. Der Marktdurchschnitt ist die Referenzgrösse, an der die relative Performance gemessen wird. Man bezeichnet solch eine Referenzgrösse auch als «Benchmark».

Am Beispiel des Aktienmarkts Schweiz hat das VZ die Performance von Fonds mit einer Benchmark verglichen. Als Benchmark diente der «Swiss Performance Index» (SPI), der den Gesamtmarkt repräsentiert.

Die Ergebnisse der Analyse: Über mehrere Jahre schlagen in der Tat nur wenige Fonds den Referenz-Index; kurzfristig hingegen sind es aber schon mehr als ein Dutzend, die besser als der Index abschneiden. Die folgende Tabelle zeigt die zehn besten Aktienfonds. Die Rendite ist im jeweiligen Untersuchungszeitraum nur dann aufgeführt, wenn der Fonds über dem SPI lag.

Performance-Vergleich von Schweizer Aktienfonds

Bank	Fonds	5 Jahre (p.a.) 6/92-6/97	3 Jahre (p.a.) 6/94-6/97	1 Jahr 6/96-6/97	1/2 Jahr 1/97-6/97
Benchmark	SPI	24,7%	27,1%	47,4%	41,3%
Anzahl untersuchte Fonds		26	36	48	64
Fonds über Benchmark		3	6	19	14
Vontobel	Vt. Swiss Equities	25,6%	29,7%	-	-
CS	Swissac	25,4%	27,9%	51,3%	43,9%
SBC	SBC 100-Index-Fund	24,8%	-	-	41,5%
Bär	Swissbar	-	30,1%	51,2%	43,0%
CS	Schweizeraktien	-	28,0%	54,5%	46,0%
Dresdner	DIT-Fonds Schweiz	-	28,2%	51,7%	41,7%
Raiffeisen	Rf. Swiss Actions B	-	27,7%	-	-
Pictet	Pictet Valsuisse	-	-	50,3%	43,9%
BSS	BEC Swiss Funds	-	-	50,2%	44,2%
Leu	Leu Swissequities	-	-	49,5%	-

Quelle: VZ-Research, basierend auf Daten von Micropal

Fonds kann Index kaum schlagen

Wie sind diese Ergebnisse zu interpretieren? In einer Benchmark wie dem SPI sind eine Vielzahl von Einzeltiteln theoretisch kombiniert. Ein Anlagefonds hingegen muss Aktien in der Praxis zusammenstellen. Es fallen Kosten an für den Kauf und Verkauf von Titeln, für die Depotverwahrung und für die Verwaltung des Fonds. Allein schon damit ist ein Fonds gegenüber einem Index benachteiligt. Es kommt hinzu, dass Fonds oft Anlagerichtlinien befolgen müssen, die zu Abweichungen vom Index führen. Beispielsweise machen die drei Unternehmen Novartis, Roche und Nestlé rund die Hälfte (am Stichtag 30. Juni 1997: 47,9%) des SPI aus.

Investierte ein Fonds die Hälfte seines Vermögens in diese drei Unternehmen, entstünde ein Klumpenrisiko, das ein Fondsmanager in aller Regel nicht eingehen darf. Vielmehr muss ein Fonds seine Anlagen breit streuen, denn genau das erwartet ein Anleger von einem Fonds: Streuung, um sein Risiko zu reduzieren.

Fonds werden immer besser

Fonds haben es also schwer, die Benchmark in Form eines Index zu schlagen. Doch genau das gelingt immer mehr Fonds. Auch ein Zeichen dafür, dass Bewegung in den Schweizer Fondsmarkt gekommen ist. Der zunehmende Wettbewerbsdruck hat dazu geführt, dass die Fonds professioneller bewirtschaftet werden. Die Fondsmanager sind immer besser ausgebildet und verfügen über leistungsfähigere EDV-Systeme, die sie in ihrer täglichen Arbeit unterstützen. Aus Sicht des Anlegers ist das eine erfreuliche Entwicklung – doch wird die Qual der Wahl immer grösser. Mittlerweile bieten Dutzende von Banken und Fondsgesellschaften vergleichbare Fonds an. Es ist nicht einfach, den Überblick zu behalten und die besten Fonds zu finden, doch lohnt sich der Aufwand, weil die Unterschiede zwischen den einzelnen Fonds gewaltig sein können.

Professionelle Hilfe beim Fondsvergleich

Der private Anleger kann unter Hunderten von Fonds nur zufällig auf das beste Angebot stossen. Er braucht Beratung. Anlaufstellen können Vermögensverwalter sein, die sich auf Anlagefonds spezialisiert haben. Sinnvollerweise wählt der Kunde eine bankenunabhängige Gesellschaft ohne Interessenkonflikt zwischen Berater und Fondsanbieter. Schliesslich möchte man als Kunde nur Anlagefonds, die in einer rationalen Beurteilung gut abschneiden.

Kriterien zum Vergleich von Fonds

Die vier wesentlichen Beurteilungskriterien von Fonds sind Risiko, Rendite, Anlagestruktur und Gebühren. Voraussetzung einer schlüssigen Beurteilung: der Vergleich von Fonds derselben Kategorie, zum Beispiel Schweizer Aktienfonds mit Schwerpunkt auf Blue Chips. Nur so gibt es aussagefähige Vergleichszahlen.

Auch bei Fonds kann das Risiko in Form der Standardabweichung oder Volatilität gemessen werden. Es sollten Beobachtungsperioden von mindestens drei Jahren gewählt werden. Der Vergleich der Risiken konkurrierender Fonds gibt Aufschluss über die Qualität und die Anlagestrategie des Fonds-Managements.

Rendite-Vergleich von Fonds

Wer die Rendite von Fonds beurteilen will, sollte mehrere Kennzahlen in die Bewertung einfliessen lassen: kurzfristige und mehrere langfristige Renditen, Ausschüttungen und Kursgewinne (vor allem bei Privatpersonen auch aus steuertechnischen Gründen von Bedeutung). Die Renditen sollten immer in der Fondswährung und in der Referenzwährung betrachtet werden. Erstellt man einen Vergleich auf diese Art, ergeben sich erstaunliche Rendite-Unterschiede.

Auswahlkriterium Anlagestruktur

Das dritte Vergleichs- und Auswahlkriterium – die Anlagestruktur – widerspiegelt die grundsätzliche Ausrichtung und Strategie eines Fonds. Die Anlagestruktur von Aktienfonds zeigt die Länder- und Branchenschwerpunkte, die Gewichtung von Blue Chips und Nebenwerten sowie die grössten Einzelpositionen. Bei Obligationen- und Geldmarktfonds konzentriert sich die Strukturanalyse auf Schuldnerqualität, Fälligkeitsstruktur, Duration und Verfall-Rendite. Für Immobilienfonds sind die geographische Streuung, der Mix von Wohn-, Büro- und Gewerbeliegenschaften und die Liquidität von Bedeutung.

Gebühren von Anlagefonds

Das vierte Beurteilungskriterium von Anlagefonds: die Gebühren. Zu unterscheiden ist zwischen den einmaligen Kauf- oder Emissionsgebühren und den laufenden Gebühren (Management Fees). Gewisse Anlagefonds verlangen zusätzlich eine Rücknahmegebühr.

Die Kaufgebühren sind nicht nur abhängig vom Fonds, sondern auch von der Bank, über die das Geschäft abgewickelt wird. Die meisten Banken belasten bankenfremde Fonds mit zusätzlichen Gebühren. Im internationalen Vergleich sind Anlagefonds in der Schweiz günstig: Die Kaufgebühren betragen zwischen 0,5 und 5%.

Die laufenden Gebühren sind für die Beurteilung weniger relevant, weil sie in den ausgewiesenen Jahres-Renditen bereits enthalten sind. Sie geben aber Aufschluss über das Kostenbewusstsein des Fondsmanagements.

Informationen über Anlagefonds

Die Kurse von Anlagefonds werden täglich publiziert, teilweise ergänzt mit den kurzfristigen Renditen. Diese Informationen sind hilfreich für die laufende Überwachung eines Portfolios. Für eine fundierte Auswahl sind diese Angaben jedoch zuwenig aussagekräftig.

Wochen- oder Monatszeitschriften veröffentlichen in Ergänzung zu den Kursen Top-Listen oder Fonds-Rankings, zusammengestellt nach verschiedensten Bewertungskriterien. Die Herleitung der Rankings ist für Laien oft schwer nachzuvollziehen. Man muss sich auf die zusammenfassenden Ergebnisse abstützen, deren Qualität stark vom Institut abhängt, welches die Bewertung durchgeführt hat.

Am besten stützt man sich auf aussagefähige Fondsvergleiche von spezialisierten Vermögensverwaltern. So nützt beispielsweise das VZ eine Datenbank, in der Vergangenheitszahlen von über 10'000 Fonds gespeichert sind. Dadurch entstehen fundierte Analysen und Vergleiche.

Vermögensverwaltung und Anlageberatung

Weltweit die Nr. 1 in der Vermögensverwaltung

In den bisherigen Ausführungen ist deutlich geworden, dass es ein fundiertes Wissen braucht, um eine systematische Anlagestrategie zu erarbeiten und umzusetzen. Dieses Wissen gibt es in der Schweiz in konzentrierter Form. Die Verwaltung von Vermögen hat in der Schweiz eine lange Tradition.

Die Schweizer Banken und Vermögensverwalter halten weltweit die führende Position in der Verwaltung privater und institutioneller Vermögen. Das Gesamtvolumen des Privatvermögens, das grenzüberschreitend verwaltet wird, liegt bei etwa 3'000 Milliarden Fr. Von dieser riesigen Summe wird über ein Drittel in der Schweiz verwaltet. Damit ist die Schweiz klar die Nummer 1 im internationalen Vermögensverwaltungs-Geschäft. Mit deutlichem Abstand folgen Grossbritannien und die USA. Weitere wichtige Finanzplätze sind die Steueroasen in der Karibik, in Luxemburg und auf den britischen Kanalinseln.

Die Schweiz: weltweit führend in der Vermögensverwaltung

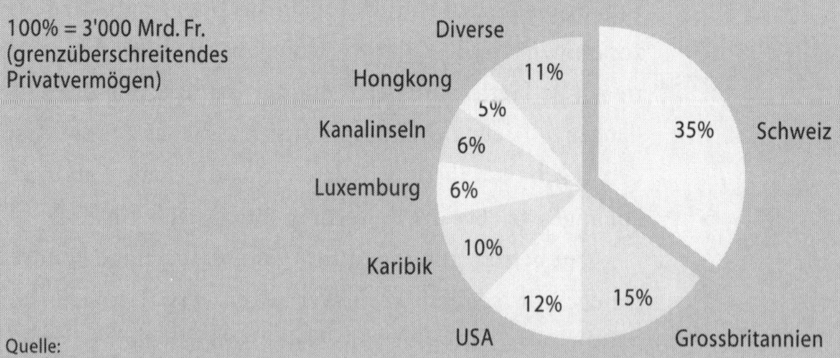

Quelle:
B. Gehrig, Hochschule St. Gallen HSG,
Schätzung für 1994

Die Hälfte des Vermögens aus dem Ausland

Schätzungen beziffern das gesamthaft in der Schweiz verwaltete Vermögen auf 2'100 bis 2'500 Milliarden Fr. Die Hälfte aller in der Schweiz verwalteten Gelder stammt von ausländischen Investoren. Dabei sind die ausländischen Privatkunden (40% des gesamthaft in der Schweiz verwalteten Vermögens) die wichtigste Anlegergruppe.

Aufteilung des verwalteten Vermögens in der Schweiz

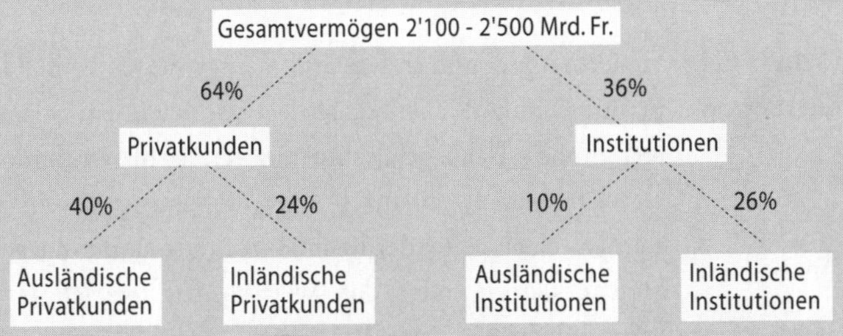

Quelle: B. Gehrig, Hochschule St. Gallen HSG, Schätzung für 1994

Die Abbildung zeigt, dass auch institutionelle Anleger, internationale Grossunternehmen und Pensionskassen die Vorteile und die Professionalität des Schweizer Finanzplatzes schätzen. Gerade institutionelle Investoren sind bezüglich Anlagestrategie, Risikomanagement und Rendite besonders anspruchsvoll; ein gutes Zeichen also für private Investoren, wenn die Schweiz von institutionellen Kunden geschätzt wird.

Diskretion und Bankgeheimnis

Ist man sich der Bedeutung ausländischer Gelder für die Schweiz bewusst, erstaunt es nicht, dass sich die Schweizer Bankiers und Vermögensverwalter perfekt auf die ausländische Kundschaft eingestellt haben. Diskretion und Stillschweigen sind in der Schweiz gesetzlich verankert. Das berühmte Schweizer Bankgeheimnis ist strafrechtlich geschützt (Artikel 47, Ziffer 1 des Schweizer Bankengesetzes). Folglich darf – von gewissen Ausnahmen abgesehen – eine Schweizer Bank keinerlei Auskünfte über ihre Kunden und ihre Vermögenswerte erteilen. Das Bankgeheimnis gilt selbstverständlich auch im Kontakt mit sämtlichen ausländischen Institutionen, auch den ausländischen Finanzämtern.

Kein Schutz bei Steuerbetrug

Steuerbetrüger und andere Straftäter geniessen keinen Informationsschutz. Steuerbetrug liegt vor, wenn zur Steuerhinterziehung falsche, gefälschte oder verfälschte Urkunden wie Geschäftsbücher, Bilanzen oder Lohnausweise eingesetzt werden. Nach geltender Rechtssprechung sind hingegen die Steuererklärung oder das Wertschriftenverzeichnis eines Steuerpflichtigen keine Urkunden.

Sorgfaltspflicht und Gesetz gegen Geldwäscherei

In der Vergangenheit haben immer wieder Einzelfälle, in denen kriminelle Gelder in der Schweiz aufgetaucht sind, für Aufsehen gesorgt. Insbesondere kriminelle Organisationen oder diktatorische Regimes möchte man davon abhalten, in der Schweiz schmutziges Geld zu waschen. Daher haben die Schweizer Aufsichtsbehörden und Banken ihre Bemühungen verstärkt, den Zufluss illegaler Gelder in den Finanzkreislauf zu verhindern.

Die Bekämpfung der Geldwäscherei findet ihren Ausdruck in der Wahrnehmung der Sorgfaltspflicht. Bei Bareinzahlungen oder Überweisungen wird die Herkunft der Gelder sorgfältig überprüft. Wenn juristische Personen Gelder deponieren wollen, müssen stets die effektiven Inhaber identifiziert werden, auch wenn ein Schweizer Anwalt oder Treuhänder allein für ein Konto oder Depot zeichnungsberechtigt ist. Es soll verhindert werden, dass Schweizer Strohmänner vorgeschoben werden, um die eigentliche Herkunft der Gelder zu vertuschen.

Schweiz schlägt Luxemburg

Andere Länder bieten ähnliche Vorteile wie die Schweiz. Beispielsweise hat Luxemburg gerade in den letzten Jahren einen enormen Kapitalzufluss von deutschen Anlegern verzeichnen können. Aus zwei wesentlichen Gründen wandern jedoch immer mehr deutsche Anleger wieder aus Luxemburg ab:

- Auf Luxemburg lastet ein ungeheurer politischer Druck, das finanzielle und steuerpolitische Inseldasein zu beenden: Den Finanzministern der Nachbarstaaten ist die Sonderstellung Luxemburgs offensichtlich (und verständlicherweise) ein Dorn im Auge.
- Viele Anleger haben ihr Geld in Luxemburg bei Tochtergesellschaften deutscher Banken deponiert. Die enge Verbindung zwischen deutschen und luxemburgischen Bankinstituten hat in Einzelfällen zu fatalen Indiskretionen geführt und massive Nachforschungen der deutschen Steuerbehörde ausgelöst.

Wen wählen als Vermögensverwalter?

Die weltweit führende Stellung der Schweiz in der Verwaltung ausländischer Vermögen zeigt sich auch in der Vielfalt von Banken und Finanzinstituten. Als Anleger hat man die Qual der Wahl, welchem Institut und welcher Anlagestrategie man sein Vertrauen schenken soll. Die wichtigsten Institutionen, die für einen Vermögensverwaltungsauftrag in Frage kommen, sind Grossbanken, Kantonal- und Regionalbanken, Privatbanken und bankenunabhängige Vermögensverwalter.

Grossbanken

In der Schweiz gibt es drei Grossbanken. Die Grossbanken sind weltweit tätig und betreiben sämtliche Bankgeschäfte vom Kreditgeschäft über das Investment Banking, den Handel und das Risk Management bis zur Anlageberatung und Vermögensverwaltung. Die Vermögensverwaltung ist nur ein Standbein einer Grossbank, wird aber zunehmend wichtiger.

CS (Credit Suisse)

Die Nummer 1 unter den Grossbanken ist die CS (Credit Suisse Group), mit einer Bilanzsumme von 524 Milliarden Fr. und 35'000 Mitarbeitern (1996). 1993 wurde die Schweizerische Volksbank (SVB) in die CS integriert. Zur CS gehören u.a. auch die Bank Leu, die Clariden Bank, die Bank Hofmann, die Affida und die Gewerbebank Baden.

UBS (Schweizerische Bankgesellschaft)

Die zweitgrösste Schweizer Grossbank ist die UBS (Schweizerische Bankgesellschaft) mit einer Bilanzsumme von 437 Milliarden Fr. und 29'000 Beschäftigten (1996). Zur UBS gehören die Cantrade, BDL und Hyposwiss.

SBV (Schweizerischer Bankverein)

Die Nummer 3 unter den Grossbanken ist der SBV (Schweizerischer Bankverein) mit einer Bilanzsumme von 360 Milliarden Fr. und 27'500 Beschäftigten (1996). Der Bankverein hat international vor allem durch die Akquisitionen von O'Connor (derivate Finanzprodukte), Brinson Partners (Vermögensverwaltung für Institutionen), SG Warburg (Investment Banking) und Dillon Read (Investment Banking) für Aufsehen gesorgt.

Die Grossbanken verfügen über eine ausgezeichnete Infrastruktur und ein internationales Beziehungsnetz. Vielen Anlegern ist vor allem die Sicherheit und Seriosität wichtig, die mit der Grösse, dem Alter und dem Ruf einer Grossbank verbunden sind.

Kantonal- und Regionalbanken

Kantonalbanken wie die Zürcher Kantonalbank (ZKB) sind typisch schweizerische, auf dem Föderalismus beruhende Institutionen. Die Besonderheit liegt darin, dass der Kanton teilweise oder vollständig für die Verpflichtungen der Kantonalbanken haftet. Diese Staatsgarantie sollte ursprünglich sichere Anlagen und günstige Kredite für Handel, Gewerbe und Landwirtschaft ermöglichen. Heute wird die Diskussion um die Privatisierung der Kantonalbanken immer lauter.

Viele Kantonalbanken waren oder sind noch immer vorwiegend lokal tätig. Diese Institute haben früher vor allem das Hypothekargeschäft betrieben. Inzwischen besitzen einige den Charakter von Universalbanken und haben sich zu Banken mittlerer Grösse entwickelt.

Durch den Zerfall der Immobilienpreise sind seit 1991 einige Regionalbanken in Schwierigkeiten geraten und haben sich zusammengeschlossen oder sind von einer Grossbank übernommen worden. Diese Strukturbereinigung wird sich noch fortsetzen. Die Schweiz ist mit gegen 600 Banken und Finanzinstituten «overbanked»; viele Institute sind zu klein, um auf Dauer selbständig zu überleben.

Privatbanken

Die Privatbank verkörpert die älteste Unternehmensform im schweizerischen Bankwesen. Schon im 18. Jahrhundert wurden die ersten Privatbanken gegründet. Nebst Bankgeschäften betrieben sie den Warengrosshandel und das Speditionsgewerbe. Im Lauf der Zeit haben sie sich auf die Vermögensverwaltung konzentriert.

Privatbanken sind auf sehr vermögende in- und ausländische Kundschaft ausgerichtet und pflegen eine besonders exklusive und diskrete Atmosphäre. Bei echten Privatbanken (z.B. Pictet oder Lombard Odier in Genf) haften die Teilhaber oder Partner mit ihrem Privatvermögen. Im Lauf der Zeit sind jedoch etliche Privatbanken dazu übergegangen, sich als Aktiengesellschaften ohne private Haftung zu organisieren (z.B. Bank Julius Bär oder Bank Vontobel). Die Abbildung zeigt die grössten 20 Privatbanken der Schweiz, geordnet nach Domizil und Grösse.

Die 20 grössten Privatbanken der Schweiz

Zürich	Genf	Basel
1. Julius Bär	1. Pictet*	1. Sarasin*
2. J. Vontobel	2. Lombard Odier*	2. Dreyfus
3. Cantrade	3. Darier Hentsch*	3. La Roche*
4. Claridenbank	4. Rothschild	4. E. Gutzwiller*
5. Bank Hofmann	5. Mirabaud*	
6. Guyerzeller Bank	6. Paribas	
7. Rahn & Bodmer	7. Bordier*	
8. Leu	8. Gronet*	

* Rechtliche Struktur mit persönlich haftenden Teilhabern

Quelle: Finanz & Wirtschaft

Bankenunabhängige Vermögensverwalter

Die Schweizer Banken sind durch die rege Nachfrage von ausländischen Anlegern verwöhnt. Ausserdem haben sie hohe Einstiegshürden aufgestellt und picken in der Vermögensverwaltung die Rosinen heraus: Zu einem sogenannten «Zielkunden» einer Privatbank wird man erst mit einem Vermögen von ein bis zwei Millionen Fr. Es gibt sogar einzelne Institute, die nur Kunden mit 5 oder 10 Millionen Fr. annehmen. Auch bei den Grossbanken ist man mit ein paar hunderttausend Franken noch kein «VIP». Aus diesem Grund sind bankenunabhängige Vermögensverwalter oft eine bessere Adresse für Kunden, die nicht (oder noch nicht) in die gehobenen Segmente passen oder passen wollen oder einen besonders hohen Anspruch an einen individuellen Service haben.

Vorteile bankenunabhängiger Verwalter

Bankenunabhängige Vermögensverwalter (Einzelpersonen oder Gesellschaften) sind keiner Bank und ihrer internen Politik verpflichtet. Sie können darum dem Kunden die verschiedensten Anlageformen mit allen Vor- und Nachteilen aufzeigen. In der Auswahl der Anlagetitel sind sie unabhängig von bankinternen Richtlinien. Das ist vor allem bei Fonds-Depots wichtig, weil Banken nur ihre eigenen Fonds einsetzen, auch wenn es bessere Konkurrenzfonds gibt.

Vermögensverwalter sind vielfach flexibler und einsatzfreudiger als Banken. Zudem sind sie frei von institutionellen Zwängen. Natürlich sind auch sie auf die Banken angewiesen, mit denen sie (z.B. bei der Depotführung) eng zusammenarbeiten. Die Vermögensverwalter erhalten von den Banken häufig sogenannte Retrozessionen, Rückerstattungen von Gebühren, die dem Kunden von der Depotbank in Rechnung gestellt wurden. Retrozessionen sind dann gerechtfertigt, wenn der Vermögensverwalter auch Aufgaben übernimmt, die ansonsten bei der Bank anfallen würden, beispielsweise die Abwicklung von administrativ aufwendigen Kauf- und Verkaufsaufträgen. Ein seriöser Vermögensverwalter informiert seine Kunden offen über allfällige Retrozessionen und seine Gebührenpolitik.

Nachteile bankenunabhängiger Verwalter

Hunderte von Ein- oder Zweimann-Firmen und einige grössere Gesellschaften bieten Anlegern ihre Dienste als Vermögensverwalter an. Gerade in dieser Branche gibt es zahlreiche fragwürdige Personen und Firmen. Es empfiehlt sich, den Vermögensverwalter sorgfältig auszuwählen und seine Seriosität und Leistungsfähigkeit kritisch zu prüfen, am besten in einer persönlichen Beratung, die einer Vermögensverwaltung ohnehin vorausgehen muss, weil nur eine seriöse Analyse und Beratung die notwendigen Entscheidungsgrundlagen für eine Anlagestrategie liefern kann.

Persönliche Ziele definieren

Der erste Nutzen einer Beratung: Man muss seine eigenen Ziele klar formulieren. Nur auf der Basis von definierten Zielen kann eine Anlagestrategie erarbeitet werden. Und nur wenn die persönlichen Ziele eindeutig formuliert sind, kann man später den Erfolg der Anlagestrategie messen.

Die Zielsetzung kann man aus der Checkliste ableiten, die zu Beginn dieses Kapitels vorgestellt wurde. In diesem Zusammenhang kann man nicht oft genug die Bedeutung der persönlichen Risikotoleranz hervorheben. Ein seriöser Berater wird diesem Punkt höchste Aufmerksamkeit widmen: Wird die Risikotoleranz realistisch und ehrlich eingeschätzt, erspart man sich grossen Ärger und viele Enttäuschungen.

Vom Ziel zum Anlagevorschlag

Auf der Grundlage klar formulierter Ziele unterbreitet ein professioneller Berater einen Vorschlag, der die wichtigsten Eckwerte der Anlagestrategie beschreibt. Dazu gehört die sogenannte Asset Allocation, die Vermögensaufteilung auf drei Risikoklassen. Innerhalb der Risikoklassen werden die Märkte bestimmt und gewichtet. Danach werden für jeden Markt die konkreten Titel oder Anlagefonds ausgewählt.

Idealtypischer Ablauf eines Kundengesprächs

Kundenprofil	Vermögensanalyse	Anlagestrategie	Anlagevorschlag
- Anlageziel - Risikotoleranz - Zeithorizont - Referenzwährung	- Vermögen und Einkommen - Ist-Risikostruktur - Liquiditätsbedürfnisse - Steuerbelastung	- Gewichtung der drei Risikoklassen - Marktauswahl und -gewichtung	- Auswahl der Titel bzw. der Fonds - Steuersparmassnahmen - Umsetzungskonzept

Idealerweise enthält der Anlagevorschlag nicht nur die Produktepalette einer einzigen Bank, sondern berücksichtigt in jeder Kategorie jeweils die besten Titel des Gesamtmarktes. Wichtig sind zudem Angaben über Risiko- und Rendite-Erwartungen. Die Grafik zeigt den idealtypischen Ablauf eines Beratungsgesprächs.

Die Überwachung des Depots

Hat man sich für einen Anlagevorschlag entschieden, werden die jeweiligen Titel oder Fonds gekauft. Damit hört das Management der Anlagen jedoch nicht auf – im Gegenteil. Denn nun gilt es, das Depot zu überwachen und im Bedarfsfall regulierend einzugreifen.

Die erste Überwachungsstufe ist die Ebene der Asset Allocation: Man kontrolliert kontinuierlich, ob die Aufteilung der Anlagen auf die drei Risikoklassen mit den persönlichen Zielen und den Marktbedingungen noch übereinstimmt. Auf der zweiten Stufe wird die Entwicklung der Marktsegmente kontrolliert. Auf einer dritten Stufe wird die Entwicklung der Titel und Fonds analysiert.

Auf jeder Überwachungsstufe werden die effektiven Entwicklungen mit den Zielen verglichen. Treten grössere Abweichungen auf, müssen die Ursachen analysiert werden,

Systematische Überwachung des Depots

Stufe 1 Asset Allocation	– Entwicklung der Makroebene (Zinsen, Währungen, Aktien usw.) – Gewichtung der drei Risikoklassen
Stufe 2 Marktsegmente	– Entwicklungen der Marktsegmente (Länder, Branchen usw.) – Gewichtung der Marktsegmente innerhalb der Risikoklassen
Stufe 3 Titel/Fonds	– Entwicklungen der ausgewählten Titel bzw. Fonds – Umschichtungsentscheidungen

eventuell muss gehandelt werden. Positive Abweichungen sind richtig zu beurteilen, und überdurchschnittliche Gewinne sind allenfalls sicherzustellen, also durch Verkäufe zu realisieren.

Diese Überwachung ist das Ergebnis einer aktiven Verwaltung des Vermögens. «Aktiv» heisst nicht einfach Kaufen und Verkaufen – eine aktive Überwachung führt nicht zwingend zu Umschichtungen.

Vermögensverwaltung für grosse und kleine Vermögen

Ein Anleger, der sich einen Anlagevorschlag selbst erarbeiten und sein Depot selbst überwachen möchte, braucht eine Menge Zeit und das nötige Fachwissen. Daher ist zu prüfen, ob diese komplexe Aufgabe nicht besser an einen Spezialisten – einen Vermögensverwalter – delegiert werden soll.

Häufig sind private Anleger der Meinung, dass Vermögensverwaltung nur für sehr vermögende Personen in Frage kommt. Dem soll an dieser Stelle klar widersprochen werden. Zwar sind gerade in der Schweiz die Hürden für ein Vermögensverwaltungsmandat häufig bei einer halben oder

Verschiedene Formen der Vermögensverwaltung

über 1 Mio. Fr.	über 100'000 Fr.	unter 100'000 Fr.
Individuelle Vermögensverwaltung	Fondsgestützte Vermögensverwaltung	Strategie- oder Portfolio-Fonds
Individuelle Anlagestrategie	Individuelle Anlagestrategie	Standardisierte Anlagestrategie
Kauf sämtlicher Anlageinstrumente möglich	Kauf von Anlagefonds als Bausteine (Fonds je Marktsegment)	Partizipative Vermögensverwaltung im Rahmen der Fondsstrategie

einer Million Fr. gesetzt. Jedoch wird auch das Angebot für die Verwaltung kleinerer Vermögen zunehmend breiter, ohne dass der Kunde dabei auf die Vorteile einer professionellen Vermögensverwaltung verzichten müsste. Die Grafik auf der vorhergehenden Seite gibt eine Übersicht über die verschiedenen Formen der Vermögensverwaltung.

Verwaltung grösserer Vermögen

Bei grösseren Vermögen – ab ein bis zwei Millionen Fr. – empfiehlt sich eine individuelle Vermögensverwaltung. Individuell bedeutet, dass eine Anlagestrategie spezifisch auf die Kundenbedürfnisse zugeschnitten wird. Die Verwaltung der Anlagen erfolgt nach detailliert vereinbarten Richtlinien. Das Spektrum der Anlageinstrumente reicht vom Festgeld über Anlagefonds bis hin zu Einzeltiteln und Derivaten.

Verwaltung mittelgrosser Vermögen

Eine interessante Möglichkeit für die Verwaltung von Vermögen ab 100'000 Fr. bieten Vermögensverwalter an, die sich auf Anlagefonds spezialisiert haben. Dabei werden für die definierten Anlagekategorien Fonds eingesetzt, die bereits in kleinen Stückelungen (z.B. ab 5'000 Fr.) gekauft werden können. Zudem bieten Fonds innerhalb der gewählten Anlagekategorie durch ihre breite Titelstreuung eine sinnvolle Diversifikation und gewährleisten eine professionelle Anlage der Gelder.

Wählt man diese Art der Vermögensverwaltung, kombiniert man das Fachwissen eines Vermögensverwalters mit dem spezifischen Know-how von Fondsmanagern.

Verwaltung kleinerer Vermögen

Für Vermögen von 5'000 bis 100'000 Fr. empfehlen sich sogenannte Strategie- oder Portfolio-Fonds. Sie haben häufig mehrere hundert Millionen Fr. Fondsvermögen, so dass auch Kleinanleger von einer professionellen Verwaltung profitieren. Strategiefonds werden von praktisch sämtlichen Banken angeboten. Sie investieren in Geldmarktanlagen, Obligationen und Aktien und werden in verschiedenen Währungen und Risikostufen angeboten. Der Risikograd ist dabei um so höher, je grösser der Anteil der Fremdwährungsanlagen und Aktien ist. Vor einem Kauf sollte man sich sorgfältig beraten lassen. Der Anleger muss sich insbesondere über die Risiken von Fremdwährungen und Aktien in einem Strategie-Fonds informieren lassen.

Leistungspaket eines Vermögensverwalters

Ein professioneller Vermögensverwalter garantiert ein umfassendes Leistungspaket, von dem der Privatanleger profitieren kann. Die Checkliste zeigt die wichtigsten Dienstleistungen von der Analyse bis zur Berichterstattung.

Leistungspaket eines Vermögensverwalters

- Individuelle Kundenanalyse und -beratung
- Erstellen von Markt- und Wertschriftenanalysen
- Erarbeiten von Anlagestrategien und -vorschlägen
- Treffen und Umsetzen von Anlageentscheidungen
- Kontrolle der Käufe und Verkäufe sowie Buchhaltung
- Laufende Überwachung des Marktes und der Depots
- Durchführen notwendiger Umschichtungen
- Regelmässige Berichterstattung an den Kunden (Reporting)

Erweiterte Dienstleistungen

Ausser dem Management der Anlagen bietet ein guter Vermögensverwalter weitere wichtige Dienstleistungen an. Sie umfassen insbesondere die Beratung in Steuerfragen. Ein Vermögensverwalter, der sich lediglich auf die Brutto-Rendite konzentriert, vernachlässigt das wichtigste Interesse des Kunden: eine langfristig zufriedenstellende Netto-Rendite.

Im weiteren kann ein Vermögensverwalter auch erbrechtliche Probleme lösen, die häufig mit der Anlage und Verwaltung von Vermögensteilen verknüpft sind. Auch die Errichtung von Trusts, Stiftungen und Offshore-Gesellschaften fällt in den Aufgabenbereich eines Vermögensverwalters, ebenso wie die Versicherungs- und Vorsorgeberatung.

Vermögensverwalter und Depotbank Der Vermögensverwalter bewahrt die Wertschriften in einem Bankdepot auf, das auf den Namen des Kunden lautet. Die Depotbank verfügt über die notwendige technische Infrastruktur zum Kauf und Verkauf und zur Aufbewahrung der Anlagen, sie führt die Anweisungen des Vermögensverwalters aus. Die Abbildung veranschaulicht die Aufgabenteilung zwischen Vermögensverwalter und Depotbank.

Aufgabenverteilung zwischen Vermögensverwalter und Depotbank

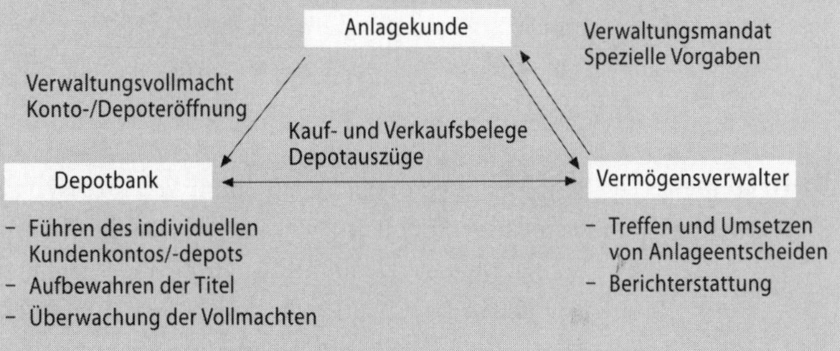

Auftrag zur Vermögensverwaltung Mit einem Mandat zur Vermögensverwaltung erteilt der Kunde einer Person oder Institution einen klar definierten Auftrag. Er ermöglicht es dem Vermögensverwalter, das

Depot im Sinne des Kunden zu überwachen und sinnvolle Änderungen vorzunehmen. Es ist wichtig, die Kompetenzen des Vermögensverwalters genau zu definieren. Insbesondere sind jegliche Bezugsmöglichkeiten auszuschliessen; die Kreditaufnahme über die Belehnung der Wertschriften sowie der Einsatz von spekulativen Anlageinstrumenten wie Derivaten ist einzuschränken. Die folgende Checkliste zeigt die wesentlichen Bestandteile eines Vermögensverwaltungsauftrags.

Checkliste "Vermögensverwaltungsauftrag"

- Vertragsparteien mit vollständiger Bezeichnung und Adresse
- Vertragsgegenstand mit genauer Beschreibung des Umfangs, des Inhalts und der zu verwaltenden Vermögenswerte
- Anlageziele des Kunden, Referenzwährung und Anlagestrategie
- Besondere Ermächtigungen und Einschränkungen
- Berichterstattung (Periodizität) und Korrespondenzregelung
- Honorarvereinbarungen (fixe Gebühren, Gewinnbeteiligungen)
- Vertragsauflösung (Kündigung, Tod, Handlungsunfähigkeit)
- Haftungsbestimmungen, Gerichtsstand und Erfüllungsort

Transparentes Reporting

Die hohe Verantwortung, die mit einem Vermögensverwaltungsmandat verknüpft ist, verlangt vollständige Transparenz für den Kunden. Damit der Kunde die Entscheidungen und vor allem die Leistung des Verwalters kontrollieren kann, muss dieser dem Kunden regelmässig eine transparente und aussagekräftige Berichterstattung, ein sogenanntes Reporting, zukommen lassen. Bevor man einen Vermögensverwaltungsauftrag erteilt, sollte man ein Muster solch eines Reportings einsehen.

Checkliste "Reporting"

Depotauszug

- Vermögensstruktur gegliedert nach Risikoklassen, Märkten, Währungen oder anderen sinnvollen Kategorien, inkl. Kontostand
- Kaufdatum, Kaufkurs, aktueller Kurs und aktueller Wert nach Anlageinstrument, Kategorien und gesamthaft
- Zusatzangaben wie Ausschüttungen, Zins- und Verfalltermine und Wechselkurse

Kauf- und Verkaufsabrechnungen mit Detailangaben zu Kursen, Wechselkursen, Gewinn/Verlust, Gebühren

Rendite-Berechnungen

- Kursveränderung seit Kauf und für die Berichtsperiode nach Anlageinstrument und Kategorien
- Gesamt-Rendite inkl. Kontostand am Anfang und am Ende der Berichtsperiode, bereinigt um Zu- und Abflüsse sowie Gebühren
- Gesamt-Rendite total, annualisiert (auf Jahresbasis umgerechnet) und in Relation zur Benchmark
- Steuerauszug mit steuerlicher Bewertung des Vermögens und der Vermögenserträge

Benchmark als Erfolgsmassstab

Ein transparentes Reporting misst die Ergebnisse an einer Vergleichsgrösse, weil das absolute Ergebnis leicht täuschen kann: Bei einer positiven Marktentwicklung tendieren die Anleger dazu, vom Vermögensverwalter überdurchschnittliche Renditen zu erwarten; befinden sich die Anlagemärkte jedoch in einer Abwärtsphase, wollen viele Anleger dennoch auf ihrem persönlichen Depot keinen Verlust erleiden.

Eine faire Beurteilung sollte also nicht aufgrund einer absoluten, sondern aufgrund einer relativen Messlatte – eben einer «Benchmark» – erfolgen. Als Benchmark kann man beispielsweise einen Index der entsprechenden Anlagekategorie benutzen. Langfristig kann auch die Inflation als Benchmark dienen. Oder man definiert eine individuelle Ziel-Rendite, die abhängig ist von Risikotoleranz, Zeithorizont und anderen persönlichen Vorgaben.

Gebühren für Vermögensverwaltung

Die vermeintlich hohen Gebühren halten viele Privatanleger davon ab, einen Vermögensverwalter zu beauftragen, das Vermögen oder Teile davon zu verwalten. Doch eine seriöse und kompetente Dienstleistung hat ihren Preis. Dabei ist klar, dass der Vermögensverwalter einen messbaren Nutzen bringen muss.

Die einfachste Kosten/Nutzen-Überlegung: Ein Vermögensverwalter sollte die durch ihn verursachten Gebühren durch eine bessere Rendite mehr als wettmachen. Beispiel: Wenn eine Vermögensverwaltung jährlich 1% des Depotwertes kostet, sollte die Rendite mindestens um diesen Betrag besser sein. Dieser Erwartungshaltung sind sich die meisten Verwalter sehr wohl bewusst. Denn wenn der Kosten/Nutzen-Vergleich nicht stimmt, wird der Kunde einen günstigeren Weg suchen, um seine Anlageziele zu verwirklichen.

Auswahl eines Verwalters

Die grosse Verantwortung, die ein Vermögensverwalter übernimmt, verlangt höchste Professionalität, die in seiner Integrität, seinem Stil und seiner Arbeitsweise Ausdruck findet. Der beste Weg, die Eigenschaften eines Vermögensverwalters zu beurteilen, sind mehrere persönliche Gespräche. Unter anderem sind folgende Punkte kritisch zu prüfen: Wie geht der Berater auf meine persönlichen Verhältnisse ein? Sind Sicherheit und Diskretion vollständig gewährleistet? Welche Systematik verfolgt der Vermögensverwalter in der Analyse und Erarbeitung der Anlagestrategie und welche bei der Überwachung der Anlagen? Nach welchen Kriterien erfolgt die Auswahl der Anlagekategorien und -instrumente? Wie werden Umschichtungsentscheide gefällt? Sind diese Prozesse transparent, nachvollziehbar und einleuchtend?

Den Erfolg eines Vermögensverwalters kann man abschätzen, indem man sich zeigen lässt, welche Renditen er bei vergleichbaren Anlagestrategien in der Vergangenheit erzielt hat. Die historischen Werte garantieren zwar nicht gute Ergebnisse in der Zukunft, aber sie sind die einzige Möglichkeit, den Erfolg einer Anlagephilosophie zu messen.

Wichtig ist es auch, die Dienstleistungsqualität zu testen, also etwa die administrative und technische Infrastruktur. Die Prüfung des Reportings gibt Aufschluss darüber, wie transparent und aussagekräftig die Berichterstattung erfolgt, ob sie auf individuelle Bedürfnisse abgestimmt und für eine effiziente Kontrolle hilfreich ist.

Die Auswahl eines Vermögensverwalters kann nicht sorgfältig genug erfolgen. Nachdem die Entscheidung gefallen ist, sollte man einem Vermögensverwalter jedoch genügend Zeit geben, seine Anlagestrategie umzusetzen. Mindestens zwei Jahre sollten ihm zugestanden werden, um Erfolg zu haben – schliesslich verlangt das Management von Anlagen immer eine langfristige Perspektive.

Vertrauen ist gut, Kontrolle ist besser

An einen Vermögensverwalter delegiert man zwar einen Grossteil der Aufgaben. Dies bedeutet jedoch nicht, dass man sich um überhaupt nichts mehr zu kümmern braucht. Obwohl der professionelle Umgang mit Anlagen ein Spezialgebiet ist, sollte der Kunde die Entscheidungen vom Grundsatz her immer nachvollziehen können. Dies bedingt ein einfaches, aber ausreichendes Reporting. Allerdings: Nichts ersetzt den engen Kontakt mit einem persönlichen Ansprechpartner.

Auch der Bauch muss entscheiden

Selbst wenn alle sachlichen Prüfungen ein befriedigendes Bild ergeben, muss am Schluss auch eine emotionale Komponente in die Bewertung einfliessen. Vermögensverwaltung ist Vertrauenssache! Letztlich muss man sich wohl fühlen, wenn man die Verantwortung für die Verwaltung des Vermögens abgibt. Und das kann man nur, wenn man zum Ansprechpartner – dem persönlichen Berater – ein Vertrauensverhältnis aufbauen kann. Das führt zum wichtigsten Kriterium für die Beurteilung des Vermögensverwalters – zum Menschen, der diesen Beruf ausübt.

Die Qualität einer Person

Für einen guten Berater sind die Interessen des Kunden die oberste Handlungsmaxime. Jede Entscheidung, die er trifft, muss diesem Ziel untergeordnet sein. Er ist immer in der Lage, dem Kunden einleuchtend und nachvollziehbar die wichtigsten Hintergründe, Entscheidungen und Resultate zu kommunizieren. Und sollten einmal Fehlentscheidungen vorkommen, wird ein seriöser Berater sie eingestehen, die Gründe nennen und Massnahmen ergreifen.

Ein Indiz für die Qualität der Betreuung ist die Anzahl Kunden-Depots pro Anlageberater. Die Anlageberater von Grossbanken müssen mehr als tausend Kunden gleichzeitig betreuen. Verständlich, dass sich ein Berater nur um wenige Kunden wirklich intensiv kümmert – die Masse wird nach einem standardisierten Verfahren abgefertigt.

Eine professionelle Vermögensverwaltungsgesellschaft legt höchsten Wert auf die Qualität ihrer Mitarbeiter, angefangen bei strengen Anforderungen in der Rekrutierung. Die fundamentalen charakterlichen und fachlichen Eigenschaften muss eine Person bereits mitbringen, wenn sie sich um die Stelle eines Vermögensverwalters bewirbt.

Intensive Aus- und Weiterbildung gewährleisten, dass die Berater immer auf dem neuesten Wissensstand sind. Zudem müssen die Mitarbeiter in eine klare Führungsstruktur und eine konsistente Unternehmenskultur eingebettet sein. Stimmt letztlich auch noch die Chemie zwischen Berater und Kunde, sind die wichtigsten Voraussetzungen für eine konstruktive Zusammenarbeit erfüllt.

KAPITEL 2

Persönliche Vorsorge

Das Vorsorgesystem der Schweiz

Vorsorge auf 3 Säulen

Wer vorsorgt, sichert sich und seine Familie finanziell ab für den Fall einer Invalidität oder eines frühzeitigen Todes und für die Zeit des Altersruhestandes ohne Erwerbseinkommen. Das Vorsorgesystem der Schweiz beruht auf dem sogenannten 3-Säulen-Konzept.

Das 3-Säulen-Konzept

1. Säule		**2. Säule**		**3. Säule**	
Staatliche Vorsorge		Berufliche Vorsorge		Selbstvorsorge	
Existenzsicherung (Minimum)		Sicherung der gewohnten Lebenshaltung		Ergänzung der 1. und 2. Säule (v.a. bei höheren Einkommen)	
AHV/IV (Alters- und Hinterlassenenversicherung/ Invalidenversicherung)	EL (Ergänzungsleistungen zu AHV/IV)	Obligatorisch	Zusatz	3a: Gebunden	3b: Frei
		BVG (Berufliche Vorsorge)	BVG	Für Vorsorgezwecke; besondere Steuerbegünstigungen	Private Vorsorge/ Sparen; begrenzte Steuerbegünstigungen
		UVG (Unfallversicherung)	UVG		

Die erste Säule ist die staatliche Vorsorge, also AHV und IV, sie soll das Existenzminimum sichern. Die zweite Säule, die berufliche Vorsorge mit der Pensionskasse, soll den gewohnten Lebensstandard gewährleisten. Die Selbstvorsorge, die dritte Säule, ergänzt vor allem bei höheren Einkommen die Leistungen von AHV und Pensionskasse. Doch wird die Selbstvorsorge für immer breitere Kreise wichtig, weil das Vertrauen in die staatliche AHV schwindet.

Drei Grundrisiken

Der Verlust des Einkommens im Fall von Invalidität oder Tod und nach der Pensionierung sind die drei sogenannten Grundrisiken, gegen die man sich in der Vorsorge absichert.

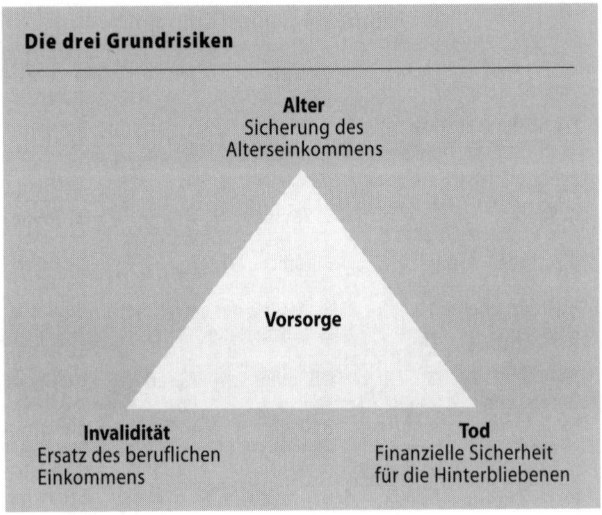

Invaliditäts-risiko

Invalidität entsteht durch Krankheit oder Unfall. Die Angst vor einem schweren Unfall ist viel tiefer verankert als die Angst vor Invalidität durch Krankheit. Das mag damit zu tun haben, dass sich viele Unfälle in der Öffentlichkeit ereignen, etwa im Verkehr oder beim Sport. Sie sind häufig spektakulär, und die Medien berichten darüber. Krankheiten dagegen stellen sich still und weitgehend unbemerkt ein. Nun zeigen Statistiken allerdings, dass die Angst vor einer Krankheit viel begründeter ist als die Angst vor einem Unfall: Etwa zwei Prozent der Schweizer sind invalid. Davon sind neun von zehn Fällen die Folge einer Krankheit – nur jeder zehnte Fall ist auf einen Unfall zurückzuführen.

Trotz dieser klaren Zahlen kann eine besonders hohe Unfallversicherung sinnvoll sein, wenn das individuelle Risiko besonders hoch ist, beispielsweise generell bei Kindern oder bei Erwachsenen mit einem riskanten Hobby wie Gleitschirmfliegen oder Tauchen. Eine Unfallversicherung kann als Einzelversicherung bei einer Versicherungsgesellschaft oder als Zusatz zur Krankenkasse abgeschlossen werden. Die Versicherung zahlt im Invaliditätsfall ein Kapital oder richtet eine Rente aus, die Pflegekosten werden in jedem Fall von der Krankenkasse übernommen.

In der Praxis wird dem Umstand, dass das Krankheitsrisiko grösser ist als das Unfallrisiko, zu wenig Rechnung getragen. So deckt die berufliche Vorsorge der zweiten Säule das Unfallrisiko in der Regel weit besser als das Krankheitsrisiko. Zudem werden auch privat weit mehr Unfallversicherungen abgeschlossen als Vorsorgelösungen für den Krankheitsfall getroffen.

Ein weiterer Schwachpunkt der finanziellen Absicherung von Invalidität: Alle Vorsorgerechnungen gehen jeweils von einer hundertprozentigen Invalidität aus. In Wirklichkeit sind aber Teilinvaliditäten zum Beispiel von 25 oder 50% viel häufiger. Die Vorsorgeleistungen werden bei Teilinvalidität entsprechend dem Invaliditätsgrad gekürzt. Massgebend für den Grad der Invalidität ist der Entscheid der Eidgenössischen Invalidenversicherung.

Todesfallrisiko

Krankheiten sind als Todesursache viel häufiger als Unfälle: Im Durchschnitt kommt auf fünfzehn krankheitsbedingte Todesfälle nur ein Unfalltod. Doch genauso wie das Invaliditätsrisiko durch Unfall wird auch das Risiko des Unfalltodes überversichert, während der Tod durch Krankheit unterversichert wird. Die folgende Abbildung zeigt die Verteilung der Todesursachen: Störungen des Herz-Kreislauf-

Systems stehen mit 43% an der Spitze, gefolgt von Krebs mit 27%.

Todesursachen (1994)

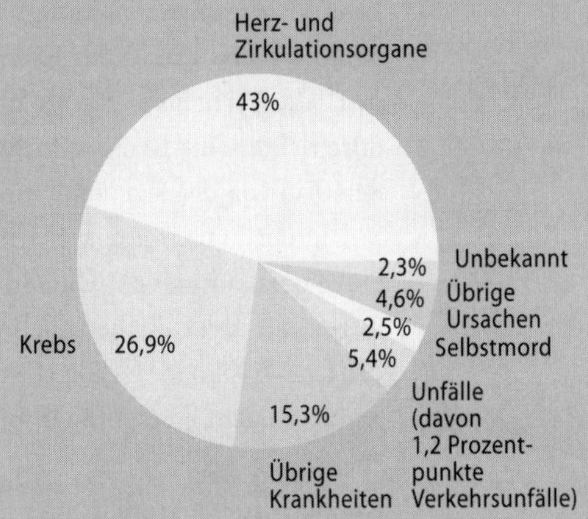

Quelle: Bundesamt für Statistik

Von den 5,4% unfallbedingten Todesfällen sind nur 1,2% auf einen Verkehrsunfall zurückzuführen. Doch ist ein Verkehrsunfall das Ereignis, vor dem sich viele Menschen am meisten fürchten. Die Wahrscheinlichkeit, durch einen Unfall zu sterben, ist aber sehr gering. Deshalb sind Unfallversicherungen ausgesprochen günstig. Mehrfachversicherungen lohnen sich trotzdem nicht.

Seit kurzer Zeit sind Unfallversicherungen vielfach in Dienstleistungspaketen enthalten, etwa bei Kreditkarten oder Reisebuchungen. Diese Versicherungen vermitteln ein trügerisches Sicherheitsgefühl, weil sie bloss unfallbedingte Todesfälle decken, also 5,4% des Todesfallrisikos, für die 94,6% krankheitsbedingten Todesfälle aber keinen Schutz bieten.

Das Alter Es scheint unpassend, das Alter als Risiko zu bezeichnen. Aus finanzieller Perspektive jedoch – und das ist die Vorsorgeperspektive – ist das Alter ein Risiko. Altersarmut gibt es auch in der Schweiz, einem der reichsten Länder der Welt. Sie droht zu einem gesellschaftlichen Problem zu werden. Als arm gelten diejenigen älteren Menschen, die unter dem Existenzminimum leben. Doch viele Rentner kommen nur gerade knapp über die Runden, ohne sich diejenigen Dinge leisten zu können, für die sie jetzt endlich Zeit hätten.

Der Ruhestand ist ein bedeutender und langer Lebensabschnitt. Die durchschnittliche Lebenserwartung steigt in den Industrieländern beständig an, sie liegt heute in der Schweiz bei 74 Jahren für die Männer und knapp 81 Jahren für die Frauen.

Lebenserwartung in der Schweiz

	Bei Geburt	mit 30 J.	mit 40 J.	mit 50 J.	mit 60 J.	mit 70 J.
Frauen	80,8	82,0	82,3	82,9	83,9	85,5
Männer	74,0	76,0	76,6	77,5	79,1	82,1

Quelle: Bundesamt für Statistik (abgekürzte und vereinfachte Sterbetafel 1989/1990)

Aufgrund der steigenden Lebenserwartung wird es für die staatlichen Vorsorgeeinrichtungen immer schwieriger, den kommenden Generationen eine ausreichende Altersrente zu garantieren. In der Schweiz ist wie im übrigen Europa und in den USA die Sicherung der Altersvorsorge in den nächsten dreissig Jahren ein ernstes Problem. Wer sich auf seine eigenen Ersparnisse besinnt und die Vorsorge möglichst auf privater Basis plant, ist deshalb gut beraten.

Die erste Säule: Staatliche Vorsorge

Die wichtigsten staatlichen Vorsorgeformen sind die Eidgenössische Invalidenversicherung (IV) und die Alters- und Hinterlassenen-Versicherung (AHV). Ziel der staatlichen Vorsorge: das Existenzminimum des Versicherten und seiner Familie bei Invalidität, im Todesfall und im Alter sicherzustellen.

Die AHV stützt sich auf ein Umlageverfahren: Die Altersrenten werden durch die AHV-Beiträge der heute Berufstätigen finanziert – genauso wie die heutigen Rentner ihrerseits während ihrer Erwerbstätigkeit die AHV der damaligen Rentner ermöglicht haben. Dieses System reagiert empfindlich auf Veränderungen der Altersstruktur, wie sie sich gegenwärtig abzeichnen:

Veränderung der Altersstruktur der Schweiz

in 100'000 Personen

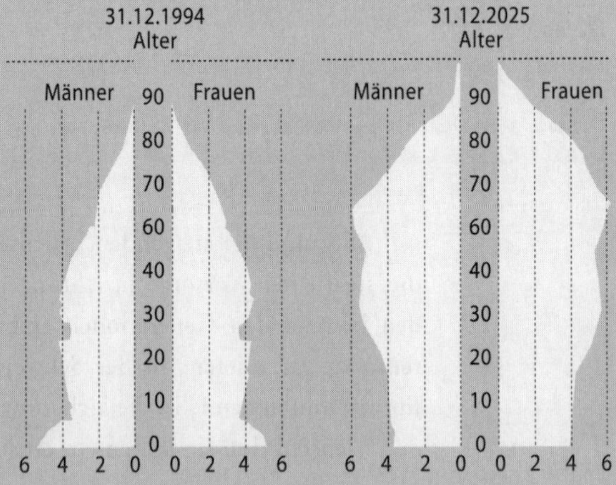

Quelle: Bundesamt für Statistik

1. Die durchschnittliche Lebenserwartung steigt ständig.
2. Die geburtenstarke Nachkriegsgeneration kommt bald ins AHV-Alter.
3. Im Berufsleben stehen die geburtenschwachen Jahrgänge aus der Zeit nach dem sogenannten Pillenknick.

Eine abnehmende Zahl Beitragspflichtiger muss das Einkommen einer steigenden Zahl von Rentnern finanzieren. Das Umlageverfahren stösst damit an seine Grenzen. In welchem Umfang die staatliche Vorsorge für künftige Rentner gesichert ist, hängt von Reformen und neuen Finanzierungsquellen ab. Vor diesem Hintergrund gewinnt die private Vorsorge an Bedeutung.

Versicherter Personenkreis

Versichert und damit anspruchsberechtigt sind alle in der Schweiz wohnhaften Personen. Die Beitragspflicht beginnt für Erwerbstätige am 1. Januar, der dem 17. Altersjahr folgt, für Nichterwerbstätige am 1. Januar nach Vollendung des 20. Altersjahres. Kinder haben keine Beitragspflicht, sind aber mitversichert.

Beitragshöhe

Arbeitnehmer haben 10,1% des Bruttolohns als Beiträge an die AHV/IV zu zahlen. Dabei teilen sich Arbeitgeber und Arbeitnehmer die Beiträge je zur Hälfte. Selbständigerwerbende bezahlen 9,5% des Reineinkommens entsprechend ihrer Veranlagung für die direkte Bundessteuer. Für Einkommen unter 46'600 Fr. kommt eine sinkende Beitragsskala zur Anwendung.

Die AHV/IV soll als Sozialversicherung einen Ausgleich schaffen zwischen besser und schlechter gestellten Versicherten. Die Leistungen der AHV sind für alle Versicherten ausserordentlich gut – nicht nur für die unteren, auch für die oberen Einkommensklassen. Die Behauptung, die

AHV werde von Besserverdienenden subventioniert, ist falsch. Richtig ist bloss, dass alleinstehende Männer wegen ihrer längeren Beitragsdauer und kürzeren Lebenserwartung mehr Beiträge bezahlen als sie als Rente zurückerhalten. Die meisten AHV-Rentnerinnen und -Rentner bekommen aber mehr zurück, als sie im Lauf der Jahre einbezahlt haben (mehr dazu in der VZ-Publikation «Tips zur Pensionierung»).

Beitragspflichtig sind nicht nur Erwerbstätige, sondern auch Nichterwerbstätige. Die Beiträge der nichterwerbstätigen Ehefrau gelten jedoch als bezahlt, wenn der erwerbstätige Ehemann den doppelten Mindestbeitrag zahlt. Diese Regelung ist geschlechtsunabhängig: Der nicht erwerbstätige Ehemann einer erwerbstätigen Frau, die den doppelten Mindestbeitrag zahlt, muss neu ebenfalls keine Beiträge bezahlen. In allen anderen Fällen richtet sich der jährliche Beitrag nach dem Vermögen und beträgt maximal 10'100 Fr. pro Jahr. Diese Regelung gilt auch für Personen, die sich frühpensionieren lassen: Sie entrichten bis zum regulären Rentenalter (Frauen: 62 Jahre, Männer: 65 Jahre) die AHV/IV-Beiträge weiter.

Höhe der Renten

Die Höhe der Renten (Invaliditäts-, Hinterbliebenen- und Altersrenten) ist abhängig von der Höhe des AHV-Einkommens und der Anzahl der Beitragsjahre. Sie ist gegen unten (aktuelle Minimalrente: 11'940 Fr. pro Jahr) und gegen oben (Maximalrente: 23'880 Fr. pro Jahr) begrenzt. Das massgebende durchschnittliche Jahreseinkommen setzt sich zusammen aus dem Erwerbseinkommen und den Erziehungs- bzw. Betreuungsgutschriften. Einkommen und Gutschriften werden mit dem persönlichen Aufwertungsfaktor multipliziert, zusammengezählt und durch die Anzahl Beitragsjahre dividiert.

Berechnung des massgebenden durchschnittlichen Jahreseinkommens

$$\frac{\begin{pmatrix}\text{Erwerbseinkommen}\\ \text{x}\\ \text{Aufwertungsfaktor}\end{pmatrix} + \begin{pmatrix}\text{Erziehungsgutschriften}\\ +\\ \text{Betreuungsgutschriften}\end{pmatrix}}{\text{Anzahl Beitragsjahre}}$$

Beitragslücke und Vollrente

Für eine Vollrente ist eine lückenlose Beitragsdauer Voraussetzung. Die Beitragspflicht der Männer umfasst 44 Jahre; Frauen müssen 41, beziehungsweise 43 Jahre lang zahlen (je nach Rentenalter, das künftig von 62 auf 64 Jahre erhöht wird). Beitragslücken können nur innerhalb von fünf Jahren durch Nachzahlungen geschlossen werden. Kompensationsjahre (Beitragsjahre vor dem 20. Geburtstag) können eingesetzt werden, um Lücken zu schliessen. Kompensationsjahre ergeben sich weiter auch nach zwanzig (1 Kompensationsjahr), dreissig (2 Kompensationsjahre) und vierzig Beitragsjahren (3 Kompensationsjahre) allein aufgrund der hohen Anzahl von Beitragsjahren.

Die folgende Tabelle listet die Vollrentenansprüche auf. Wer überschlagsmässig berechnen will, wie sich fehlende Beitragsjahre auf die Rentenhöhe auswirken, multipliziert die in der Tabelle aufgeführte Summe mit dem Faktor, der sich ergibt, wenn die Zahl der fehlenden Beitragsjahre durch die Zahl der Soll-Beitragsjahre dividiert wird. Fehlen beispielsweise einem Mann zehn Beitragsjahre, muss er die Maximalrente von 23'880 Fr. mit dem Faktor 10/44 (= 0,22) multiplizieren: Seine Rente wird also jährlich um rund 5'600 Fr. gekürzt.

Jährliche Vollrenten der AHV ab 1.1.1997

Angaben in Fr. pro Jahr

Massgebendes durchschnittliches Jahreseinkommen	Altersrente für Alleinstehende	Altersrente für Ehepaare (Splitting)	Altersrente für Witwen und Witwer
bis 11'940	11'940	2 x 11'940	14'328
17'910	13'488	2 x 13'488	16'188
23'880	15'048	2 x 15'048	18'048
29'850	16'596	2 x 16'596	19'920
35'820	18'144	2 x 17'910	21'780
41'790	19'104	2 x 17'910	22'920
47'760	20'064	2 x 17'910	23'880
53'730	21'012	2 x 17'910	23'880
59'700	21'972	2 x 17'910	23'880
65'670	22'920	2 x 17'910	23'880
ab 71'640	23'880	2 x 17'910	23'880

Leistungen bei Invalidität

Die eidgenössische Invalidenversicherung (IV) will kranke oder verunfallte Versicherte in erster Linie wieder in das berufliche und gesellschaftliche Leben zurückführen. Aus diesem Grund werden nicht sofort IV-Renten gezahlt, sondern zunächst die medizinischen Massnahmen und die Anstrengungen zur Wiedereingliederung und Umschulung finanziert. Erst wenn diese Massnahmen erfolglos bleiben, wird eine Invaliden-Rente abhängig vom Invaliditätsgrad bezahlt (100% Rente ab 2/3 Invalidität).

Die Abklärungen der IV und die Bemühungen zur Wiedereingliederung dürfen sich nicht unendlich in die Länge ziehen. Spätestens zwei Jahre nach der Anmeldung muss die Invaliden-Rente bezahlt werden, und zwar ein Jahr rückwirkend.

Die Leistungen der IV sind je nach Einzelfall verschieden. Einerseits sind sie abhängig von der Höhe des oben beschriebenen massgebenden Jahreseinkommens, zum anderen werden je nach Familiensituation unterschiedliche Zusatzleistungen erbracht. Ausgegangen wird immer von der sogenannten «einfachen Rente» (100%). Die nachstehende Abbildung zeigt das Verhältnis zwischen dem massgebenden Jahreseinkommen und der Höhe der AHV/IV-Rente.

Leistungshöhe bei AHV/IV (1. Säule)

Leistungen in Fr. pro Jahr

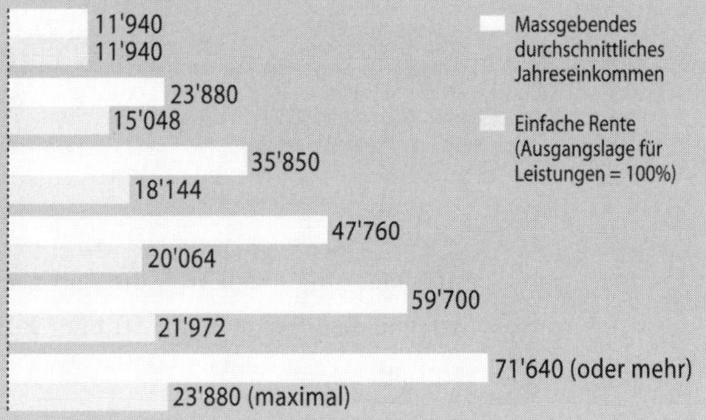

Die IV-Rente wird erhöht, wenn die Invalidität vor dem 45. Altersjahr eintritt. Damit wird dem Umstand Rechnung getragen, dass der Invalide durch eine berufliche Weiterentwicklung noch Lohnsteigerungen erfahren hätte. So liegt der Zuschlag auf das massgebende Einkommen bei einem 45jährigen bei fünf, einem 30jährigen bei vierzig und einem 23jährigen bei hundert Prozent.

Zusätzlich zur IV-Rente werden Sachleistungen wie Prothesen, Hörgeräte oder Krücken vergütet. Benötigt ein Invalider Hilfe von Dritten, wird ausserdem eine Hilflosen-

Leistungen bei Invalidität (IV)

100% = max. 23'880 Fr. p.a.

	Ehemann	Ehefrau	pro Kind
Invalidität Ehemann	100% Invaliden-Rente	30% Zusatz-Rente (falls jünger als 62 Jahre)**	40% Kinder-Rente***
Invalidität Ehemann und Ehefrau	150% Ehepaar-Invaliden-Rente (falls Ehefrau über 62 Jahre alt oder mindestens 40% invalid)		40% Kinder-Rente*** 60% Doppel-Kinder-Rente****
Invalidität Ehefrau	-	100% Invaliden-Rente*	40% Kinder-Rente***
Invalidität Kinder	-	-	100% Invaliden-Rente (falls über 18 Jahre alt)

* In Abhängigkeit vom Invaliditätsgrad: > 40%: 1/4 Rente; > 50%: 1/2 Rente; > 66,66%: ganze Rente
** Geschiedene Frauen werden Ehefrauen gleichgestellt, sofern sie überwiegend für die Kinder aufkommen und selbst keine Invaliden-Rente beanspruchen
*** Altersvoraussetzungen: bis 18 Jahre oder bis 25 Jahre, falls noch in Ausbildung
**** Auch falls nur ein Elternteil da und dieser invalid ist

entschädigung entrichtet, die sich nach dem Grad der Hilflosigkeit bemisst und 20, 50 oder 80% der minimalen IV-Rente beträgt.

Leistungen im Todesfall

Im Todesfall des Ehemannes erhält die Witwe eine Rente von 80% der «einfachen Rente». Bei einem Einkommen von mindestens 71'640 Fr. pro Jahr beträgt diese Rente also 19'104 Fr. pro Jahr (80% von 23'880 Fr.). Zusätzlich wird pro Kind eine Rente von 40% bezahlt, also nochmals 9'552 Fr. pro Jahr. Im Todesfall der Ehefrau erhält der Witwer nur eine Rente, wenn unterstützungspflichtige Kinder da sind.

Leistungen im Alter

Wer das AHV-Alter erreicht hat, kann die Alters-Rente beziehen. Das reguläre Pensionierungsalter ist zur Zeit bei den Frauen 62 bis 64 Jahre und bei den Männern 65 Jahre.

Die 10. AHV-Revision

Seit Januar 1997 ist die 10. AHV-Revision in Kraft. Sie bringt insgesamt deutliche Verbesserungen. Die wichtigsten Änderungen betreffen das Rentensplitting, die Erziehungsgutschriften und die Möglichkeit des Rentenvorbezugs. Dank der Regel der Besitzstandswahrung werden bereits laufende Renten keinesfalls reduziert, doch gibt es Fälle, in denen Renten nur auf Antrag erhöht werden.

Erziehungs- und Betreuungsgutschriften

Neu werden jetzt Erziehungsgutschriften angerechnet für die Jahre, in denen Kinder unter 16 Jahren im Haushalt leben. Diese Erziehungsgutschriften erfolgen automatisch – auch für die Zeit vor 1997. Die Gutschrift pro Jahr beträgt 35'820 Fr., unabhängig von der Anzahl Kinder. Anders als die Erziehungsgutschriften müssen die Betreuungsgutschriften jährlich nachgewiesen werden. Betreuungsgutschriften werden erst ab 1997 gutgeschrieben. Drei Voraussetzungen müssen erfüllt sein: Die zu betreuende Person muss

- nahe verwandt sein (Ehegatte, direkte Nachkommen oder Vorfahren, Geschwister)
- im gleichen Haushalt leben
- Hilflosenentschädigung der AHV/IV mindestens mittleren Grades beanspruchen.

Erziehungs- und Betreuungsgutschriften werden nicht gleichzeitig angerechnet. Es kommt maximal eine Gutschrift pro Jahr zur Anwendung.

Rentensplitting

Seit dem 1. Januar 1997 profitieren verheiratete, geschiedene oder verwitwete Rentenbezüger vom Rentensplitting: Das während der Ehejahre erzielte Erwerbseinkommen und die Erziehungs- bzw. Betreuungsgutschriften werden geteilt und jedem Ehepartner zur Hälfte gutgeschrieben. Die beiden gesplitteten Einzelrenten können zusammen maximal 150% der einfachen Maximalrente ausmachen (35'820 Fr.

im Jahr). Höhere Beträge werden gekürzt. Die AHV-Rente wird erst gesplittet, wenn auch der zweite Ehepartner ins AHV-Alter kommt. Solange nur ein Partner rentenberechtigt ist, wird seine Rente ohne Splitting aufgrund seines massgebenden Jahreseinkommens berechnet. Weil die Männer nach wie vor den grösseren Teil zum gemeinsamen Erwerbseinkommen beitragen, hat diese Regelung zur Folge, dass die meisten Männer bis zur Pensionierung ihrer Frau die Maximalrente, die meisten Frauen bis zur Pensionierung ihres Mannes die Minimalrente erhalten.

So funktioniert das Rentensplitting

Frau		Mann
100% eigener Lohn	**vor der Ehe**	100% eigener Lohn
50% eigener Lohn 50% Lohn Mann 50% Erziehungs- bzw. Betreuungsgutschrift *	**während der Ehe**	50% eigener Lohn 50% Lohn Frau 50% Erziehungs- bzw. Betreuungsgutschrift*
100% eigener Lohn 100% Erziehungs- bzw. Betreuungsgutschrift * ↓ Höhe der Rente der Frau (Splitting**)	**während/nach der Ehe, wenn Partner rentenberechtigt, Tod des Ehepartners oder Scheidung**	100% eigener Lohn 100% Erziehungs- bzw. Betreuungsgutschrift* ↓ Höhe der Rente des Mannes (Splitting**)

* Voraussetzung für die Erziehungsgutschrift ist das Innehaben der elterlichen Gewalt.
** Die beiden Splittingrenten dürfen zusammen den Betrag von 35'820 Franken nicht übersteigen.

AHV-Alter Das AHV-Alter der Männer liegt auch nach der 10. AHV-Revision unverändert bei 65 Jahren. Das AHV-Alter der Frauen ist neu 64 Jahre; für bestimmte Jahrgänge gelten jedoch Übergangsregelungen: Frauen mit Jahrgängen bis 1938 erhalten die Rente unverändert mit 62, die Jahrgänge

1939 bis 1941 mit 63 Jahren. Erst für die Jahrgänge 1942 und jünger gilt das neue AHV-Alter von 64 Jahren.

Rentenvorbezug Seit dem 1. Januar 1997 kann die AHV-Rente schon ein bis zwei Jahre vor dem regulären Rentenalter bezogen werden. Frauen können die Rente frühestens mit 62 beziehen, Männer frühestens mit 63. Der Vorbezug der Rente führt allerdings zu einer lebenslangen Rentenkürzung von 6,8% pro Jahr mit vorgezogener Rente. Frauen der Jahrgänge 1939 bis 1947 wird bei einem Vorbezug die Rente nur um 3,4% gekürzt.

Rentenaufschub Wer über das AHV-Alter hinaus berufstätig bleibt, kann die AHV-Rente später beziehen: Der Aufschub beträgt minde-

Kürzung bei Rentenvorbezug und Aufwertung bei Rentenaufschub

AHV-Bezug mit (Mann/Frau)	Vorbezug/ Aufschub	Kürzungs-/ Aufwertungsfaktor	Einfache Rente monatlich	Maximalrente pro Jahr
63/62	–2 Jahre	–13,6%*	1'720 Fr.	20'632 Fr.
64/63	–1 Jahr	–6,8%*	1'855 Fr.	22'256 Fr.
65/64	0 Jahre	0,0%	1'990 Fr.	23'880 Fr.
66/65	+ 1 Jahr	+5,2%	2'093 Fr.	25'122 Fr.
67/66	+ 2 Jahre	+10,8%	2'205 Fr.	26'459 Fr.
68/67	+ 3 Jahre	+17,1%	2'330 Fr.	27'963 Fr.
69/68	+ 4 Jahre	+24,0%	2'468 Fr.	29'611 Fr.
70/69	+ 5 Jahre	+31,5%	2'617 Fr.	31'402 Fr.

* Kürzungssatz bei Frauen älter als Jahrgang 1947: –3,4% pro Jahr; Frauen der Jahrgänge 1938 und älter: AHV-Alter unverändert 62 Jahre ohne Kürzung.

stens 1 Jahr und höchstens 5 Jahre. Innerhalb dieser Frist kann die Rente jederzeit abgerufen werden. Ein Rentenaufschub erhöht die Rente. Ein Jahr Aufschub bringt 5,2% mehr Rente, nachher geht es in Zweimonatsschritten weiter bis zu einer maximalen Verbesserung von 31,5% nach fünf Jahren Aufschub. Beim Abruf der Rente ist darauf zu achten, dass sie zu Beginn eines ersten Monats abgerufen wird. Auch die höhere Rente profitiert vom Teuerungsausgleich der AHV. Im Todesfall gehen 80% der höheren Leistungen auf die Witwenrente über, falls eine solche ausgerichtet wird.

Empfehlung zum Rentenvorbezug

Frauen mit Jahrgang 1941 oder älter sollten ihre AHV-Rente vorbeziehen, da sie von der Übergangslösung mit dem reduzierten Kürzungssatz (3,4%) profitieren. Ebenfalls an einen Vorbezug denken sollten alle, die mit einer Lebenserwartung unter achtzig Jahren rechnen. Bei der Prüfung des Rentenvorbezugs darf nicht vergessen werden, dass in den Vorbezugsjahren die AHV-Beiträge nicht entfallen – sie müssen trotz des Vorbezugs noch bezahlt werden.

Massgebend für die Beiträge sind das Vermögen und das mit 20 multiplizierte Renteneinkommen aus der Pensionskasse. Bei Verheirateten gilt die Hälfte des ehelichen Vermögens als Bemessungsgrundlage (vgl. Grafik S. 115).

Besteuerung

Die AHV-Rente ist zur Zeit in den meisten Kantonen zu 80% als Einkommen zu versteuern. Der Bund besteuert die Rente voll. Im Rahmen der interkantonalen Steuerharmonisierung werden die AHV-Renten spätestens ab 2001 auch in allen Kantonen voll steuerbar.

Keine Rente ohne Anmeldung

Die AHV-Rente wird nicht automatisch ausbezahlt. Wer seine Rente beziehen will, muss sich mit der zuständigen AHV-Stelle in Verbindung setzen. Anmeldeformulare können beim Arbeitgeber, bei der Ausgleichskasse oder bei der AHV-Zweigstelle der Wohngemeinde bezogen werden. Auch der Vorbezug und der Aufschub der Rente müssen gemeldet werden, möglichst drei bis vier Monate vor Leistungsbeginn oder Leistungsaufschub.

AHV-Beitragstabelle für Nichterwerbstätige

Vermögen und mit 20 vervielfachtes jährliches Renteneinkommen in Fr.	AHV-Beitrag in Fr. pro Jahr
unter Fr. 250'000	390*
ab Fr. 250'000	404
350'000	606
450'000	808
550'000	1'010
650'000	1'212
750'000	1'414
850'000	1'616
950'000	1'818
1'050'000	2'020
1'150'000	2'222
1'250'000	2'424
1'350'000	2'626
1'450'000	2'828
1'550'000	3'030
1'650'000	3'232
1'750'000	3'434

Für je weitere 50'000 Fr. erhöht sich der Betrag um 151.50 Fr. pro Jahr, Maximalbeitrag 10'100 Fr. pro Jahr.

* Mindestbeitrag

Die zweite Säule: Berufliche Vorsorge

Die staatliche Vorsorge deckt das Existenzminimum ab. Die obligatorische berufliche Vorsorge will den gewohnten Lebensstandard sicherstellen. Das Krankheitsrisiko und das Unfallrisiko sind gesondert zu betrachten, denn das BVG («Berufliches Vorsorgegesetz») gilt als «berufliche Alters-, Hinterlassenen- und Invalidenversicherung» für die Pensionskasse des Arbeitgebers und regelt die Versicherung bei Invalidität und Tod durch Krankheit und die Kapitalbildung für das Alter, das UVG («Unfallversicherungsgesetz») hingegen ist zuständig für Invalidität und Todesfall durch Unfall.

Versicherter Personenkreis

Dem BVG sind alle in der Schweiz tätigen Arbeitnehmer zwingend unterstellt, die mehr als 23'880 Fr. pro Jahr (1997) verdienen. Jedes Unternehmen hat zu diesem Zweck eine Pensionskasse (eigene Kasse oder Anschluss an eine Sammelstiftung). Selbständigerwerbende haben die Möglichkeit, sich der beruflichen Vorsorge freiwillig zu unterstellen.

Aufgrund des UVG müssen sämtliche Arbeitnehmer obligatorisch gegen Betriebs- und Nichtbetriebsunfälle versichert werden, unabhängig von ihrem Einkommen. Auch Aushilfen, Praktikanten oder Heimarbeiter fallen unter das UVG. Bei Teilzeit-Angestellten, die weniger als 12 Stunden pro Woche arbeiten, müssen nur Betriebsunfälle (Unfälle auf dem Arbeitsweg eingeschlossen) versichert werden.

Lohnfortzahlung im Krankheitsfall

Einen Teil der beruflichen Vorsorge stellt die Absicherung der kurzfristigen Erwerbsunfähigkeit dar. Die obligatorische Unfallversicherung (UVG) bietet hier eine ausreichende Deckung, da die Erwerbsunfähigkeits-Renten bereits am dritten Tag nach dem Unfall einsetzen. Bei einer Erwerbsunfähigkeit durch Krankheit jedoch zahlen die staatlichen und beruflichen Versicherungen erst mit dem Zeitpunkt der IV-Anerkennung, also spätestens nach zwei Jahren (die IV rückwirkend ab erstem Jahr nach dem auslösenden Ereignis).

Die entstehende Versicherungslücke wird nur teilweise durch die Lohnfortzahlungspflicht des Arbeitgebers gedeckt. Er ist verpflichtet, seinen Arbeitnehmern den Lohn abhängig von der Anstellungsdauer auch im Krankheitsfall während einer bestimmten Zeit zu zahlen. Diese Lohnfortzahlungspflicht und die danach bestehende Lücke wird von vielen Arbeitgebern durch eine freiwillige Kollektiv-Krankentaggeldversicherung gedeckt, die in der Regel 80% des Lohns während zwei Jahren sicherstellt.

Wie lange wird der Lohn im Krankheitsfall vom Arbeitgeber weiterbezahlt?

Anstellungsdauer laut Gesetz (Art. 324a OR)	**Lohnfortzahlung im Krankheitsfall***		**Invaliden-Rente**
< als 3 Monate	0 Tage	Lücke oder Taggeld-Versicherung (bis 2 Jahre)	Nach 2 Jahren ununterbrochener Krankheit wird die Lohnfortzahlung durch eine Invaliden-Rente abgelöst (sowohl von AHV/ IV, d.h. 1. Säule, als auch von BVG, d.h. 2. Säule)
3-12 Monate	3 Wochen		
1-2 Jahre	1 Monat		
3-4 Jahre	2 Monate		
5-9 Jahre	3 Monate		
10-14 Jahre	4 Monate		
15-19 Jahre	5 Monate		
20-25 Jahre	6 Monate		

* Zusätzlich zur Lohnfortzahlung wird für sogenannte "Eingliederungsmassnahmen" ein Taggeld von der AHV/IV (1.Säule) gezahlt. Je nach Einkommen, Zivilstand und Anzahl Kinder beträgt dieses Taggeld 38 Fr. bis ca. 300 Fr. pro Tag.

Gesetzliche Mindestleistungen von BVG und UVG

Die gesetzlich vorgeschriebenen Mindestleistungen von BVG und UVG fallen unterschiedlich hoch aus. Das BVG versichert die Lohnbestandteile zwischen 23'880 und 71'640 Fr. pro Jahr. Die Abgrenzung nach unten macht

Sinn, weil die AHV/IV den Lohn bis 23'880 Fr. versichert. Man nennt deshalb den Lohn bis 23'880 Fr. auch «Koordinationsabzug» (Koordination zwischen AHV und BVG). Die BVG-Obergrenze entspricht dem Dreifachen der BVG-Lohnuntergrenze.

Das UVG dagegen versichert den Lohn bis 97'200 Fr. und stützt sich damit auf eine wesentlich höhere Lohnbasis. Die folgende Abbildung stellt dem jeweils versicherten Lohn beispielhaft Leistungen aus AHV/IV, BVG und UVG gegenüber.

Versicherter Lohn und Leistungsansprüche (in Fr. pro Jahr)

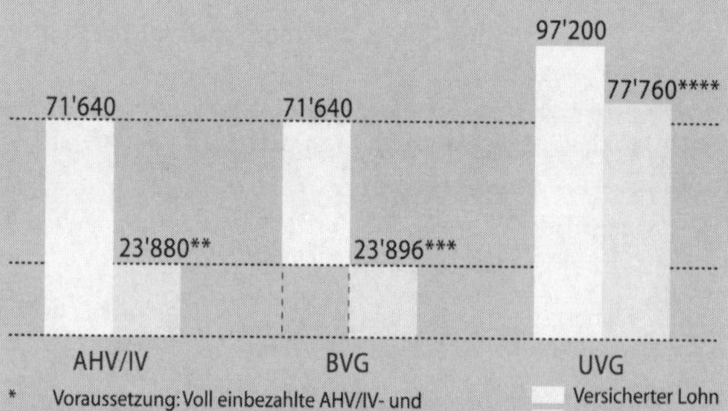

* Voraussetzung: Voll einbezahlte AHV/IV- und BVG-Beiträge bei einem Einkommen von mindestens 71'640 Fr. pro Jahr
** Einfache Rente (100%) bei Invalidität oder Alter
*** Altersrente für einen Mann ab 65 Jahren (mit Realverzinsung von 2% p.a.)
**** Invaliden-Rente (80% des versicherten Lohns)

Pensionskassenbeiträge

Die Beiträge an die Pensionskasse steigen mit dem Alter. Der Grundgedanke dabei: Junge Arbeitnehmer verfügen in der Regel nur über ein geringes Einkommen, hohe Prämien würden deshalb das Budget von jungen Familien übermässig belasten. Mit zunehmendem Alter sollte auch der Verdienst zunehmen und damit die Beitragspflicht leichter fallen.

Die Prämien werden in Prozenten des sogenannten versicherten Lohnes erhoben; es wird also auch bei den Prämien berücksichtigt, dass die unterste Einkommenstranche bereits durch die AHV versichert ist. Die nachstehende Abbildung zeigt die Staffelung der BVG- oder Pensionskassen-Prämien und die Zunahme des zukünftigen Altersguthabens ohne Berücksichtigung der Kapitalverzinsung. (Auf der Kostenseite müssen zu den aufgeführten Sparbeiträgen auch noch 4 bis 6% Prämien hinzugerechnet werden, die das Invaliditäts- und Todesfall-Risiko abdecken.)

Funktionsweise der BVG-Basislösung (Pensionskassen-Minimum)

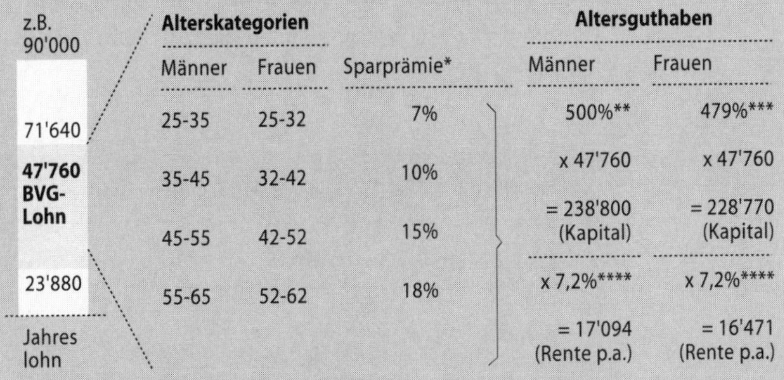

* In Prozent des BVG-Lohns. Finanziert zu je 50% vom Arbeitgeber und vom Arbeitnehmer; hinzu kommen noch 4-6% Prämien für Invaliditäts- und Todesfallversicherung
** (10 J. x 7%) + (10 J. x 10%) + (10 J. x 15%) + (10 J. x 18%) = 500% (ohne Berücksichtigung einer Realverzinsung)
*** (7 J. x 7%) + (10 J. x 10%) + (10 J. x 15%) + (10 J. x 18%) = 479% (ohne Berücksichtigung einer Realverzinsung)
**** Gesetzlich vorgeschriebener Rentenumwandlungssatz

Pensionskassen-Renten Die Höhe der Pensionskassen-Rente ergibt sich aus dem Pensionierungsalter sowie der Höhe der einbezahlten Sparbeiträge und deren Verzinsung. Man nennt dieses Prinzip das Beitragsprimat, weil sich aus den Beiträgen die zukünftigen Ansprüche ergeben. Daneben gibt es noch immer Pensionskassen, die nach dem sogenannten Leistungsprimat die zukünftigen Rentenleistungen bestimmen und daraus die jährlichen Sparbeiträge ableiten. Die Leistungsprimat-Kassen verschwinden allmählich: Sie werden in Beitragsprimat-Kassen umgewandelt

Der im BVG versicherte Maximallohn von 71'640 Fr. entspricht nicht einer maximalen Rente von 71'640 Fr. Der versicherte Lohn dient lediglich als Berechnungsbasis für die jährlichen Beiträge. Die gesetzlich vorgeschriebenen, effektiven Renten der Pensionskasse sind deutlich tiefer: beispielsweise bei einem Mann mit einem Maximallohn von 71'640 Fr. lediglich 17'193 Fr. pro Jahr (ohne Verzinsung gerechnet). Würde man eine Realverzinsung (nach Inflation) von 2% pro Jahr annehmen, läge die jährliche Rente bei 24'031 Fr.

Leistungshöhe des BVG (gesetzliches Miniumum)

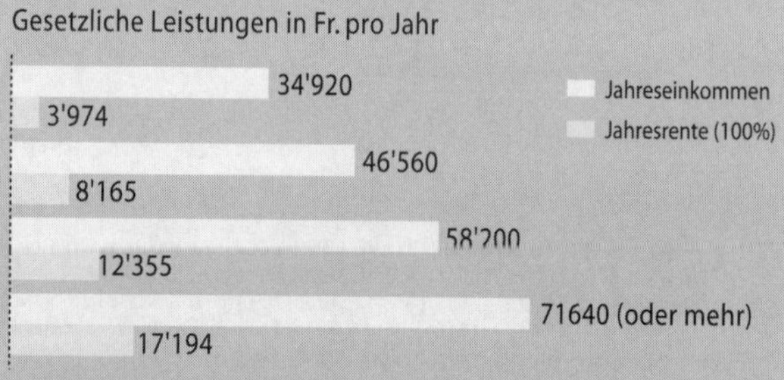

Bewertung für Männer:
Jahreseinkommen (maximal 71'640) – AHV-Koordinationsabzug (23'880)
x 500% x 7,2% Rentenumwandlungssatz
(ohne Berücksichtigung einer Realverzinsung)

Leistungen der Pensionskasse

In der vorangehenden Abbildung sind Rentenbeispiele aufgeführt – im Invaliditäts- oder Todesfall sind sie die Basis zur Berechnung der Pensionskassen-Rente: Im Vorsorgefall wird abhängig von den bereits geleisteten Prämienzahlungen zunächst ein Ausgangswert (gleich 100%) errechnet. Darauf basierend werden dann bestimmte Prozentsätze als Rente geleistet. Die gesetzlichen Mindestleistungen sind aus der nachstehenden Abbildung ersichtlich.

Gesetzliche Leistungen aus dem BVG (der Pensionskasse)

100% = max. 17'194 Fr. pro Jahr (Männer, ohne Verzinsung)

Invalidität (durch Krankheit)*	**Todesfall** (durch Krankheit)	**Alter**
- 100% Invaliden-Rente** (ab IV-Anerkennung oder nach 1 bzw. 2 Jahren)	- 60% Witwen-Rente (Anforderungen wie bei AHV)	- 100% Alters-Rente (ab AHV-Alter)
- 20% Kinder-Rente pro Kind***	- 20% Waisen-Rente pro Kind***	- 60% Witwen-Rente - 20% Kinder-Rente pro Kind***

* In Abhängigkeit vom Invaliditätsgrad: > 50%: 1/2 Rente; > 66,66%: ganze Rente
** Berechnung: bislang angesammelte, verzinste Altersguthaben plus Summe der (theoretischen) zukünftigen Altersgutschriften mal Rentenumwandlungssatz 7,2%
*** bis 18 Jahre oder bis 25 Jahre, falls noch in Ausbildung

Die gesetzlichen BVG-Mindestleistungen sind tief. Viele Unternehmen kennen wesentlich fortschrittlichere Lösungen mit besseren Leistungen. Man spricht in diesem Zusammenhang von «überobligatorischen» BVG-Lösungen, da die Leistungen über die vom Gesetz verlangte Minimalleistung hinausgehen. Grosszügigere BVG-Lösungen sind natürlich nur möglich mit höheren Prämien, die durch Arbeitgeber und Arbeitnehmer bezahlt werden müssen.

Leistungen bei Unfall (UVG)

Das UVG sieht für Invalidität oder Tod nach einem Unfall grosszügigere Leistungen vor. Der versicherte Lohn liegt mit maximal 97'200 Fr. deutlich über dem BVG-Maximallohn. Die Leistungen an Invalide betragen 80% des versicherten Lohnes (siehe Abbildung). Zudem deckt das UVG auch Heilungskosten von Arzt und Spital. Das UVG ersetzt hier also auch die private Krankenkasse.

Leistungshöhe nach UVG (Unfallversicherung)

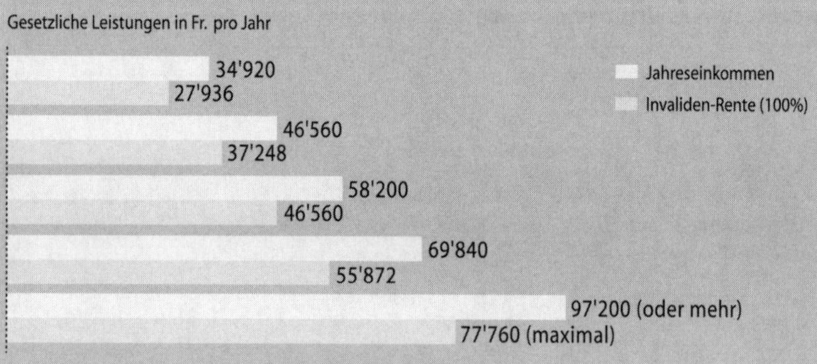

Bei Tod durch Unfall beträgt die Witwen-Rente zwar bloss 40% des versicherten Lohnes von maximal 97'200 Fr., also maximal 38'880 Fr., dafür sieht das UVG grosszügige Leistungen an die Kinder (15% Waisen- bzw. 25% Vollwaisen-Rente pro Kind) und eine fortschrittliche Lösung für den Witwer vor. Gemäss UVG hat auch ein hinterbliebener Ehemann Anspruch auf eine Rente, sofern seine Frau dem UVG unterstellt war. In absehbarer Zukunft wird die Witwer-Rente auch im BVG eingeführt werden.

Zu beachten ist, dass die Todesfall-Leistungen nach UVG nicht mehr als 70%, zusammen mit der AHV nicht

Gesetzliche Leistungen nach UVG

100% = max. 97'200 Fr. pro Jahr

Invalidität (durch Unfall)*	Todesfall (durch Unfall)	Alter
- 80% Invaliden-Rente** (ab dem 3. Tag) - Zusätzliche Integritätsentschädigung gemäss Tabelle (z.B. Verlust eines Daumens: 20% vom letzten Lohn, maximal von 97'200 Fr.)	- 40% Witwen-Rente*** - 40% Witwer-Rente*** - 15% Waisen-Rente pro Kind**** - 25% Vollwaisen-Rente pro Kind****	- die Invaliden-Renten des UVG werden lebenslänglich bezahlt

* In Abhängigkeit vom Invaliditätsgrad (Festlegung im Einzelfall)
** Berechnungsgrundlage ist der innerhalb eines Jahres vor dem Unfall bezogene Lohn
*** Rentenanspruch, falls Witwe/Witwer eigene rentenberechtigte Kinder hat oder mit den Waisen im gemeinsamen Haushalt wohnt oder selbst zu 2/3 invalid ist, bzw. innerhalb von 2 Jahren wird; die Witwe hat immer Anspruch auf eine Rente, sofern sie Kinder hat (egal wie alt) oder mindestens 45 Jahre alt ist
**** Altersvoraussetzungen: bis 18 Jahre oder bis 25 Jahre, falls noch in Ausbildung

mehr als 90% des versicherten Lohns ausmachen dürfen. Eine Witwe mit drei Kindern beispielsweise erhält nicht 85% des versicherten Lohnes (40+15+15+15%), sondern lediglich die Differenz zwischen 90% des versicherten Lohns und den Leistungen aus AHV/IV. Eine solche Koordination mit den Leistungen der staatlichen AHV/IV kennt auch das BVG. Der Gesetzgeber will damit verhindern, dass jemand nach einem Unglücksfall durch die Versicherungsleistungen finanziell besser gestellt ist als bei normaler Erwerbstätigkeit.

Beitragshöhe (Prämien)

Die Prämien für die obligatorische Unfallversicherung bemessen sich in Prozent der Lohnsumme eines versicherten Betriebes. Dabei werden die Unternehmen in Gefahrenklassen eingeteilt, die das Unfallrisiko der Geschäftstätigkeit berücksichtigen. Für Betriebsunfälle betragen die Prämien je nach Gefahrenkategorie 0,053 bis 22,179% der Lohnsumme. Für Nicht-Betriebsunfälle liegt die Bandbreite zwischen 1,079 und 1,578%. Ein Bürobetrieb bezahlt z.B. 0,085% für Betriebs- und 1,086% für Nicht-Betriebsunfälle.

Sicherung des Lebensstandards

Die berufliche Vorsorge soll den gewohnten Lebensstandard sichern. Mit der Erfüllung der gesetzlichen Mindestvorschriften kann dieses Ziel allenfalls bei einem Teil der möglichen Vorsorgesituationen erreicht werden. Insbesondere für eine Invalidität durch Krankheit und zur Kapitalbildung für das Alter braucht es unbedingt Lösungen, die über das gesetzliche Minimum hinausgehen.

Die folgende Abbildung zeigt, welche Leistungen gesamthaft aus staatlicher und beruflicher Vorsorge entrichtet werden. Das Beispiel ist auf einen Mann mit einem durchschnittlichen Jahreseinkommen von 71'640 Fr. ausgerichtet,

Leistungsübersicht 1. und 2. Säule

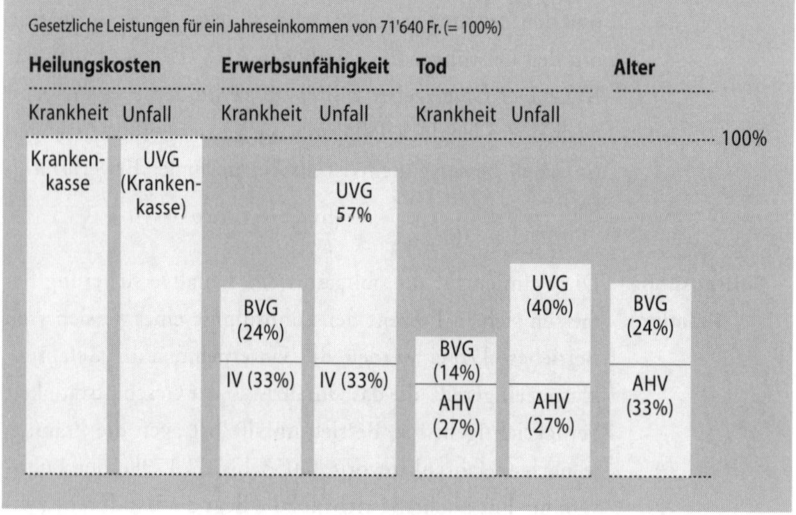

geht von den gesetzlichen Minimalleistungen aus und nimmt an, dass keine Beitragslücken bestehen. Es sind keine Kinder-Renten berücksichtigt.

Die Übersicht über die Leistungen aus der ersten und der zweiten Säule in den jeweiligen Vorsorgefällen (Heilungskosten, Erwerbsunfähigkeit, Todesfall und Alter) macht deutlich, dass die obligatorischen Vorsorgelösungen bei weitem nicht ausreichen. Zwar können die Leistungen für eine kinderreiche Familie besser aussehen als in unserem Beispiel, doch darf dies nicht darüber hinwegtäuschen, dass die erste und zweite Säule in vielen Fällen nur einen unzureichenden Schutz bieten.

Noch drastischer als in unserem Beispiel sind die Vorsorgelücken, wenn das massgebende Einkommen deutlich höher ist als die gesetzlich angenommenen Höchstgrenzen (BVG: 71'640 Fr., UVG: 97'200 Fr.) und es im Betrieb keine überobligatorischen Versicherungen gibt.

Um eine persönliche Standortbestimmung vorzunehmen, mögliche Deckungslücken zu erkennen und gezielte Massnahmen zu ergreifen, ist eine sogenannte Vorsorgeanalyse notwendig, auf die später ausführlich eingegangen wird.

Die dritte Säule: Private Vorsorge

Die private Vorsorge wird immer wichtiger. Sie muss die staatliche Vorsorge nicht nur ergänzen, sondern in Zukunft vielleicht sogar ersetzen. Aus diesem Grund ist auch der Staat daran interessiert, dass jeder und jede privat vorsorgt, und unterstützt dies mit attraktiven Steuervorteilen.

Bei der privaten Vorsorge, der dritten Säule, wird zwischen der gebundenen Vorsorge (Säule 3a) und der freien Vorsorge (Säule 3b) unterschieden. Die Säule 3a hat klar definierte Vorgaben und ist an strikte Auflagen bezüglich Laufzeit, Einzahlungen und Begünstigung gebunden. Die Säule 3b ist viel flexibler. Im weiteren Sinn gehören nicht nur Versicherungspolicen, sondern auch sonstiges Privatvermögen wie Wertschriften und Immobilien zur Säule 3b, da das Privatvermögen im Notfall liquidiert werden könnte.

Säule 3a

Die Säule 3a bildet die vom Staat geförderte Basis der privaten Vorsorge. Sie geniesst die grössten steuerlichen Privilegien. Vergleichbar damit sind nur noch freiwilige Einkäufe in die Pensionskasse.

Einzahlungen

Einzahlungen in die Säule 3a stehen allen offen, die ein AHV-pflichtiges Einkommen erzielen. In die Säule 3a kann jedoch nicht in beliebiger Höhe, sondern nur bis zu einem bestimmten Maximalbetrag einbezahlt werden. Dieser Betrag erhöht sich in unregelmässigen Abständen abhängig von der Teuerung. Gegenwärtig (1997) gelten folgende Maximalbeträge: Für Personen mit Pensionskasse (Angestellte) 5'731 Fr. pro Jahr, für Personen ohne Pensionskasse (Selbständige, Teilzeitangestellte) 20% des AHV-pflichtigen Einkommens bis zu einem maximalen Betrag von 28'656 Fr. pro Jahr.

Steuerliche Abzugsfähigkeit

Die Einzahlungen können bis zum Maximalbetrag vom steuerbaren Einkommen abgesetzt werden. Die Steuerersparnis ist beträchtlich. Um sie zu berechnen, multipliziere man die Einzahlung mit dem persönlichen Grenzsteuersatz (Beispiel: Maximalbetrag 5'731 Fr. x 30% Grenzsteuersatz = 1'719 Fr. Steuerersparnis im Jahr).

Bezugsmöglichkeiten

Die Säule 3a ist langfristig konzipiert und zweckgebunden – daher auch der Name «gebundene Vorsorge». Unter gewissen Umständen kann das Geld aber bezogen werden:

- fünf Jahre vor dem AHV-Alter
- im Invaliditäts-[1] oder Todesfall
- für selbstgenutztes Wohneigentum
- beim Verlassen der Schweiz
- bei Aufnahme einer selbständigen Erwerbstätigkeit
- beim Einkauf in eine anerkannte Vorsorgeform der zweiten Säule

Begünstigung im Todesfall

Die Begünstigung im Todesfall ist in der Säule 3a klar geregelt: Zunächst ist der Ehepartner begünstigt, fehlt der Ehepartner, treten die Kinder an seine Stelle (die Kinder treten auch an die Stelle des geschiedenen Ehepartners). Fehlen auch Kinder oder andere «massgeblich unterstützte» Personen, gilt die gesetzliche Erbfolge. In diesem Fall können auch Drittpersonen testamentarisch begünstigt werden, wobei keine Pflichtteile verletzt werden dürfen.

Steuerliche Behandlung

Die Gelder der Säule 3a werden zu einem Vorzugszins verzinst. Diese Zinsen sind steuerfrei, d.h. sie unterliegen weder der Verrechnungs- noch der Einkommenssteuer. Auch

1 Wenn der Vorsorgenehmer eine ganze Invaliden-Rente der eidg. IV bezieht und das Invaliditätsrisiko nicht versichert ist.

ist das Guthaben nicht als Vermögen zu versteuern. Erst bei der Kapitalauszahlung fällt eine einmalige Steuer zum begünstigten Rentensatz zwischen 6 und 12% an (mehr dazu in Kapitel 5, «Steuern»). Der Steuervorteil, welcher sich aus der Abzugsfähigkeit der Einzahlungen ergibt, macht die Auszahlungssteuer mehr als wett.

Vorsorgemöglichkeiten

Die Säule 3a bietet vielfältige Vorsorgemöglichkeiten. Sie alle unterstehen denselben gesetzlichen Rahmenbedingungen. Die Säule 3a kann bei Versicherungen oder bei Banken abgeschlossen werden.

Reine Risikoversicherung

Die reine Risikoversicherung deckt die Risiken Tod und/oder Invalidität, trägt aber nichts zur Altersvorsorge bei, weil sie keinen vermögensbildenden Teil enthält. Als Risikoversicherung ist sie vergleichbar mit einer Autokaskoversicherung: Passiert etwas, zahlt die Versicherung, passiert nichts, erfolgt auch keine Auszahlung. Reine Risikoversicherungen sind sehr flexibel, der Versicherungsschutz kann angepasst werden. Auch eine vorzeitige Kündigung des Vertrages ist ohne Verlust möglich.

Todesfallversicherungen

Todesfallversicherungen sind konstant oder abnehmend. Sie können auf eine oder auf zwei Personen abgeschlossen werden. Bei einer konstanten Todesfallversicherung bleibt die Höhe des versicherten Kapitals während der ganzen Laufzeit unverändert. Bei einer abnehmenden Todesfallversicherung reduziert sich das versicherte Kapital kontinuierlich bis auf null. Die Abnahme erfolgt linear (anfängliche Versicherungssumme geteilt durch Anzahl Vertragsjahre): Bei einer Versicherungssumme von 100'000 Fr. und einer Laufzeit von 20 Jahren beispielsweise nimmt der Versicherungsschutz jedes Jahr um 5'000 Fr. ab.

Da bei einer abnehmenden Todesfallversicherung im Durchschnitt nur die Hälfte des Kapitals einer konstanten Todesfallversicherung gedeckt ist, sind auch die Prämien nur etwa halb so hoch. Die abnehmende Todesfallversicherung ist besonders für junge Familien mit knappem Budget geeignet. Die Versicherung ist preiswert und gewährt in den ersten Jahren, in denen er am dringendsten gebraucht wird, den höchsten Schutz: Wenn die Kinder klein sind und das private Vermögen noch bescheiden ist.

Konstante und abnehmende Todesfallversicherung

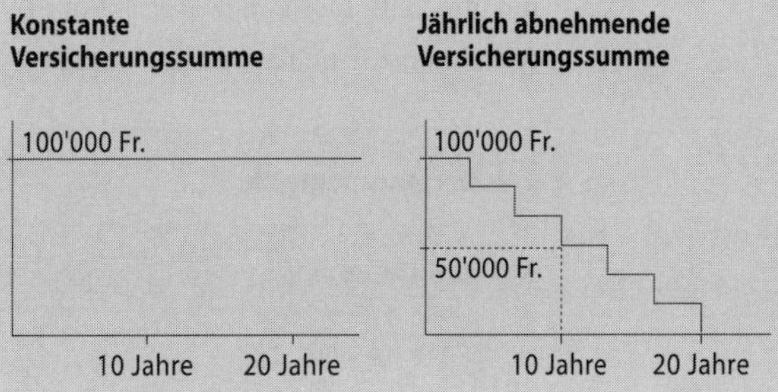

Die Erwerbsunfähigkeits-Rente

Die Erwerbsunfähigkeits-Rente zahlt im Invaliditätsfall eine Rente oder ein Kapital aus. Sie kann Lücken decken, die beispielsweise aufgrund einer unzureichenden Ausgestaltung der staatlichen IV und der Pensionskasse bestehen. Die Renten können konstant oder indexiert abgeschlossen werden. Die konstante Rente lässt die Inflation unberücksichtigt, kann aber insbesondere bei kurzen Laufzeiten benutzt werden oder wenn die Leistungslücken der AHV und des BVG nicht gross sind. Die Erwerbsunfähigkeits-Rente kann die Risiken Krankheit und Unfall oder bloss Krankheit decken. Wird die Rente nur bei einem Unfall benötigt, muss sie über eine private Unfallversicherung abgeschlossen werden. Dieser Fall ist jedoch selten, da die Mehrzahl der Versicherungsnehmer für eine Erwerbsunfähigkeit nach Unfall besser geschützt ist als für eine Erwerbsunfähigkeit nach Krankheit.

Auf längere Sicht ist die Inflation ein Faktor, der unbedingt berücksichtigt werden muss. In den letzten Jahren lag die Inflation in der Schweiz bei rund 2%. Aber selbst bei einer so geringen Inflation ist eine konstante Rente von 3'000 Fr. im Monat nach zwanzig Jahren nur noch 2'020 Fr. wert. Anders ausgedrückt: Die Rente müsste in zwanzig Jahren auf 4'460 Fr. wachsen, um dem heutigen Wert von 3'000 Fr. zu entsprechen. Der Langzeiteffekt der Inflation macht es empfehlenswert, eine Rente mit beispielsweise 2% zu indexieren.

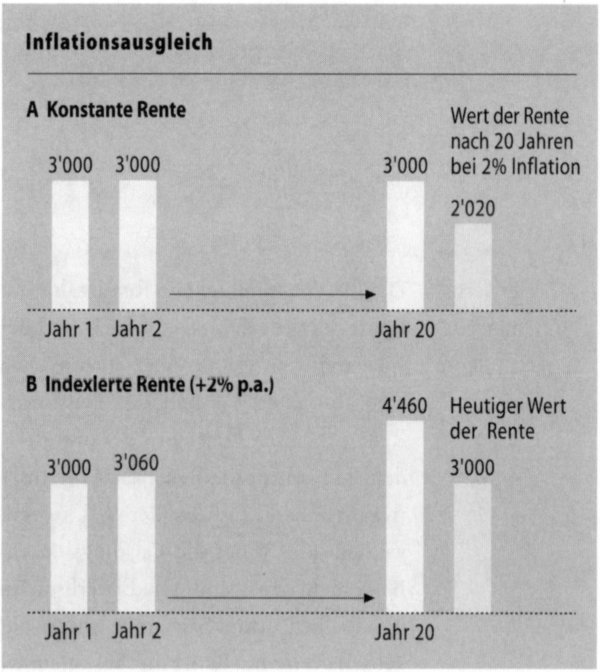

Wartefrist Die Wartefristen bis zur Rentenzahlung können unterschiedlich gewählt werden. Sie betragen in der Regel 3, 6, 12 oder 24 Monate. Je kürzer die Wartefrist, desto teurer die Versicherungsprämien. Deshalb sollten Arbeitnehmer zunächst prüfen, wie lange und in welcher Höhe sie vom Arbeitgeber eine Lohnfortzahlung erhalten. Die Wahl der Wartefrist ist auch davon abhängig, wie lange ein Lohnausfall problemlos aus privaten Mitteln überbrückt werden kann. Es gilt die Regel, dass sich jemand ohne finanzielle Reserven besser versichern sollte als jemand, der über genügend Mittel verfügt.

Leistungsdauer Erwerbsunfähigkeits-Renten werden in der Regel längstens bis zum Rentenalter ausgerichtet, bei gewissen Versicherungsgesellschaften auch darüber hinaus. Es ist allerdings nicht möglich, eine lebenslange Erwerbsunfähigkeits-Rente zu versichern, obwohl dies sinnvoll wäre. Spätestens bei Erreichen des AHV-Alters muss die Erwerbsunfähigkeits-Rente von der privaten Altersvorsorge abgelöst werden: Im Invaliditätsfall müssen die Sparbeiträge für die Altersvorsorge also aus der Invaliditäts-Rente bestritten werden. Die Rente der staatlichen IV wird im AHV-Alter durch die AHV-Rente ersetzt. Die UVG-Rente bleibt bestehen, die BVG-Rente wird durch die BVG-Altersrente abgelöst.

Kombinierte Risikopolice Häufig werden Todesfallversicherung und Erwerbsunfähigkeits-Rente in einer Police kombiniert. Dies ist sinnvoll, wenn für beide Fälle ein Risikoschutz nötig ist. Die Kombination von zwei Risiken in einer Police ist in der Regel günstiger, als zwei separate Policen abzuschliessen. Insbesondere verbilligt der Todesfallschutz den als selbständigen Tarif sehr teuer geführten Invaliditätsschutz bei vielen Gesellschaften um einen erheblichen Betrag.

Prämien- und Leistungsunterschiede

Reine Risikoversicherungen sind sehr einfache Versicherungsprodukte, doch gibt es erhebliche Prämien- und Leistungsunterschiede. Die Prämienunterschiede zeigen sich bei den Brutto-Prämien und bei den Überschussbeteiligungen, welche die Brutto-Prämien des ersten Jahres in der Regel ab dem zweiten Jahr deutlich senken. Diese Überschüsse sind kein schriftlich fixierter Vertragsbestandteil, sondern können z.B. bei einer Häufung von Schadenfällen reduziert oder im schlechtesten Fall gar gestrichen werden. Letzteres allerdings ist bis jetzt noch nie eingetreten.

Ein Leistungsunterschied besteht bei den Wartefristen für die Prämienbefreiung. Prämienbefreiung bedeutet, dass die Versicherungsgesellschaft bei vorübergehender oder andauernder Erwerbsunfähigkeit der versicherten Person die Versicherung prämienfrei, d.h. kostenlos, weiterführt. Je nach Angebot setzt diese Prämienbefreiung bereits nach drei Monaten, spätestens aber nach 24 Monaten Erwerbsunfähigkeit ein.

In der folgenden Abbildung ein konkreter Vergleich von Preisen und Leistungen – ohne Namensnennung, weil die Angebote der Versicherungsgesellschaften stark variieren und ein «schlechter» Anbieter praktisch über Nacht zu einem «guten» Anbieter werden kann. Deshalb sollten – wie bei allen Versicherungen – vor einem Abschluss die aktuellen Marktangebote verglichen werden.

Wie bei jedem Versicherungsvergleich gilt auch hier: Zunächst muss die gewünschte Leistung bestimmt werden. Erst dann kann man Offerten einholen für klar formulierte Leistungsziele und die Prämien vergleichen. Einige Gesellschaften führen Spezialtarife beispielsweise für Nichtraucher. Für den Vergleich kann man das Dienstleistungsangebot einer unabhängigen Beratungsfirma mit dem Überblick über sämtliche Marktangebote nutzen.

Prämien- und Leistungsvergleich einer kombinierten Risikopolice

Gesellschaft	Jahresprämie in Fr. 1. Jahr	Jahresprämie in Fr. ab 2. Jahr	Bonus bei Vertragsablauf in Fr.	Prämiengarantie	Wartefrist bei Prämienbefreiung	Rente vor- oder nachschüssig
A	2'512	1'872	○	●	3 Monate	vorschüssig
B	2'156	2'156	○	●	3 Monate	nachschüssig
C	2'540	2'024	○	●	6 Monate	nachschüssig
D	1'975	1'975	○	●	3 Monate	vorschüssig
E	1'787	2'260 ab 6. Jahr	○	●	3 Monate	vorschüssig
F	2'792	2'218	○	●	3 Monate	nachschüssig
G	3'106	2'550	○	○	3 Monate	vorschüssig
H	2'545	2'545	54'917	●	3 Monate	nachschüssig
I	3'338	3'253	27'930	○ Prämiengarantie mit erhöhter Prämie möglich	3 Monate	nachschüssig
J	2'325	2'119	○	5 Jahre	3 Monate	nachschüssig

○ nein ● ja

Beispiel: Mann, Alter 35, Nichtraucher
Konstantes Todesfallkapital bei Krankheit und Unfall von 200'000 Fr.;
Konstante Erwerbsunfähigkeits-Rente bei Krankheit und Unfall von 24'000 Fr. im Jahr, Wartefrist 24 Monate; Laufzeit bis zum AHV-Alter
Stand 06/97

Empfehlung Eine Risikopolice ohne vermögensbildenden Charakter, die nur das Risiko von Tod und Invalidität abdeckt, empfiehlt sich für eine vorübergehende Deckung. Sie kann beispielsweise sinnvoll sein, wenn eine gewisse Unsicherheit über die Entwicklung der beruflichen Versicherungen besteht. Auch bei einem geplanten Auslandaufenthalt oder bei Budgetknappheit sind reine Risikoversicherungen zu empfehlen. Aus ganzheitlicher Sicht ist die reine Risikoversicherung nur in Ausnahmefällen eine endgültige Lösung, weil die Altersvorsorge fehlt. Der Vorsorgepolice, die ausser der Risikoabsicherung auch einen kapitalbildenden Teil enthält, kommt langfristig mehr Bedeutung zu.

Die Vorsorgepolice – Kombination für jeden Zweck

Die Vorsorgepolice umfasst eine Vielzahl von verschiedenen Versicherungsarten. Sie ist bausteinartig aufgebaut und kann spezifisch jeder individuellen Situation angepasst werden. Der Kampf um Marktanteile zwischen den Lebensversicherungsgesellschaften und den Banken hat für den Konsumenten zu erfreulichen Verbesserungen des umfassenden Produktes «Lebensversicherung» geführt. Die Produktepalette ist sprunghaft gewachsen. Weil keine Kartellabsprachen mehr getroffen werden, sind interessante Preis/Leistungs-Unterschiede entstanden.

Vielfältiges Marktangebot

Die Vielfalt des Marktangebots ermöglicht dem Kunden eine optimale, auf seine Bedürfnisse abgestimmte Lösung. Allerdings ist es für den Laien nicht einfach, die verschiedenen Angebote miteinander zu vergleichen. Nicht alle Gesellschaften bemühen sich um Transparenz; für den Kunden ist es oft schwierig, die Vor- und Nachteile der angebotenen Lösungen abzuwägen. Keine Lebensversicherungsgesellschaft bietet über die gesamte Palette hervorragende Lösungen – gewisse Gesellschaften sind für spezifische Situationen besser als andere.

Bausteine einer Vorsorgepolice

Die Prämiengelder, die in eine Vorsorgepolice einbezahlt werden, fliessen in verschiedene «Töpfe». Aus ihnen werden die einzelnen Bausteine finanziert, aus denen eine Vorsorgepolice zusammengesetzt ist.

Risiko-Bausteine

Die wesentlichen Komponenten einer Vorsorgepolice sind Risikoschutz und Kapitalbildung für das Alter. Der Risikoschutz unterscheidet zwischen Todes- und Invaliditätsfall. Zur Invaliditätsvorsorge zählt auch die Prämienbefreiung: die kostenlose Weiterführung der gesamten Police im Falle von Erwerbsunfähigkeit.

Bausteine einer Vorsorgepolice

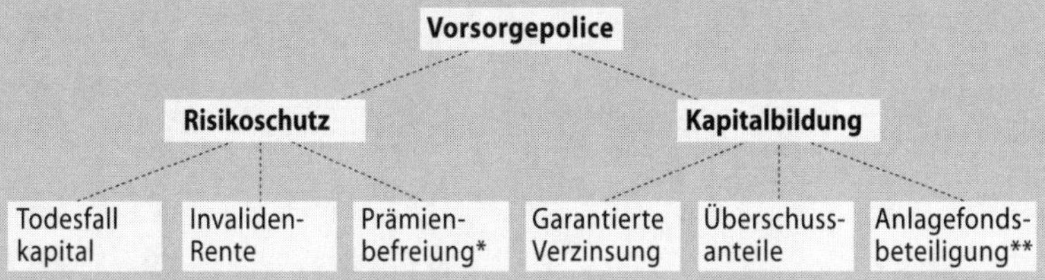

* Bei Erwerbsunfähigkeit werden nach einer gewissen Wartefrist (z.B. 3 Monate) die Kosten für die jährlichen Prämien der gesamten Vorsorgepolice von der Versicherungsgesellschaft übernommen, d.h. Todesfallschutz und Kapitalbildung bleiben erhalten.

** Bei fondsgebundenen Policen profitiert man bei der Kapitalbildung von allfälligen Kursgewinnen der Anlagefonds, in die die Sparprämie investiert wird.

Zins-Bausteine: Garantie und Überschuss

Die Verzinsung des gesparten Alterskapitals besteht aus einem garantierten Teil, der vertraglich zugesichert und äusserst konservativ kalkuliert ist, und aus Überschussanteilen, die vertraglich nicht zugesichert werden dürfen, sondern ein Versprechen der Versicherungsgesellschaft sind. Seriöse Anbieter bemühen sich, die Höhe der prognostizierten Überschüsse tatsächlich einzuhalten.

Die klassische «gemischte» Vorsorgepolice

Die klassische Form der Vorsorgepolice ist eine «gemischte» Lebensversicherung – gemischt, weil Risikoschutz und Kapitalbildung in einer Police kombiniert sind. Versichert ist primär der Todesfall – die Versicherungssumme ist gleich hoch wie die garantierte Kapitalauszahlung am Ende der Vertragsdauer.

Das Todesfallkapital kann durch eine Zusatzversicherung erhöht werden, im weiteren kann eine Erwerbsunfähigkeits-Rente mitversichert werden. Zudem ist die Prämienbefreiung Teil der versicherten Leistungen. Die Kapitalbildung hat einen festverzinslichen Anlagecharakter,

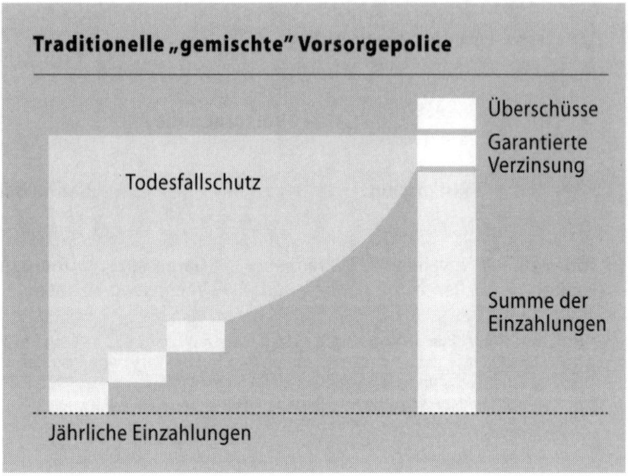

die Rendite entspricht etwa einem 3. Säule-Bankkonto. Prämien und Leistungen sind fix, Änderungen sind – wenn überhaupt möglich – meist mit hohen Kosten verbunden.

Der Nachteil der klassischen Vorsorgepolice, die definitive Fixierung von Prämie und Leistung, kann ein Vorteil sein: Die klassische Vorsorgepolice zwingt zum Sparen und eignet sich daher ausgezeichnet für Menschen mit ungenügender Spardisziplin. Grundsätzlich aber wird die klassische «gemischte» Vorsorgepolice zunehmend durch neue, flexiblere Lebensversicherungen abgelöst.

Flexible Vorsorgepolicen

Flexible Vorsorgepolicen der Säule 3a haben die gleichen Bausteine wie die klassische Vorsorgepolice – die Flexibilität liegt darin, dass Todesfallschutz und Höhe der garantierten Kapitalauszahlung völlig getrennt sind und frei bestimmt werden können. Dank dieser Konstruktion sind Leistungsänderungen sowohl im Risiko- wie auch im Sparteil jederzeit möglich. Die flexible Vorsorgepolice kann auf eine Minimalprämie reduziert werden, ohne dass der Versicherungsnehmer einen Verlust erleidet. So kann vorübergehend oder dauerhaft auf die volle Prämienzahlung verzichtet werden, ohne dass die wichtigsten Vertragsbestandteile der Police aufgehoben werden. Auch bei einer reduzierten Prämienzahlung kann die Prämienbefreiung, d.h. die kostenlose Weiterführung für die gesamte ursprüngliche Police bei Erwerbsunfähigkeit, gesondert eingeschlossen werden.

Fondsgebundene Vorsorgepolicen

Fondsgebundene Vorsorgepolicen der Säule 3a entsprechen im Grundsatz einer gemischten Lebensversicherung. Der wesentliche Unterschied: Das Vermögen wird individuell mittels Investitionen in Anlagefonds gebildet. Der Wert der Police ist somit abhängig von der Entwicklung der Fonds. Heute kann aus einer grossen Fondspalette ein individuelles Portefeuille zusammengestellt werden. Allerdings muss die Zusammensetzung der Fonds den gesetzlichen Anlagerichtlinien der Säule 3a entsprechen, die beispielsweise nur einen maximalen Aktienanteil von 50% zulassen.

Insbesondere über einen langen Zeitraum sollte aus einer fondsgebundenen Vorsorgepolice ein deutlich höheres Sparkapital resultieren als aus einer traditionellen Lebensversicherungsanlage, die gar nicht oder nur zu einem geringen Prozentsatz in Aktien investiert. Da Aktien jedoch langfristig die höheren Renditen versprechen, kann dieser Anteil bei fondsgebundenen Lebensversicherungen individuell erhöht werden (z.B. auf 50%), um eine bessere Rendite zu erzielen.

Die fondsgebundenen Lebensversicherungen sind bei uns noch weitgehend unbekannt. In den skandinavischen und angelsächsischen Ländern sowie in den USA erfreuen sie sich hingegen grosser Beliebtheit. Attraktiv für konservative Versicherungsnehmer ist die fondsgebundene Lebensversicherung, die auch bei negativer Wertentwicklung der

Anlagefonds eine garantierte Verzinsung des Sparteils zusichert.

Rendite-Unterschiede von 3a-Policen

Die Offerten der verschiedenen Versicherungsgesellschaften weisen innerhalb der gleichen Produktepalette grosse Unterschiede auf, die sich mit der allgemeinen Deregulierung weiter verschärfen werden. Da eine Vorsorgepolice gewöhnlich auf sehr lange Zeit abgeschlossen wird, lohnt es sich, die Auswahl sorgfältig zu treffen.

Leistungs- und Rendite-Vergleich bei Vorsorgepolicen der Säule 3a

Gesellschaft	**Versicherungssumme** (garantierte Verzinsung, garantiertes Todesfallkapital)	**Auszahlung inkl. Überschussanteile**
A	235'583	324'306
B	219'709	317'693
C	206'897	310'895
D	203'070	309'632
E	221'451	308'686
F	208'400	305'493
G	208'400	300'466
H	198'106	296'999
I	215'760	293'434

Ausgangslage:
35jähriger Mann, 30 Jahre Laufzeit, Jahresprämie 5'731 Fr., gemischte Lebensversicherung, Stand 6/97

Bank oder Versicherung?

Die Säule 3a kann als Bankkonto oder als Versicherungspolice eingerichtet werden. Die Frage, welche der beiden Formen vorteilhafter ist, ist nur für konkrete, individuelle Situationen zu beantworten. Die Vorteile der Versicherungslösung liegen im Versicherungsschutz, der bei reinen Banklösungen fehlt. Der Versicherungsschutz kann individuell gewählt werden. Er enthält als zusätzliche Komponente die Prämienbefreiung, die «kostenlose» Weiterführung der Police bei Erwerbsunfähigkeit. Damit wird auch bei Invalidität die Kapitalbildung für die Altersvorsorge nicht vernachlässigt.

Flexibilität war lange die grosse Schwachstelle der Versicherungslösungen. Seit es jedoch flexible Versicherungsarten gibt, kann dieser Nachteil durch die richtige Produktewahl ausgeschaltet werden.

Die Verzinsung des Sparkapitals ist wegen des scharfen Kampfes um Marktanteile zwischen Banken und Versicherungen ähnlich hoch wie die Verzinsung des 3. Säule-Kapitals bei Banken. (Auf die einbezahlte Prämie bezogen ist die Verzinsung der Versicherungsanlage natürlich tiefer als diejenige der Bankanlage, weil mit einem Teil der Prämie der Versicherungsschutz finanziert wird.) Die gutgeschriebenen Zinsen schwanken bei den Versicherungen weniger stark als bei den Banken: Die Versicherungsgesellschaften geben die Entwicklung der Marktzinssätze zeitlich verzögert an die Versicherungsnehmer weiter: Versicherungen verzinsen die Anlage bei fallenden Zinsen tendenziell besser als die Banken, bei steigenden Zinsen schlechter.

Als allgemeine Regel gilt, dass mit einer massgeschneiderten Versicherungslösung all jene gut bedient sind, die einen Versicherungsschutz brauchen können, also Familien, Ehepaare mit gemeinsamem Wohneigentum und Personen mit unzureichendem Versicherungsschutz (z.B. Teilzeitangestellte).

Die Banklösung hingegen ist allen zu empfehlen, die keinen Versicherungsschutz benötigen und denen Flexibilität besonders wichtig ist – etwa, wenn in naher Zukunft (in zwei bis fünf Jahren) ein Hauskauf geplant ist und das Geld der Säule 3a als Eigenkapital benötigt wird, oder wenn kurz- bis mittelfristig Auslandpläne bestehen.

Bankanlage 3a

Auch bei den Banken gibt es inzwischen moderne Varianten des Vorsorgekontos. Das Geld wird ähnlich wie bei einer fondsgebundenen Lebensversicherung dynamischer, aber immer im Rahmen der gesetzlichen Anlagerichtlinien angelegt. Die gebräuchlichste Anlageform ist aber nach wie vor das normale Vorsorgekonto 3a. Der wichtigste Unterschied

Vorsorgekonti Säule 3a

	Zinssätze der Vorsorgekonti Säule 3a	Kündigungsfristen*	Bestimmung des Zinssatzes	Zinsanpassungstermine
Bank A	3,5% 5,16%	keine	Rendite der Obligationen der beiden schweiz. Pfandbriefinstitute. Dabei entspricht der Zinssatz mindestens dem Satz der achtjährigen Kassaobligation	Halbjährlich (1.5. / 1.11.)
Bank B	3,5% 4,87%	keine	Mindestens so hoch wie der jeweilige Zinssatz für normale Sparkonti der Bank	Keine festen Termine
Bank C	3,5% 4,96%	6 Monate	Vorzugszins, der über dem jeweiligen Zinssatz der gewöhnlichen Sparguthaben liegt	Vierteljährlich (1.1., 1.4., 1.7., 1.10.)
Bank D	3,5% 4,84%	3 Monate	Mindestens 1 Prozentpunkt über dem jeweiligen Zinssatz für normale Sparkonti der Bank	Keine festen Termine
Bank E	3,75% 5,05%	3 Monate auf Ende eines Jahres	Mindestens 25% über dem Banksparheftzins, aufgerundet auf das nächste Viertelprozent	Keine festen Termine

aktuell (6/97)
5-Jahres-Durchschnitt

* Nur bei Wechsel des Kontos auf eine andere Bank, nicht bei gesetzlich vorgesehenen Auszahlungsgründen

zwischen den einzelnen Banken liegt im Zinssatz. Die Kriterien und Termine der Zinsanpassung sind von Bank zu Bank verschieden, die daraus resultierenden Unterschiede kurzfristig recht gross, mittelfristig allerdings nicht sehr bedeutend.

Die freie Vorsorge (Säule 3b)

Wie die gebundene geniesst auch die freie Vorsorge steuerliche Privilegien. Die Einzahlungen sind zwar nicht abzugsfähig, doch bleibt die gesamte Verzinsung steuerfrei (siehe dazu auch das Kapitel 5, «Steuern»). Im Gegensatz zur Säule 3a kann die Säule 3b nur bei Lebensversicherungen abgeschlossen werden. Die Produktepalette ist wesentlich vielfältiger als bei der Säule 3a. Es stehen nicht nur sämtliche Produkte mit periodischen Prämienzahlungen zur Verfügung, sondern auch sogenannte Einmaleinlagen-Versicherungen und Leibrenten – Vorsorge- und Anlageinstrumente also, die über eine einmalige Zahlung finanziert werden (vgl. «Einmaleinlagen-Versicherungen»).

Die Säule 3b steht allen offen, ohne Begrenzung der Einzahlungshöhe. Die Begünstigung im Todesfall ist frei bestimmbar, allerdings müssen die Pflichtteile der gesetzlichen Erbfolge eingehalten werden.

Die Säule 3b bietet sich insbesondere an, wenn die Rahmenbedingungen der Säule 3a unpassende Vorgaben machen, z.B. bezüglich Laufzeit oder Begünstigung. Sie ist auch ein zusätzliches Spar- und Vorsorgeinstrument, wenn die Säule 3a bereits ausgeschöpft ist. Gerade im Hinblick auf die Altersvorsorge sind die Vorzüge der Säule 3b noch viel zu wenig bekannt.

Der Weg zur Vorsorgelösung nach Mass

Jede Vorsorgepolice muss auf die individuellen Bedürfnisse abgestimmt werden. Ganz allgemein gibt es aber Gründe dafür, eine ausbaufähige Vorsorgepolice möglichst früh abzuschliessen: Nicht jeder kann eine Versicherung, die er im Alter von 25 Jahren hätte abschliessen können, auch noch mit vierzig abschliessen. Damit soll nicht gesagt sein, dass jeder 25jährige präventiv eine Lebensversicherung abschliessen soll, aber falls er sowieso Geld zur Seite legen kann und will, ist er nicht schlecht beraten mit einer Lebensversicherungspolice als Sparinstrument.

Wann beginnen mit der Altersvorsorge?

Mit der Vorsorge für das Alter beginnt man am besten so früh wie möglich. Dann genügen nämlich kleine Beträge, um ein beträchtliches Kapital anzusparen. Je später man beginnt, desto grössere Anstrengungen braucht es, um die verlorenen Jahre aufzuholen: Es fehlen nicht nur die Beitragsjahre, sondern auch der Zinseszins, dem über längere Zeit eine grosse Bedeutung zukommt. Dazu ein Beispiel: Wer täglich 5 Fr. für die Altersvorsorge auf die Seite legt, hat bei 5% Zins nach vierzig Jahren ein Kapital von 233'000 Fr. Ohne Berücksichtigung der Zinsen hat er dafür 73'000 Fr. investiert (5 Fr. x 365 Tage x 40 Jahre). Der Zins beträgt also 160'000 Fr. Selbst bei einer Inflation von 2%, d.h. einer Realverzinsung von 3%, wäre der Kapitalaufbau beträchtlich (Auszahlung nach 40 Jahren: 141'000 Fr.).

Die Vorsorgeanalyse

Die Analyse der Vorsorgesituation ist die Basis aller Massnahmen und die Voraussetzung für jeden zielorientierten Versicherungsabschluss. Damit eine Vorsorgeanalyse ihren Zweck erfüllen kann, muss sie professionell und genau erstellt werden. Verschiedene, detaillierte Informationen sind notwendig. Die erforderlichen Unterlagen lassen sich der nachfolgenden Tabelle entnehmen.

Detailinformationen für eine Vorsorgeanalyse

- Angaben über Lohnfortzahlung im Krankheitsfall (Kollektiv-Taggeld)
- BVG-Ausweis (gegebenenfalls beim Personalbüro verlangen)
- BVG-Kaderzusatz (wenn vorhanden)
- Freizügigkeitskapital (Sperrkonto; Police, wenn vorhanden)
- UVG-Zusatzversicherung (wenn vorhanden)
- Lebensversicherungspolicen
- Unfallversicherungspolicen
- Krankenkassenausweis
- Kontostand Vorsorgekonto 3a (wenn vorhanden)
- Vermögensaufstellung
- Angaben über das notwendige Einkommen bei Invalidität, im Todesfall und im Alter (Budget)

Ziel einer Vorsorgeanalyse ist es, die bestehenden Versicherungsleistungen der unterschiedlichen Vorsorgeträger (AHV/IV, BVG, UVG usw.) gesamthaft zu erfassen und den möglichen Vorsorgesituationen zuzuordnen. Sind z.B. die Leistungen für den Fall der Invalidität durch Krankheit erfasst, kann die Summe der Zahlungen mit dem Einkommensbedarf verglichen werden. Ergeben sich Abweichungen – sogenannte Vorsorgelücken – können zusätzliche private Vorsorgelösungen entwickelt werden.

Beispiel einer Vorsorgeanalyse

Die Vorsorgeanalyse basiert auf den persönlichen Daten, sie berücksichtigt die individuelle Situation und die Zukunftspläne, um eine Lösung nach Mass zu gewährleisten. Vorsorgeanalysen sollten bei grundlegenden Veränderungen der Lebenssituation oder aber im Abstand von fünf Jahren wieder überprüft werden.

Am Beispiel eines Ehepaars mit zwei Kindern soll der Nutzen einer Vorsorgeanalyse demonstriert werden. Der Ehemann ist 35, seine Frau 32, das Paar hat zwei Kinder im Alter von 8 und 6 Jahren. Der Ehemann ist erwerbstätig und bringt jährlich ein Einkommen von 100'000 Fr. nach Hause. Die staatlichen und beruflichen Versicherungsprämien sind lückenlos erbracht worden. Bis auf eine freiwillige Kollektiv-Taggeldversicherung des Arbeitgebers richten sich sämtliche staatlichen und beruflichen Versicherungen nach den gesetzlichen Mindestanforderungen. Die nebenstehende Abbildung zeigt, wieviel in welcher Vorsorgesituation von welchem Versicherungsträger zu erwarten ist (Angaben in Fr. pro Jahr, auf 100 Fr. gerundet). Die möglichen Vorsorgesituationen: kurzfristige Erwerbsunfähigkeit (unter zwei Jahren), langfristige Erwerbsunfähigkeit (dauerhafte Invalidität nach zwei Jahren) und Todesfall. In jedem dieser Fälle muss nach der Ursache (Krankheit oder Unfall) unterschieden werden, weil unterschiedliche Gesetze und Versicherungsträger (BVG bzw. UVG) zur Anwendung gelangen. Die letzte geprüfte Vorsorgesituation ist das Rentenalter.

Setzt man in unserem Beispiel die gesamten Vorsorgeleistungen ins Verhältnis zum heutigen Einkommen, ergeben sich Lücken zwischen 12'500 und 44'500 Fr. (Vorsorgelücke I mit Kindern). Am grössten ist die Lücke im Alter und im Todesfall durch Krankheit (44'500 Fr.). Unsere Beispiel-Familie wird sich nach dieser Analyse überlegen, ob sie in einem Vorsorgefall mit den Leistungen auskommen könnte, oder ob bestimmte Lücken (ganz oder teilweise) geschlossen werden sollten.

Sind die Kinder über 18 Jahre alt (bzw. unter 25 Jahre, aber noch in Ausbildung), werden die Kinder-Renten gestrichen, so dass sich die Vorsorgelücke II ergibt. Diese zweite Lücke ist massiv grösser als die Vorsorgelücke I.

Beispiel einer Vorsorgeanalyse

Angaben in Fr. pro Jahr (auf 100 gerundet)

	Kurzfristige Erwerbsunfähigkeit		**Langfristige Erwerbsunfähigkeit**		**Todesfall**		**Alter**
	Krankheit	Unfall	Krankheit	Unfall*	Krankheit	Unfall*	
Staatliche Vorsorge							
AHV-/IV-Renten	–	–	30'300	30'300	18'600	18'600	34'900
Kinder-Renten	–	–	18'600	18'600	18'600	18'600	–
Berufliche Vorsorge							
Kollektiv-Taggeld	80'000	–	–	–	–	–	–
BVG-Renten	–	–	23'900	–	21'300	–	35'500
BVG-Kinder-Renten	–	–	9'600	–	14'200	–	–
UVG-Renten	–	77'800	–	38'600*	–	31'100*	–
UVG-Kinder-Renten	–	–	–	–	–	19'200	–
Total Vorsorge	**80'000**	**77'800**	**82'400**	**87'500**	**72'700**	**87'500**	**70'400**
Bisheriges Einkommen	100'000	100'000	100'000	100'000	100'000	100'000	100'000
Vorsorgelücke I (mit Kindern)	20'000	22'200	17'600	12'500	27'300	12'500	29'600
Vorsorgelücke II (ohne Kinder)	20'000	22'200	45'800	12'500	60'100	42'500	29'600

* Total der Vorsorge, maximal 90% von 97'200; dementsprechend wird die UVG-Rente koordiniert.

Eine Vorsorgelücke besteht fast immer: die Lücke im Alter. Es ist zu berücksichtigen, dass die BVG-Renten mit 4% Verzinsung pro Jahr hochgerechnet werden, das notwendige Einkommen ohne Berücksichtigung der Inflation aber auf dem heutigen Niveau stagniert. Auch wenn man mit bloss 1% Inflation pro Jahr rechnet, braucht es in 30 Jahren 135'000 Fr., um die Kaufkraft des heutigen Einkommens unseres Familienvaters von 100'000 Fr. zu erhalten. Bei 2% Inflation braucht es bereits 180'000 Fr.

Vergleicht man diese Zahlen mit den Rentenleistungen, entsteht eine grosse Vorsorgelücke. Auch wenn uns diese Betrachtungsweise widerstreben mag – sie ist die einzig richtige, will man sich auch im Alter einen angemessenen Lebensstandard erhalten.

Vorgehen bei einer Vorsorgeanalyse

Eine Vorsorgeanalyse sollte ganz systematisch erstellt werden, um ein emotionsloses Vorgehen sicherzustellen. Zudem verlangt die Bedeutung der anstehenden Entscheidungen, dass Vorsorgelösungen auf der Grundlage objektiver Fakten getroffen werden. Im folgenden sind die wichtigsten Schritte einer Vorsorgeanalyse beschrieben.

Schritt 1: Bedarf festlegen

Die Definition des Bedarfs im Vorsorgefall ist stark von der individuellen Situation abhängig. Grundsätzlich muss man sich fragen, mit wieviel Geld man in einer neuen Situation zurechtkommt. Die möglichen Szenarien sollte man mit den Betroffenen, z.B. innerhalb der Familie, besprechen. Dabei gilt der Grundsatz: Lieber zu hoch als zu tief versichern, insbesondere wenn wenig Vermögensreserven vorhanden sind. Anderseits gibt es die Grenzen des Budgets: Letztlich kostet jede zusätzliche Vorsorge Geld, das für andere Lebenshaltungskosten nicht mehr zur Verfügung steht.

Schritt 2: Leistungen definieren

Die Vorsorgelücke ergibt sich aus der Differenz zwischen dem aktuell vorhandenen Vorsorgeschutz und dem festgelegten Einkommensbedarf. Auf der Basis dieser Differenz werden die zu versichernden Leistungen definiert.

Schritt 3: Produkteauswahl

Bei der Realisierung der Lösung ist die geeignete Policenart abhängig von den persönlichen Plänen (vergleiche dazu auch «Spezialfälle» am Ende des Kapitels). Nach dem Entscheid für die Art der Versicherung folgt die Auswahl des besten Angebotes, das der Markt zu bieten hat. Die Prämien- und Leistungsunterschiede sind beträchtlich. Sehr schnell macht der Unterschied zwischen guten und schwachen Angeboten mehrere tausend Franken aus.

Schritt 4: Antrag stellen

Ist eine gute Lösung gefunden, wird der Antrag gestellt, auf dem die persönlichen Daten, die Laufzeit, die Versicherungsart und die garantierten Leistungen festgehalten werden. Je nach Alter und Höhe der Risikoleistungen ist ein Arztbesuch erforderlich. Dieser Check erfolgt auf Kosten der Versicherungsgesellschaft. Die Arztwahl ist frei. Vor der definitiven Annahme des Antrags durch die Gesellschaft besteht eine provisorische Risikodeckung in beschränkter Höhe.

Schritt 5: Prämien zahlen

Ist der Antrag angenommen, beginnt der Versicherungsvertrag zu laufen. Nun müssen auch die ersten Prämien bezahlt werden. Die Prämienzahlung kann monatlich, vierteljährlich, halbjährlich oder jährlich erfolgen. Bei allen Gesellschaften kann auch ein gut verzinstes Prämienkonto eingerichtet werden.

Checkpunkte vor dem Abschluss

Vor einem Versicherungsabschluss sollte man in aller Ruhe eine Reihe von Punkten prüfen. Ein unüberlegter Entschluss kann im Bereich der Vorsorge schmerzhafte und weitreichende Folgen haben. Wenn der Check zufriedenstellend verlaufen ist und es keine offenen Fragen mehr gibt, kann man den Abschluss tätigen.

Flexibilität

Ist Flexibilität erwünscht? In den meisten Fällen sicher ja. Für den vierzigjährigen Familienvater, der eben ein Einfamilienhaus gekauft hat weniger als für den Jungunternehmer, der gerade den Schritt in die Selbständigkeit gewagt hat.

Flexibilität geben die reinen Risikoversicherungen, die Vorsorgekonti 3a der Banken und die flexiblen Vorsorgepolicen der Säule 3a und 3b, die den Risikoteil und den vermögensbildenden Teil tariftechnisch trennen.

Transparenz

Noch immer gibt es Versicherungsgesellschaften, die dem Kunden die gewünschte Transparenz verweigern. Sie sind der Meinung, versteckte Kosten schmerzten den Kunden weniger als offen ausgewiesene. Innovativere Gesellschaften haben jedoch begonnen, die Versicherungskosten (Abschlusskommission, Policierungskosten, Risikokosten und Anlagekosten) offen auszuweisen. Diese Informationskultur nimmt den Kunden ernst, sie sollte zukunftsweisend sein.

Bonität der Gesellschaft

Die schweizerischen Lebensversicherungsgesellschaften unterstehen einer äusserst strengen Kontrolle. Die vorgeschriebenen Rückstellungen sind höher, die Anforderungen an die Tarife strenger und die Anlagevorschriften härter als in den meisten anderen Ländern. Bis heute ist noch nie eine schweizerische Lebensversicherungsgesellschaft Konkurs gegangen. Es gibt einen Trend zur Übernahme kleinerer Gesellschaften durch grosse Konzerne, doch hat eine solche Übernahme für die Kunden in der Regel keine negativen Folgen, weil die neue Gesellschaft die bestehenden Verträge zu den alten Konditionen weiterführt.

Steuerliche Behandlung

Vor dem Abschluss einer Versicherung sollte man sich über die steuerlichen Aspekte während der Laufzeit und bei der Auszahlung im Erlebens- oder Todesfall informieren. Diese Abklärung ist vor allem nötig, wenn die Versicherung zugleich Anlageinstrument ist und eine möglichst hohe Netto-Rendite bringen soll (mehr dazu im Kapitel 5, «Steuern»).

Gesundheitsrisiko und Vorbehalte

Bevor Versicherungsgesellschaften einen Lebensversicherungsantrag akzeptieren, wollen sie das zu übernehmende Risiko (die Gesundheit des Kunden) genau prüfen: mittels Fragebogen, bei höheren Risikosummen auch durch eine ärztliche Kontrolle. Ist die gesundheitliche Verfassung des Antragstellers nicht zufriedenstellend, sind drei Reaktionen der Versicherungsgesellschaft möglich:

- Die mildeste Auflage ist finanzieller Art: Die Gesellschaft verlangt für das grössere medizinische Risiko eine höhere Prämie.
- Als zweite, ernsthaftere Massnahme können gewisse Risiken (z.B. Tod infolge Kreislauferkrankung oder Erwerbsunfähigkeit infolge Rückenleiden) von einer Deckung ausgeschlossen werden.
- Die schwerwiegendste Massnahme ist die Ablehnung des Versicherungsantrags. Nach einer Besserung des Gesundheitszustands kann der Antragsteller eine Überprüfung des Vorbehaltes und eine Neubeurteilung verlangen.

Das Gesundheitsrisiko bzw. die Versicherbarkeit der eigenen Person ist ein wichtiger Faktor in der Entscheidung, ob eine Lebensversicherung heute oder erst in Zukunft abgeschlossen werden soll. Beim Abschluss einer Lebensversicherung geben einzelne Gesellschaften sogenannte Nachversicherungsgarantien: Sie sichern dem Versicherungsnehmer während einiger Jahre die Erhöhung der Risikoleistungen bis zu einem gewissen Betrag ohne Vorbehalt zu.

Begünstigung

Die Begünstigung in der gebundenen Vorsorge 3a ist strikt vorgeschrieben. Im Todesfall begünstigt sind erstens der Ehegatte, bei dessen Fehlen die Kinder und andere «massgeblich unterstützte» Personen. Bei deren Fehlen die übrigen gesetzlichen Erben. In letzterem Fall können auch Drittpersonen testamentarisch begünstigt werden. In der freien Vorsorge ist die Begünstigung frei, so dass beispielsweise der Konkubinatspartner an erster Stelle begünstigt werden kann. Eine Pflichtteilsverletzung kann allerdings auch hier angefochten werden.

Auflösung bestehender Policen

Lebenssituationen ändern sich – es stellt sich dann die Frage, ob es sich lohnt, die Police einer Lebensversicherung zu behalten und alljährlich Prämien zu bezahlen, oder ob es nicht viel klüger wäre, die Police aufzuheben. Die Aufhebung einer Police ist endgültig. Eine solche Entscheidung sollte erst getroffen werden, wenn das Resultat einer Vorsorgeanalyse die Auflösung empfiehlt.

Risikopolicen

Eine reine Risikopolice kann jederzeit problemlos aufgelöst werden. An sich genügt es, die Prämien nicht mehr zu bezahlen: Nach einer gewissen Zeit erlischt dann der Versicherungsschutz. Korrekt ist es aber, die Police schriftlich zu kündigen.

Gemischte Vorsorgepolicen

Klassische, gemischte Vorsorgepolice sollte man grundsätzlich weiterführen, weil die Auflösung immer mit einem Verlust verbunden ist. Wird die Police aufgelöst, wird lediglich ein Restguthaben ausbezahlt; auch bei einer sogenannten «Stillegung» muss ein Verlust in Kauf genommen werden: Das rechnerische Kapital wird zwar mit einem minimalen Satz verzinst, ist aber blockiert und kann nicht anderweitig verwendet werden.

Die flexible Vorsorgepolice kann auf eine Minimalprämie (500 Fr. pro Jahr, je nach Gesellschaft) reduziert werden. Der Vorteil einer solchen Lösung: Die wichtigsten Vertragsbestandteile bleiben in Kraft, vor allem wird das angesparte Kapital normal weiterverzinst.

Belehnbarkeit

Policen der gebundenen Vorsorge können nicht belehnt werden, es sei denn, sie werden im Rahmen der gesetzlichen Wohneigentumsförderung als Sicherheit für die Finanzierung von selbstbewohntem Wohneigentum hinterlegt. Eine solche Verpfändung kann sich lohnen, weil sie die Eigenmittel erhöht. Belässt man die Hypothek hoch, spart man Steuern, weil Hypothekarzinsen von den Steuern abgezogen werden können (mehr dazu in Kapitel 4, «Immobilien und Hypotheken», und Kapitel 5, «Steuern»).

Policen der freien Vorsorge (Säule 3b) sind jederzeit belehnbar und damit in beschränktem Umfang liquid.

Spezialfälle

Eine gute Vorsorgelösung ist immer auf die individuelle Situation abgestimmt und trägt Zukunftsplänen so weit wie möglich Rechnung. Die Versicherungsgesellschaften haben dieses Bedürfnis der Kunden erkannt und erweitern ihre Angebote. Diese Entwicklung ist zu begrüssen, erschwert jedoch die Übersicht und macht es für den Laien schwierig, sich zurechtzufinden. Die folgenden Fallbeispiele sollen die wichtigsten situationsspezifischen Kriterien und Lösungsvorschläge zeigen.

Single Es ist klar, dass Singles, die keine Unterhaltsverpflichtungen haben, keine Todesfallversicherung brauchen, es sei denn, sie sind als Partner an einem Geschäft beteiligt. Sonst jedoch müssen Singles in erster Linie für den Invaliditätsfall und das Alter vorsorgen. Wie immer kann die Standortbestimmung nur über eine Vorsorgeanalyse erfolgen. Der Bedarf im Invaliditätsfall sollte grosszügig festgelegt werden, mindestens 80% des aktuellen Einkommens sollten abgedeckt sein. Jüngere Versicherungsnehmer müssen zusätzlich die Inflation berücksichtigen.

Familie Eine individuelle Vorsorgelösung ist insbesondere für Familien mit kleinen Kindern von grosser Bedeutung. Die modernen Familienkonstellationen sind vielfältig, staatliche und berufliche Vorsorge basieren jedoch auf traditionellen Rollenmustern.

Die Familie mit dem Mann als «Ernährer» ist der häufigste Fall. Die Arbeit der Mutter wird nicht in Lohnfranken entgolten, deshalb geht ihr Versicherungsschutz oft vergessen. In der Vorsorgeanalyse für die Familie ist der unterschiedliche Leistungsbedarf im Invaliditäts- oder Todesfall für beide Elternteile festzulegen. Die Schlüsselfrage: Mit welchem Einkommensersatz kann die Familie einen vertretbaren Lebensstandard halten und die Ausbildung der Kinder gewährleisten?

Beim Vater kann der aktuelle Lohn als Messgrösse dienen. Je nach Familienbudget müssen mit den gesamten Vorsorgeleistungen zwischen 60 und 100% der Lebenskosten gedeckt werden. Bei Invalidität sollten die Leistungen höher ausfallen als im Todesfall, da allenfalls auch Pflegeleistungen und Sonderausgaben finanziert werden müssen.

In die Vorsorgeanalyse werden auch die Kinder-Renten einbezogen. Sie tragen in der ersten und zweiten Säule massgeblich zu den Leistungen bei. Es ist daher zu berücksichtigen, dass diese Leistungen spätestens entfallen, wenn die Kinder das 25. Lebensjahr erreicht haben. Das kann für die Eltern später empfindliche Einkommenseinbussen zur Folge haben.

Schwierig ist es, die Arbeit der Mutter in Franken auszudrücken. Zu kalkulieren ist, wieviel ihr «Ersatz» kosten würde, beispielsweise eine Haushalthilfe, eine Kinderfrau oder eine Kinderkrippe. Vielleicht wären auch Grosseltern oder andere Verwandte bereit, im Ernstfall dauerhaft Verantwortung zu übernehmen.

Die Standardlösung für die typische Familie: eine kapitalbildende Vorsorgepolice 3a für den Vater (sie deckt die Vorsorgelücken im Todesfall, bei Invalidität und im Alter) und eine reine Risikopolice für die Mutter (Todesfall und/oder Invalidität). Eine optimale Lösung findet man am einfachsten, wenn man zunächst einmal vorbehaltlos alle Einsatz- und Kombinationsmöglichkeiten von Lebensversicherungen in Betracht zieht, ohne im voraus auf eine Lösung fixiert zu sein.

Konkubinat Konkubinatspaare müssen die gemeinsame Vorsorge besonders sorgfältig planen. Die drei Vorsorgesäulen und die gesetzliche Erbfolge wahren primär familienrechtliche Interessen. Der überlebende Partner ist weder in der staatlichen noch in der beruflichen Vorsorge leistungsberechtigt. In der gebundenen Vorsorge der dritten Säule (Säule 3a) kann er nur begünstigt werden, wenn der Verstorbene keine Kinder hat.

Der gangbare Weg ist die freie Vorsorge (Säule 3b): Die Partner können sogar eine gemeinsame Police auf zwei Leben abschliessen. Die Bedarfsklärung und die definitive Auswahl der besten Lösung sowie ihre Umsetzung erfolgen dann wie in den anderen Fällen.

Da die Erbschaftssteuer zwischen nicht verwandten Personen sehr hoch ist, empfiehlt es sich, die Todesfallleistungen rund 40% über dem effektiven Bedarf anzusetzen, damit der Begünstigte im Todesfall wirklich zum geplanten Netto-Kapital kommt.

Ausländer In der Schweiz lebende Ausländer haben wegen der Beitragslücken in der ersten und zweiten Säule häufig einen relativ hohen Risikobedarf. In der Vorsorgeanalyse müssen auch Leistungen aus dem Ausland berücksichtigt werden, auf die der Versicherungsnehmer allenfalls Anspruch hat.

Wichtig: Auch Ausländer mit Quellenbesteuerung können die Säule 3a benutzen. Mit dem Steuerbeleg können sie bei der zuständigen Steuerbehörde vorsprechen und den Betrag für die Ausgleichsrechnung zum Abzug bringen.

Auslandspläne Wer eine Auswanderung erwägt, muss besonders auf Flexibilität achten. Empfehlenswert ist ein Splitting: Der Risikobedarf wird bei einer Versicherung mit einer reinen Risikoversicherung gedeckt, die immer kündbar ist. Die Kapitalbildung erfolgt über ein Bankkonto der Säule 3a. Bei einer Abreise ins Ausland kann das Kapital vorzeitig bezogen oder einfach stehengelassen werden.

Diese Lösung ist nur dann zu empfehlen, wenn der künftige Wohnstaat über ein zufriedenstellendes Vorsorgesystem verfügt. Andernfalls ist es unerlässlich, die private Vorsorge in der Schweiz beizubehalten, allenfalls sogar auszubauen, weil die bisherige staatliche und berufliche Vorsorge entfällt. Dazu eignet sich am besten eine flexible Versicherungspolice (Säule 3b): Sie gibt Versicherungsschutz, und die Kapitalbildung für das Alter ist quellensteuerfrei. Bei der Planung ist zu berücksichtigen, dass die Prämien im starken Schweizer Franken zu entrichten sind.

Knappes Budget

Bei (vorübergehender) Budgetknappheit will man die momentanen Kosten so tief wie möglich halten, auch wenn so die Versicherungssituation mittel- und langfristig nicht optimal gelöst ist. Es sollten aber zumindest die existentiellen Risiken im Invaliditäts- oder Todesfall gedeckt werden, am günstigsten in Form einer reinen Risikoversicherung. Später kann dann immer noch eine kapitalbildende Police abgeschlossen werden, die auch der Altersvorsorge Rechnung trägt.

Wichtig: Je knapper das Budget, desto besser sollte man sich versichern, da keine Reserven vorhanden sind, um einen Erwerbsausfall zu kompensieren. Ein tieferes Einkommen wäre kaum zu verkraften. Im Invaliditätsfall sollten mindestens 90% des Einkommens sichergestellt sein. Im Todesfall braucht es genügend Kapital, um der Familie zumindest vorübergehend die Existenz zu sichern und den Kindern die Ausbildung zu ermöglichen. Wer ihn sich am wenigsten leisten kann, braucht den Versicherungsschutz am dringendsten und muss bei anderen Dingen sparen.

Selbständige
(Hinweis: Die Vorsorge sowie weitere spezielle Versicherungen für Selbständigerwerbende werden in Kapitel 3 ab Seite 270 detailliert beschrieben)

Selbständigerwerbende unterstehen nicht dem Obligatorium der zweiten Säule. Entsprechend haben sie nur Anspruch auf Leistungen aus der ersten Säule und müssen für die ganze übrige Vorsorge selber sorgen. Erwerbstätigen ohne zweite Säule steht im Rahmen der Säule 3a ein höherer Maximalbetrag zu, der es ihnen ermöglicht, die Leistungen entsprechend auszubauen. Das Maximum liegt bei 20% des AHV-pflichtigen Einkommens, mit einer Obergrenze von 28'656 Fr. pro Jahr. Selbständigerwerbende sollten eine flexible Vorsorgepolice 3a wählen, die sich bei beruflichen Veränderungen problemlos an die neue Situation anpassen lässt.

Auch Selbständigerwerbende können die zweite Säule nutzen, indem sie sich freiwillig der Pensionskasse ihrer Unternehmung bzw. ihres Berufsverbandes anschliessen. Insbesondere aus steuerlichen Überlegungen kann dies sinnvoll sein, wenn der maximal abzugsfähige Betrag der dritten Säule die Altersvorsorge nur unzureichend abdeckt.

Pensionierung: Rente oder Kapital?

Die wichtigste Frage im Hinblick auf die finanzielle Sicherung der Pensionierung: Soll das Geld der Pensionskasse als Rente oder als Kapital bezogen werden? Ab fünfzig sollte sich jeder gründlich mit der Frage beschäftigen und sich alle Informationen beschaffen, um über umfassende Entscheidungsgrundlagen zu verfügen. In die Entscheidung muss unbedingt auch der Lebenspartner einbezogen werden. Die Frage ist so komplex, dass sich eine professionelle Beratung lohnt. Wichtig ist weiter eine Vorabklärung bei der Pensionskasse, ob ein Kapitalbezug überhaupt möglich ist.

Grundsätzliche Überlegungen

Die Entscheidung, aus der Pensionskasse eine Rente zu beziehen, fällt häufig nicht bewusst, sondern ergibt sich, weil die Möglichkeit des Kapitalbezugs zu spät oder gar nicht in Betracht gezogen wird. Dabei ist der Kapitalbezug in vielen Fällen die bessere Lösung.

Patentlösungen gibt es nicht – die Entscheidung für Rente oder Kapital wird bestimmt durch die eigenen Prioritäten; je nach den individuellen Familien- und Vermögensverhältnissen ist eine der beiden Lösungen die bessere. In jedem einzelnen Fall sind daher Vor- und Nachteile sorgfältig zu analysieren.

Entscheidung definitiv

Vor der Entscheidung müssen alle Eventualitäten berücksichtigt und auf ihre Wahrscheinlichkeit hin überprüft werden. Wer sich seine Meinung nicht gründlich erarbeitet, kann später immer wieder verunsichert werden: Ein tieferes Zinsniveau lässt den Kapitalbezug weniger attraktiv erscheinen. Oder: Eine Schlagzeile in der Zeitung lässt ganze Generationen um ihre Rente bangen. In vielen Fällen ist weder der volle Kapital- noch der ausschliessliche Rentenbezug die beste Lösung. Bei vielen Pensionskassen kann ein Teil des Guthabens als Rente, ein anderer als Kapital bezogen werden.

Ein systematisches Vorgehen ist zu empfehlen, hilfreich ist ein Raster von Kriterien. Die einzelnen Kriterien des Rasters sind nach ihrer Bedeutung für die individuelle Situation zu gewichten.

Renten- oder Kapitalbezug: Kriterien

	Rentenbezug	**Kapitalbezug**
Einkommen	7,2% Umwandlungssatz (bei frühzeitiger Pensionierung tieferer Satz)	4 bis 7% Ertrag je nach Einkommenskonzept
Teuerungsausgleich	Gemäss Stiftungsrats-beschluss	Gemäss persönlicher Planung
Sicherheit	Hohe Sicherheit	Sicherheit abhängig von der Anlagestrategie
Kapitalerhalt	Kein Kapitalerhalt	Kapitalerhalt
Stellung des Ehe-partners nach Tod	60% der Altersrente*	100% des Einkommens**
Hinterbliebene	Keine Ansprüche	Gemäss Erbrecht/Testament
Flexibilität	Keine Flexibilität	Hohe Flexibilität
Besteuerung	Rente zwischen 80 und 100% in Bund und Kanton steuerbar	Einmalige Kapitalbesteuerung; Einkommen zwischen 0 und 100% steuerbar, je nach Einkommenskonzept

* Gemäss Reglement der jeweiligen Pensionskasse

** Vorbehältlich Auszahlung des Pflichtteils an die Kinder

Ist die Entscheidung einmal gefallen und praktisch umgesetzt, gibt es kein Zurück mehr. Rückkommensanträge müssen die Pensionskassen ablehnen.

Vorteile der Rente

Die Pensionskasse soll das Einkommen im Alter gewährleisten. Die Rente orientiert sich ausschliesslich an diesem Ziel. Der Rentenbezüger weiss, wie hoch seine Rente ausfallen wird. Er braucht sich um nichts zu kümmern: Während der Berufstätigkeit wurde ihm der Lohn überwiesen, nach der Pensionierung erhält er die Rente ausbezahlt. Beim Kapitalbezug ist die Situation weniger klar: Mit wieviel Einkommen kann gerechnet werden? Wie fliesst dieses Einkommen? Wie lange reicht es? Auf diese Schlüsselfragen muss es einfache und überzeugende Antworten geben, wenn der Kapitalbezug eine Alternative zum Rentenbezug sein will.

Eine Frage der Lebenserwartung?

Die meisten Menschen rechnen damit, sehr alt zu werden; sie sind überzeugt, die statistische Lebenserwartung zu übertreffen. Vordergründig spricht eine hohe Lebenserwartung für den Rentenbezug. Denn: Eine einfache Rechnung teilt das Pensionskassen-Guthaben durch die erwartete Anzahl verbleibender Lebensjahre – ist das Resultat höher als die jährliche Rente, erscheint der Kapitalbezug vorteilhaft, andernfalls wird die Rente favorisiert. Dieser Ansatz greift zu kurz: Er vernachlässigt wesentliche Kriterien wie die Einkommenssteuern (und damit die Höhe des Netto-Einkommens), die Anlage-Rendite oder die Stellung der Witwe und der Kinder.

Der Kapitalbezug ist eindeutig vorteilhafter bei tiefer Lebenserwartung. Daraus folgt jedoch noch nicht, dass man bei hoher Lebenserwartung mit der Rente zwingend besser fährt.

Hoher Umwandlungssatz

Wer regulär pensioniert wird, erhält einen Rentenumwandlungssatz von 7,2%: Damit wird das persönliche Pensionskassen-Guthaben in eine Rente umgerechnet. Bei einem Kapital von 500'000 Fr. zum Beispiel wird also eine Rente von jährlich 36'000 Fr. oder 3'000 Fr. pro Monat ausbezahlt. Bei vorzeitiger Pensionierung wird der Umwandlungssatz reduziert.

Der Umwandlungssatz entspricht nicht einer erwirtschafteten Rendite, sondern setzt sich zusammen aus einem Teil Zinsen und einem Teil Kapitalverzehr. Der Zinsteil geht von einer sehr konservativen Annahme über die erzielbare Rendite aus: in der Regel 4%. Die Höhe des Kapitalverzehrs wird abgeleitet aus der statistischen Lebenserwartung und den Leistungen im Todesfall.

Trotz markant gestiegener Lebenserwartung sind den Pensionskassen Rentenbezüger willkommen – meistens willkommener als Kapitalbezüger. Denn Pensionskassen, die ihre Gelder auf den Kapitalmärkten professionell anlegen, erzielen durchschnittlich höher Renditen als zur Finanzierung der Renten notwendig. Deshalb verfügen die meisten Pensionskassen über beruhigend hohe Reserven. Auf den Finanzmärkten lassen sich also Renditen erwirtschaften, die mehr als das Alterseinkommen sicherstellen – wenn das entsprechende Know-how im Bereich Wertschriftenanlagen vorhanden ist.

Inflationsausgleich

Pensionskassen-Renten können der Inflation angepasst werden. Der Teuerungsausgleich ist jedoch nicht reglementarisch garantiert, sondern wird vom Stiftungsrat in der Regel jährlich überprüft und neu beschlossen. Viele Pensionskassen gleichen die Teuerung wenigstens teilweise aus. Im höheren Alter sinkt der Einkommensbedarf, so dass ein voller Teuerungsausgleich meistens nicht nötig ist. Beim

Kapitalbezug muss der Inflationsausgleich in die Planung einbezogen werden

Vorteile des Kapitalbezugs

Wer das Kapital aus der Pensionskasse bezieht, hat eine ganz bewusste Entscheidung gefällt, eine Entscheidung, die Mut braucht, insbesondere wenn man sich in seinem bisherigen Leben wenig mit Kapitalanlagen und Finanzen befasst hat. Zahlt die Pensionskasse das Kapital aus, bleibt es erhalten; es kann völlig frei und flexibel über die Verwendung entschieden werden – wahrscheinlich der wichtigste Grund für die Wahl dieser Möglichkeit. Auch wenn die Verwaltung an einen professionellen Vermögensverwalter delegiert wird, können jederzeit neue Entscheidungen getroffen werden.

Stellung der Witwe

Bei einem Kapitalbezug ist die Witwe wesentlich besser gestellt als bei einem Rentenbezug: Nach dem Tod des Rentenbezügers erhält die Witwe noch 60% der Rente – das Einkommen verschlechtert sich einschneidend. Dennoch sind es häufig die Ehefrauen, die den Rentenbezug wünschen: Viele haben sich in finanziellen Fragen ganz auf ihren Mann verlassen und sind mit der Materie nicht vertraut. Diese Unselbständigkeit kann den Ausschlag zum Rentenbezug geben, obwohl die Frauen damit ihren eigenen materiellen Interessen und denen ihrer Kinder zweifellos schaden.

Die Benachteiligung der hinterbliebenen Ehefrau beim Rentenbezug ist im übrigen güterrechtlich nicht korrekt. Nach neuem Eherecht gehört das Pensionskassen-Guthaben beiden Partnern zu gleichen Teilen (Errungenschaftsbeteiligung). Stirbt die Ehefrau vor dem Mann, erhält er weiter 100% der Rente.

Es kann nicht genug betont werden, wie wichtig es ist, dass sich auch die Frauen um die Finanzen kümmern und

Bescheid wissen – sonst stehen sie auch in Zukunft auf der Verliererseite.

Stellung des Witwers

Entscheidet sich eine erwerbstätige Frau für den Kapitalbezug, ist ihr überlebender Ehemann erheblich besser gestellt als beim Rentenbezug. Als Witwer erhält er im besten Fall 60% der Altersrente seiner Frau, oft aber gar nichts. Denn das Pensionskassen-Guthaben der Frau fällt im Falle ihres Todes in der Regel an die Pensionskasse (vor allem Pensionskassen von kleinen und mittleren Unternehmen kennen keine Leistungen an den Witwer).

Auch diese Regelung ist güterrechtlich nicht korrekt, weil der Ehemann im Fall der Errungenschaftsbeteiligung Anrecht auf das Pensionskassen-Guthaben seiner Frau hätte. Die Regelung basiert auf einem antiquierten Rollenverständnis – ein Mann kann für sich sorgen und ist nicht auf das Geld der Frau angewiesen – und verletzt auf eklatante Weise Eigentumsrechte.

Lebenspartner und Kinder

Für Lebenspartner ohne Trauschein gilt: Eine Begünstigung des Partners ist nur möglich, wenn das Pensionskassenkapital in das private Vermögen überführt wird, weil der Partner keinen Anspruch auf Rente hat.

Auch die Kinder haben bei der Rentenlösung keinen Anspruch auf das Pensionskassenkapital. Selbst bei einem frühen Tod der Eltern (oder des bereits verwitweten oder alleinstehenden Elternteils) bleibt das gesamte Guthaben in der Pensionskasse.

Flexibilität

Der Kapitalbezug schafft eine grosse Flexibilität. Auch nach der Pensionierung können sich Einkommensbedürfnisse und Vermögensverhältnisse ändern. Direkt nach der Pensionierung sollte das verfügbare Einkommen möglichst

Stellung der Witwe, des Witwers und der Hinterbliebenen*

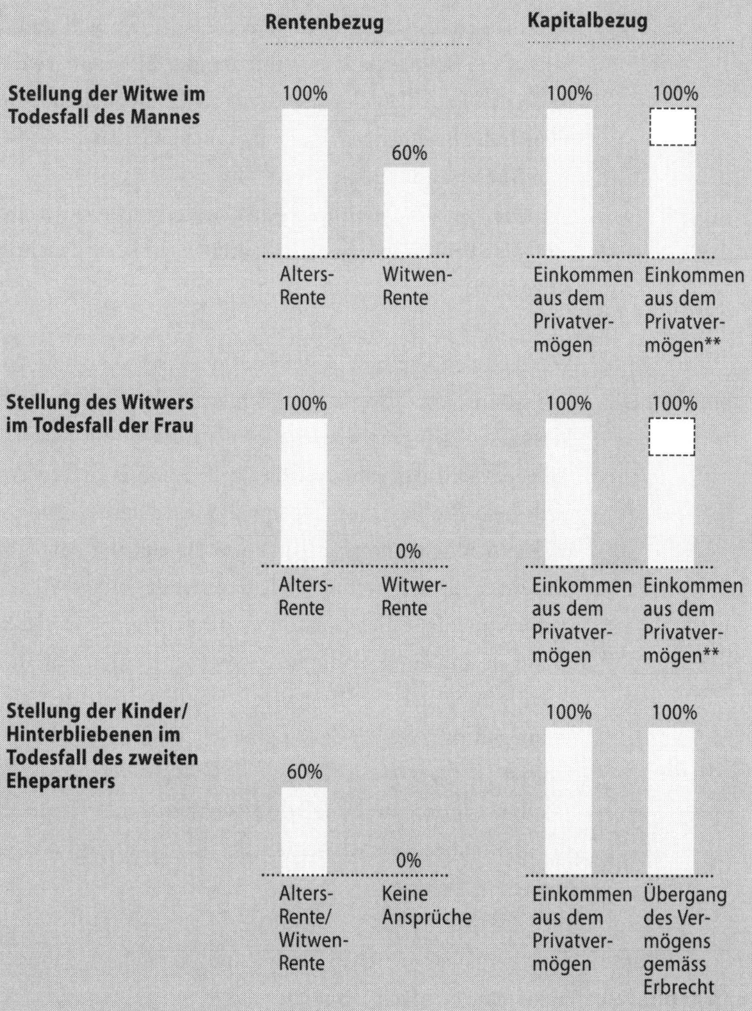

* Häufigster Fall, Unterschiede je nach Pensionskassen

** Je nach Pflichtteil bzw. erbrechtlicher Auseinandersetzung

hoch sein, um die gewonnene Zeit aktiv nutzen zu können. Mit zunehmendem Alter werden die Ansprüche kleiner.

Flexibilität ist auch dann wichtig, wenn ein Kind ein eigenes Geschäft gründen oder ein Haus kaufen will und dabei auf die finanzielle Unterstützung der Eltern angewiesen ist. In diesem Fall wollen die Eltern vielleicht auch ihre übrigen Kinder begünstigen. Kapital braucht aber auch, wer sich eine Alterswohnung kaufen will.

Die Zeit der unvorhergesehenen Ereignisse endet nicht mit der Pensionierung. Flexibilität bleibt ein wichtiges Kriterium.

Option auf Rente bleibt intakt

Wer sich das Kapital aus der Pensionskasse auszahlen lässt, übernimmt Verantwortung. Auch wenn die Verwaltung des Vermögens delegiert wird, bleibt die Kontrolle Aufgabe des Anlegers – in den Jahren nach der Pensionierung meistens auch kein Problem, im Gegenteil: Viele Rentner geniessen es, sich endlich einmal in Ruhe um die eigenen Belange zu kümmern. Doch fürchten viele Rentner das höhere Alter, in dem sie allenfalls nicht mehr über die geistige Beweglichkeit verfügen, um Entscheidungen selber zu treffen. Für sie ist wichtig zu wissen: Es ist jederzeit möglich, mit dem Privatvermögen oder Teilen davon eine lebenslängliche Rente zu kaufen.

Die Option auf eine Rente bleibt intakt. Und: Je älter der Rentenbezüger bei Beginn der Rente, desto höher die Rente.

Rente und Kapital an einem Beispiel

Der Vergleich zwischen Rente und Kapital in Zahlen ist nicht ganz einfach, weil nur das Renteneinkommen von vornherein bekannt ist, nicht aber das Einkommen aus dem Kapital. Um eine vergleichbare Ausgangslage zu erhalten, gehen wir vom Einkommensbedarf aus, der gedeckt werden

Rente oder Kapital?

Persönliche Daten

- Ehemann 65jährig, reguläre Pensionierung, Ehefrau 63jährig, zwei erwachsene Kinder
- Steuerdomizil Pfaffhausen/ZH, röm.-kath.
- AHV: maximale Ehepaarrente 36'000 Fr.
- Einkommensbedarf: 84'000 Fr.

Pensionskasse

- Rente ab 65 Jahren 50'000 Fr.
- Pensionskassen-Guthaben mit 65 Jahren: 695'000 Fr.
  - Einmalige Kapitalsteuer: 63'000 Fr.
  - Guthaben nach Steuer: 632'000 Fr.

Vermögen

- Eigentumswohnung:
  - Verkehrswert 500'000 Fr.
  - Steuerwert 200'000 Fr.
  - Hypothek 100'000 Fr.
  - Eigenmietwert netto 9'000 Fr.
- Wertschriften und Liquidität 480'000 Fr.
- Ausgewogene Anlagestrategie mit 5,6% Netto-Rendite, davon 30% als Einkommen steuerbar

	Rente	Kapital
Einkommen		
• aus AHV	36'000	36'000
• aus Pensionskasse	50'000	0
• aus Wertschriften	26'880	62'272
• Total brutto	112'880	98'272
• Einkommenssteuern*	10'100	4'600
• Vermögenssteuern**	800	2'800
• Total netto	101'980	90'872
• *Einkommensbedarf (7'000 Fr./Monat)*	*84'000*	*84'000*
Vermögen		
• Eigentumswohnung (netto)	400'000	400'000
• Wertschriften (bestehend)	480'000	480'000
• Wertschriften (Pensionskasse)	0	632'000
• Total	880'000	1'512'000

* AHV- und Pensionskassen-Rente zu 80% steuerbar, Eigenmietwert netto 9'000 Fr., Wertschriften-Rendite zu 1,7% als Einkommen steuerbar, Hypothekarzinsabzug 5'000 Fr., sonstige Abzüge 9'000 Fr.

** Wertschriftenguthaben zu 100% steuerbar, Wohnung zum Steuerwert von 200'000 Fr. steuerbar, Abzug der Hypothek, Abzug Freibetrag 126'000 Fr.

soll. Er beträgt in unserem Beispiel 84'000 Fr. Die Pensionskassen-Rente beträgt 50'000 Fr., das Pensionskassen-Guthaben 695'000 Fr. Beim Kapitalbezug müssen 63'000 Fr. als einmalige Kapitalsteuer abgezogen werden: verfügbares Netto-Kapital also 632'000 Fr.

Fazit: Das gewünschte Netto-Einkommen von 84'000 Fr. nach Steuern ist in beiden Szenarien sichergestellt. Doch während der Kapitalbezüger über ein Wertschriftenvermögen von 1,1 Millionen Fr. verfügt, sind es beim Rentenbezüger nur 480'000 Fr. Der grosse Vermögensunterschied entsteht, weil beim Kapitalbezug das ganze Pensionskassen-Guthaben dem privaten Vermögen zugeschlagen wird. Die zur Erhaltung des realen Kapitals erforderliche Anlagestrategie liegt mit 30% Aktien zwischen konservativ und ausgewogen.

In der vorliegenden Ausgangslage ist der Kapitalbezug die bessere Lösung – eine langfristige, sorgfältig diversifizierte Anlagepolitik vorausgesetzt.

Nach dem Kapitalbezug

Die entscheidenden Fragen nach dem Kapitalbezug: Wie gut und sicher ist das Geld angelegt? Woher kommt das regelmässige Einkommen? Der Zeitaufwand und die Verantwortung für die Vermögensverwaltung dürfen die Lebensqualität nicht beeinträchtigen.

Über die Möglichkeiten, das Einkommen zu organisieren, herrscht vielfach Unklarheit. Drei Einkommensvarianten können als Alternativen zur Rente dargestellt werden.

Obligationen in Schweizer Franken

Bei Zinsen von 5 oder 6% sind Anlagen in Obligationen in Schweizer Franken beliebt. Vorteilhaft sind die hohe Anlagesicherheit und das regelmässige Einkommen in Form von Zinserträgen. Steuerlich sind Obligationen wenig attraktiv, weil die Zinserträge voll als Einkommen zu versteuern sind.

Das Hauptproblem aber sind die Zinsschwankungen: Ein Zinsrückgang von 6 auf unter 4% innerhalb von drei Jahren reduziert das Einkommen um 30%. Einem Anleger, der von den Zinsen lebt, fällt es in dieser Situation schwer, die Substanz nicht anzugreifen.

Verschärft wird das Problem durch vorzeitige Rückzahlungen von hochverzinslichen Obligationen. Die meisten privaten Anleger achten nicht darauf, ob ihre Anleihen frühzeitig kündbar sind oder nicht. Sind die allgemeinen Zinsen tief, nutzen viele Schuldner die Gelegenheit und kaufen teure Anleihen zurück – zum Leidwesen des Obligationärs, der unerwartet und zu einem ungünstigen Zeitpunkt sein Geld neu anlegen muss.

Private Leibrente

Der Kauf einer privaten Leibrente unmittelbar nach der Kapitalauszahlung ist nur in Ausnahmefällen sinnvoll, zum Beispiel wenn die volle Rente an den Lebenspartner oder die Kapitalrückgewähr im Todesfall besonders wichtig ist. Nach Abzug der einmaligen Kapitalsteuer steht nämlich für die private Leibrente nur noch ein reduziertes Kapital zur Verfügung, auf das ein tieferer Umwandlungssatz angewendet wird als bei der Pensionskasse. Deshalb ergibt sich beim direkten Kauf einer privaten Rente eine Rentenhöhe, die deutlich unter der Pensionskassen-Rente zurückbleibt.

Die private Leibrente ist dennoch eine gute Lösung – nur nicht direkt anschliessend an die Pensionierung. Im höheren Alter kann der Umwandlungssatz der privaten Rente deutlich über dem Umwandlungssatz der Pensionskassen-Rente liegen; zudem geht die Leibrente zu 100% an den überlebenden Partner über und kennt die Kapitalrückgewähr zugunsten der Nachkommen. Viele Leute sind sich nicht bewusst, dass die Option auf eine Rentenversicherung immer erhalten bleibt.

Einkommensvarianten zur Pensionskassen-Rente

Beispiel:
- Pensionskassenkapital von 500'000 Fr.; verheirateter Steuerpflichtiger in Wallisellen/ZH mit einer Steuerbelastung von 20%; Alter 65 Jahre, Vorsorgeverhältnis hat bereits vor dem 31.12.1985 bestanden
- Einmalige Steuer bei der Kapitalauszahlung 40'000 Fr.; zur Verfügung stehendes Kapital 460'000 Fr.

Variante A: Anlage in Schweizer-Franken-Obligationen		**Variante B: Kauf einer privaten Rentenversicherung**		**Variante C: Individuelles Rentenmodell**	
Anlage in Franken-Obligationen	460'000 Fr.	Kauf Rentenversicherung	460'000 Fr.	Teil 1:	Verzehr von 230'000 Fr. über 10 Jahre (Rendite der Anlagen 3,0% brutto)
Brutto-Ertrag (4,0%)	18'400 Fr.	Brutto-Rente (6,0%)	27'600 Fr.	Teil 2:	Wachstumsorientierte Anlage von 230'000 Fr. mit 6,5% Rendite nach Steuern
Steuern (20%)	3'680 Fr.	Steuern (Rente nur zu 60% steuerbar)	3'300 Fr.		
Netto-Ertrag (nach Steuern)	14'720 Fr.	Netto-Rente (nach Steuern)	24'300 Fr.	Netto-Ertrag (nach Steuern)	26'300 Fr.
Kapital nach 10 Jahren	460'000 Fr.	Kapital nach 10 Jahren	185'000 Fr.	Kapital nach 10 Jahren	432'000 Fr.
Vorteil:	Hohe Sicherheit	Vorteil:	Höchste Sicherheit	Vorteil:	Maximierung von Ertrag und Kapital nach Steuern
Nachteil:	Tiefes Einkommen, voll steuerbar	Nachteil:	Sukzessiver Verzehr des Kapitals	Nachteil:	Bedarf von anlagetechnischem Wissen und Können

Individuelles Rentenmodell

Das individuelle Rentenmodell will nicht nur das Einkommen sicherstellen, sondern auch die Substanz des Vermögens erhalten und die Einkommenssteuern optimieren.

Ein einfaches Modell: Das Vermögen wird aufgeteilt in einen Verzehr- und einen Wachstumsteil. Das Kapital im Verzehrteil sichert das Einkommen während einer bestimmten Zeit, z.B. zehn oder fünfzehn Jahren; das Kapital im Wachstumsteil soll die Vermögensteile ganz oder teilweise ersetzen, die verzehrt werden. Im Verzehrteil eingesetzt werden kurzfristige und liquide Anlageinstrumente wie Festgeld, Tiefzinsobligationen oder Obligationenfonds in Schweizer Franken. Der Wachstumsteil profitiert von langfristigen Anlagen mit einem Zeithorizont von zehn Jahren, in erster Linie Aktien und Aktienfonds.

Planungshorizont

Die Entscheidung zum Bezug von Rente oder Kapital kann nicht unmittelbar vor der Pensionierung getroffen werden. Spätestens im Alter von 55 Jahren sollte jedes Mitglied einer Pensionskasse die Frage sorgfältig prüfen und Varianten durchrechnen. Damit ist sichergestellt, dass keine wichtigen Weichenstellungen verpasst werden. Jede Planung stützt sich auf genau formulierte Bedürfnisse, die individuellen Vermögensverhältnisse und wahrscheinlichen Entwicklungen in der Zukunft. Die sorgfältige Darstellung der Ausgangslage ist Grundvoraussetzung jeder erfolgreichen Planung.

Die private Leibrentenversicherung

Eine Leibrentenversicherung wird aus dem privaten Vermögen finanziert: Man «kauft» sich eine lebenslange Rente. Dabei wird das eingesetzte Kapital verzehrt, doch im Gegenzug verpflichtet sich die Versicherung, die Rente bis zum Lebensende zu bezahlen, auch wenn das Kapital aufgebraucht ist.

Finanzierung Eine Leibrentenversicherung kann über Jahre mit regelmässigen Jahresprämien vorfinanziert werden. Weitaus häufiger wird sie allerdings mit einer einmaligen grösseren Zahlung, einer Einmalprämie, gekauft.

Aufbau der privaten Leibrente

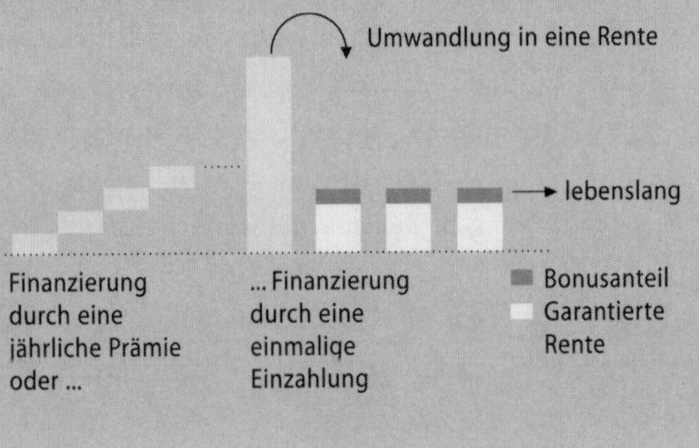

Rentenhöhe Die Höhe der Leibrente ergibt sich – wie bei der Pensionskassen-Rente – aus der Höhe des eingesetzten Kapitals und dem Umwandlungssatz. Der Umwandlungssatz ist abhängig von der Art der Rente, dem Bezugsalter und der Berechnungsart der jeweiligen Versicherungsgesellschaft. Allgemein gilt: Je höher das Alter bei Rentenbeginn, desto höher auch der Umwandlungssatz. Bei einem 62jährigen beispielsweise liegt der Umwandlungssatz bei 6,5%. Bei einer Einmalprämie von 100'000 Fr. resultiert also eine Rente von 6'500 Fr. pro Jahr. Ein 75jähriger Mann aber hat einen Umwandlungssatz von 8,3%, erhält also jährlich 8'300 Fr.

Statistisch haben die Frauen eine höhere Lebenserwartung als die Männer, deshalb ist der Umwandlungssatz für Frauen generell tiefer als für Männer. Bei Ehepaar-Renten ist die Kombination des Alters von Mann und Frau die Berechnungsgrundlage. Die Abbildung zeigt die Umwandlungssätze für verschiedene Altersgruppen. Diese Sätze unterliegen gewissen Schwankungen. Deshalb ist es wichtig, vor Abschluss einer privaten Leibrente die Angebote zu vergleichen oder vergleichen zu lassen.

Umwandlungssätze von Leibrenten

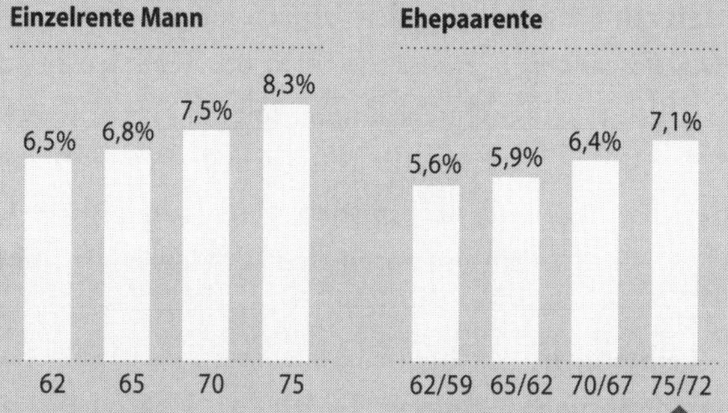

Umwandlungssätze in % (ø aller Versicherungsgesellschaften; sofort beginnende Leibrente mit Rückgewähr)

Entspricht in etwa dem BVG-Umwandlungssatz, aber:
- 100% Witwen-/Witwer-Rente
- Kapitalauszahlung bei Tod beider Rentner an Erben

Quelle: VZ-Analyse, Stand 6/97

Leibrente sofort oder aufgeschoben

Es gibt ganz unterschiedliche Arten von Leibrentenversicherungen. Bei der sofort beginnenden Leibrente setzt die Rentenzahlung sofort nach der Finanzierung ein. Die Rentenzahlung kann monatlich, vierteljährlich, halbjährlich oder jährlich erfolgen. Bei der aufgeschobenen Leibrente setzt die Rentenzahlung erst nach einem gewissen Aufschub ein. In dieser Zeit verzinst sich das einbezahlte Kapital: bescheiden, aber steuerfrei.

Leibrente mit oder ohne Rückgewähr

Eine Leibrente kann mit oder ohne Kapitalrückgewähr abgeschlossen werden. Stirbt die vesicherte Person, bevor das eingesetzte Kapital verzehrt ist, geht das Restkapital in der Variante «ohne Rückgewähr» an die Versicherungsgesellschaft. Der Rendite-Vorteil bei Verzicht auf Rückgewähr ist in der Schweiz verhältnissmässig gering. Die Variante ohne Rückgewähr ist nur in absoluten Ausnahmesituationen zu empfehlen.

Leibrente auf zwei Personen

Leibrenten können auf eine oder auf zwei Personen abgeschlossen werden. Bei Renten auf zwei Personen erfolgt die Rentenzahlung, solange eine der versicherten Personen am Leben ist. Nach dem Tod eines Partners kann die Höhe der Rente reduziert werden, so dass der Überlebende beispielsweise nur noch 80 oder 60% der früheren Rente erhält.

Leibrente in Fremdwährung

Leibrentenversicherungen können auch in einer Fremdwährung (DM, ECU, US$ oder £) abgeschlossen werden. Das höhere Zinsniveau führt zu besseren Umwandlungssätzen. Allerdings gibt es auf lange Sicht ein grosses Fremdwährungsrisiko. Ein lebenslanges Renteneinkommen aus einer Fremdwährung erscheint nicht ratsam. Es gilt die Regel, einkommensorientierte Anlagen immer in der Währung zu machen, in der die Lebenshaltungskosten anfallen.

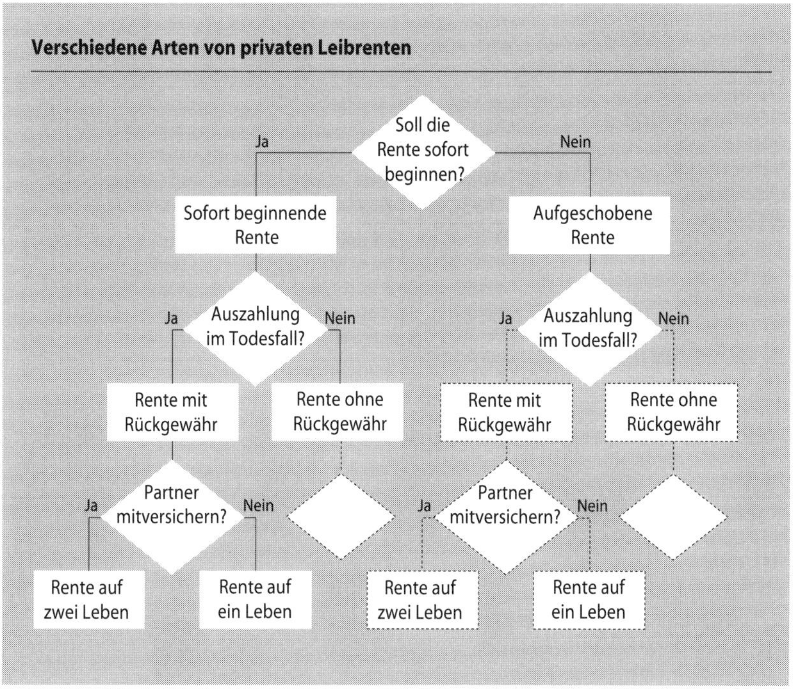

Steuern Die privat finanzierte Rente ist im Bund und den meisten Kantonen zu 60% als Einkommen steuerbar. Das Rückgewährskapital unterliegt nur bei der aufgeschobenen Leibrente der Vermögenssteuer, nicht aber bei der sofort beginnenden Leibrente.

KAPITEL 3

Ver sicher ungen

Wozu Versicherungen?

Versicherungsausgaben stehen in einem engen Zusammenhang mit dem Wohlstand. Wer nichts hat, kann nichts verlieren und braucht nichts zu versichern. Je grösser aber der Wohlstand, desto stärker der Wunsch nach Absicherung dieser angenehmen Situation. Vielleicht erklärt dieser Zusammenhang, weshalb die Schweizer bei den Versicherungsausgaben weltweit einen Spitzenplatz belegen.

Eine Schweizer Familie gibt im Durchschnitt jährlich etwa einen Fünftel des Haushaltsbudgets für Versicherungen aus. 15% des Budgets gehen in obligatorische (AHV/IV/EO) und berufliche Vorsorge sowie Krankenversicherung. Die übrigen 3,7% entfallen auf Versicherungen für Auto, Privathaftpflicht, Hausrat und persönliche Vorsorge (dritte Säule).

Anteil der Versicherungsausgaben am Haushaltsbudget

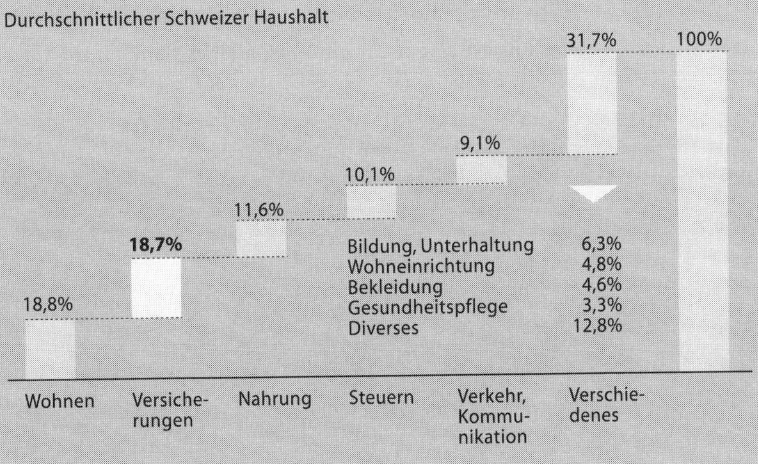

Quelle: BFS, Basis 1991

Die Höhe dieses Haushaltspostens ist Grund genug, darüber nachzudenken, wie Versicherungen funktionieren, wann man welche braucht (oder eben nicht braucht) und wie man das Preis-/Leistungs-Verhältnis von Versicherungen verbessern kann.

Im folgenden werden die verschiedenen Versicherungsarten dargestellt und die jeweiligen Versicherungsdeckungen grob beschrieben. Vor allem aber wird auf Unterschiede zwischen einzelnen Angeboten und die wichtigsten Optimierungsmöglichkeiten hingewiesen. Nützliche Tabellen und Checklisten sollen helfen, den eigenen Versicherungsschutz optimal zu gestalten und Versicherungslösungen kritisch zu analysieren.

Versicherungen funktionieren nach dem Kollektivprinzip

Zunächst aber etwas Grundsätzliches zum Wesen von Versicherungen: «Versicherung ist gegenseitige Deckung zufälligen schätzbaren Geldbedarfes zahlreicher gleichartig bedrohter Wirtschaften.» (Manes) Die wissenschaftliche Definition macht deutlich, dass Versicherungen nach dem Kollektivprinzip funktionieren («alle für einen»). Eine Versicherung ist also nicht ein persönliches Bankkonto, auf das

Versicherungen funktionieren nach dem Kollektiv-Prinzip

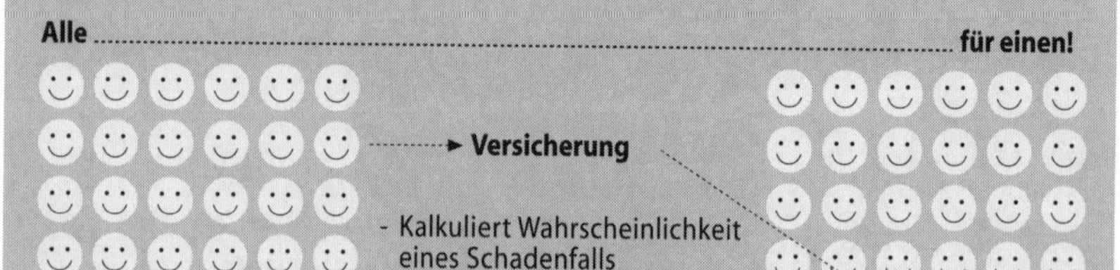

man Prämien einzahlt und von dem man zu einem späteren Zeitpunkt dieses Geld wieder beziehen kann. Vielmehr zahlt man Prämien, die von ihrer Höhe her niemals ausreichen würden, um einen späteren Schadensfall zu decken. Möglich wird eine solche Absicherung erst dann, wenn sehr viele Versicherungsnehmer kollektiv in einen Pool einzahlen und nur wenige dieses Kapital später beanspruchen. Als Versicherungsnehmer darf man also nicht das Gefühl entwickeln, einen Anspruch auf die bisher eingezahlten Prämien zu haben, sondern sollte die Einzahlungen gedanklich abschreiben. Denn nur im Ausnahmefall – dem Schadensfall – fliesst Geld zurück.

Schadenereignisse und ihre finanziellen Folgen sind bei einer genügend grossen Zahl möglichst einheitlich zusammengefasster Risiken mathematisch kalkulierbar. Daher ist es möglich, dass die in einer sogenannten Risikogruppe zusammengefassten Versicherten Prämien in einen Topf einzahlen, aus dem dann im Schadensfall Versicherungsleistungen erbracht werden. Dieses Prinzip funktioniert bei allen Arten von Versicherungen: Krankenkassen, Hausrat- oder Autoversicherungen.

3/4 der Versicherungsprämie sind Schadenaufwendungen

Der Versicherungsgesellschaft, als «Organisatorin» dieses Systems, obliegt die Kalkulation der Versicherungsprämien und die Ausrichtung von Leistungen. Rund 75% der Prämien fliessen als Schadenzahlungen wieder zurück an geschädigte Versicherte. 33% der Prämien bleiben für Vertrieb und Verwaltung bei den Versicherungsgesellschaften, zusätzlich werden Reserven zurückgestellt. Bezogen auf die jährlichen Prämieneinnahmen aus dem Nicht-Lebensversicherungsgeschäft machen die Versicherungsgesellschaften nach dieser Kalkulationen also einen sogenannten technischen Verlust von 11%. Nun arbeiten Versicherungsgesellschaften im Grunde genommen wie Banken und verwalten gesamthaft ein Kapital von über 66 Milliarden Fr., aus dem sie den ansehnlichen Ertrag von 2,1 Milliarden Fr. (18% der jährlichen Prämieneinnahmen) erwirtschaften. Deshalb wird aus einem technischen Verlust von 11% schliesslich ein ausgewiesener Gewinn von 7% der Prämieneinnahmen.

Erträge und Kosten des durchschnittlichen Schweizer Universalversicherers

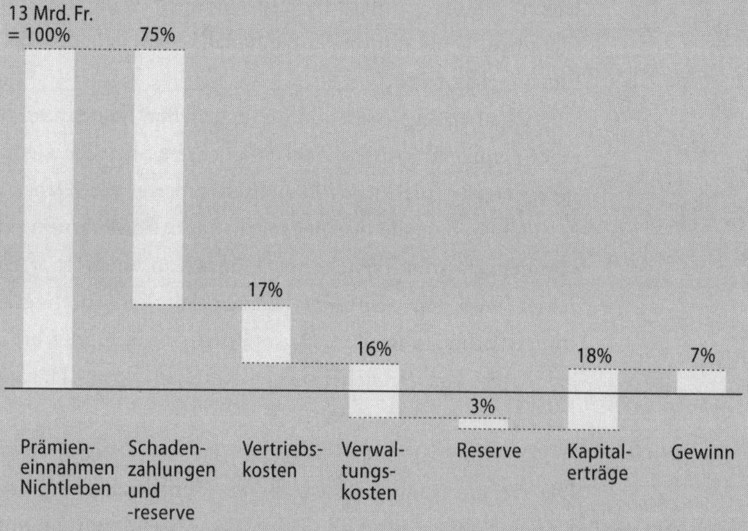

Quelle: BPV-Bericht 1995; VZ-Analysen

Deregulierung der Versicherungen

Im Prozess der Deregulierung des Versicherungswesens – einer Entkartellisierung und Liberalisierung des Marktes – ist entscheidend, wie gut es einer Versicherungsgesellschaft gelingt, homogene Risikogruppen mit günstigem Schadensverlauf zu bilden und zu halten. Die Kosten werden optimiert: Direkt- oder Telefonversicherer beispielsweise versuchen, günstigere Prämien anzubieten, indem sie auf einen

Aussendienst verzichten und sich auf die guten Risiken konzentrieren.

Seit dem Aufbrechen der schweizerischen Versicherungskartelle werden die Produkt-, Prämien- und Leistungsunterschiede immer grösser. Die Deregulierung hat mittlerweile auch einst stark regulierte Versicherungen erreicht: Die Motorfahrzeug-Haftpflichtversicherung beispielsweise verändert sich seit dem Jahr 1996, in dem die gesetzlich vorgeschriebenen Einheitsprämien weggefallen sind, in einer atemberaubenden Geschwindigkeit. Für den Versicherten bedeutet dies weniger Einheitsversicherungen, mehr individuelle Lösungen und immer günstigere Konditionen. Prämienunterschiede von bis zu 50% sind keine Seltenheit mehr. Der Chance, massiv Prämien zu sparen und individuell angepasste Versicherungen abzuschliessen, steht aber eine immer unübersichtlichere Flut von neuen Produkten gegenüber.

Über- und Doppelversicherungen vermeiden

Wer als Konsument seine Versicherungsausgaben optimieren will, sollte zunächst den gewünschten persönlichen Versicherungsschutz bestimmen. Damit können zwei grundlegende Fehler vermieden werden, die in der Praxis immer wieder anzutreffen sind: Überversicherung und Doppelversicherung.

Eine Überversicherung liegt dann vor, wenn der Versicherungsumfang grösser ist, als er jemals in Anspruch genommen werden kann – ein Beispiel: Eine Versicherung des Hausrats in der Höhe von 150'000 Fr., obwohl der Neuwert des Hausrats nur 120'000 Fr. beträgt.

Doppelversicherungen sind häufig anzutreffen bei Versicherungen mit geringer Prämie. Gewisse Leistungen von Reiseversicherungen beispielsweise sind durch die Krankenkasse, die Unfallversicherung und die Kreditkarte abgedeckt und werden somit doppelt oder sogar dreifach bezahlt – eine allfällige Versicherungsleistung wird selbstverständlich nur einmal erfolgen.

Optimierung der Versicherungsausgaben

Hat man Über- und Doppelversicherungen ausgeschaltet, folgen drei wesentliche Schritte, die sich in der Praxis zur Optimierung von Versicherungsausgaben bewährt haben:

- Zu einer ersten Optimierung der Versicherungsausgaben führt es, gewisse Risiken nicht zu versichern – man trägt einen Teil der möglichen Risiken selber. Sinnvoll bei sogenannten Bagatell-Risiken, die im Schadensfall finanziell nicht stark ins Gewicht fallen. Bei existenzbedrohenden Risiken hingegen ist es nicht sinnvoll, auf einen Versicherungsschutz zu verzichten.

Um die Risiken zu bestimmen, die man selber tragen kann, sind mögliche Schadenereignisse und finanzielle Folgen abzuschätzen. So kann es beispielsweise sinnvoll sein, Bücher oder Schallplatten aus der Hausratversicherung auszuschliessen, da sie nach einem möglichen Schadenereignis, etwa einem Brand, ohnehin nicht ersetzt würden. Oder man

Optimieren der Versicherungsausgaben

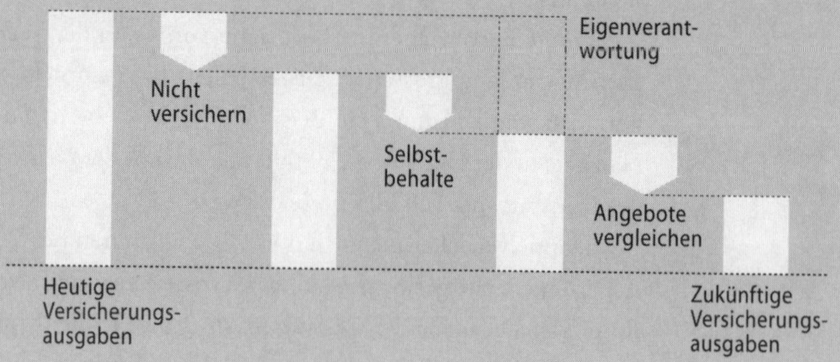

schliesst Wertsachen konsequent in den Tresor einer Bank ein und versichert sie nicht.

- Als zweite Massnahme zur Optimierung kann ein Selbstbehalt vereinbart oder ein bereits bestehender Selbstbehalt erhöht werden: Bei jedem Schadenereignis wird eine gewisse Summe vom Versicherungsnehmer selbst getragen. Der Vorteil von Selbstbehalten liegt darin, dass der Versicherungsschutz für Katastrophenrisiken gewährleistet bleibt.

  Selbstbehalte führen in der Regel zu einer deutlichen Reduktion der Prämien. Beträgt beispielsweise der Selbstbehalt 500 Fr. und die daraus resultierende Prämieneinsparung 300 Fr. pro Jahr, lohnt sich der Selbstbehalt bereits im zweiten schadenfreien Jahr.
- Wer den notwendigen Bedarf bestimmt und unnötigen Versicherungsballast abwirft, kann nochmals bis zu 50% Prämien sparen durch den Vergleich der Angebote. Beispiele dazu werden in den einzelnen Abschnitten dieses Kapitels genannt.

Am Schluss dieses Optimierungsprozesses bleiben die zukünftigen Versicherungsausgaben – oft ein Bruchteil der ursprünglichen Aufwendungen.

Mini- oder Maxi-Lösung?

Versicherungsausgaben sind die Konsequenz individueller Ansprüche und Bedürfnisse und des Lebensstandards, den man absichern möchte. Die folgende Grafik zeigt deutlich, wie unterschiedlich die Versicherungsausgaben einer vierköpfigen Familie sein können.

Das Beispiel aus der Praxis zeigt, dass mit einem bescheidenen Versicherungsbedarf bis zur Hälfte der Prämien gespart werden kann. Dabei ist es wichtig, Wesentliches und Existenzbedrohendes von Unwesentlichem zu trennen. Viele Einsparungen können ohne markante Leistungsein-

Versicherungsausgaben: Mini- oder Maxi-Lösung?*

Familie mit 2 Kindern, 2 Autos, Mieter

Mini-Lösung: 6'770 Fr.

Auto und Verkehr
Haftpflicht 2x 1'300

Haushalt und Wohnen
- Privathaftpflicht 120
- Hausrat 350

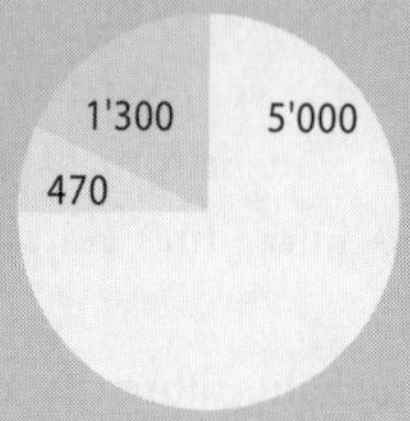

Krankenkasse
Grundversicherung für die ganze Familie

Maxi-Lösung: 13'950 Fr.

Auto und Verkehr
- Haftpflicht 2x 1'300
- Vollkasko VW Polo 700
- Vollkasko BMW 520 1'250
- Verkehrs-Rechtsschutz 120

Haushalt und Wohnen
- Privathaftpflicht 210
- Hausrat 670
- Wertsachen 300
- Privat-Rechtsschutz 180
- Reisen 60

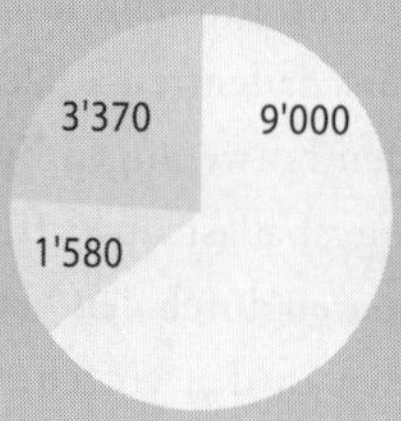

Krankenkasse
- Frau: Privatversicherung 3'600
- Mann: Privatversicherung 3'000
- Kinder: Privatversicherung 2'400

Basis: Prämien 1997 eines durchschnittlichen Angebots in Fr. pro Jahr
* ohne Lebens- und Sozialversicherungen

bussen realisiert werden. Es wäre aber fatal, am falschen Ort zu sparen und damit grosse Risiken auf sich zu nehmen, die unkontrollierbar werden können. So gehören beispielsweise Haftpflichtversicherungen zu den Kernversicherungen, die zu empfehlen sind. Denn hier werden unter Umständen Millionenschäden (die äusserst selten sind) zu Prämien zwischen 80 und 200 Fr. abgesichert.

Ist man unsicher über die Notwendigkeit einer Versicherung, lohnt sich das Gespräch mit einem Fachmann. Die Checklisten in diesem Kapitel helfen, eine objektive Analyse selbst durchzuführen und sich auf Gespräche mit Versicherungsfachleuten vorzubereiten. Denn: Entscheiden muss man am Schluss auf jeden Fall selber.

Krankenversicherung

Wohl kaum ein Versicherungsbereich hat in den vergangenen Jahren für so viel Aufmerksamkeit gesorgt wie die Krankenversicherung. Kein Wunder: Die Krankenversicherung ist, abgesehen von den Abzügen für die staatliche (AHV/IV) und berufliche Vorsorge (UVG/BVG), der grösste Versicherungsposten im persönlichen Budget. Die teilweise massiven Unterschiede, die für eine Familie 2'000 Fr. und mehr pro Jahr ausmachen können, haben zu gewaltigen Umschichtungen geführt. Scharenweise wechselten Versicherte die Krankenkasse. Folge davon war bei einigen Kassen eine überproportionale Konzentration von leistungsintensiven Kunden, z.B. chronisch kranken oder älteren Menschen. Es wurden sogenannte Risikoausgleichszahlungen unter den Krankenkassen notwendig. Das neue Krankenversicherungsgesetz, gültig seit 1996, soll die Situation entschärfen und mindestens in der Grundversicherung einen Ausgleich bringen. Allerdings greifen die Massnahmen des neuen Gesetzes nur langsam und haben sich teilweise bereits als untauglich zur Kostenbekämpfung im Gesundheitswesen herausgestellt.

35,6 Milliarden Franken für das Gesundheitswesen

In den heftig geführten Diskussionen zum Thema Krankenkassen in der Schweiz wird immer wieder von den enormen Kosten unseres Gesundheitswesens gesprochen. Was heisst das ganz konkret? 1995 wurden rund 35,6 Milliarden Fr. für unser Gesundheitswesen ausgegeben. Oder anders ausgedrückt: Für jeden der 7 Millionen Einwohner der Schweiz wurden im Schnitt 5'000 Fr. an Gesundheitskosten aufgewendet. Die nachstehende Grafik zeigt, auf welche massgeblichen Kostenblöcke sich diese enormen Gesamtkosten aufteilen.

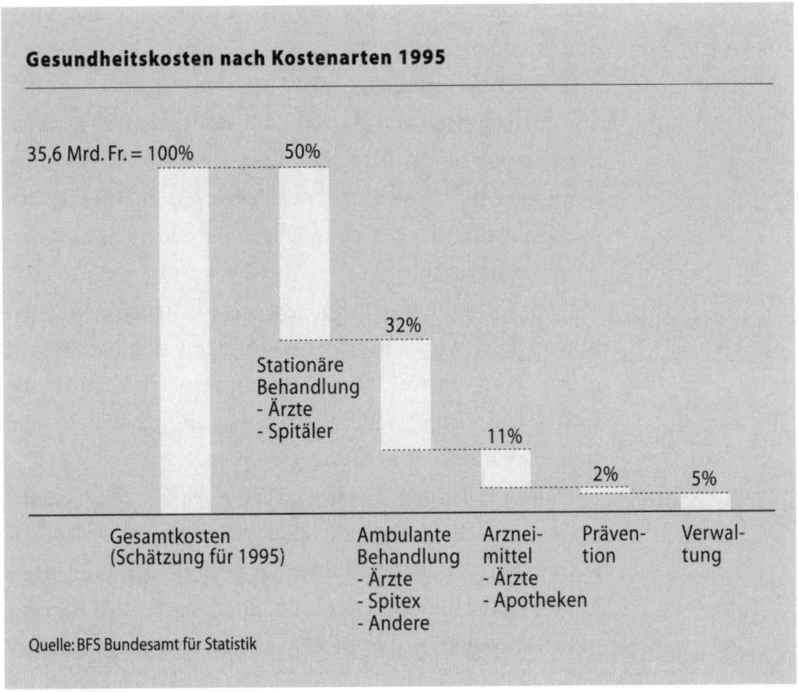

50% der Gesamtkosten für stationäre Behandlung

Der grösste Anteil, nämlich 50% der Gesamtkosten, entfällt auf stationäre Behandlungen, das heisst auf Behandlungen im Spital. Mit diesen Kosten werden also Honorare und Saläre von Ärzten, aber auch von Krankenschwestern, Krankenpflegern, Physiotherapeuten und anderen medizinischen Berufsgruppen bezahlt, die dafür besorgt sind, dass die Patienten in den Spitälern optimal betreut werden. Auch die Spitäler selbst verursachen Kosten, vergleichbar denen eines speziell ausgebauten Hotelbetriebes, denn ihre Leistungen bestehen im wesentlichen aus Unterkunft, Verpflegung und Infrastruktur.

32% der Kosten entfallen auf ambulante Behandlungen. Auch hier sind die Honorare und Saläre der Ärzte ein wesentlicher Kostenblock. Weitere Kosten entstehen durch Spitex (spitalexterne Pflege; rund 2% der Gesamtkosten) und andere Leistungen.

Arzneimittel, von Ärzten oder Apotheken abgegeben, machen noch 11% der Gesamtkosten aus. Diese Zahl mag überraschen, da man als Laie vielleicht davon ausgeht, dass Medikamente einen wesentlichen Teil der Gesundheitskosten ausmachen.

Für Präventivmassnahmen werden lediglich 2% ausgegeben. Hier wird ein Fehler des Systems sichtbar: Würde mehr in präventive Massnahmen investiert, könnten die Kosten langfristig gerade im heute kostenintensivsten, dem stationären Bereich, vermindert werden.

Die Verwaltungskosten machen noch 5% der Gesamtkosten aus. Darin sind mit zwei Prozentpunkten die Verwaltungsaufwendungen des Staates (z.B. für Zahlungen aus AHV/IV oder aufgrund des UVG durch die SUVA) und mit 3 Prozentpunkten die Kosten der Krankenkassenverwaltungen erfasst. Auch dieser Anteil überrascht: Zwar sind 1,8 Milliarden Fr. eine enorme Summe, bezogen auf die gesamten Gesundheitskosten ist ein Anteil von 5% jedoch nicht so wesentlich, dass sich durch dessen Reduktion die Gesundheitskosten massgeblich senken liessen.

Verdoppelung der Gesundheitskosten alle 10 Jahre

Betrachtet man die Entwicklung im schweizerischen Gesundheitswesen über eine Zeitspanne von 20 Jahren, stellt man fest, dass die Kosten zwischen 1975 und 1995 jedes Jahr um durchschnittlich 6,7% gestiegen sind. Das bedeutet, dass sich die Kosten alle zehn Jahre beinahe verdoppeln! Im Vergleich zu den Vorjahren zeigt sich eine klare Umschichtung von der Kostenbeteiligung der öffentlichen Hand hin zur direkten Kostenbeteiligung der Versicherten. Die finanzielle Verantwortung wird so vermehrt der einzelnen Patientin und dem einzelnen Patienten übertragen. Das soll die Versicherten zu einem bewussteren Umgang mit der Gesundheit bewegen.

Gründe der steigenden Gesundheits-kosten

Wie ist diese Kostenexplosion zu erklären? Die Antwort ist vor allem in unserer gesellschaftlichen Entwicklung zu suchen. Vereinfacht: Wir tragen zu wenig Eigenverantwortung, werden aber gleichzeitig immer anspruchsvoller und zudem älter.

Gesundheits-kosten steigen doppelt so schnell wie Preise und Löhne

Wäre die Kostenentwicklung im Gesundheitswesen ein Spiegelbild des allgemeinen Wohlstandes, müssten die jährlichen Wachstumsraten ungefähr mit der Preis- und Lohnentwicklung einhergehen. Vergleicht man jedoch deren Entwicklung über die gleiche Zeitspanne mit den Krankenpflegekosten, zeigt sich ein deutliches Bild: Löhne und Konsumentenpreise haben sich in 18 Jahren ungefähr verdoppelt, die Krankenpflegekosten jedoch nahezu vervierfacht!

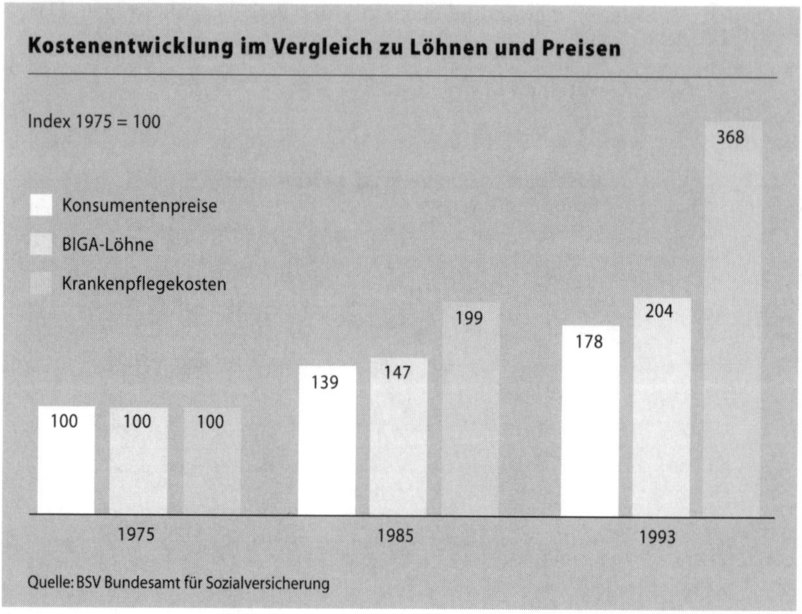

Steigende Lebenserwartung und bessere medizinische Versorgung

Wir haben festgestellt, dass Lohn- und Preiserhöhungen kaum als Erklärung für die Kostensteigerung im Gesundheitswesen herangezogen werden können. Eine klar messbare Ursache ist hingegen die steigende Lebenserwartung. Bis zum Alter von 60 Jahren kostet jedes Lebensjahr eines Mannes im Durchschnitt 2'500 Fr., das einer Frau 3'500 Fr. Ab 60 steigen die Kosten dann enorm an auf durchschnittlich 5'800 Fr. pro Jahr für Männer und 10'700 Fr. für Frauen. Die steigende Lebenserwartung unter anderem aufgrund verbesserter medizinischer Versorgung führt somit zu überproportional wachsenden Gesundheitskosten. Ein Phänomen, das diesen Effekt noch verstärkt, ist die Überalterung unserer Gesellschaft: Immer weniger Gesunde müssen für immer mehr Kranke aufkommen.

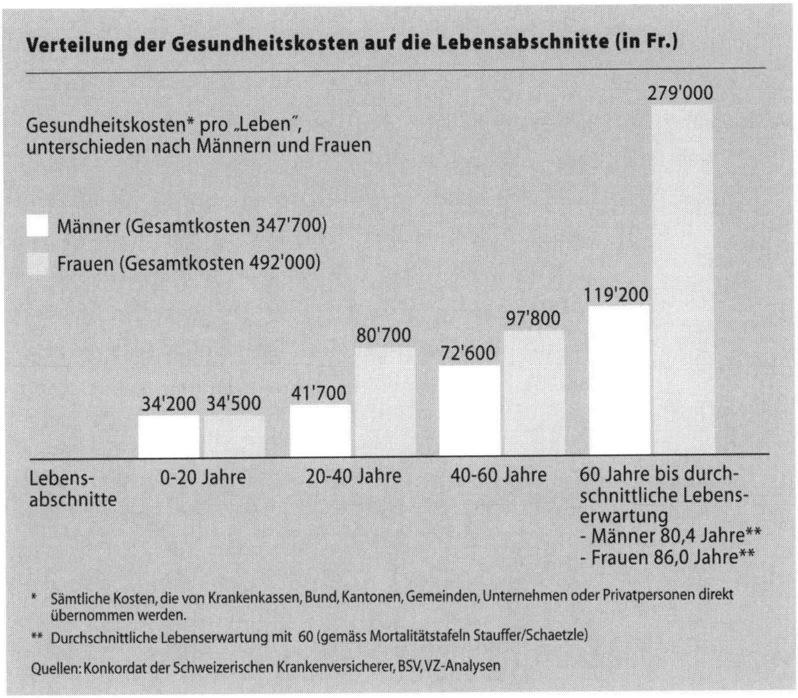

Wechsel von teurer Zusatzversicherung zur günstigeren Grundversicherung

Die dauernden Kostensteigerungen veranlassen immer mehr Halbprivat- und Privatversicherte, auf den ausgebauten Versicherungsschutz zu verzichten. Die Kosten des Gesundheitswesens werden damit nicht massgeblich reduziert, zumindest nicht kurz- und mittelfristig, denn Ärzte, Spitäler und Pharmaindustrie werden nicht freiwillig auf einen Teil des bisherigen Verdienstes verzichten. Konsequenz: Die Kosten des Gesundheitswesens müssen stärker durch die Grundversicherungsprämien getragen werden. Deshalb werden die Prämien der Grundversicherung weiter steigen. Weil die obligatorische Grundversicherung dem Krankenversicherungsgesetz (KVG) untersteht und nach dem sozialen Umlageverfahren eingerichtet ist, werden die höheren Prämien die jungen und gesunden Versicherten noch stärker treffen als bisher.

Verdopplung der Ärztezahl

Neben der höheren Lebenserwartung spielen Qualität und Quantität der medizinischen Versorgung eine wichtige Rolle. Am besten ersichtlich, wenn man die Zunahme der Anzahl Ärzte betrachtet: Von 1966 bis 1993 ist die Zahl der Ärzte in eigener Praxis, in Spitälern und anderen Institutionen auf mehr als das Doppelte gestiegen. Beachtenswert ist dabei, dass der Anteil der Allgemeinpraktiker leicht abgenommen, der Anteil der Spezialisten hingegen zugenommen hat.

Entwicklung der Anzahl Ärzte

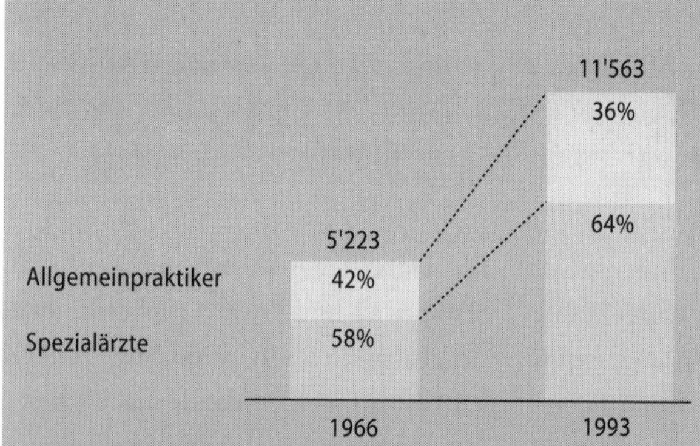

Quelle: BSV Bundesamt für Sozialversicherung

Zahl der Ärzte wächst schneller als Bevölkerung

Hätte sich die Wohnbevölkerung der Schweiz von 1966 bis 1993 auch verdoppelt, wäre die Zunahme der Ärztezahl nachvollziehbar. Dies ist jedoch nicht der Fall: Während sich die Zahl der Ärzte mehr als verdoppelt hat, ist die Wohnbevölkerung im gleichen Zeitraum gesamthaft nur um 17% gewachsen. Immer mehr Ärzte kümmern sich also intensiver um die Patienten. Die folgende Grafik verdeutlicht das überproportionale Wachstum der Ärztezahl.

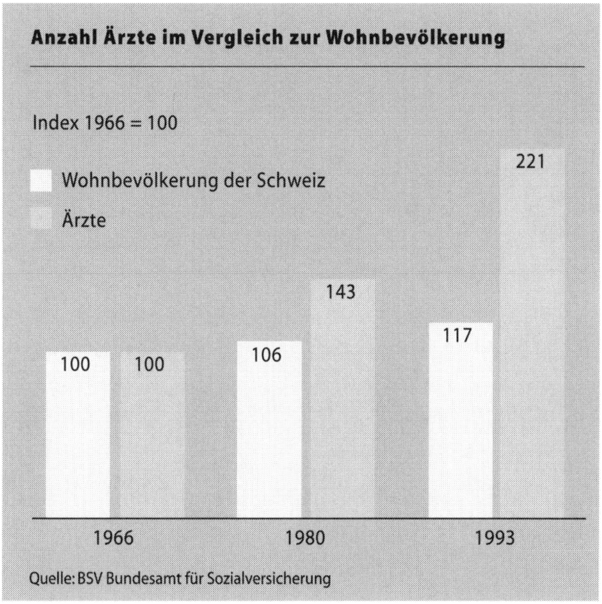

Kantonale Ärztedichte und Prämien

Betrachtet man das Verhältnis zwischen Ärztedichte und durchschnittlichen Grundversicherungsprämien, kann eine Korrelation zwischen den beiden Faktoren vermutet werden.

Kantone mit hoher Ärztedichte wie Basel oder Genf weisen in der Regel auch hohe durchschnittliche Krankenkassenprämien in der Grundversicherung aus. Die Ärztedichte wirkt sich also nicht nur auf die freiwilligen Zusatzversicherungen aus, sondern auch auf die Kosten der Basisleistungen.

In Gebieten mit hoher Ärztedichte werden grosse Ansprüche an die medizinische Betreuung erfüllt. In Kantonen mit Universitätsspitälern treibt ein weiterer Faktor die Kosten nach oben: Erfahrungsgemäss sind Universitäts-

Ärztedichte und durchschnittliche Krankenkassenprämien

* Durchschnitt der 3 grössten Krankenkassen im jeweiligen Kanton (sämtliche Prämienregionen), Tarife 1997
Quellen: BSV Bundesamt für Sozialversicherung, VZ-Analyse

spitäler teurer als andere Spitäler, weil sie technisch hochstehende Behandlungsmethoden anbieten und gleichzeitig einen offiziellen Forschungsauftrag erfüllen.

Die Spitäler waren bis heute nicht gezwungen, ihre Kosten detailliert nach Krankenpflegekosten, Pensionskosten und im Falle der Universitätsspitäler dem Anteil Forschungsaufgaben auszuweisen, so dass eine Kostenanalyse unvollständig bleiben muss.

Hohe Ansprüche der Patienten

Eine grosse Anzahl Ärzte und ein hoher Stand von Wissenschaft und Technik ermöglichen ein breites medizinisches Angebot. Doch: Brauchen wir dieses Angebot? Eines ist sicher: Wir, die Kunden, nutzen dieses Angebot und nehmen es in vollem Umfang in Anspruch – und liefern damit den Krankenkassen eines der wichtigsten Argumente für ihre Prämienerhöhungen: die «veränderte Anspruchs- und Konsummentalität».

Gerade in Städten mit hoher Ärztedichte kann man dieses Phänomen gut beobachten. Die Einwohner von Städten wie Basel, Genf oder Zürich suchen rascher einen Arzt auf als Einwohner von Landgemeinden. Sie gehen oft direkt zu einem Spezialisten, in manchen Fällen zu mehreren parallel. Die Ärzte verordnen – ohne voneinander zu wissen – die gleichen Untersuchungen und Medikamente, die Folge: schlecht kontrollierbare steigende Kosten.

Ausweg aus dem Dilemma

Ein allgemeines Umdenken tut not. Zuerst müssen wir Patienten unser Konsumverhalten ändern und selbst Verantwortung übernehmen, dann werden die Gesundheitskosten sinken. Eine Reihe von Massnahmen sind notwendig, um das Gesundheitswesen wieder in Ordnung zu bringen.

1. Mehr Eigenverantwortung: Als Patienten nehmen wir die Leistungen des Gesundheitssystems in Anspruch und

verursachen Kosten. Genau wie bei jeder anderen Dienstleistung, die wir beziehen und für die wir bezahlen, sollten wir uns darüber klar sein, ob und in welcher Form wir eine medizinische Dienstleistung beanspruchen wollen oder müssen.

2. Ärztliche Leistungen kanalisieren: Die ärztlichen Leistungen sollten in einer gemeinsamen Anstrengung von Ärzten, Spitälern, Staat, Krankenkassen und Versicherten stärker kanalisiert werden, beispielsweise indem nur so viele Mediziner ausgebildet werden, wie auch wirklich nötig sind. Im weiteren sollten medizinische Leistungen nur einmal erbracht und unnötige (Mehrfach-)Behandlungen vermieden werden. Kanalisierung bedeutet auch, dass in jedem Fall andere, allenfalls billigere Behandlungsmethoden zu prüfen und zu bevorzugen sind. Hier erfüllen Hausärzte als «Gatekeeper» (Torwächter) eine wichtige Funktion.

3. Grössere Kostentransparenz: Nur wenn bekannt ist, wo wann welche Kosten anfallen, ohne verschleiernde Quersubventionierung, kann gezielt gespart und optimiert werden. Diese Transparenz gilt auch gegenüber den Patienten, erst sie macht eigenverantwortliches Handeln und Entscheiden möglich.

Mehr Prävention

Schliesslich sollte die Prävention im weitesten Sinne verstärkt werden: Aufklärung und Wissensvermittlung über medizinische Sachverhalte sollten schon in der Schule anfangen. Jedem muss bewusst sein, dass er selbst die Verantwortung für seinen Körper und seine Gesundheit trägt und sie nicht an ein System von Ärzten und Pharmazeuten delegieren kann. Als präventive Massnahmen sind alle Aktivitäten zu fördern, die Krankheiten vorbeugen. Dazu gehören alle Arten von Gesundheitssport, aber auch Entwöhnungskurse für Raucher oder medizinische Check-ups.

Das Schweizer Krankenversicherungssystem

Das Krankenversicherungssystem kann als Pyramide dargestellt werden, aufgeteilt in ambulante und stationäre Leistungen. Ambulante Behandlungen sind medizinische Leistungen innerhalb von 24 Stunden beziehungsweise ohne Übernachtung. Eine stationäre Behandlung ist definiert als medizinische Betreuung in einem Spital während mindestens 24 Stunden oder einer Nacht.

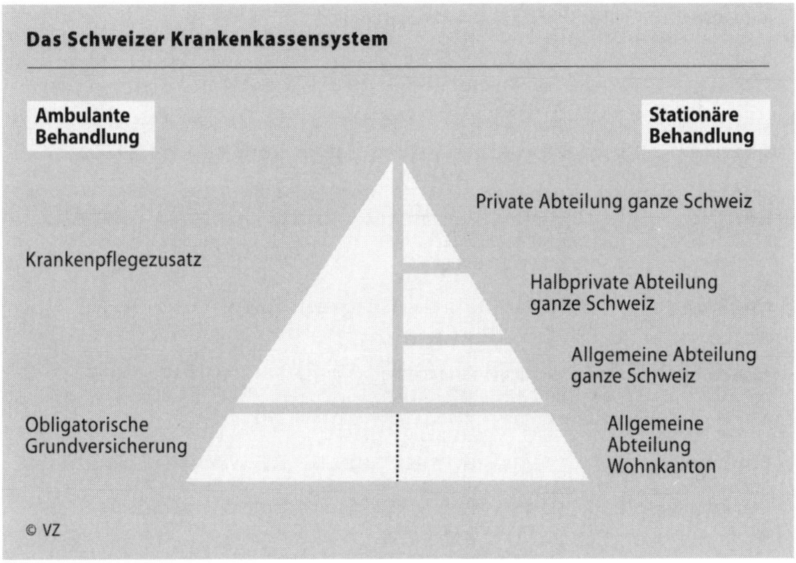

Ambulante Versicherung

Die ambulanten Behandlungsbausteine sind in zwei Stufen gegliedert: Die Leistungen der gesetzlich vorgeschriebenen Grundversicherung und die Krankenpflegezusätze.

Obligatorische Grundversicherung

Im ambulanten Bereich deckt die obligatorische Grundversicherung die wichtigsten medizinischen Massnahmen: ärztliche oder ärztlich verordnete Untersuchungen, Behandlungen und Pflegemassnahmen. Diese Leistungen sind gesetzlich geregelt und bei allen Krankenkassen gleich.

Leistungsübersicht über die obligatorische Grundversicherung gemäss Krankenversicherungsgesetz (KVG)*

Behandlungen	Untersuchungen, Behandlungen und Pflegemassnahmen von ÄrztInnen, ChiropraktorInnen, Hebammen und von Personen, die auf ärztliche Anordnung hin tätig sind (PhysiotherapeutInnen, ErgotherapeutInnen, Krankenschwestern und -pflegerInnen, LogopädInnen)
Spital-aufenthalt	Zeitlich unbeschränkter Aufenthalt in der allgemeinen Abteilung eines öffentlichen Spitals im Wohnkanton
Ausland	Behandlungen im Ausland, wenn sie in der Schweiz nicht ausgeführt werden können, oder wenn ein Notfall vorliegt (max. doppelter Ansatz wie im Wohnkanton)
Transporte	Beiträge an medizinisch notwendige Transporte (50%, max. 500 Fr.) und Rettungsmassnahmen (50%, max. 5'000 Fr.)
Prävention	Beiträge an Untersuchungen und Massnahmen, mit denen Krankheiten frühzeitig erkannt oder verhindert werden, z.B. Impfungen, gynäkologische Untersuchungen etc.
Medikamente	Ärztlich verordnete kassenpflichtige Medikamente und Laboruntersuchungen
Alternativ-medizin	Ärztlich durchgeführte Methoden, die in ihrer Wirksamkeit, Zweckmässigkeit und Wirtschaftlichkeit anerkannt sind, werden voll oder teilweise unter bestimmten Bedingungen übernommen.
Badekuren	10 Fr. pro Tag während max. 21 Tagen an ärztlich verordnete Badekuren
Krankenpflege, Spitex	Kantonal unterschiedliche Beiträge an Pflegeleistungen zuhause (Spitex) oder im Pflegeheim
Hilfsmittel	Beiträge an Mittel und Gegenstände, welche der Untersuchung oder der Behandlung dienen (z.B. Inhalationsgeräte, Blutzuckermessgeräte) (Brillen: 200 Fr. für Erwachsene alle 3 Jahre, für Kinder jedes Jahr)
Zahnarzt	Bei Zahnunfall und bei schwerer Erkrankung der Zähne oder des Zahnfleisches (wenn dies nicht zu vermeiden war) oder wenn die Behandlung wegen einer schweren Allgemeinerkrankung notwendig ist. Behandlungen von Krankheiten, die auf mangelhafte Zahnpflege zurückzuführen sind, werden nicht übernommen.
Mutterschaft	7 Kontrolluntersuchungen während der Schwangerschaft, 2 Ultraschall- und 1 Nachuntersuchung, Geburtsvorbereitungskurse (100 Fr.) und 3 Stillberatungen

* Wichtigste Leistungen, letzlich verbindlich ist das KVG

Übersicht über mögliche Krankenpflegezusätze

Leistungselemente		Empfohlen für
Ausland-schutz	Heilungskosten in Notfällen, zusätzlich zur Grundversicherung	Häufige Auslandreisen, speziell in Überseestaaten
Transport-kosten	Repatriierung und Krankentransporte im In- und Ausland, zusätzlich zur Grund-versicherung	Alle, über Grundversiche-rung sehr wenig gedeckt
Alternativ-medizin	Spezielle Methoden, z.B. Shiatsu, Akupunktur etc. durch nicht-ärztliches Personal	Interessierte, bestimmte Krankheitsbilder
Prävention/ Gesundheits-förderung	z.B. jährliche gynäkologische Unter-suchung, Reiseimpfungen, Check-ups, Beiträge an Fitnessabos	Frauen, SportlerInnen, ev. häufig Reisende
Nicht-kassen-pflichtige Medikamente	ärztliche Verordnung nötig	Häufige BenutzerInnen solcher Medikamente
Nicht-ärztliche Psychotherapie	Beitrag an Therapien bei PsychologInnen mit Spezialausbildung	Interssierte, psychothera-peutische KlientInnen
Badekuren	Beitrag an Kosten zusätzlich zur Grund-versicherung, ärztliche Verordnung nötig	Ältere Personen, bestimme Krankheitsbilder
Haushalthilfe	Beitrag an Hilfe im Haushalt, ärztliche Verordnung nötig	Alleinstehende und/oder ältere Personen, nach ambulanten und Hausge-burten
Brillen/ Kontaktlinsen	Beitrag zusätzlich zur Grundversiche-rung, meist keine ärztliche Verordnung nötig	Brillen- und Kontaktlinsen-trägerInnen
Hilfsmittel	Beitrag zusätzlich zur Grundversiche-rung, z.B. Krücken, Blutdruckmessgeräte etc., ärztliche Verordnung nötig	Spezielle Hilfsmittel wie z.B. Schuheinlagen (Invaliden-versicherung anfragen!)
Zahnbehand-lungen	Beitrag z.B. an Zahnstellungskorrekturen bei Kindern, Entfernung spezieller Zähne (entspricht keiner Zahnversicherung!)	Kinder

Wichtig: Krankenpflegezusätze können nur bei gutem Gesundheitszustand abgeschlossen werden.

Freiwillige Krankenpflegezusätze

Krankenpflegezusätze erweitern die Leistungen der Grundversicherung, sie sind oft nur zusammen mit einer Grundversicherung möglich. Zum Beispiel werden Beiträge an Kosten für nicht-kassenpflichtige Medikamente, Haushalthilfen, Zahnstellungskorrekturen bei Kindern und alternative Heilmethoden durch nicht-ärztliche Therapeuten übernommen – Leistungen, die von der Grundversicherung nicht bezahlt werden. Notfallmässige Auslandbehandlungen, Rettungs- und Bergungsmassnahmen, Prävention etc. werden in grösserem Umfang als in der Grundversicherung übernommen.

Anders als die Grundversicherung unterstehen die Krankenpflegezusätze nicht dem Krankenversicherungsgesetz (KVG), sie können von den Krankenkassen beliebig zusammengestellt werden. Die Zusatzversicherungen sind deshalb nur schwer zu vergleichen.

Sinnvollerweise werden die individuellen Bedürfnisse anhand einer Checkliste überprüft, bevor Zusätze ausgewählt werden, die den Bedürfnissen am ehesten entsprechen. Bei den meisten Kassen ist ein Krankenpflegezusatz nur möglich, wenn auch die Grundversicherung, zumindest aber eine Spitalzusatzversicherung, bei der gleichen Kasse abgeschlossen wird.

Die drei wichtigsten Krankenpflegezusätze sind:

Auslandschutz

Das KVG (Krankenversicherungsgesetz) sieht vor, dass bei medizinischen Notfällen im Ausland das Doppelte dessen bezahlt wird, was im Wohnkanton vergütet würde. Somit sind ambulante und stationäre Behandlungskosten in Europa relativ gut abgedeckt, weil die Schweiz eines der teuersten Gesundheitssysteme des Kontinents hat. Es ist jedoch zu beachten, dass Spitäler im Ausland Schweizern oft andere Ansätze verrechnen als Einheimischen. Zudem werden Schweizer im Ausland meist auf der privaten Abteilung behandelt, auch wenn sie in der Schweiz nur allgemein versichert sind. Es können also je nach Land und Spital recht unterschiedliche Rechnungen für die gleichen Behandlungen ausgestellt werden.

Bei Überseereisen in die USA, nach Kanada oder Australien etc. genügt die Notfalldeckung vor allem bei Spitalbehandlungen oft nicht. So können beispielsweise in den USA die Kosten einer vergleichbaren Behandlung drei- bis fünfmal höher liegen als in der Schweiz.

Teuer wird es vor allem dann, wenn im Ausland Transporte ins nächste Spital oder Rettungsaktionen nötig werden, und besonders teuer sind sogenannte Repatriierungen: Rückführungen vom Ausland in die Schweiz. Die Grundversicherung zahlt bloss die Hälfte dieser Transportkosten, maximal jedoch 500 Fr. Eine Rückführung aus dem Ausland kostet jedoch rasch mehrere tausend Franken, so dass die Deckung der Grundversicherung bei weitem nicht ausreicht. Bei Reisen nach Übersee ist es also sinnvoll, eine Reiseversicherung abzuschliessen oder eine REGA-Gönnermitgliedschaft einzugehen.

Reist jemand relativ oft oder für längere Zeit ins Ausland, ist der Abschluss eines entsprechenden Krankenpflegezusatzes zu empfehlen. Die Prämie für einen solchen Zusatz variiert nach Krankenkasse und beträgt zwischen 8 und 20 Fr. pro Monat.

Ein wichtiger Punkt bei Transporten: Oft bestehen Verträge zwischen Krankenkassen und Transportunternehmen (SOS/GESA/Medicall etc.) bezüglich Transport oder Repatriierung. Wird der Transport von einem anderen Unternehmen erbracht, mit dem die betreffende Krankenkasse keinen Vertrag hat, müssen die Transportkosten vom Kunden selber übernommen werden. Es empfiehlt sich daher immer eine Abklärung über die Notrufnummer der Krankenkasse (diese Empfehlung gilt im übrigen auch für Reiseversicherungen).

Bei jährlichen Auslandaufenthalten zwischen zwei und acht Wochen genügt eine einmalige Reiseversicherung als Ergänzung zur Krankenkasse. Diese Zusatzversicherung bieten fast alle Krankenkassen. Die Prämien sind jedoch sehr unterschiedlich.

Reiseversicherungen für Auslandreisen

Für Erwachsene (ab 19 Jahren), Prämien 1997
Vergleich der 13 grössten Krankenkassen

14 Tage Auslandferien		2 Monate Auslandferien	
Krankenkasse*	**Prämien in Fr.**	**Krankenkasse***	**Prämien in Fr.**
1. Wincare	20	1. Visana-Vacanza	30
2. KPT	24	2. KPT	48
3. Visana-Vacanza	30	3. Wincare	80
4. CSS	32	4. CSS	94
5. Konkordia	32	5. Konkordia	117
6. Helvetia	36	6. Helvetia	136

Leistung: Weltweit volle Deckung bei notfallmässigen ambulanten und stationären Behandlungen, inkl. Transporte und Rückführungen. Zum Teil sind Leistungen wie Auslandrechtsschutz, Hotel- und Unterkunftskosten für eine angehörige Person inbegriffen.

* Es sind nur Krankenkassen berücksichtigt, die die kurzzeitige Auslanddeckung als separaten Baustein zur obligatorischen Grundversicherung anbieten.

Quelle: VZ

Alternativmedizin

Das Interesse an alternativen Heilmethoden ist in den letzten Jahren stark gestiegen. Die Tradition dieser Methoden, den Menschen ganzheitlich zu betrachten, nicht Symptome, sondern Ursachen zu bekämpfen, entspricht zunehmend der heutigen Betrachtungsweise von Krankheit und Gesundheit, vor allem auf Gebieten wie Allergien. Diese Entwicklung zeigt sich auch in den Zusatzversicherungen der Krankenkassen. Bereits in den erwähnten Krankenpflegezusätzen findet sich das Leistungselement der Alternativmedizin, manchmal kann aber auch ein spezieller Alternativzusatz (Natura, Sana) gewählt werden.

Krankenpflegezusatz Alternativmedizin

Für Erwachsene (ab 19 Jahren), Tarife 1997, Vergleich der 13 grössten Krankenkassen

Krankenkasse	**Name der Zusatzversicherung**	**Monatsprämie*** in Fr.	**Leistung pro Jahr***	**Leistungsbewertung**
Helvetia**/ Artisana**	Sana	8.50	75%, unbegrenzt	☺
Swica**	Completa	20.50	90% des vereinbarten Tarifes oder max. 60/Std.	☺
Visana	Komplementär III	11.50	90%, max. 10'000	☺
Assura	Natura	26.00	80%, max. 5'000	😐
CSS	Alternativ III	18.00	80%, max. 6'000	😐
Sanitas**	Basic 1	8.50	80%, max. 5'000	😐
Supra**	R5	36.00	85%, max. 5'000, je nach Therapie max. 75/Std.	😐
Universa**	SC4	30.00	80%, max. 4'000	😐
Intras**	Due	28.00	80%, max. 1'500	☹
KPT	Natura LK3	7.00	90%, max. 2'500	☹
ÖKK**	Allg. Zusatz	12.00	90%, max. 2'000, je nach Therapie max. 70/Std.	☹
Wincare**	Natura Komfort	7.00	Arzt: 75%, max. 6'000 Therapeut*: 75%, max. 2'000	☹
Konkordia**	Natura plus	17.00	Arzt: 75%, max. 6'000 Therapeut*: 75%, max. 2'000	☹

In der Regel müssen Sie diese Zusätze bei derjenigen Krankenkasse abschliessen, bei der Sie auch Ihre Grundversicherung oder den Spitalzusatz abgeschlossen haben.

* Ambulante Behandlung durch Arzt und anerkannte Therapeuten oder Therapeutinnen nach kasseneigener Liste
** In diesem Zusatz sind noch andere Leistungen inbegriffen, zum Beispiel Prävention.
*** Durchschnittsprämie ganze Schweiz. Die Prämien variieren je nach Alter und Kanton.

Werden alternative Heilmethoden von nicht-ärztlichem Personal ausgeführt, werden diese zum Teil von den Zusatzversicherungen übernommen. Einige Krankenkassen haben die Komplementärmedizin bereits in die beschriebenen Krankenpflegezusatzversicherungen integriert, andere bieten spezielle «Natura-Zusätze» an. Auch hier sind Leistungen und Prämien sehr unterschiedlich.

Die Therapeuten müssen sich gegenüber den Krankenkassen über ihre Ausbildung ausweisen. Beinahe jede Kasse hat eine etwas andere Therapeuten-Liste, oft unterteilt nach Ausbildungsgrad der Therapeuten, was dem Patienten eine klare Übersicht erschwert.

Vielfach werden alternative Heilmethoden von PhysiotherapeutInnen mit fachspezifischer Weiterbildung durchgeführt. Sollte ein Arzt z.B. eine Akupunkturmassage bei einer Physiotherapeutin verschreiben, kann die Therapie unter Umständen über die Grundversicherung abgerechnet werden. Es lohnt sich also, vor einer Behandlung mit dem Arzt, dem Therapeuten oder der Krankenkasse Kontakt aufzunehmen.

Zahnstellungskorrekturen bei Kindern

Ein weiterer sinnvoller Zusatz zur Grundversicherung: die Abdeckung von Zahnstellungskorrekturen bei Kindern. Die Rechnungen für solche Leistungen der Zahnärzte liegen nicht selten zwischen 8'000 und 10'000 Fr. und belasten damit das Haushaltsbudget einer Familie sehr stark. Die Grundversicherung übernimmt diese Kosten nur bei schweren Entstellungen oder als Folge eines Unfalls. Unter Umständen je nach Grad der Korrektur zahlt die Invalidenversicherung (IV) oder die Schulzahnklinik des Kantons einen Teil. Es lohnt sich aber, einen Krankenpflegezusatz abzuschliessen, um bösen Überraschungen vorzubeugen.

Die Leistungen der Krankenkassen unterscheiden sich sehr, so dass sich ein Vergleich auf jeden Fall lohnt. Neben den Leistungsunterschieden sollte unbedingt auch eine allfällige Karenzfrist (Fristen, in denen noch keine Leistungen erbracht werden) berücksichtigt werden.

Versicherung von Zahnstellungskorrekturen bei Kindern

Tarife 1997, Vergleich der 13 grössten Krankenkassen

Krankenkasse	**Name der Zusatzversicherung**	**Monatsprämie** Ø je nach Alter, in Fr.	**Leistungen** Kostenbeteiligung	Maximalbetrag in Franken	Altersgrenze	**Leistungsbewertung**
Helvetia/ Artisana	Top	9.00	75%	10'000/Jahr	20	☺
Wincare	Diversa Komfort	7.00	75%	unbegrenzt	22	☺
Konkordia	Diversa Plus	9.00	75%	unbegrenzt	22	☺
Visana	Ambulant II	7.50	75%	10'000/Fall	20	☺
CSS	Standard	18.00	50%	12'000/Fall	20	😐
ÖKK*	Allg. Zusatz	5.00	70%	5'000/Fall	25	😐
Swica	Completa	6.00	50%	10'000/Jahr	18	😐
Intras	Due	9.00	90%	1'000/3 Jahre	20	☹
Sanitas	Basic 2	4.00	50%	nur Apparaturen	18	☹

Anmerkungen:
- In dieser Übersicht sind die günstigeren Krankenpflegezusätze berücksichtigt und nicht die teureren Zahnpflegeversicherungen der Krankenkassen.
- Die Krankenkassen Assura, Supra und Universa und KPT bieten diesen Krankenpflegezusatz nicht an.
- In allen Zusätzen sind noch andere Leistungen inbegriffen, z.B. Brillen, Krankentransport etc.

* Leistungen werden frühestens 3 Jahre nach Beitritt zu dieser Versicherung erbracht.

Quelle: VZ

Die Leistungsunterschiede zwischen den Kassen können dazu führen, dass die Kinder bei einer anderen Kasse als die Eltern versichert sind. Nachteile entstehen dadurch kaum, da die möglichen Familienrabatte im Vergleich zum Nutzen der Zusatzversicherung sehr gering ausfallen.

Stationäre Versicherung

Die Versicherungsbausteine für stationäre Behandlungen gliedern sich in vier Stufen. Mindestens gedeckt sind die Kosten für die allgemeine Abteilung der Spitäler im Wohnkanton. Diesen Versicherungsschutz kann man ausdehnen auf die allgemeine Abteilung in sämtlichen Kantonen der Schweiz. Weitere Zusätze decken die Kosten der halbprivaten und privaten Abteilungen.

Stationäre Behandlungsbausteine*

	Obligatorische Grundversicherung	**Allgemeine Abteilung ganze Schweiz**	**Halbprivate Abteilung ganze Schweiz**	**Private Abteilung ganze Schweiz**
Spitalabteilung	Allgemeine Abteilung im Wohnkanton	Allgemeine Abteilung ganze Schweiz	Halbprivate Abteilung ganze Schweiz	Private Abteilung ganze Schweiz
Zimmergrösse	Mehrbettzimmer	Mehrbettzimmer	Zweibettzimmer	Einbettzimmer
Arztwahl	Keine Arztwahl	Keine Arztwahl	Freie Arztwahl	Freie Arztwahl

* Wichtigste Leistungen; letzlich verbindlich sind das KVG respektive die allgemeinen Versicherungsbedingungen (AVB) der Krankenkassen

Obligatorische Grundversicherung

Die obligatorische Grundversicherung übernimmt die Kosten einer Behandlung in der allgemeinen Abteilung in Spitälern des Wohnkantons. Spätestens 1998 erhalten definitiv nur noch diejenigen Spitäler einen Beitrag aus der Grundversicherung, die in den Spitallisten der Kantone aufgeführt sind.

Medizinisch bedingte oder notfallmässige Behandlungen ausserhalb des Wohnkantons werden ebenfalls von der Grundversicherung übernommen. Notfallmässige Behandlungen im Ausland werden bis zum doppelten Betrag des Tarifs im Wohnkanton bezahlt.

Grundversicherte liegen im Krankheitsfall in einem Mehrbettzimmer (je nach Spital drei Betten und mehr), ihre Ärzte können sie nicht frei wählen.

Auch für die stationäre Behandlung kann eine Reihe von Zusatzversicherungen abgeschlossen werden:

Allgemeine Abteilung ganze Schweiz

Die Deckung der Grundversicherung für die allgemeine Abteilung kann auf die ganze Schweiz ausgedehnt werden. Dieser Zusatz ist insbesondere für jene wichtig, die entweder in Kantonen mit wenig Spitalauswahl oder an Kantonsgrenzen wohnen. Damit steht ihnen die Wahl eines ausserkantonalen, aber näher gelegenen oder ihren Wünschen besser entsprechenden Spitals offen.

Halbprivate Abteilung ganze Schweiz

Im Zusatz für die halbprivate Abteilung ist neben der freien Arztwahl in der Regel ein Zweibettzimmer auf der halbprivaten oder privaten Abteilung eines öffentlichen oder privaten Spitals der Schweiz gedeckt.

Private Abteilung ganze Schweiz

Der Zusatz für die private Abteilung zahlt einem Versicherten ein Einbettzimmer auf der privaten Abteilung eines öffentlichen oder privaten Spitals, eingeschlossen ist die freie Arztwahl.

Bei einzelnen Krankenversicherungen ist es möglich, die Deckung auf die private Abteilung von Spitälern in der ganzen Welt auszudehnen, dabei ist zu unterscheiden zwischen der vollen Wahlfreiheit von Arzt und Spital und der weltweiten Privatdeckung im Notfall.

Die wichtigsten Spartips für die Krankenversicherung

Wer die Kosten der Krankenversicherung optimieren will, muss erst den notwendigen Versicherungsschutz bestimmen und dann die richtige Krankenkasse oder Versicherungsgesellschaft wählen. In einem ersten Schritt werden die persönlichen Bedürfnisse unabhängig von bestehenden Versicherungslösungen definiert. Wichtig ist die Überlegung: Was soll nicht versichert werden, in welchen Bereichen sind Einschränkungen möglich, was ist schlicht überflüssig? So wird der künftige Leistungsumfang bestimmt. In einem zweiten Schritt werden die Versicherungsbausteine entsprechend der Grafik auf Seite 197 ausgewählt. Diese Auswahl macht es dann möglich, im dritten Schritt vergleichbare Offerten verschiedener Anbieter einzuholen. Die Offerten werden insbesondere darauf geprüft, ob die Leistungen bedarfsgerecht erbracht werden.

Vorgehen bei der Wahl der Versicherung

1. Schritt: **Klären Sie Ihre persönlichen Bedürfnisse!**	**2. Schritt:** **Legen Sie den notwendigen Versicherungsschutz fest!**	**3. Schritt:** **Vergleichen Sie Krankenkassen/ Versicherungen!**
- Wahl von Sondermodellen (freie Arztwahl, HMO, Hausarztmodell, Zweitmeinung) - Erhöhung des Selbstbehalts - Individuelle Bedürfnisse wie Auslandschutz, Alternativmedizin, Gesundheitsvorsorge, Hilfsmittel (u.a. Brillen, Kontaktlinsen), Kuren, Zahnbehandlung	- Obligatorische Grundversicherung - Freiwillige Zusatzversicherungen (Deckungen sind zum Teil nur in Form von krankenkasseneigenen „Paketen" erhältlich, z.B. Auslanddeckung, Alternativmedizin) - Spitaldeckung: allgemeine Abteilung ganze Schweiz, halbprivat, privat	- Einholen von Offerten bei den in Ihrer Wohngemeinde günstigsten Krankenkassen - Beratung durch unabhängige Experten - Vergleiche im Bekanntenkreis - Anschliessend: laufende Überprüfung von Kosten und Nutzen

Grund- und Zusatzversicherung trennen Die obligatorische Grundversicherung und die freiwilligen Zusatzversicherungen müssen neu nicht mehr bei der gleichen Krankenkasse oder Versicherung abgeschlossen werden. (Ausnahmen gibt es bei alternativen Versicherungsmodellen wie HMO- oder Hausarztmodell.) Durch eine Trennung von Grund- und Spitalzusatzversicherung entstehen keine wesentlichen Nachteile, ausser dass zwei Ansprechpartner vorhanden sind. Eine Trennung der Grundversicherung von der ambulanten Zuatzversicherungen ist oft nicht möglich und auch wenig sinnvoll.

Sparen bei der Grundversicherung Bei der obligatorischen Grundversicherung können keine Leistungen gestrichen werden, weil sie im Gesetz einheitlich geregelt sind. Also konzentriert man sich auf das Optimieren der Prämie. Die Massnahmen können jeweils nach einem Jahr angepasst werden.

Vergleichen Die Grundversicherung kann innerhalb der Kündigungsfristen jederzeit und ohne Nachteil gewechselt werden. Daher lohnt sich hier der Vergleich ganz besonders. Ein Wechsel kann sofort und ohne nachträgliche Einschränkungen von seiten der Krankenkassen erfolgen. Bei Prämienvergleichen ist darauf zu achten, dass Gleiches mit Gleichem verglichen wird (z.B.: Franchise 460 Fr., ohne Unfalldeckung). Das Sparpotential beträgt bis zu 1'400 Fr. pro Jahr.

Vergleicht man in einem Kanton das günstigste mit dem teuersten Angebot, erstaunen die grossen Prämiendifferenzen zwischen den einzelnen Kassen. In unserem Beispiel haben wir einen Stadt-Tarif (Zürich) und einen Land-Tarif (Appenzell Innerrhoden) beispielhaft aufgeführt.

Prämienvergleich Grundversicherung

Monatsprämien in Fr. 1997

Basis: Erwachsene Person (ab 19. Altersjahr), inklusive Unfalldeckung, minimale Jahresfranchise

Stadt Zürich

1. Assura	**174.00**
2. Intras	**176.00**
3. Universa	**176.40**
4. KPT	180.20
5. Sanitas	191.10
6. Konkordia	203.40
7. Visana	208.00
8. Swica	212.30
9. ÖKK	216.00
10. CSS	218.00
11. Helvetia/Artisana	227.20
12. Wincare	229.00
13. Supra	245.00

Appenzell Innerrhoden, Landtarif

1. Wincare	**112.00**
2. Sanitas	**118.60**
3. Assura	**120.00**
4. CSS	125.00
5. Intras	125.00
6. Universa	125.30
7. Konkordia	125.90
8. Swica	128.70
9. Helvetia/Artisana	131.20
10. KPT	133.00
11. ÖKK	135.00
12. Supra	140.00
13. Visana	156.40

Franchise und Selbstbehalt

In der Grundversicherung ist jährlich eine Franchise von mindestens 230 Fr. zu übernehmen, wenn ärztliche Leistungen beansprucht werden. Zusätzlich zur Franchise muss ein Selbstbehalt von 10% der Kosten, maximal jedoch von 600 Fr. (Kinder 300 Fr.) übernommen werden. Wer die Mindest-Franchise von 230 Fr. erhöht, spart 8 bis 40% Prämien.

Bei der Überlegung bezüglich Franchise ist es wichtig, nicht nur das Sparpotential zu berücksichtigen, sondern auch die Tragbarkeit einer Kostenbeteiligung abzuschätzen. Bei knappem Haushaltsbudget ist eine hohe Franchise nicht empfehlenswert.

Bei einer erhöhten Franchise kann die Grundversicherung frühestens nach einem Kalenderjahr jeweils auf Ende Jahr gekündigt werden.

Reduktion durch höhere Franchise

Höhe der Prämie
bei maximalem Rabatt

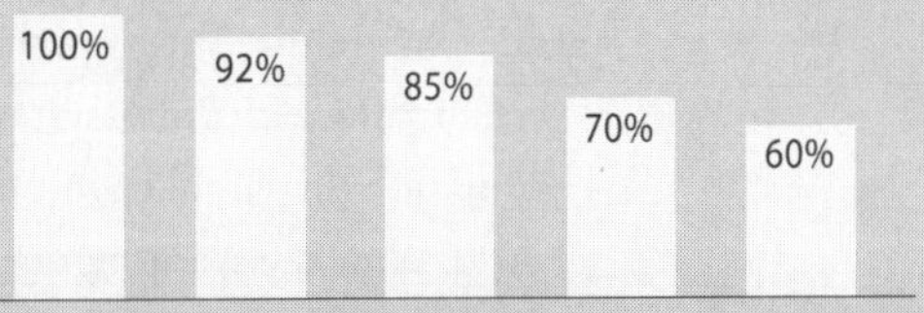

Franchise in Fr.					
- Erwachsene	230	400	600	1'200	1'500
- Kinder	0	0	150	300	375
Maximale Kostenbeteiligung in Fr.					
- Erwachsene	830	1'000	1'200	1'800	2'100
- Kinder	300	300	450	600	675

Anmerkung:
- Zusätzlich zur Franchise muss ein Selbstbehalt von 10%, max. 600 Fr. pro Jahr (Kinder 300 Fr.), übernommen werden
- Als Erwachsene gelten 19jährige und Ältere
- Franchisenregelung gültig ab 1.1.1998

Weitere Sparmöglichkeiten in der Grundversicherung

Ausschluss Unfallzusatz

Wer über 12 Stunden pro Woche erwerbstätig ist, kann den Unfallschutz aus der Grundversicherung streichen. Die Kasse benötigt eine Bestätigung des Arbeitgebers, dass eine UVG- oder Suva-Deckung vorhanden ist. Diese Massnahme reduziert die Prämie um durchschnittlich 8%.

Ausbildungsrabatt

Wer zwischen 18 und 25 Jahre alt ist und sich in Ausbildung befindet, kann vom Ausbildungsrabatt profitieren. Dieser Rabatt beträgt rund 25% der Erwachsenenprämie.

Subventionen

Personen mit tiefem Einkommen steht eine individuelle Prämienverbilligung zu. Wie die Subventionen verteilt werden, bestimmen die Kantone. Die örtlichen Einwohner- und Sozialämter können über die Berechtigung Auskunft geben.

Bonus

Ähnlich wie die Autoversicherung kennt auch die Grundversicherung ein Bonussystem, das einheitlich in der Verordnung zum Krankenversicherungsgesetz geregelt ist. In Jahren ohne Leistungsbezug sinkt die Prämie kontinuierlich, die Ausgangsprämie muss aber 10% über der normalen Grundversicherungsprämie liegen. In Jahren mit Leistungsbezug steigt die Prämie auf die nächsthöhere Stufe an, Kosten für Prävention und Mutterschaft führen nicht zu einer höheren Prämie. Der gewichtigste Nachteil dieser Bonusversicherung: Der Wechsel zu einer anderen Krankenkasse ist frühestens nach fünf Jahren möglich. Wer früher wechselt, beispielsweise wegen einer Prämienerhöhung, verliert den Bonus.

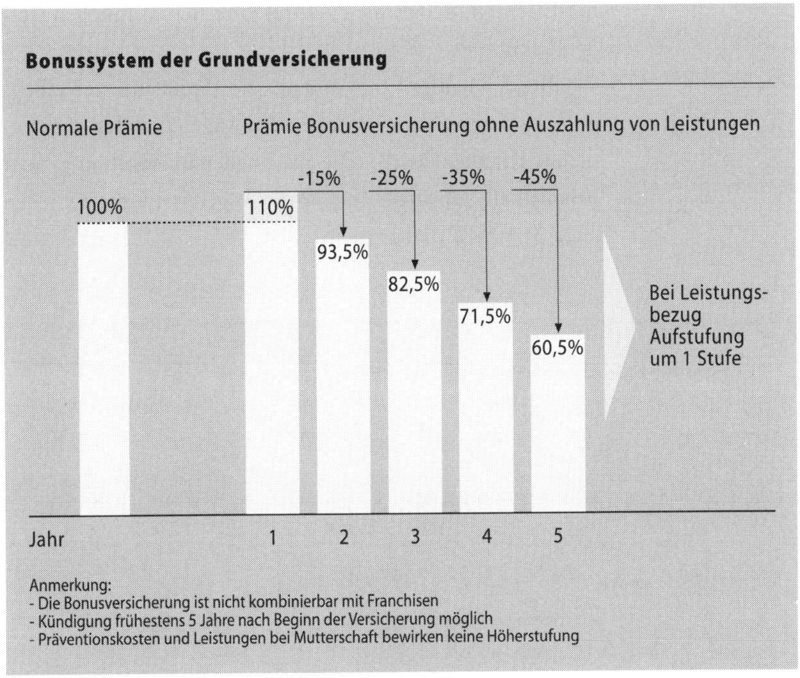

Sparen bei Spitalzusatzversicherungen

Die Zusatzversicherungen werden immer teurer, deshalb ist es wichtig, das Notwendige vom Wünschbaren zu trennen und sich konsequent auf die grossen, zum Teil existenzbedrohenden Risiken zu konzentrieren. Damit kann am meisten Prämie gespart werden.

Vergleichen

Auch bei allen freiwilligen Zusatzversicherungen ist es wichtig, Prämien und Leistungen zu vergleichen. Bis zur Hälfte der Prämien kann gespart werden – bei gleichwertigen Leistungen. Anders als in der Grundversicherung sind keine einheitlichen Leistungskataloge definiert, und oft werden Paketlösungen verkauft, so dass immer auch Leistungen verglichen werden müssen. Werden Offerten eingeholt, müssen die Leistungswünsche unbedingt umfassend und klar definiert werden, damit Gleiches mit Gleichem verglichen werden kann.

Bei den halbprivaten und privaten Spitalzusätzen gibt es enorme Unterschiede zwischen den Angeboten der verschiedenen Krankenkassen. Die nachstehende Abbildung zeigt beispielhaft günstige und teure Angebote, unterschieden nach Männern und Frauen.

Prämien für halbprivaten und privaten Spitalzusatz

Monatsprämien 1997 in Fr.

Basis: Erwachsener, 28 Jahre, Kanton Zürich, inkl. Unfall, Frau inkl. Mutterschaft; Vergleich der 13 grössten Krankenkassen der Schweiz

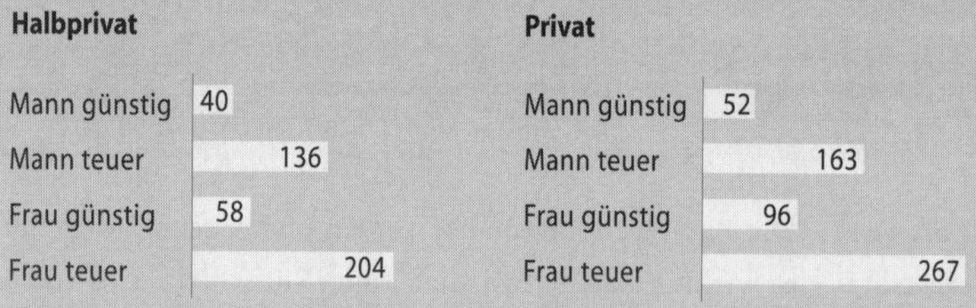

Quelle: VZ

Neben der Riskodifferenzierung nach Geschlechtern gibt es auch eine Differenzierung nach Alter: Mit steigendem Alter werden hohe Kosten wahrscheinlicher. Wer mit 26 Jahren eine halbprivate oder private Spitalzusatzversicherung abschliesst, zahlt weniger als mit 42. Bei einigen Krankenkassen ist es bereits mit 50 nicht mehr möglich, eine halbprivate oder private Spitalzusatzversicherung neu abzuschliessen.

Selbstbehalt

Wählt man in der freiwilligen Spitalzusatzversicherung einen Selbstbehalt, muss dieser zusätzlich zum Selbstbehalt in der Grundversicherung bezahlt werden. Diese Kosten sind im persönlichen Budget zu berücksichtigen. Andererseits bieten Selbsbehalte bei Halbprivat- oder Privatversicherungen ein beträchtliches Sparpotential.

In der folgenden Tabelle wird ersichtlich, dass ein Selbstbehalt von 3'000 Fr. zu einer 30% tieferen Prämie führt. Ein Selbstbehalt von 10'000 Fr. spart sogar 70% der Prämien. Nicht alle Kassen bieten jedoch solch hohe Selbstbehalte von 5'000 oder gar 10'000 Fr. an. Wichtig: Anders als in der Grundversicherung kann ein erhöhter Selbstbehalt in der Spitalzusatzversicherung erst nach einer Gesundheitsprüfung wieder reduziert werden; wird die Prüfung nicht bestanden, kann die Krankenkasse die Reduktion des Selbstbehalts verweigern.

Reduktion durch Selbstbehalt bei der freiwilligen Spitalzusatzversicherung (Halbprivat/Privat)

Selbstbehalt	Prämienrabatt (Richtwerte)
1'000 Fr.	15%
2'000 Fr.	25%
3'000 Fr.	30%
5'000 Fr.	50%
10'000 Fr.	70%

Sparen mit dem Bonussystem

Einige Krankenkassen, zum Beispiel CSS, Helvetia/Artisana und Swica, bieten Bonussysteme an. Diese belohnen schadenfreie Jahre mit einem Rabatt. Werden Spitalleistungen beansprucht, steigt die Prämie wieder an.

Einschränkungen bei der Spitalwahl

Wer sich freiwillig verpflichtet, nur in bestimmten Spitälern Leistungen zu beanspruchen (Spitalliste der Krankenkassen), kann bei seiner freiwilligen Zusatzversicherung bis zu 20% Prämie sparen. Diese Spitallisten werden bei allen Krankenkassen laufend ergänzt und können dort angefordert werden.

Zweitmeinung/ Second Opinion

Die Verpflichtung, vor gewissen Operationen eine zweite Arztmeinung anzuhören, ergibt eine Prämieneinsparung von ca. 8%. In der Regel sind folgende Operationen betroffen: Entfernen der Mandeln, der Gallenblase, der Gebärmutter und der Prostata, Einsetzen von künstlichen Gelenken und Herzschrittmachern, Operationen von Diskushernien, Hallux, Krampfadern und Grauem Star, Gelenkspiegelung, Hornhauttransplantation und geplanter Kaiserschnitt. Der Entscheid, ob und wie die Operation durchgeführt werden soll, liegt aber auf jeden Fall uneingeschränkt beim Patienten.

Weitere Sparmöglichkeiten

Kollektivrabatt

Wer Mitglied in einem Verein oder Verband ist, hat die Möglichkeit, im Rahmen eines Kollektivvertrages ca. 15% Prämie auf den Zusatzversicherungen zu sparen. Die Versicherungsmöglichkeiten und -leistungen unterscheiden sich nicht von der Einzelversicherung.

Ausschluss Geburt aus Spitalversicherung

Frauen ohne Kinderwunsch wählen mit Vorteil eine Versicherung, bei der die Geburtendeckung im Spitalzusatz ausgeschlossen wird. Dabei resultieren Prämienreduktionen von rund 40%. Achtung: Bei manchen Krankenkassen werden neben den Leistungen für Mutterschaft auch andere wie Chronischkrankenpflege ausgeschlosssen.

Alternative Versicherungsmodelle Prämien sparen kann auch, wer die Arztwahl freiwillig einschränkt. Eine Möglichkeit, die allen zu empfehlen ist, deren Budget eine höhere Franchise nicht zulässt, denen aber die freie Arztwahl nicht so wichtig ist. Mit «alternativen Versicherungsmodellen» werden rund 20% Prämie gespart.

Gesundheitszentrum HMO Das Gesundheitszentrum oder HMO-Modell (Health Maintenance Organization) ist heute mehrheitlich auf städtische Gebiete beschränkt. Man lässt sich immer zuerst in einem regionalen Gesundheitszentrum behandeln. Dort arbeiten Ärzte und Ärztinnen verschiedener Fachrichtungen. Falls nötig werden Patienten vom behandelnden Arzt an einen Spezialisten oder in ein Spital überwiesen. In Notfällen kann der nächste erreichbare Arzt konsultiert werden. Danach sollte man umgehend das Gesundheitszentrum informieren, damit die Krankenkasse sämtliche Kosten anstandslos übernimmt.

Wo gibt es städtische Gesundheitszentren*?

Stand Oktober 1996, Auswahl der 13 grössten Krankenkassen

	AG	BE	BS	BL	GE	GR	LU	SG	SH	SO	VD	TI	TG	ZG	ZH W'thur	ZH Zürich
CSS/ Visana		■	■				■									■
Swica	■	■	■		■	■	■	■	■	■	■	■		■	■	■
Wincare/ Konkordia		■	■				■								■	■
Helvetia/ Artisana		■					■								■	■

* In der Regel befinden sich die Gesundheitszentren in den Kantonshauptstädten, ausser im Kanton Aargau (Baden).

Hausarztmodell Einige Kassen verfügen über eine Liste von Ärzten und Ärztinnen, die sich in einem Hausarztmodell zusammengeschlossen haben. Auch hier verpflichtet sich der Versicherte, für die Erstbehandlung stets den gewählten Arzt zu konsultieren. Falls nötig wird er den Patienten für die Weiterbehandlung an einen Spezialisten überweisen. Wie beim HMO-Modell kann bei Notfällen der nächste erreichbare Arzt aufgesucht werden.

Die folgende Tabelle zeigt, welche Krankenkassen wo ein Hausarztmodell anbieten. Alle Kassen werden ihr Angebot in diesem Bereich weiter ausbauen.

Wo gibt es regionale Hausarztmodelle*?

Stand Oktober 1996, Auswahl der 13 grössten Krankenkassen

	AG	BE	BS	BL	GE	GR	LU	SG	SH	SO	VD	TI	TG	ZG	ZH W'thur	ZH Zürich
Wincare/ Konkordia/ Helsana**	■	■	■	■		■		■		■			■		■	
Swica		■														
CSS/ Visana	ab '97				■										ab '97	
KPT	■	■	■	■				■							■	

* Es sind zur Zeit mehrere Hausarztverträge hängig, die im Laufe des nächsten Jahres in Kraft treten. Eine Liste der am jeweiligen Hausarztmodell beteiligten Ärzte und Ärztinnen können Sie bei den Krankenkassen anfordern.

** Helvetia und Artisana

Spartips im Überblick Wer diese Spartips gezielt nutzt, kann zumindest einen Teil der Prämienerhöhungen wettmachen. In der folgenden Tabelle sind sämtliche Spartips, unterschieden nach Grund- und Zusatzversicherungen, zusammengefasst.

Spartips im Überblick

	Obligatorische Grundversicherung	Freiwillige Zusatzversicherung
Vergleichen	Wahl der Kasse mit den günstigsten Prämien	Wahl der Kasse mit dem besten Preis/Leistungs-Verhältnis (andere Kasse als bei Grundversicherung möglich)
Selbstbehalt	Prämienreduktion bis zu 40% möglich	Prämienreduktion bis zu 70% möglich (unterschiedliche Maximalselbstbehalte je Kasse)
Bonus	Rabatt bei schadenfreien Jahren; bis 45% Prämienreduktion möglich	dito obligatorische Grundversicherung bis 50% Prämienreduktion möglich
Einschränkung der Spital- oder Arztwahl	- Hausarztmodell: Erstkonsultation bei gewähltem Hausarzt*; ca. 20% Prämienreduktion	dito obligatorische Grundversicherung
	- Gesundheitszentrum (HMO, Health Maintenance Organisation): Behandlung zwingend in gewähltem Gesundheitszentrum*; ca. 20% Prämienreduktion	dito obligatorische Grundversicherung
		- Spitalliste: Behandlung zwingend in einem Spital gemäss Liste der Kasse* - Zweitmeinung (Second opinion): Verpflichtung, vor einer Operation eine zweite Arztmeinung einzuholen (in der Regel nicht kombinierbar mit Spitalliste)
Sonstiges	- Ausschluss des Unfallschutzes bei Erwerbstätigkeit über 12 Stunden pro Woche; ca. 8% Prämienreduktion - Ausbildungsrabatte für 19- bis 25jährige; ca. 25% Prämienreduktion - Subventionen für Personen mit tieferen Einkommen (kantonal sehr unterschiedlich)	- Kollektiv-Spitalzusatzversicherungen (Arbeitgeber, Verbände o.ä.) sind oft günstiger; ca. 15% Prämienreduktion - Frauen ohne Kinderwunsch wählen eine Versicherung, bei der Geburtendeckung weggelassen werden kann; ca. 40% Prämienreduktion

* In Notfällen kann selbstverständlich der nächste erreichbare Arzt konsultiert werden.

Kündigung der Grundversicherung

Wer nach einem Prämienvergleich eine andere Krankenkasse für die Grundversicherung in Betracht zieht, muss eine Kündigungsfrist beachten.

Die Kündigung muss schriftlich erfolgen und sollte eingeschrieben spätestens am letzen Arbeitstag des Monats bei der Versicherung liegen. Unter Umständen ist es sinnvoll, der neuen Kasse die Beitrittserklärung ebenfalls eingeschrieben zu senden, damit allfällige administrative Fehlläufe verhindert werden.

Ordentliche Kündigung

Die Grundversicherung kann jeweils spätestens Ende März auf den 30. Juni oder Ende September auf den 31. Dezember gekündigt werden. Diese Regelung gilt nicht, wenn ein alternatives Versicherungsmodell oder das Bonussystem gewählt wurden. Wer eine höhere Franchise oder das HMO-/Hausarztmodell gewählt hat, kann frühestens nach Ablauf eines ganzen Kalenderjahres Ende September auf den 31. Dezember kündigen. Im Bonussystem Versicherte können frühestens nach fünf Jahren wechseln.

Kündigung bei Prämienerhöhung

Die Krankenkassen müssen eine Prämienerhöhung zwei Monate vor Inkrafttreten ankündigen. In diesem Fall ist eine Kündigungsfrist von 30 Tagen ab Ankündigung der Prämienerhöhung einzuhalten.

Kündigung der Zusatzversicherungen

Die Kündigungsfristen für die freiwilligen Versicherungsbausteine sind je nach Versicherer und Vertragsdauer unterschiedlich, betragen aber meist 3 bis 6 Monate auf Ende Jahr oder auf Ablauf der vereinbarten Vertragsdauer. Zusätzlich kann man bei Prämienerhöhungen und im Schadensfall vom Vertrag zurücktreten. Eine rechtzeitige Abklärung der Kündigungstermine ist ratsam. Aufgepasst bei Wechsel der Zusatzversicherung: Nie kündigen, bevor vom neuen Versi-

Wechsel in der obligatorischen Grundversicherung

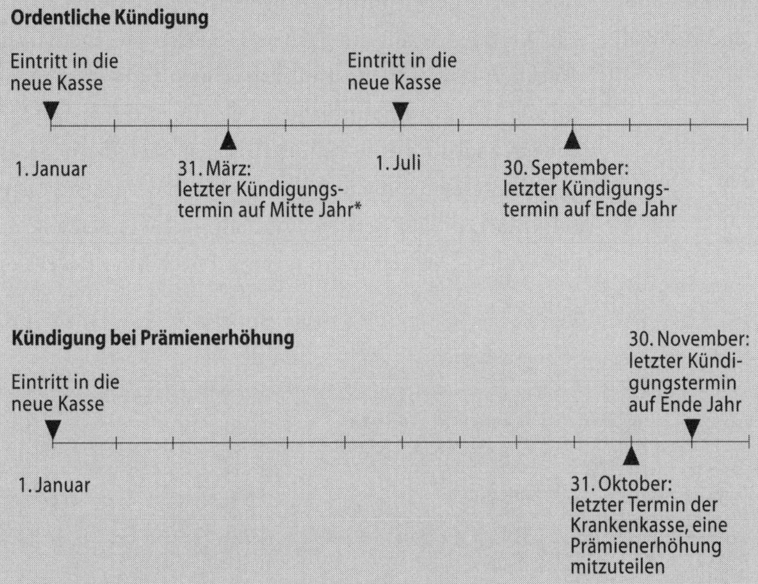

* Spezialregelung bei höheren Franchisen, HMO- und Hausarztmodell: Kündigung nur auf Ende Jahr nach mindestens einem Jahr Mitgliedschaft möglich

cherer eine schriftliche, vorbehaltlose Aufnahmebestätigung vorliegt – unter Umständen kann die Zusatzversicherung sonst verloren gehen.

Versicherungen für Haushalt und Wohnen

Welche Versicherungen sind sinnvoll?

Im Bereich Haushalt und Wohnen gibt es eine grosse Anzahl von verschiedenen Versicherungen, die das persönliche Hab und Gut gegen alle möglichen Gefahren absichern. Eindrücklich lässt sich das Kollektivprinzip («alle für einen») anhand der Privathaftpflichtversicherung zeigen, wo Millionenschäden für eine Prämie zwischen 80 und 150 Fr. abgedeckt werden können. Nachstehend sind Versicherungen aufgeführt, die im Bereich Haushalt und Wohnen angeboten werden. Die Versicherungen sind nach ihrer Bedeutung geordnet.

Versicherungen für Haushalt und Wohnen

Versicherung	Erläuterung	Beispiel	Prämie*
- Privathaftpflicht-versicherung	- Schäden, die Dritten entstehen	- Kinder zerschlagen Fenster	80-150
- Hausrat-versicherung	- Schäden an Hausrat durch Feuer, Wasser oder Diebstahl	- Zimmerbrand	250-450
- Gebäude-versicherung	- Schäden am Gebäude durch Feuer oder Wasser (nur für Wohneigentümer)	- Wasserrohrbruch	100-500 (0,8-1,6% der VS)
- Wertsachen-versicherung	- Schäden an wertvollen Sachen durch Verlieren, Diebstahl, Beschädigung etc.	- Diebstahl von Bildern	100-1000 (ca. 1% der VS)
- Reiseversicherung	- Schäden durch Anlieferung am Reisegepäck, Hilfe im Ausland etc.	- Annullierungskosten	20-200
- Privatrechts-schutz-versicherung	- Übernahme von Anwalts-, Gerichts-, Entschädigungskosten etc.	- Streit mit dem Nachbarn	100-230

* Typische Bandbreite von Prämien; Angaben in Fr. pro Jahr bzw. in Prozent der Versicherungssumme (VS); grosse Prämienunterschiede je nach Versicherungsgesellschaft und Versicherungsumfang.

Privathaftpflichtversicherung

Die Privathaftpflichtversicherung übernimmt Ansprüche von Dritten, denen man einen Sach- oder Körperschaden zugefügt hat. Da auch die Abwehr von unbegründeten Ansprüchen zu den Leistungen einer Privathaftpflichtversicherung gehört, wird sie auch passive Rechtsschutzversicherung genannt.

Privathaftpflicht: Typische Fallbeispiele

Mieterschäden	Zerrissene Tapeten, Sprung im Lavabo, Brandloch im Teppich etc.; nicht aber Abnützungsschäden
Im eigenen Haus...	kommt ein Gast auf nasser Treppe zu Fall und bricht sich ein Bein
Kinder spielen mit Feuer...	(Brandschaden) oder zerschlagen beim Ballspielen eine Fensterscheibe
Eigener Hund...	beisst Nachbarn/Postbeamten
Kollision als Skifahrer/ Fussgänger...	mit anderen Personen

Versicherungsumfang

Versichert sind Schäden, die eine versicherte Person in ihrem Privatleben Dritten verursacht. Das kann eine eingeworfene Fensterscheibe sein oder im unglücklichsten Fall eine schwere Körperverletzung.

Für die Absicherung beruflicher Risiken sind spezielle Berufs- bzw. Betriebshaftpflichtversicherungen abzuschliessen. Zu den Grenzbereichen gehört eine nebenberufliche Erwerbstätigkeit, beispielsweise als Hauswart. Hier ist abzuklären, ob und wie sie in die Privathaftpflichtversicherung eingeschlossen werden kann. Je nach Bedarf sind Spezialdeckungen notwendig, z.B. für Bauherren, Reiter oder für gelegentliches Benutzen fremder Motorfahrzeuge usw.

Privathaftpflicht: Was ist versichert?

Versichert	Nicht versichert
- Entschädigung begründeter Ansprüche Dritter - Personenschäden (Tötung, Verletzung, sonstige Gesundheitsschäden) - Sachschäden (Zerstörung, Beschädigung, Verlust) - Vermögensschäden als Folge von Personen- oder Sachschäden - Abwehr unbegründeter Ansprüche, inklusive Anwalts-, Gerichts- und Expertisenkosten usw.	- Abnützungsschäden - Schäden durch allmähliche Einflüsse (Witterung, Temperatur etc.) - Vertraglich übernommene Haftung - Schäden aus beruflicher Tätigkeit - Schäden bei Fehlen obligatorischer Haftpflicht im Motorfahrzeugbereich - Schadenverhütungskosten (mit Ausnahmen wie z.B. Tankanlagen)

Anmerkung:
Je nach Versicherungsgesellschaft und Angebot können die Ein- und Ausschlüsse stark differieren.

Wer ist versichert?

Die nachfolgende Tabelle gibt eine Übersicht über Personen und ihre Eigenschaften, die über eine Haftpflichtversicherung versichert werden können. Bei Konkubinatspartnern ist eine namentliche Erwähnung der versicherten Personen wichtig.

Privathaftpflicht: Wer ist versichert?

Personen	Personen in der Eigenschaft als:
- Einzelversicherung: • der Versicherungsnehmer allein - Familienversicherung: • Versicherungsnehmer • Ehepartner • Konkubinatspartner • Kinder (mit Einschränkungen bzgl. Alter, Zivilstand, Erwerbstätigkeit, Wohnort) • Weitere, zum Beispiel: Hausgenossen Besucher/Gäste	- Privatperson und Familienhaupt* - Mieter - Eigentümer (Haus, Ferienhaus, Wohnung) - Arbeitgeber von fremdem Dienstpersonal - Benützer/Verwahrer fremder Sachen (Obhutsschäden) - Halter von Tieren (z.B. Hunden, Katzen, Vögeln) - Sportler (ausser Reiter, Flieger, Jäger) - Waffenbesitzer und Schütze - Angehöriger der Armee, des Zivilschutzes, der Feuerwehr

Anmerkung:
Je nach Versicherungsgesellschaft und Angebot können die Ein- und Ausschlüsse stark differieren.

* Das Familienhaupt ist versichert für Haftpflichtansprüche, verursacht durch Kinder, für die eine Aufsichtspflicht besteht.

Abgrenzung Privat- und Gebäudehaftpflicht

Bei selbstbewohnten 1- bis 3-Familienhäusern (ohne Gewerbeteil) ist in der Privathaftpflichtversicherung auch die sogenannte Gebäudehaftpflichtdeckung miteingeschlossen. Somit erübrigt sich der Abschluss einer separaten Versicherung. Meistens nicht automatisch mitversichert ist die Haftpflicht aus Stockwerkeigentum.

Für Gebäudeeigentümer ist ein Versicherungsschutz sehr wichtig, weil sie einer besonderen Haftung unterstehen. Das Obligationenrecht (Artikel 58) verpflichtet sie zu Schadenersatz, wenn ein Ereignis infolge von fehlerhafter Anlage oder Herstellung oder mangelhaftem Unterhalt des Gebäudes entstanden ist. So kann ein Geschädigter grundsätzlich an den Gebäudeeigentümer gelangen, wenn er z.B. wegen mangelhafter Treppenhausbeleuchtung stürzt, oder wenn ein Dachziegel auf ein parkiertes Auto fällt.

Weitere wichtige Aufgaben der Gebäudehaftpflichtversicherung: unbegründete Ansprüche abweisen und allenfalls die Kosten rechtlicher Auseinandersetzungen übernehmen.

Privathaftpflicht und Gebäudehaftpflicht

Privathaftpflicht	Versichert sind 1- bis 3-Familienhäuser, sofern der Versicherungsnehmer darin wohnt.
	Stockwerkeigentum: Nicht bei allen Versicherungen eingeschlossen. Nur als Zusatz zur Stockwerkeigentümer-Gemeinschafts-Haftpflichtversicherung.
	Baurecht Nicht bei allen Versicherungen eingeschlossen.
Gebäudehaftpflicht	Versichert sind Gebäude, Grundstücke und dazugehörende Anlagen und Einrichtungen.
	Dies gilt für alle Eigentumsarten (inkl. Miteigentum, Gesamteigentum, Stockwerkeigentum, Baurecht)

Spezielle Gebäudehaftpflicht notwendig für

Gebäude mit mehr als 3 Wohnungen

Gebäude, die nicht selber bewohnt werden

Stockwerk-, Mit- und Gesamteigentum; Baurecht

Prämienunterschiede von mehr als 100%

Auch bei den Privathaftpflichtversicherungen sind massive Prämienunterschiede selbst bei ähnlichem Versicherungsumfang keine Seltenheit. Ausser durch die Wahl des günstigsten Versicherers können auch durch Selbstbehalte Prämieneinsparungen erzielt werden. Immer weniger Privathaftpflichtversicherungen werden ganz ohne Selbstbehalt angeboten, bei sogenannten Obhuts- und Mieterschäden sind sie meist vorgeschrieben. Gerade bei Mieterschäden, insbesondere beim Wohnungswechsel, ist es entscheidend, wie die Selbstbehalts- oder Mitbeteiligungsregelung ausgelegt wird. So ist es möglich, dass der Selbstbehalt nur einmal für die ganze Wohnung oder einmal je Zimmer oder im schlechtesten Fall sogar je verursachtes Schadenereignis zur Anwendung kommt.

Beispiele für die Prämienunterschiede bei Privathaftpflichtversicherungen

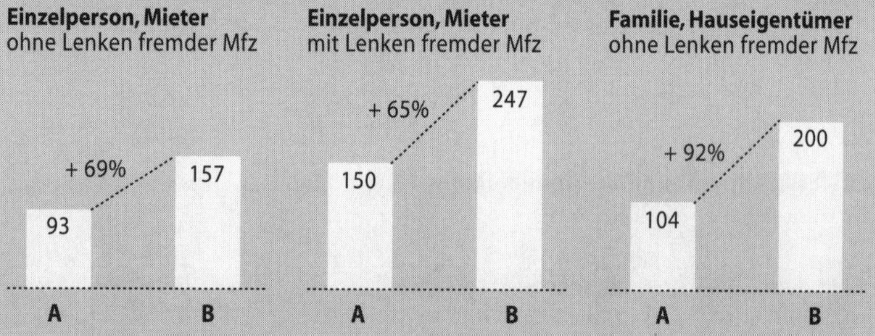

Anmerkungen:
- A = günstigstes Angebot, B = teuerstes Angebot bei minimalem Selbstbehalt in Fr. pro Jahr
- Die einzelnen Leistungselemente unterscheiden sich von Angebot zu Angebot, deshalb müssen Preis und Leistung immer verglichen werden.
- Lenken fremder Fahrzeuge: häufige Zusatzdeckung des Risikos als gelegentlicher Lenker von fremden Fahrzeugen.

Checkliste

Nachstehend eine Checkliste der wichtigsten Leistungselemente einer Privathaftpflichtversicherung: Jedes Leistungselement kann individuell gewichtet und bewertet werden. Durch die Multiplikation der Gewichtung mit der Bewertung entsteht eine Punktzahl für das jeweilige Leistungselement und die Summe der Leistungen.

Checkliste: Wichtigste Leistungen von Privathaftpflichtversicherungen

Leistung	Beispielhafte Deckung	Gewichtung*	Bewertung**	Punktzahl
- Versicherungssumme	Üblich: 3 Mio. Fr.	....	....	....
- Selbstbehalt	100 Fr. bei Obhuts- und Mieterschäden	....	....	....
- Mieterschaden-Selbstbehalt bei Wohnungswechsel	1x je Wohnung	....	....	....
- Grobfahrlässig verursachte Schäden	Nicht versichert	....	....	....
- Nebenberufliche Tätigkeit	Mitversichert	....	....	....
- Bauherren-Haftpflichtversicherung	100'000 Fr.	....	....	....
- Versicherung für Schäden durch Urteilsunfähige ohne gesetzliche Haftung	Versicherungssumme	....	....	....
- Wertgegenstände in Obhut	Mitversichert	....	....	....
- Gelegentliches Benützen fremder Fahrzeuge	Mitversichert, Selbstbehalt 500 Fr., Leistung maximal 30'000 Fr.	....	....	....
			Total	________

* Persönliche Bedeutung der Leistung, z.B. 3 = sehr wichtig, 2 = wichtig, 1 = weniger wichtig.

** Wie gut erfüllt meine Privathaftpflichtversicherung (oder eine Konkurrenzofferte) die einzelnen Leistungsanforderungen, z.B. mit Punktzahlen von 1 (schlecht) bis 5 (sehr gut)

Hausratversicherung Die Hausratversicherung deckt Schäden an Wohnungseinrichtung und Sachwerten am Wohnort, die dem Versicherungsnehmer gehören. Basis für die Entschädigung durch die Versicherungsgesellschaft ist die Versicherungssumme, mit welcher der gesamte Wert des Hausrates in der Police festgehalten wird.

In einer Basisdeckung ist der Hausrat gegen Feuer, Elementarereignisse, Wasser und Einbruchdiebstahl/Beraubung versichert. Jedes dieser Risiken kann auch einzeln versichert werden. Mögliche Zusatzversicherungen sind Glasbruch, Diebstahlzusatz und Spezialitäten wie z.B. höhere Versicherungssummen für Geldwerte.

Versicherungsschutz bei Hausratversicherungen

Versichert		Nicht versichert
Sachen	Hausrat, inkl. - Fahrnisbauten - Geleaste/gemietete Sachen - Gästeeffekten - Anvertraute Sachen	- Motorfahrzeuge, inkl. Zubehör - Anhänger, inkl. Zubehör - Wohnwagen, inkl. Zubehör - Mobilheime, inkl. Zubehör - Motorfahrräder, inkl. Zubehör - Schiffe, inkl. Zubehör, soweit obligatorisch versichert oder nicht regelmässig zu Hause - Luftfahrzeuge (soweit eingetragen im Luftfahrzeugregister) - Wertsachen mit bestehender Versicherung - Schäden bei Krieg, Revolution, Aufständen, Erdbeben, vulkanischen Eruptionen sowie inneren Unruhen - Hausrat im Ferienhaus oder der Zweitwohnung, sofern dauernd dort
Kosten (ausgenommen bei einfachem Diebstahl)	- Räumungskosten - Zusätzliche Lebenshaltungskosten - Notverglasungen - Nottüren - Notschlösser - Schlossänderungen	
Geltungsbereich	Zu Hause - Standort gemäss Police Auswärts - Ganze Welt mit Leistungsbegrenzungen	

Anmerkung:
Je nach Versicherungsgesellschaft und Angebot können die Ein- und Ausschlüsse stark differieren.

Wie hoch ist die Zahlung im Schadensfall?

Die Versicherungssumme ist kein Beweis für das Vorhandensein oder den Wert der versicherten Sachen. Sie ist einzig die maximale Grenze für eine Entschädigung. Der Versicherungsnehmer ist in jedem Fall verpflichtet, die Höhe des Schadens im Rahmen des Zumutbaren zu beweisen. Das bedeutet, dass für Wertgegenstände wie Bilder, Uhren oder Schmuck Quittungen und Beschreibungen, allenfalls sogar Fotos, sicher aufbewahrt werden sollten. Damit werden unliebsame Überraschungen im Schadensfall verhindert.

Versichert ist der aktuelle Neuanschaffungswert, abzüglich eines allfälligen Restwertes bei einem Teilschaden. Liebhaberwerte werden nicht vergütet. Dieser sogenannte Neuwert oder Wiederbeschaffungswert bildet die Basis der Entschädigung in der Hausratversicherung. Dieser Wert kann aber auch unter dem Anschaffungspreis liegen: Gleichwertige Personalcomputer sind oft nach wenigen Jahren oder sogar schon Monaten billiger.

Für gewisse Gegenstände sehen manche Hausratversicherungen nur eine Zeitwertversicherung vor: Vor allem bei Velos und Skis wird eine beträchtliche Wertverminderung angenommen. Dies kann beispielsweise bei Skis nach drei Jahren 50% des Neuwertes ausmachen. Daher sollte generell auf eine Neuwert-Versicherung geachtet werden, die prämienmässig kaum ins Gewicht fällt.

Wie hoch ist die Zahlung im Schadensfall?

= Wiederbeschaffungswert	
– Restwert (falls kein Totalschaden)	
= Neuwert	Übliche Basis für Schadenzahlung
– Wertverminderung durch Abnützung	
= Zeitwert	Basis für Schadenzahlung von Velos, Skis usw.

Unterversicherung

Die vollständige Entschädigung im Schadensfall ist abhängig von einer korrekten Angabe des Neuwerts der versicherten Sachen (zum Wiederbeschaffungswert der gleichen Sache im Schadenszeitpunkt). Die Versicherungsgesellschaft ist bei einer zu geringen Versicherungssumme (Unterversicherung) berechtigt, auch bei Teilschäden eine Leistungskürzung im Verhältnis der Unterversicherung vorzunehmen. Ein Beispiel: Beträgt der Neuwert versicherter Sachen 100'000 Fr., die deklarierte Versicherungssumme aber bloss 80'000 Fr., liegt eine Unterversicherung von 20'000 Fr. vor. Bei einem Teilschadensfall, einem Zimmerbrand mit einer Schadensumme von 30'000 Fr., wird dementsprechend die Entschädigung um 20% gekürzt und beträgt nur 24'000 Fr.

Die meisten Versicherungsgesellschaften verzichten auf Kürzungen der Schadenzahlung bei Unterversicherung, sofern die Unterversicherung nicht mehr als 10% der Versicherungssumme und weniger als 20'000 Fr. beträgt.

Eine Unterversicherung ist ohnehin nur bei grösseren Schadenfällen von Bedeutung. Bei Bagatellschäden wird eine Unterversicherung kaum bemerkt. Dazu kommt es in der Regel erst, wenn ein Schadeninspektor einer Versicherungsgesellschaft den Wert des Hausrates schätzen muss.

Problematik der Unterversicherung

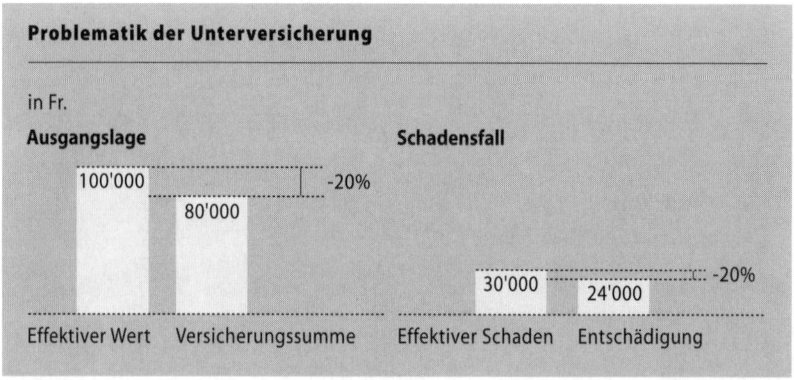

Der «Trick» mit Büchern und Schallplatten

Es ist möglich, bewusst eine Unterversicherung in Kauf zu nehmen oder Teile des Hausrates vom Versicherungsschutz auszuschliessen. So kann es z.B. sinnvoll sein, eine Schallplattensammlung oder Bücher vom Versicherungsschutz auszunehmen, um Prämien zu sparen. Weshalb? Ein Diebstahl von Büchern oder Schallplatten ist recht unwahrscheinlich. Bei einem Feuerschaden wird man die Bücher sowieso nur in Ausnahmefällen ersetzen. Und bei einem Wasserschaden sind wahrscheinlich nur die untersten Regalreihen betroffen.

Indexierung der Versicherungssumme

Eine Unterversicherung kann aber auch durch Wertsteigerung des Hausrates im Verlaufe der Jahre eintreten. Im folgenden Beispiel führt eine teuerungsbedingte Wertsteigerung über fünf Jahre zu einer 25%igen Unterversicherung. Um dieser ungewollten Unterversicherung vorzubeugen, gibt es die Möglichkeit, die Versicherungssumme zu indexieren. Man nennt dies eine «automatische Summenanpassung»: Versicherungssumme und Prämie werden gemäss dem Hausratindex des Bundesamts für Privatversicherungen jährlich angepasst. Wichtig ist die periodische Überprüfung der Versicherungssumme, insbesondere nach Anschaffungen.

Automatische Summenanpassung zur Verhinderung von Unterversicherung

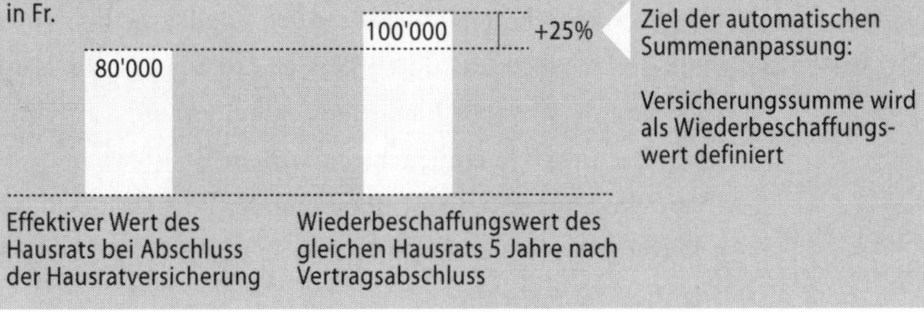

Versicherungsschutz bei Feuer

Die Versicherung des Hausrates gegen Feuerschäden deckt neben Brand-, Blitz- und Explosionsschäden auch sogenannte Elementarschäden, sofern sie sich in der Schweiz oder dem Fürstentum Liechtenstein ereignen. Darunter fallen Schadenereignisse durch Steinschlag, Hagel, Hochwasser und Sturmschäden bei Windgeschwindigkeiten über 75 Kilometern in der Stunde. Da Brandschäden häufig Totalschäden sind, zählt dieser Versicherungsschutz zu den Kernelementen der Hausratversicherung: Es wird ein existenzbedrohendes Risiko abgedeckt. Die Aufzählung von nicht versicherten Ereignissen wie beispielsweise Sengschäden zeigt die Grenzen dieses Versicherungsschutzes, wobei zwischen den einzelnen Versicherungsgesellschaften grosse Deckungsunterschiede bestehen.

Versicherungsschutz bei Feuer

Versichert	Nicht versichert
- Brand, Rauch, Blitzschlag - Explosion, Implosion - Elementarereignisse (Hochwasser, Sturm, Hagel, Steinschlag etc.) - Abstürzende Luftfahrzeuge - Verlust als Folge von Feuer	- Sengschäden - Schäden an Sachen, die Nutzfeuer oder Wärme ausgesetzt sind - Schäden an elektrischen Geräten durch elektrische Energie

Anmerkung:
Je nach Versicherungsgesellschaft und Angebot können die Ein- und Ausschlüsse stark differieren.

Versicherungsschutz bei Wasser

Bei den versicherten Wasserschäden handelt es sich vor allem um Schäden, die durch Wasser aus Wasserleitungsanlagen und daran angeschlossenen Apparaten und Einrichtungen, die dem Haus dienen, entstehen. Es ist wichtig, den Versicherungsschutz im Fall besonderer Einrichtungen (z.B. Wasserbett oder Zierbrunnen) genau zu prüfen und gegebenenfalls zu ergänzen.

Versicherungsschutz bei Wasser

Versichert	Nicht versichert
- Wasser aus • Wasserleitungsanlagen, die dem Gebäude dienen • daran angeschlossenen Apparaten • Aquarien • Wasserbetten • Zierbrunnen - Regen-, Schnee- und Schmelzwasser • aus Aussenablaufrohren • aus Dachrinnen • durch das Dach selbst - Rückstau aus • Abwasserkanalisation • Grundwasser - Öl oder andere Flüssigkeiten aus Heizungsanlagen der Heizöltanks	- Regen-, Schnee- und Schmelzwasser durch • offene Dachluken • Öffnungen im Dach bei Neubauten oder Umbauten - Rückstauschäden aus der Abwasserkanalisation, wenn der Eigentümer haftbar ist Anmerkung: Je nach Versicherungsgesellschaft und Angebot können die Ein- und Ausschlüsse stark differieren.

Versicherungsschutz bei Diebstahl

Bei Diebstählen wird zwischen Einbruchdiebstahl, Beraubung und dem sogenannten einfachen Diebstahl unterschieden. In einer Grundversicherung sind diese Schäden, sofern sie zu Hause passieren, automatisch mitversichert. Zur Diebstahlversicherung einige wesentliche Punkte:

- Um Einbruchdiebstahl handelt es sich, wenn gewaltsam in ein Gebäude oder in einen Raum eingedrungen oder in einem Gebäude ein Behältnis aufgebrochen wurde. Nicht als Einbruch im Sinne der Hausratversicherung gilt es, wenn in ein Auto eingebrochen und daraus Gegenstände des Hausrates entwendet wurden. Dieser Tatbestand ist in einem allfälligen Zusatz zur Autokaskoversicherung bzw. in der Deckung «einfacher Diebstahl auswärts» zu versichern. Eventuell besteht zusätzlich Versicherungsschutz über eine Reisegepäckversicherung, was in den Überlegungen zur Abdeckung dieses Risikos zu berücksichtigen ist.

- Während bei Beraubungsschäden körperliche Gewalt im Spiel sein muss, bzw. Unfähigkeit zum Widerstand infolge Tod, Ohnmacht oder Unfall, kann der sogenannt einfache Diebstahl in der Regel nicht durch Spuren nachgewiesen werden. In den meisten Hausratversicherungen sind einfache Diebstahlschäden zu Hause, z.B. durch «Einschleichen», bis zu gewissen Maximalsummen mitversichert, solche Schäden auswärts können aber nur durch teure Zusatzversicherungen gedeckt werden: Pro 1'000 Fr. Versicherungssumme und bei einem minimalen Selbstbehalt von 200 Fr. pro Ereignis sind rund 30 Fr. Prämie pro Jahr fällig. Die Versicherungssumme beträgt mindestens 2'000 Fr., Geldwerte können nicht versichert werden. Für einen durchschnittlichen Haushalt empfiehlt sich je nach Bedarf eine Abdeckung von 2'000 bis 4'000 Fr., wobei auf jeden Fall eine anderweitige Versicherung, z.B. über eine Autokasko- oder Reiseversicherung, berücksichtigt werden muss. In besonderen Fällen, etwa wenn ein Mountain-Bike mit einem Neuwert von 8'000 Fr. vorhanden ist, kann die Versicherungssumme auch deutlich höher liegen. Oft fallen Diebstahl von Velos und Skis unter den beschriebenen Tatbestand des einfachen Diebstahls.
- Bei Diebstählen entstehen oft Probleme in der Schadenabwicklung, weil der Besitz der entwendeten Gegenstände und ihr Wert nicht zu beweisen sind. Deshalb ist es wichtig, bei besonders teuren Gegenständen wie Foto- und Filmausrüstungen, Schmuck, Bildern, Teppichen oder antiken Möbeln immer eine Kaufquittung oder eine Schätzung, eventuell mit Foto, aufzubewahren. Beim Diebstahl eines Koffers muss selbstverständlich nicht der Kauf jedes Kleidungsstücks mit Quittung belegt werden. Hier wird der Schadensachbearbeiter der Versicherungsgesellschaft eine grobe Schätzung und eine Plausibilitätsprüfung vornehmen.

Grundsätzlich ist der Versicherungsnehmer verpflichtet, den Schaden zu beweisen. Die Versicherungssumme allein ist kein Beweis, sondern legt den maximalen Rahmen der Entschädigung fest. Am einfachsten ist es, bei besonderen Gegenständen dem Antrag einen Schätzungsbeleg beizulegen oder sie explizit in der Police zu erwähnen, wie dies bei Wertsachenversicherungen üblich ist. So werden unliebsame Diskussionen im Schadensfall vermieden.

Versicherungsschutz bei Diebstahl

Einbruch	Beraubung	Einfacher Diebstahl*
- Diebstahl durch gewaltsamen Einbruch. - Diebstahl durch Aufschliessen mit den richtigen Schlüsseln, sofern diese durch Einbruch oder Beraubung angeeignet wurden. - Entstandene Gebäudebeschädigungen werden vergütet. - Vandalismus als Folge eines Einbruchs.	- Diebstahl durch Androhung oder Anwendung von Gewalt gegen den Versicherten (inkl. den Personen, die im gleichen Haushalt leben oder arbeiten). - Diebstahl bei Unfähigkeit zu Widerstand infolge Tod, Ohnmacht oder Unfall (aber nicht Taschen- oder Trickdiebstahl).	- Diebstahl, der weder durch Beraubung noch Einbruch erfolgt. Dazu gehört aber nicht das Verlieren oder Verlegen von Sachen. - Unterscheidung zwischen **einfachem Diebstahl zu Hause** (meist in die Versicherungssumme mit eingeschlossen) und **einf. Diebstahl auswärts** (spezielle Versicherungssumme: z.B. 2'000 Fr.).
Beispiel Eine abgeschlossene Tür wird mit einem Brecheisen aufgebrochen: Schmucksachen und Geld werden gestohlen.	**Beispiel** Bedrohung mit einem Messer: Tasche, Geld, Kreditkarten und Pass werden gestohlen.	**Beispiele** - **Einfacher Diebstahl zu Hause:** Eindringen durch die offengelassene Tür; Bilder und Bücher werden entwendet - **Einfacher Diebstahl auswärts:** Auf einem Bahnsteig: Ein Koffer wird gestohlen. Am Strand: Ein Fotoapparat wird gestohlen. Der Kofferraum des Personenwagens wird aufgebrochen: Das Gepäck wird entwendet.

* Sofern in Police erwähnt

Anmerkung:
Je nach Versicherungsgesellschaft und Angebot können die Ein- und Ausschlüsse stark differieren.

Versicherungsschutz bei Glasbruch

Die Glasbruchversicherung zählt zu den Zusatzversicherungen, ein Bedarf ist nicht generell ausgewiesen. Für Mieter sind häufig nur mögliche Glasschäden an Mobiliar wie Vitrinen oder Aquarien ein Versicherungsgrund. Sonstige Glasbruchschäden, beispielsweise eine durch den Mieter zerbrochene Fensterscheibe, sind über die Privathaftpflichtversicherung als Mieterschäden versichert. Die Privathaftpflichtversicherung vergütet jedoch nur den Zeitwert einer beschädigten Sache, abzüglich eines zu übernehmenden Selbstbehaltes. Eine Hausratversicherung bezahlt den Neuwert bzw. den aktuellen Wiederbeschaffungswert zum Zeitpunkt des Schadensfalles.

Für Besitzer von Einfamilienhäusern ist der Versicherungsschutz über die Hausratversicherung bedeutend günstiger zu haben als in einer Glasbruchversicherung über einen speziellen Zusatz zur Gebäudeversicherung (siehe dazu auch das Berechnungsbeispiel im Unterkapitel zur Gebäudeversicherung).

Versicherungsschutz bei Glasbruch

Versichert	Nicht versichert
- Bruch von Mobiliarverglasungen Sofern in Policen aufgeführt: - Bruch von Gebäudeverglasungen* - Bruchschäden an* • Lavabos • Bidets • Spültrögen • Klosetts • Keramik-Herdplatten	Schäden an: - Handspiegeln - Optischen Gläsern - Glasgeschirren - Hohlgläsern - Beleuchtungskörpern - Glühbirnen - Neonröhren

* Für Mieter nicht nötig (Schäden werden ausschliesslich durch Privathaftpflicht gedeckt), ausser wenn im Mietvertrag Bedingung.

Anmerkung:
Je nach Versicherungsgesellschaft und Angebot können die Ein- und Ausschlüsse stark differieren.

Beispiele für die Prämienunterschied

Auch bei den Hausratversicherungen hat die Deregulierung eine Vielzahl von unterschiedlichen Produkten hervorgebracht. Auch nach sorgfältiger Prüfung und Angleichung der Leistungselemente bewegen sich die Prämienunterschiede durchwegs im Bereich von 60 bis 80%. Dabei muss die teuerste Versicherung nicht die leistungsfähigste sein.

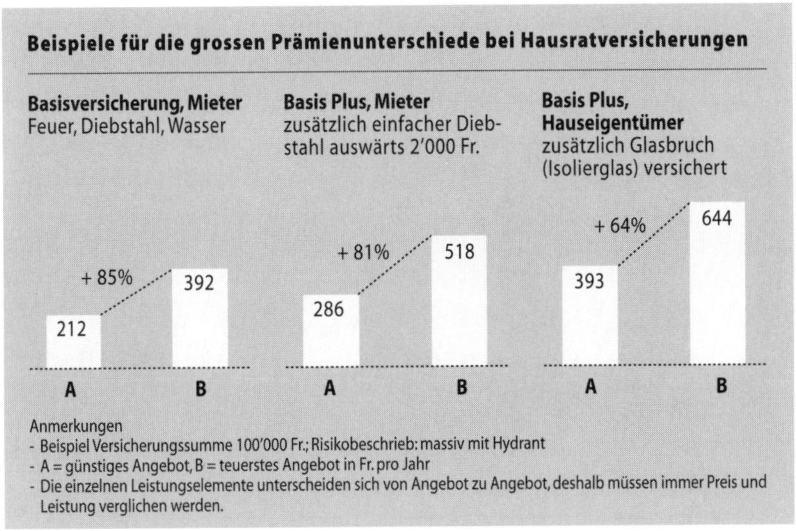

Checkliste für Hausratversicherung

Nachstehend eine Checkliste mit den wichtigsten Leistungselementen einer Hausratversicherung. Wie schon bei den früheren Checklisten kann jedes Leistungselement individuell gewichtet und bewertet werden. Durch die Multiplikation der Gewichtung mit der Bewertung entsteht eine Punktzahl für das jeweilige Leistungselement und daraus die Summe der Leistungen. So kann mit einer rationalen Bewertung versucht werden, die Vielzahl von möglichen Unterschieden und Leistungen in einem einheitlichen Raster vergleichbar zu machen, um die Auswahl unter den angebotenen Produkten etwas zu vereinfachen.

Checkliste: Wichtigste Leistungen von Hausratversicherungen

Leistungselemente	Beispielhafte Deckung	Gewichtung*	Bewertung**	Punktzahl***
- Spezialdeckungen Feuer	Implosion mitversichert	....	....	....
	Sengschäden bis 2'000 Fr.	....	....	....
	Schäden durch Nutzfeuer bis 2'000 Fr.	....	....	....
	Schäden an elektrischen Geräten durch elektrische Energie	....	....	....
- Spezialdeckungen Wasser	Wasser aus Wasserbetten und Zierbrunnen mitversichert	....	....	....
- Tiefkühlgut	500 Fr. pro Ereignis	....	....	....
- Wiederbeschaffung und Kosten von Ausweisen	Mitversichert	....	....	....
- Velos, Skis, Snowboards	Zum Neuwert versichert	....	....	....
- Leistungsbegrenzung	Schmucksachen bis 20'000 Fr. Geldwerte ohne einfachen Diebstahl 5'000 Fr.	....	....	....
- Unterversicherung	Verzicht auf Geltendmachung bis 10% der Versicherungssumme; max. 20'000 Fr.	....	....	....
- Rabatt-/Schadenfreiheitsbonus	Nach 3 Jahren 15%	....	....	....
			Total	________

* Persönliche Bedeutung des Leistungselements, z.B. 3 = sehr wichtig, 2 = wichtig, 1 = weniger wichtig.

** Enthält meine Hausratversicherung (oder eine Konkurrenzofferte) die einzelnen Leistungselemente, mit Punkten 0 (nicht versichert), 1 (minimal), 2 (gut), 3 (sehr gut) bewerten.

*** Die Multiplikation der Spalte „Gewichtung" mit der Spalte „Bewertung" ergibt die Punktzahl.

Gebäudeversicherung

Eine Gebäudeversicherung versichert ein Gebäude – ähnlich wie die Hausratversicherung den Hausrat – gegen die Risiken Feuer-, Wasser-, Glasbruch- und Einbruchschaden. Grundlage der Gebäudeversicherung ist die Versicherungssumme, die dem ortsüblichen Bauwert entspricht. Ausschlaggebend für die Prämienberechnung sind je nach Versicherungsbranche verschiedene Risikofaktoren wie die Bauart des Gebäudes oder allfällige Sicherheitseinrichtungen gegen Brand oder Einbruch.

In den meisten Kantonen existiert eine kantonale Gebäudeversicherungsanstalt (siehe Grafik), bei der Feuer- und Elementarschäden obligatorisch versichert werden müssen.

Empfehlenswert ist zudem eine Gebäude-Wasserversicherung, die bei einer privaten Versicherungsgesellschaft abgeschlossen werden kann. Bei Bedarf können auch zusätzlich Glasbruch- und Spezialversicherungen für Gebäudeschäden durch Einbruch, Schlossänderungskosten oder Mietzinsausfall abgeschlossen werden.

Gebäudeversicherung: Staatliche oder private Versicherung?

	Gebäudeversicherung Feuer- und Elementarschäden	
Kanton	Obligatorisch, Wahl des Versicherers frei	Kein Obligatorium, Wahl des Versicherers frei
Appenzell IR	● *	●
Genf		●
Obwalden	●	
Schwyz	●	
Tessin		●
Uri		●
Wallis		●

* Wenn Hypothek vorhanden
Übrige Kantone: Obligatorium vom Kanton

Versicherungsschutz bei Feuer

Die folgende Tabelle gibt eine Übersicht über den Umfang einer Gebäude-Feuerversicherung. Da in den meisten Kantonen keine Wahl- und Vergleichsmöglichkeiten bestehen, können nur die freiwilligen Zusatzversicherungen individuell abgeschlossen werden.

Bereits während des Hausbaus ist eine sogenannte Bauzeitversicherung abzuschliessen. Diese Vorversicherung deckt das entstehende Gebäude gegen die Gefahren von Feuer und Elementarereignissen (z.B. Sturmschäden). Die Versicherungssumme wächst mit dem Bau. Nach der Bauabnahme wird diese Versicherung in die Gebäude-Feuerversicherung umgewandelt.

Gebäudeversicherung: Feuer

Versichert	Nicht versichert	Zusatzversicherungen*
- Brand, Rauch, Blitzschlag, Explosion - Elementarereignisse (Hochwasser, Überschwemmung, Sturm, Hagel, Lawine, Schneedruck, Felssturz, Steinschlag, Erdrutsch) - Abstürzende/notlandende Luftfahrzeuge oder Teile davon.	- Schäden durch bestimmungsgemässe oder allmähliche Raucheinwirkung - Sengschäden, die nicht auf Brand zurückgehen - Schäden durch Nutzfeuer oder Wärme - Schäden an elektrischen Maschinen, Apparaten und Leitungen durch Energie, Überspannung, Erwärmung - Schäden an elektrischen Schutzeinrichtungen im Rahmen ihrer normalen Funktionserfüllung - Schäden durch Unterdruck, Wasserschläge, Schleuderdruck, andere mechanische Auswirkungen - Schneedruckschäden an Ziegeln, Bedachungsmaterial, Kaminen, Dachrinnen, Ablaufrohren	- Elementarschäden an leicht versetzbaren Bauten, z.B. Festhütten, Treibhäusern und Mobilheimen - Kosten der Aufräumung - Mietertrag (Ertragsausfall) - Nachteuerung (Erhöhung der Baukosten in der Zeit zwischen Schaden und Wiederaufbau) - Schäden an Geräten und Materialien

* Sofern in Police erwähnt

Versicherungsschutz bei Wasser

Nach einem Wasserrohrbruch und nachfolgender Überschwemmung von Kellerräumlichkeiten deckt die Gebäude-Wasserversicherung z.B. Kosten für das Austrocknen von Mauern oder die Reparatur bzw. den Ersatz von mit dem Gebäude fest verbundenen Anlagen wie der Waschmaschine. Oft genügt eine Standarddeckung, wobei dem Deckungselement «Freilegen und Zudecken, Zumauern von Leitungen» besondere Beachtung zu schenken ist. Diese Kosten sind (ohne die Reparatur der Leitung selbst) in der Regel bis zu 5'000 Fr. versichert. Gibt es teure Bodenbeläge, mit darunterliegender Bodenheizung, kann der versicherte Betrag ungenügend sein und muss angepasst werden.

Gebäudeversicherung: Wasser

Versichert	**Nicht versichert**	**Zusatzversicherungen**
- Wasser aus gebäudeeigenen Wasserleitungsanlagen, daran angeschlossenen Einrichtungen, Apparaten sowie Aquarien - Regen-, Schnee- und Schmelzwasser im Inneren des Gebäudes* - Rückstau aus Abwasserkanalisation und Grundwasser im Inneren des Gebäudes - Ölschäden durch gebäudeeigene Heizanlagen und -tanks - Freilegen, Zudecken, Zumauern von Leitungen bis 5'000 Fr. - Frostschäden - Mieterträge	- Schäden an Kälteanlagen durch künstlichen Frost - Schäden durch Bodensenkungen, schlechten Baugrund, Fehler in der baulichen Konstruktion, mangelhaften Unterhalt - Kosten für Freilegen, Zumauern, Eindecken von Erdregistern, Erdsonden etc. - Rückstauschäden, für die der Kanalisationseigentümer haftet - Schäden durch Elementarereignisse - Sachen, die bei kantonaler Versicherung versichert sein müssen	- Schäden an der Hausfassade und am Dach, Auftauen und Reparaturen von Dachrinnen und Aussenablaufrohren, Wegräumen von Schnee und Eis, Schäden infolge Eindringens von Wasser durch Öffnungen - Schäden an alternativen Wärmegewinnungsanlagen - Schäden an Geräten und Materialien - Mietertrag für Ferienhaus oder Ferienwohnung - Freilegungskosten für Leitungen bei Schäden über 5'000 Fr.

* Ausser es dringt durch das Dach, über Dachrinnen oder Aussenablaufrohre ins Gebäude ein.

Versicherungsschutz bei Einbruch

Speziell in Mehrfamilienhäusern kann eine Zusatzversicherung für Gebäudeschäden durch Einbruch oder für Schlossänderungskosten nützlich sein. Von der Hausratversicherung wird bei einem Einbruch nur die Wohnungstüre ersetzt, nicht aber die gemeinsame Eingangstüre. Gebäudeschäden, z.B. an massiven Eingangstüren, sind eher selten, können aber sehr kostspielig sein. Auch hier empfiehlt es sich, die maximalen Schadenkosten und die Wahrscheinlichkeit eines Schadens abzuwägen gegen die Kosten einer Versicherung. Das Einbruchrisiko dürfte stark von der Lage des Objektes abhängen.

Glasbruch über Hausratversicherung!

Das Glasbruchrisiko muss vom Einfamilienhausbesitzer selbst versichert werden. Wie unser Prämienbeispiel zeigt, ist ein Zusatz im Rahmen einer Hausratversicherung viel günstiger als in einer Gebäudeversicherung. Selbstverständlich kann dieses Risiko auch selber getragen werden und muss nicht zwingend versichert sein.

Glasbruchschäden über Hausratversicherung decken

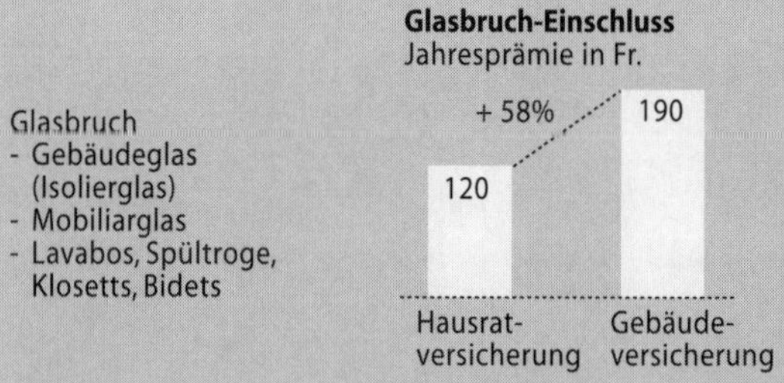

Beispiel:
5 1/2 -Zimmer Haus, Gebäudeversicherungswert Fr. 500'000;
Versicherungssumme Hausrat 180'000 Fr.; Isolierverglasung

Anmerkung:
Je nach Versicherungsgesellschaft können die Prämien stark differieren.

Wertsachenversicherung

Wertsachen wie Bilder, Pelzmäntel, Musikinstrumente und Schmuck können in der Hausratversicherung in der Regel bis zu 20'000 Fr. mitversichert werden oder sind bis zu diesem Betrag in der Grundversicherung enthalten. Darüber hinaus, und zur Absicherung vor spezifischen Gefahren, kann eine Wertsachenversicherung nötig sein. Nebst den Grundrisiken Feuer, Wasser, Einbruchdiebstahl und Beraubung kann auch das Verlieren oder Abhandenkommen versichert werden. Diese sogenannten «All-Risk-Deckungen» bieten einen umfassenden Schutz mit speziellen Einschränkungen.

Geht es darum, besondere, einmalige Versicherungsbedürfnisse zu decken, z.B. den Transport von Bildern oder antiken Möbeln bei einem Umzug, ist der Abschluss einer Transportversicherung oft eine günstige Lösung.

Wertsachenversicherung: Was ist versichert?

Versichert	Nicht versichert
Schmuck, Pelze, Musikinstrumente, Bilder: - Einbruchdiebstahl - Einfacher Diebstahl - Beraubung - Zerstörung - Beschädigung Bei All-Risk-Versicherung zusätzlich: - Verlieren - Abhandenkommen	Allgemein: - Schädigung bei Reinigung oder Reparatur durch Dritte - Abnützung oder innerer Verderb - Schädigung durch Licht, chemische oder klimatische Einflüsse - Diebstahl durch Personen im gleichen Haushalt - Schäden durch Ungeziefer - Veruntreuung, Unterschlagung, Erdbeben, Unruhen, Krieg Schmuck: - Diebstahl aus Motorfahrzeugen und Booten - Schäden bei Transport durch Dritte - Abnützung und Bruch von Uhrwerken und -gläsern Pelze, Bilder: Veränderung der Farbe Musikinstrumente: Lackschäden

Anmerkung:
Je nach Versicherungsgesellschaft und Angebot können die Ein- und Ausschlüsse stark differieren.

Reiseversicherung Bei Reiseversicherungen gibt es eine verwirrende Angebotsvielfalt. Doch nur wenige dieser Versicherungen sind auch wirklich sinnvoll. Oft entstehen durch den Abschluss von Reiseversicherungen Doppelversicherungen. Wer z.B. den Schutzbrief eines Automobilclubs besitzt, ist meist gegen die Kosten einer Reiseannullation versichert, auch wenn die Reise nicht mit dem Fahrzeug stattfindet. Eine separate Annullierungskostenversicherung ist also überflüssig.

Annullierungskosten Falls der Versicherte vor Reisebeginn oder während der Reise schwer erkrankt, verunfallt, stirbt oder aus anderen Gründen die Reise nicht antreten kann, übernimmt die Versicherung die Kosten der Reiseannullation.

Assistance Falls der Versicherte schwer erkrankt, verunfallt, stirbt oder aus anderen Gründen die Reise abbrechen muss, unterstützt ihn die Versicherung z.B. beim Transport in das Spital oder übernimmt im Fall der Heimschaffung die Bezahlung der Reisemehrkosten usw.

Autoassistance Falls das Fahrzeug des Versicherten eine Panne hat, verunfallt oder gestohlen wird, unterstützt die Versicherung den Versicherten beim Abschleppen oder Bergen des Fahrzeuges, der Rückführung des Fahrzeuges, der Bezahlung der Reisemehrkosten usw.

Auto im Reisezug Wird das Auto beim Bahntransport beschädigt oder zu spät abgeliefert, bezahlt die Versicherung den Totalschaden, die Reparaturen oder die Folgekosten der Verspätung.

Ersatzreise Erkrankt oder verunfallt die versicherte Person schwer, bezahlt die Versicherung einen Reisegutschein im Wert der nicht angetretenen oder unterbrochenen Reise.

Ferienkasko Erleidet das Fahrzeug Schäden durch Kollision, Feuer, Elementarereignisse, Diebstahl, Glasbruch, Kollision mit Tieren oder mutwillige Beschädigung, bezahlt die Versicherung den Ersatz, die Reparatur, das Abschleppen oder die Verzollung des Fahrzeugs.

Flugunfall Verunfallt der Versicherungsnehmer als Flugpassagier, bezahlt die Versicherung ein Todes- oder Invaliditätskapital, zum Teil auch Lohnausfallkosten.

Krankheit Bei Krankheit während der Reise bezahlt die Versicherung die Heilungskosten, z.B. für notwendige Heilungsmassnahmen und Heilmittel, den Spitalaufenthalt, verordnetes Dienstpersonal usw.

Reisegepäck Wird das Reisegepäck der versicherten Person gestohlen, geraubt, beschädigt, durch Transportunternehmen verloren oder verspätet geliefert, bezahlt die Versicherung den Totalschaden, die Reparaturen oder die Folgen der Verspätung.

Unfall Verunfallt der Versicherungsnehmer während einer Ferienreise, bezahlt die Versicherung ein Todes- oder Invaliditätskapital, zum Teil auch Lohnausfallkosten.

Paketlösung (Kombilösung) Verschiedene Versicherungen bieten Reiseversicherungspakete oder Kombilösungen verschiedener Einzelversicherungen an. Oft werden Paketlösungen als Jahresverträge abgeschlossen. Dies ist bei mehrmaligen Reisen während des Jahres sinnvoll, weil die Versicherung vergessen gehen kann. Allerdings sind Teile solcher Paketlösungen oft schon in anderen Versicherungen enthalten, z.B. bei der Krankenkasse oder in einer Annullationsversicherung der Kreditkarten, was zu Doppelversicherungen führt.

Notwendige Reiseversicherungen

Nur einige der beschriebenen Reiseversicherungen sind sinnvoll. Die folgenden Empfehlungen sollen helfen, den notwendigen Versicherungsschutz zu bestimmen.

Reiseversicherung: Übersicht und Empfehlung

Versicherung	Empfehlung
Annullierungskosten	Sinnvoll bei Flügen, Hotelarrangements, Miete von Wohnmobilen usw., falls der Vertrag keine Rücktrittsmöglichkeit vorsieht.
Assistance	Sinnvoll, falls keine anderweitige Versicherung besteht wie z.B. REGA-Mitgliedschaft, Versicherungsschutz für Rückführungskosten bei der Krankenkasse oder Unfallversicherung.
Autoassistance	Sinnvoll und oft günstig im Jahrespaket zu erwerben, ev. als Zusatz zu bereits bestehendem Schutzbrief für die Schweiz.
Auto im Reisezug	Nicht sinnvoll, da Beschädigung des Autos durch die Haftpflicht der Bahn gedeckt ist und Folgekosten der Verspätung des Zuges in der Regel nur bis 500 Fr. versichert sind.
Ersatzreise	Nicht sinnvoll, da Annullationsversicherung das gleiche Resultat erbringt, aber dem Versicherungsnehmer die volle Freiheit bei der Neuplanung der Reise lässt.
Ferienkosten	Nur sinnvoll, falls keine Deckung durch normale Autokasko. Ältere Fahrzeuge ab 7 Jahren in der Regel nicht mehr versicherbar.
Flugunfall	Nicht sinnvoll, da unwahrscheinliches Ereignis und Unfallfolgen durch Fluggesellschaft (Haftpflicht und IATA-Regelung), Krankenkasse (Heilungskosten) und UVG bzw. Einzelunfallversicherung (Heilungskosten, Taggeld, Invalidität, Tod) gedeckt.
Krankheit	Nur sinnvoll, falls Heilungskosten im Ausland durch Krankenkasse ungenügend gedeckt sind. Falls Einschränkungen bezüglich Ausland bestehen: Krankenkassenwechsel prüfen.
Reisegepäck	Sinnvoll als Ergänzung zum einfachen Diebstahl auswärts (Hausrat). Ev. Hausratversicherung aufstocken.
Unfall am Boden	Nicht sinnvoll, da Unfallfolgen durch Krankenkasse (Heilungskosten) und UVG bzw. Einzelunfallversicherung (Heilungskosten, Taggeld, Invalidität, Tod) gedeckt.
Paketlösung (Kombination)	Nicht sinnvoll, da Kombinationen in der Regel teurer als gleichzeitiger Abschluss mehrerer Einzelangebote und oft wenig sinnvoll zusammengestellt.*

* Falls ein Rechtsschutz für die Reise gewünscht ist, sind Paketlösungen die einzig mögliche Variante, da sie nur in Kombination erhältlich sind. Eine normale Rechtsschutzversicherung ist zu prüfen.

Beispiele für Prämienunterschiede

Wie bei allen Versicherungen gibt es auch bei Reiseversicherungen markante Prämienunterschiede. Die in der Grafik dargestellte gewaltige Prämiendifferenz fällt in der Praxis selten auf, weil bei der Buchung einer Ferienreise primär das Reiseerlebnis im Vordergrund steht und man sich nicht lange mit Versicherungen auseinandersetzen möchte. Ausserdem sind die Prämien von Reiseversicherungen, verglichen mit den Kosten der Reise, relativ unbedeutend und werden deshalb vom Kunden bezüglich des Sparpotentials unterschätzt.

Beispiele für die massiven Prämienunterschiede bei Reiseversicherungen

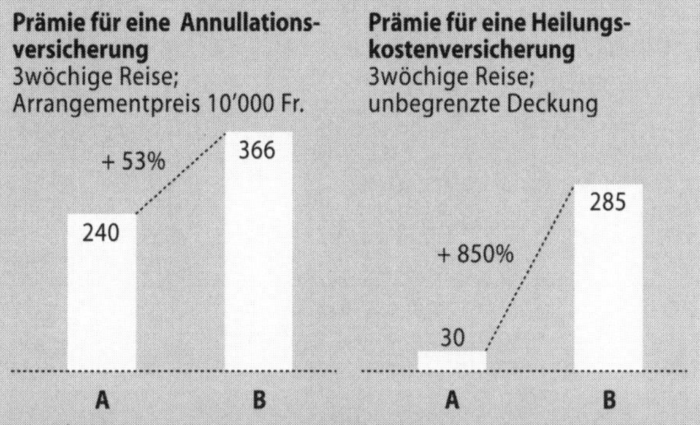

Anmerkungen:
- A = günstigstes Angebot, B = teuerstes Angebot in Fr. pro Reise
- Die einzelnen Leistungen unterscheiden sich von Angebot zu Angebot, deshalb müssen Preis und Leistung immer verglichen werden.

Checkliste

Nachstehend zwei Checklisten für Annullierungskosten- und Reisegepäckversicherungen, die nach dem gleichen Verfahren benutzt werden können wie die früheren Listen: Durch die Multiplikation der Gewichtung mit der Bewertung ergibt sich die Punktzahl.

Checkliste: Wichtigste Leistungen von Annullationsversicherungen

Leistungselemente	Beispielhafte Deckung	Gewichtung*	Bewertung**	Punktzahl***
- Annullation vor Reiseantritt	Übernahme der vertraglich geschuldeten Kosten	....	....	....
- Verspäteter Reiseantritt	Reisemehrkosten bis 3'000 Fr. werden übernommen	....	....	....
- Vorzeitiger Reiseabbruch	Übernahme der vertraglich geschuldeten Kosten ohne Transportkosten	....	....	....
Annullationsgründe				
- Schwerer Unfall/ Erkrankung/Tod	Versicherungsnehmer, nahestehende Person, Stellvertreter	....	....	....
- Schwangerschaftsbeschwerden	Versicherungsnehmer, nahestehende Person	....	....	....
- Chronisches Leiden verschlimmert sich	Hälfte der Reise wird übernommen	....	....	....
- Ausfall/Verspätung des öffentlichen Transportmittels in der Schweiz	Versichert	....	....	....
			Total	________

* Persönliche Bedeutung des Leistungselements, z.B. 3 = sehr wichtig, 2 = wichtig, 1 = weniger wichtig.

** Enthält meine Annullationsversicherung (oder eine Konkurrenzofferte) die einzelnen Leistungselemente, mit Punkten 0 (nicht versichert), 1 (mininmal), 2 (gut), 3 (sehr gut) bewerten.

*** Die Multiplikation der Spalte „Gewichtung" mit der Spalte „Bewertung" ergibt die Punktzahl.

Checkliste: Wichtigste Leistungen von Reisegepäckversicherungen

Leistungselemente	Beispielhafte Deckung	Gewichtung*	Bewertung**	Punktzahl***
- Diebstahl/Beschädigung/Verlust	Versichert	....	....	....
- Ersetzen von Ausweisen	Versichert	....	....	....
- Anschaffungen bei verspäteter Auslieferung durch Transportunternehmen	max. 20% der Versicherungssumme	....	....	....
- Ersatz von Bargeld/Fahrkarten	max. 1'000 Fr. bei Beraubung oder Einbruch	....	....	....
- Ersatz von Schmuck, Pelzen, teuren Uhren	max. 50% der Versicherungssumme	....	....	....
- Ersatz von Foto-, Film-, Videoausrüstung	max. 50% der Versicherungssumme	....	....	....
- Bruchschäden	max. 20% der Versicherungssumme	....	....	....
- Brillen, Kontaktlinsen, Prothesen	Nur Kontaktlinsen versichert	....	....	....
- Velos, Skis, Taucherausrüstung und andere Sportgeräte	Nur bei öffentlichem Transport versichert	....	....	....
			Total	________

* Persönliche Bedeutung des Leistungselements, z.B. 3 = sehr wichtig, 2 = wichtig, 1 = weniger wichtig.
** Enthält meine Reisegepäckversicherung (oder eine Konkurrenzofferte) die einzelnen Leistungselemente, mit Punkten 0 (nicht versichert), 1 (minimal), 2 (gut), 3 (sehr gut) bewerten.
*** Die Multiplikation der Spalte „Gewichtung" mit der Spalte „Bewertung" ergibt die Punktzahl.

Rechtsschutzversicherung

Streitigkeiten werden heute zunehmend mit Hilfe teurer Rechtsanwälte oder sogar vor Gericht ausgefochten, so dass Rechtsschutzversicherungen laufend wichtiger werden. Eine Rechtsschutzversicherung sollte jedoch nicht als Freibrief verstanden werden, gegen jeden und alles rechtlich vorzugehen. Vielmehr soll eine Rechtsschutzversicherung auch rechtlich unerfahrenen oder solchen Personen, die teure Gerichtskosten scheuen, zu ihrem Recht zu verhelfen.

Privatrechtsschutzversicherung: Typische Beispiele

Mieter	Der Vermieter erhöht grundlos den Mietzins oder die Nebenkosten.
Konsument	Ein kürzlich gekaufter Fernsehapparat musste repariert werden. Obwohl die Kosten unter die Garantie fallen, erhalten Sie eine Rechnung.
Arbeitnehmer	Sie werden ohne Grund fristlos entlassen.
Versicherungsnehmer	Die Unfallversicherung weigert sich, Ihnen eine Rente für die Unfallfolgen zu bezahlen.
Hausbesitzer	Der Nachbar belästigt Sie. Er spielt bis spät in die Nacht bei offenem Fenster laute Musik.

Argumente für eine Rechtsschutzversicherung

Die wichtigsten Argumente für den Abschluss einer Rechtsschutzversicherung sind fehlendes Wissen in Rechtsfragen, die komplizierte Abwicklung von Rechtsfällen und die hohen Kosten von rechtlichen Schritten. Ein Kostenvergleich zeigt, dass der Aufwand für eine Rechtsschutzversicherung in der Höhe von 100 bis 250 Fr. pro Jahr durchaus tragbar ist und etwa den Kosten einer einzigen Beratungsstunde bei einem Rechtsanwalt entspricht. Für Mieter und Arbeitnehmer bieten auch Verbände und Gewerkschaften Rechtsschutzversicherungen günstig an.

Warum eine Rechtsschutzversicherung?

Wichtigste Argumente für eine Rechtsschutzversicherung

1. Fehlendes Wissen in Rechtsfragen
2. Komplizierte Abwicklung von Rechtsfällen
3. Rechtliches Vorgehen ist teuer

Kostenvergleich

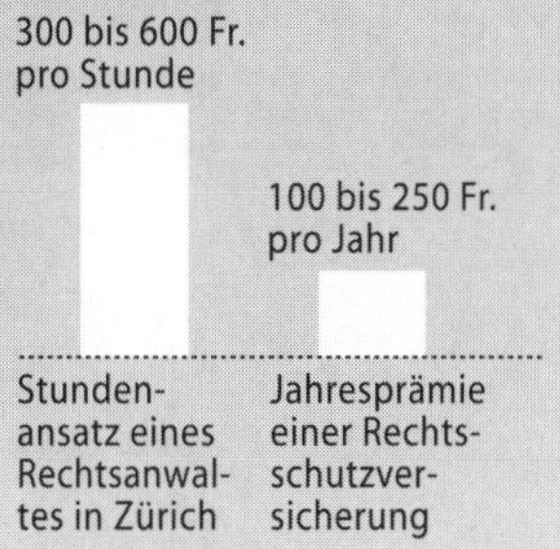

Kosten eines einfachen Rechtsstreites

Selbst bei einer frühzeitigen aussergerichtlichen Einigung entstehen Anwaltskosten, unter Umständen Tausende von Franken, die der Klient zu bezahlen hat. Bei einem Gerichtsverfahren erhöhen sich die Kosten massiv und übersteigen unter Umständen den ursprünglichen Streitwert – ein Beispiel für die möglichen Kosten eines Rechtsstreites in der folgenden Grafik.

Kosten eines einfachen Rechtsstreites (in Fr.)

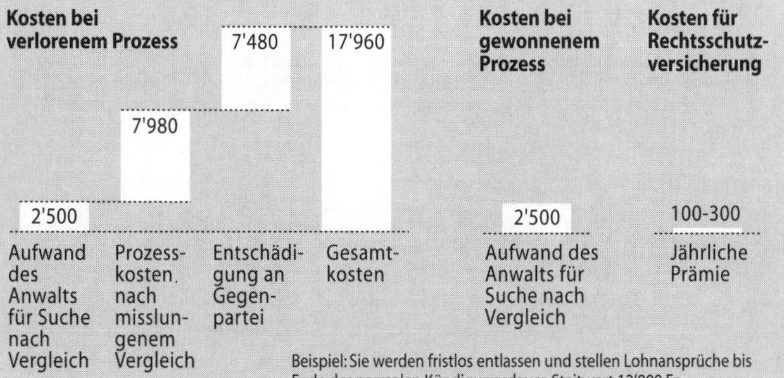

Beispiel: Sie werden fristlos entlassen und stellen Lohnansprüche bis Ende der normalen Kündigungsdauer, Steitwert 12'000 Fr.

Was ist versichert?

In einer Rechtsschutzversicherung sind die Kosten des rechtlichen Vorgehen versichert. Auf keinen Fall sind Schadenersatzleistungen gedeckt, die in den Bereich der Privathaftpflichtversicherung fallen, die als passive Rechtsschutzversicherung auch die Abwehr unbegründeter Ansprüche gewährleistet.

Die folgende Grafik zeigt, welche Rechtsstreitigkeiten versichert werden können. Gerade die komplexen und teuren ehe- und erbrechtlichen Streitigkeiten sind von jeglichem Versicherungsschutz ausgeschlossen. Vor Vertragsabschluss ist also zu prüfen, welche rechtlichen Auseinandersetzungen in welchem Umfang gedeckt sind.

Die meisten Privatrechtsschutzversicherungen schliessen den Rechtsschutz für Mieter und Angestellte in der Grundversicherung ein, da es sich dabei um die gebräuchlichsten Elemente des Versicherungsschutzes handelt.

Privatrechtsschutz: Was ist versichert?

Versichert	Nicht versichert
- Anwaltskosten	- Bussen
- Expertisekosten	- Schadenersatzleistungen (Privathaftpflichtversicherung zuständig)
- Kosten für Gutachten von Sachverständigen	- Blutuntersuchungen/medizinische Untersuchungen bei Alkohol- und Drogenkonsum
- Gerichtskosten	- Kosten, die zu Lasten einer Haftpflichtversicherung gehen
- Analysekosten	
- Der Gegenpartei zugesprochene Entschädigung	
- Strafkaution als Vorschuss	

Anmerkung:
Je nach Versicherungsgesellschaft und Angebot können die Ein- und Ausschlüsse stark differieren.

Prämien-unterschiede

Massive Prämienunterschiede gibt es auch bei den Privatrechtsschutzversicherungen. Mit einem Vergleich, der sich an den Ansprüchen an eine solche Versicherung ausrichtet, können ohne Leistungseinbussen bis zu 100 Fr. Prämien gespart werden. Die teuerste Versicherung muss nicht die leistungsfähigste sein. Bei einer Kombination der Privat- mit der Verkehrsrechtsschutzversicherung wird ein Rabatt gewährt – massgebend für die Wahl der Versicherungsgesellschaft sollte aber der Leistungsumfang sein. Bei Rechtsschutzversicherungen lohnt es sich besonders, einen bedarfsgerechten Schutz zu wählen.

Grosse Prämienunterschiede bei Privatrechtsschutzversicherungen

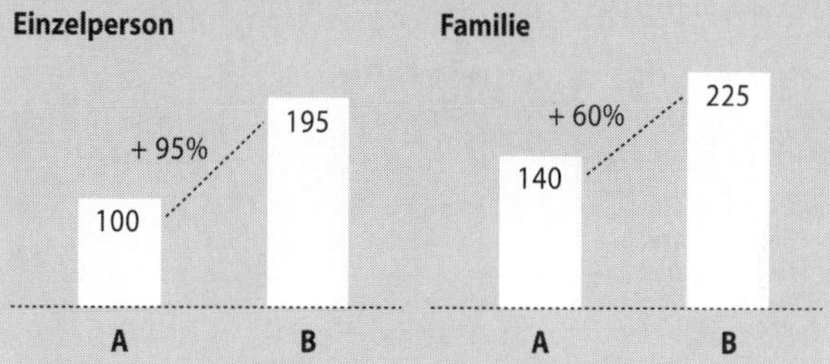

Anmerkungen:
- A = günstigstes Angebot, B = teuerstes Angebot in Fr. pro Jahr
- Die einzelnen Leistungselemente unterscheiden sich von Angebot zu Angebot, deshalb müssen immer Preis und Leistung verglichen werden.

Checkliste

Nachstehend eine Checkliste mit den wichtigsten Leistungen von Privatrechtsschutzversicherungen. Wie schon bei den früheren Checklisten kann jede Leistung individuell gewichtet und bewertet werden. Durch die Multiplikation von Gewichtung und Bewertung ergibt sich eine Punktzahl für die jeweilige Leistung und die Summe der Leistungen.

Checkliste:
Wichtigste Leistungen von Privatrechtsschutzversicherungen

Leistungselemente	Beispielhafte Deckung	Gewichtung*	Bewertung**	Punktzahl***
- Vertragsrechtsschutz				
• Kauf, Miete, Pacht von Fahrnis	Versichert	....	....	....
• Tausch, Schenkung, Leihe, Darlehen	Versichert ohne Grundstücke und Liegenschaften	....	....	....
• Leasing, Auftrag	Nicht versichert	....	....	....
• Arbeitsvertrag	Versichert	....	....	....
- Verteidigung bei Administrativverfahren	Versichert	....	....	....
- Mieter, Pächter, Eigentümer von Wohnungen	Nur bei selbstbewohnten Liegenschaften	....	....	....
- Nachbarrecht	Nur bei selbstbewohnten Liegenschaften	....	....	....
- Vermieter von Räumen und Gebäuden	Nicht versichert	....	....	....
- Familienrecht/ Scheidung	Pro Jahr eine Beratung	....	....	....
- Erbrecht	Pro Fall eine Beratung	....	....	....
- Grobfahrlässig herbeigeführtes Ereignis	Versichert, aber ohne Alkohol	....	....	....
- Örtlicher Geltungsbereich	Europa, Mittelmeerrandstaaten	....	....	....
			Total	________

* Persönliche Bedeutung des Leistungselements, z.B. 3 = sehr wichtig, 2 = wichtig, 1 = weniger wichtig.

** Enthält meine Privatrechtsschutzversicherung (oder eine Konkurrenzofferte) die einzelnen Leistungselemente, mit Punkten 0 (nicht versichert), 1 (minimal), 2 (gut), 3 (sehr gut) bewerten

*** Die Multiplikation der Spalte „Gewichtung" mit der Spalte „Bewertung" ergibt die Punktzahl.

Versicherungen für Auto und Verkehr

Welche Versicherungen sind sinnvoll?

Jeder dritte Versicherungsfranken wird für Motorfahrzeugversicherungen ausgegeben. Kein Wunder, dass die Versicherungsgesellschaften auf diesem Markt besonders hart kämpfen. Gesetzlich vorgeschrieben ist einzig der Abschluss einer Motorfahrzeug-Haftpflichtversicherung. Empfehlenswert ist zusätzlich je nach Einsatz und Alter des Motorfahrzeugs eine Voll- oder Teilkaskoversicherung, die Beschädigungen am eigenen Fahrzeug deckt. Immer mehr Bedeutung gewinnt die Verkehrs-Rechtsschutzversicherung.

Versicherungen für Auto und Verkehr

Versicherung	Erläuterung	Beispiel	Prämie*
- Motorfahrzeug-Haftpflicht	Schäden, die Dritten entstehen	Auffahrkollision durch Unaufmerksamkeit	980 - 1210
- Vollkasko	Schäden am eigenen Fahrzeug durch Kollision	Selbstunfall, Zusammenprall mit Baum	1800 - 2400
- Teilkasko	Schäden am eigenen Fahrzeug durch Feuer, Diebstahl, Wasser	Hagelschlag	450 - 600
- Parkschaden	Beschädigung des parkierten Fahrzeuges	Beschädigtes Auto nach Parken	240 - 380
- Ferienkasko	Schäden am eigenen Fahrzeug bei Fahrt ins Ausland	Beschädigung des Autos im Ausland (Kollision)	
- Insassen-Unfall	Übernahme von Personenschäden der Mitfahrer	Verletzte Beifahrer nach Unfall	110 - 160
- Verkehrs-Rechtsschutz	Übernahme von Anwalts-, Gerichts-, Entschädigungskosten	Streit mit dem Autoverkäufer	80 - 190

* Typische Bandbreite von Prämien; Angaben in Franken pro Jahr; grosse Prämienunterschiede je nach Versicherungsgesellschaft und Versicherungsumfang, ohne Berücksichtigung des Bonus.

Wettbewerb der Motorfahrzeug-Haftpflicht-versicherungen

Ende 1995 ist mit der Freigabe der Versicherungstarife für die Motorfahrzeug-Haftpflicht ein wichtiges, staatlich geschütztes Kartell gefallen. Nach wie vor besteht jedoch eine Versicherungspflicht. Von der Deregulierung profitierten vor allem Fahrzeuglenker, die wenig oder gar keine Schadensfälle verursacht haben und nach einer Reihe von Kriterien statistisch gesehen zu einer sogenannten «guten Risikoklasse» gehören. Von der Allgemeinheit nicht mehr finanziert werden häufige Schadensverursacher, die nun massive Prämienzuschläge zu bezahlen oder grosse Selbstbehalte zu tragen haben.

Leider trifft dieses verursacherorientierte System auch Neulenker übermässig: Sie müssen die volle Prämie bezahlen und profitieren noch von keinem Bonus. Zusätzlich gehören sie grundsätzlich zu einer schlechten Risikogruppe, die überdurchschnittlich viele Unfälle verursacht. Das Beispiel zeigt, dass das Kollektivprinzip von Versicherungen («alle für einen») durch Deregulierung und scharfen Wettbewerb zwischen den Versicherungsgesellschaften verwässert oder bloss noch für immer kleinere, homogene Risikogruppen gilt.

Was ist versichert?

Die Motorfahrzeug-Haftpflichtversicherung stellt die Ansprüche geschädigter Verkehrsteilnehmer sicher. Weil der Gebrauch von Motorfahrzeugen mit einem grossen Risiko von Verletzungen verbunden ist, sind Haftpflichtversicherungen gesetzlich vorgeschrieben. Die Versicherungen erfüllen begründete Ansprüche von Drittpersonen, die durch den Betrieb eines Autos oder eines anderen Motorfahrzeugs geschädigt wurden. Übernommen werden Personen-, Sach- und daraus resultierende Vermögensschäden (z.B. Lohnausfall eines verletzten Velofahrers). Wie die Privathaftpflichtversicherung erfüllt auch die Motorfahrzeug-Haftpflichtversicherung die Funktion einer passiven Rechtsschutzversicherung. Sie prüft Forderungen von Geschädigten und wehrt unbegründete Ansprüche ab. Versichert werden muss eine Garantiesumme von mindestens 3 Millionen Fr., gegen einen geringen Aufschlag kann eine unbegrenzte Garantiesumme versichert werden.

Motorfahrzeug-Haftpflichtversicherung: Was ist versichert?

Versichert	Nicht versichert
- Entschädigung begründeter Ansprüche Dritter aus dem Betrieb des versicherten Fahrzeuges • Personenschäden (Tötung, Verletzung sonstige Gesundheitsschäden) • Sachschäden (Zerstörung, Beschädigung) • Vermögensschäden als Folge von Personen- oder Sachschäden - Abwehr unbegründeter Ansprüche inkl. Anwalts-, Gerichts- und Expertisekosten.	- Ansprüche des Halters - Schäden am versicherten Auto - Sachschäden von Ehegatten und Verwandten - Strolchenfahrten, Fahrten ohne behördliche Bewilligung (z.B. Fahren ohne Führerausweis). Diese Einschränkung kann einem Geschädigten nicht entgegengehalten werden, führt aber zu einem Rückgriff der Versicherung auf den Lenker bzw. Halter.

Der Fahrer macht die Prämie

Immer stärker werden die Prämien bestimmt durch individuelle Risikofaktoren, die von den einzelnen Versicherungsgesellschaften durchaus unterschiedlich gewertet werden. Die folgende Grafik gibt einen Überblick über einige der heute angewandten Faktoren zur Bestimmung von Risikoklassen. Anhand dieser Einstufung wird die Prämie für eine Motorfahrzeug-Haftpflichtversicherung festgelegt.

Individuelle Risikofaktoren bestimmen die Haftpflichtprämie

- Alter des Versicherten
- Fahrroutine
- Geschlecht
- Beruf
- Wohnort
- Nationalität
- Fahrleistung pro Jahr
- Hubraum/PS
- Fahrzeuggewicht

Grosse Prämienunterschiede

Die Gewichtung einzelner Risikofaktoren führt zu riesigen Prämiendifferenzen zwischen den einzelnen Risikogruppen. Im Extremfall kann eine Verdreifachung der Jahresprämie resultieren (ohne Berücksichtigung eines Bonus). Auch innerhalb ein und derselben Risikogruppe sind je nach Motorfahrzeugtyp und Versicherungsgesellschaft enorme Unterschiede festzustellen. Vor einem Versicherungsabschluss lohnt es sich immer, verschiedene Offerten zu prüfen.

Grosse Prämienunterschiede bei Motorfahrzeug-Haftpflichtversicherungen

Beispiel: Renault Clio S 1.4

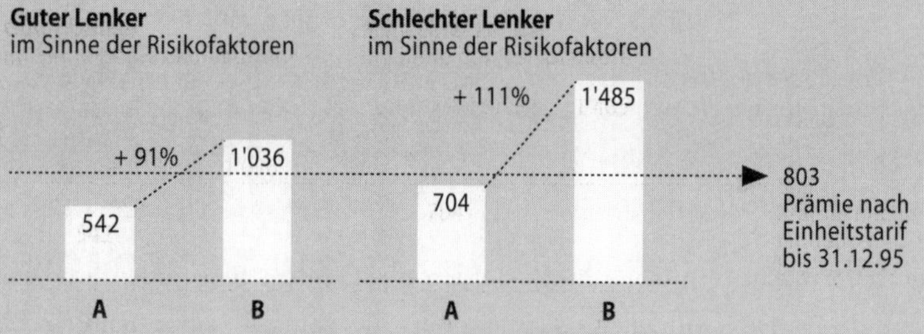

Anmerkungen:
- A = günstigstes Angebot, B = teuerstes Angebot in Fr. pro Jahr
- Die einzelnen Leistungen unterscheiden sich von Angebot zu Angebot, deshalb müssen Preis und Leistung immer verglichen werden.
- Keine Berücksichtigung des Bonussystems

Kaskoversicherung

Kaskoversicherungen decken Schäden am eigenen Fahrzeug, die durch eine Vielzahl von Risiken entstehen können. Die folgende Übersicht zeigt die wichtigsten Leistungen der Kaskoversicherung. Unterschieden werden Teilkasko- und Vollkaskoversicherungen. Parkschäden können einzeln versichert werden.

Kaskoversicherung: Was ist versichert?

Teilkasko	Vollkasko	Parkschadenversicherung
Grosse Teilkaskorisiken - Feuer - Diebstahl - Elementarschäden (Sturm, Hagel, Überschwemmung usw.) Kleine Teilkaskorisiken - Glasschäden - Tierschäden (z.B. Marderbiss, Kollision mit Wild) - Vandalenakte In der Regel kein Bonus-/Malussystem Verschiedene Selbstbehaltmöglichkeiten	- Deckt sämtliche Teilkaskorisiken - Kollisionsschäden; Schäden am eigenen Auto durch selbstverschuldete Unfälle - Bonus-Verlust im Schadensfall (nur Kollisionen) - Verschiedene Selbstbehaltmöglichkeiten	- Schäden durch unbekannte Dritte - Kollisionsschäden - Zerkratzen des Fahrzeugs - Marderschäden - In der Regel kein Bonus-/Malussystem - Meist kein Selbstbehalt

Anmerkung:
Je nach Versicherungsgesellschaft und Angebot können die Ein- und Ausschlüsse stark differieren.

Die Auswahl des richtigen Versicherungsschutzes und des besten Angebots wird immer unübersichtlicher und schwieriger. Beispielsweise kann bei gewissen Angeboten eine Vielzahl einzelner Deckungselemente individuell bestimmt werden. Der Vorteil liegt auf der Hand: Man bezahlt genau das, was man als Versicherungsschutz will. Der Nachteil: Wer weiss denn schon, welche Leistungen er wählen soll und ob er damit besser fährt als mit einer Standardlösung.

Empfehlenswert ist eine Teilkaskoversicherung, welche die Grundrisiken eines Motorfahrzeugs deckt (dazu später eine Checkliste).

Die Parkschadenversicherung, die Beschädigungen durch Unbekannte versichert, macht wie die Vollkaskoversicherung vor allem bei neuen Motorfahrzeugen in den ersten zwei bis vier Betriebsjahren Sinn.

Vollkasko: Zeitwert oder Zeitwert-zusatz?

Eine Vollkaskoversicherung deckt neben den Teilkaskoschäden auch Kollisionsschäden, ein Selbstbehalt und ein Bonusverlust sind jedoch zu übernehmen. Dafür ersetzt die Versicherung bei einem selbstverursachten Totalschaden nicht nur den Zeitwert des Fahrzeuges, sondern zahlt darüber hinaus einen sogenannten Zeitwertzusatz – vor allem in den beiden ersten Betriebsjahren mit der grössten Wertverminderung eine massive Leistungsverbesserung. Entscheidend ist die im Versicherungsvertrag vereinbarte Abrechnungsmethode. Drei mögliche Entschädigungsmodelle werden angeboten: Zeitwert, Wiederbeschaffungswert und Zeitwertzusatz. Ein Schadensfall in den ersten beiden Betriebsjahren wird immer dann als Totalschaden betrachtet, wenn die Schadensumme etwa zwei Drittel des Neuwertes ausmacht.

Zeitwertzusatz: Bei einem Totalschaden zahlt die Vollkasko deutlich mehr als den Zeitwert

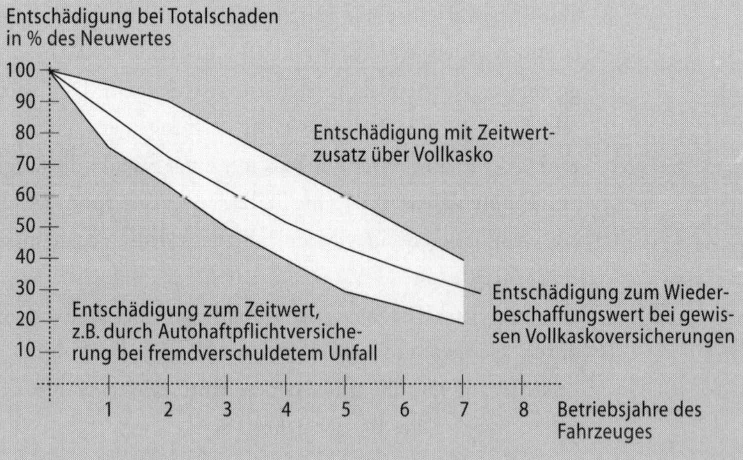

Anmerkung: Ab dem 8. Jahr zahlt die Vollkaskoversicherung den Zeitwert des Fahrzeuges.

Rabattsystem

Wie wichtig das Rabattsystem bei Vollkaskoversicherungen ist, zeigt folgendes Beispiel: Angenommen sei, dass der Versicherungsnehmer bei einer Bonusstufe von 80%, also 20% Prämienrabatt, einsteigt, sechs Jahre lang unfallfrei fährt und dann einen Vollkaskoschaden verursacht.

Bei Angebot C ist man nach sechs unfallfreien Jahren auf 50%, bei Angebot B bereits auf 45% und bei Angebot A sogar schon auf 35% der vollen Jahresprämie. Die Rückstufung durch den Unfall erfolgt bei C auf 80%, bei B auf 50% und bei A auf 60%.

Angebot A bietet also guten Fahrern den grössten Anreiz, bestraft jedoch im Schadensfall auch am stärksten. Angebot B honoriert Unfallfreiheit zwar nur bis 45%, lässt jedoch bei nur einem Schaden gute Fahrer fast ungeschoren davonkommen. Angebot C ist ohne grossen Anreiz, und im Schadensfall kann man nur verlieren.

Es lohnt sich also auf jeden Fall, die verschiedenen Rabattsysteme zu vergleichen und mögliche Fälle durchzuspielen. Dabei wird sich zeigen, dass Lenker mit sehr wenig Schadensfällen deutlich bevorzugt behandelt werden.

Auf das Rabattsystem kommt es an!

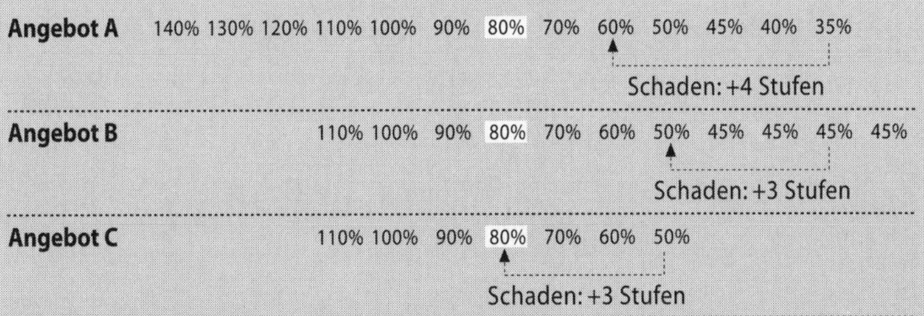

Beispiel:
Vollkaskoversicherung; Einstieg bei 80%; Auswirkungen eines Schadenereignisses auf den Bonus nach sechs Jahren unfallfreiem Autofahren

Prämien sparen mit Selbstbehalt

Die richtige Wahl des Selbstbehalts spart bis zu 40% der Prämien, anderseits ist im Schadensfall mit einer grösseren Belastung zu rechnen. Somit lohnt sich bei einer Teilkaskoversicherung mit durchschnittlichen Jahresprämien zwischen 300 und 1'000 Fr. ein Selbstbehalt kaum, weil die Einsparungen zu gering sind. Es ergibt sich in der Regel erst ab fünf schadenfreien Jahren ein positiver Prämieneffekt.

Bei Vollkaskoversicherungen mit durchschnittlichen Prämien zwischen 2'000 und 5'000 Fr. ist ein erhöhter Selbstbehalt von 1'000 oder 2'000 Fr. attraktiv und lohnt sich meist schon nach drei schadenfreien Jahren. Zu berücksichtigen ist allerdings, dass ein Vollkasko-Versicherungsschutz oft nur zwei bis vier Jahre in Anspruch genommen wird und danach in eine Teilkaskoversicherung umgewandelt wird.

Prämien sparen durch die richtige Wahl des Kasko-Selbstbehaltes

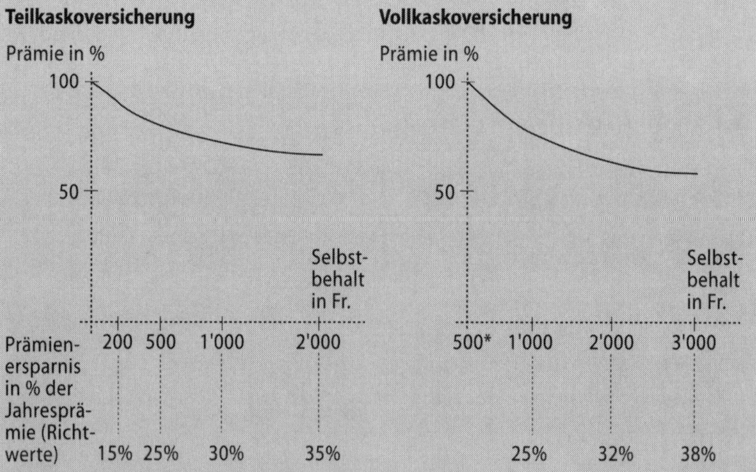

* Minimaler Selbstbehalt bei Vollkaskoversicherungen

Wann Schäden selber zahlen?

Bei allen Teilkaskoschäden lohnt es sich, einen Schadensfall der Versicherung anzumelden, weil es in der Regel kein Bonussystem gibt. Bei Kollisionsschäden hingegen geht ein Teil des Bonus verloren, die Prämien werden erhöht. Falls ein Selbstbehalt vereinbart wurde, wird dieser mit dem Schaden verrechnet.

Auch bei einem fremdverursachten Totalschaden kann es sich lohnen, den Fall über die eigene Vollkaskoversicherung abzuwickeln. Denn die Haftpflichtversicherung des Schadenverursachers ersetzt nur den Zeitwert des Fahrzeuges, die eigene Vollkaskoversicherung aber vergütet in einem Totalschadensfall in der Regel einen Zeitwertzusatz – vor allem in den ersten sieben Betriebsjahren eines Motorfahrzeugs vorteilhaft (mehr dazu auf Seite 260).

Nach Erledigung eines Schadens kann die Berechnung in der folgenden Grafik durchgeführt werden und je nach Resultat der Schadensbetrag an die Motorfahrzeug-Haftpflichtversicherung zurückerstattet werden, um eine Bonusrückstufung zu verhindern. Expertisekosten werden von der Versicherungsgesellschaft getragen.

Wann einen Schaden melden?

	Bonusstufe	Prämie nach Schadensfall	Prämie ohne Schadensfall	Mehrpreis
Rückstufung bei Schaden →	80%	1280 Fr.	800 Fr.	480 Fr.
	70%	1'120 Fr.	800 Fr.	320 Fr.
	60%	960 Fr.	800 Fr.	160 Fr.
heutige Bonusstufe	50%	800 Fr.	800 Fr.	0 Fr.
				960 Fr.

= Höhe des Schadens	1'000 Fr.	
– Selbstbehalt	– 500 Fr.	
= Leistung der Versicherung	500 Fr.	
– Mehrprämie durch Bonusverlust	– 960 Fr.	
= (+) Gewinn/(–) Verlust	**– 460 Fr.**	**Bei Verlust Schaden selber bezahlen.**

Ferien-Vollkaskoversicherung

Generell ist eine Ferienreise mit dem Motorfahrzeug kein erhöhtes Risiko. Dennoch kann eine Ferienvollkasko sinnvoll sein: Wird man im Ausland in einen Unfall verwickelt, kann man den Schaden über die Ferien-Vollkaskoversicherung abwickeln. Sie übernimmt das meist aufwendige Einfordern der Entschädigung vom schuldigen Unfallverursacher. Da die Ferienversicherung keine Bonusstufen kennt und bei Rückforderung des Schadens vom Verursacher kein Selbstbehalt anfällt, kann man sich viel Ärger sparen.

Grosse Prämienunterschiede

Die Prämienunterschiede zwischen den Kaskoversicherungen können bis zu 50% ausmachen. Dies belegen die folgenden Beispiele deutlich. Da Autoversicherungen eine relativ teure Angelegenheit sind, lohnt es sich bei vergleichbaren Leistungen, auch kleinere Prämienunterschiede zu nutzen, um rasch einmal mehrere hundert Franken zu sparen.

Grosse Prämienunterschiede bei Kaskoversicherungen

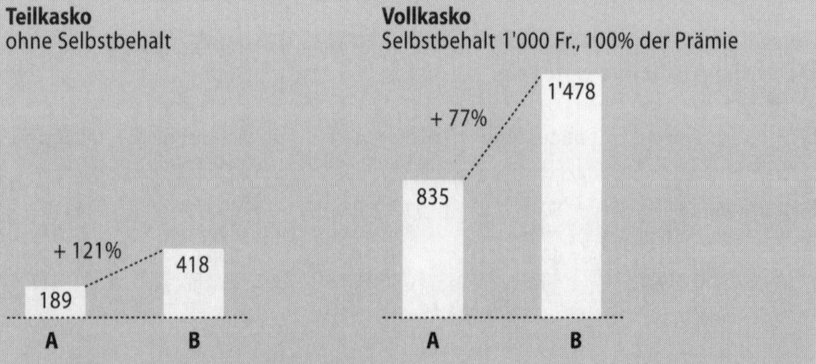

Anmerkungen:
- Beispiel für Renault Clio S 1.4, gutes Risiko
- A = günstigstes Angebot, B = teuerstes Angebot in Fr. pro Jahr
- Die einzelnen Leistungselemente unterscheiden sich von Angebot zu Angebot, deshalb müssen Preis und Leistung immer verglichen werden.

Checkliste

Nachstehend eine Checkliste, die nach dem gleichen Prinzip benutzt werden kann wie die früheren Listen. Die Multiplikation der Spalte «Gewichtung» mit der Spalte «Bewertung» ergibt wiederum die Punktzahl.

Checkliste: Die wichtigsten Leistungen von Kaskoversicherungen

Leistungselemente	Beispielhafte Deckung	Gewichtung*	Bewertung**	Punktzahl
Teilkasko				
- Glasschäden	Sämtliche Gläser inkl. Blinker und Schiebedach	....	....	....
- Marderschäden	2 Schäden pro Jahr inkl. Folgeschäden	....	....	....
- Vandalenakte	Abbrechen von Antennen, Zerstechen von Reifen, Bemalen, Bespritzen des Fahrzeuges	....	....	....
- Diebstahl	Selbstbehalt von 20% bei Fahrzeug ohne Sicherheitseinrichtungen	....	....	....
- Persönliche Sachen, ausser Wertsachen/CDs	max. 2'000 Fr.	....	....	....
- Öffnen des Fahrzeuges nach Schlüsselverlust	max. 500 Fr.	....	....	....
Zusatzkosten nach Ereignis				
- Rücktransport aus Ausland	max. 2'000 Fr.	....	....	....
- Abschleppkosten zur nächsten Werkstatt	versichert	....	....	....
- Nutzungsausfall/ Ersatzauto	max. 1'000 Fr	....	....	....
- Assistance/ Pannenhilfe	max. 2'000 Fr.	....	....	....
			Total	________

* Persönliche Bedeutung des Leistungselements, z.B. 3 = sehr wichtig, 2 = wichtig, 1 = weniger wichtig.

** Enthält meine Kaskoversicherung (oder eine Konkurrenzofferte) die einzelnen Leistungen, mit Punkten 0 (nicht versichert), 1 (minimal), 2 (gut), 3 (sehr gut) bewerten.

Insassen-Unfallversicherung

Nur noch in seltenen Fällen macht der Abschluss einer Insassen-Unfallversicherung Sinn, weil in der Regel alle Motorfahrzeuginsassen bereits durch andere, obligatorische Unfallversicherungen versichert sind (UVG/SUVA, Krankenkasse). Die rund 150 Fr. Jahresprämie für eine Insassen-Unfallversicherung können also gespart oder allenfalls in eine Verkehrs-Rechtsschutzversicherung investiert werden. Zur Absicherung der eigenen Kinder ist es sinnvoller, einen Zusatz zur Krankenkasse gegen Invalidität abzuschliessen, der nicht auf Motorfahrzeugfahrten beschränkt ist, sondern für alle Unfallarten gilt.

Schutz der Insassen-Unfallversicherung

Wer ist versichert?

- Fahrzeuglenker
- Mitfahrer
- Fahrzeughalter

TIP

Die Leistungen der Insassen-Unfallversicherung sind häufig bereits durch andere Versicherungen gedeckt.
Nur in bestimmten Fällen ist eine Insassen-Unfallversicherung sinnvoll, z.B. häufiger Transport von nicht versicherten Personen (ev. Ausländer, Gäste).

Was ist versichert?

- Unfälle, welche den versicherten Insassen im Zusammenhang mit der Benützung des deklarierten Fahrzeuges zustossen
- Leistungen:
  - Heilungskosten
  - Taggeld
  - Invaliditätskapital
  - Todesfallkapital
  - Rückführungskosten

Verkehrs-Rechtsschutzversicherung

Der Nutzen einer Rechtsschutzversicherung und die wichtigsten Argumente dafür und dagegen sind bereits im Zusammenhang mit der Privatrechtsschutzversicherung behandelt worden. Im folgenden werden daher die Besonderheiten der Verkehrs-Rechtsschutzversicherung hervorgehoben und detailliert erläutert. Die Möglichkeit, in rechtliche Auseinandersetzungen zu geraten, ist besonders beim Besitz und Lenken eines Motorfahrzeuges klar gegeben.

Was ist versichert? Eine Verkehrs-Rechtsschutzversicherung deckt die Kosten von Rechtshändeln rund um das Motorfahrzeug: Ein Verkehrsunfall kann eine Anklage wegen Körperverletzung nach sich ziehen, oder der Kollisionsverursacher kann plötzlich seine Schuld bestreiten.

Auf keinen Fall versichert sind Schadenersatzleistungen. Dafür ist die Motorfahrzeug-Haftpflichtversicherung zuständig. Vor Vertragsabschluss sollte also unbedingt der Umfang der versicherten Rechtsgebiete geprüft werden.

Eine der wesentlichsten Versicherungsleistungen ist die rechtliche Unterstützung, die von einigen Versicherungsgesellschaften auch bei grobfahrlässig verursachten Verkehrsunfällen angeboten wird. So kann das Überfahren eines Rotlichtes nach einer Unkonzentriertheit am Steuer unter Umständen als grobfahrlässiges Verhalten gewertet werden. Bei einer daraus folgenden rechtlichen Auseinandersetzung ist der Beistand einer Rechtsschutzversicherung besonders wichtig. Wenn dieser Schutz aber infolge einer Deckungseinschränkung für Grobfahrlässigkeit nicht gewährt wird, nützt die beste Rechtsschutzversicherung nichts.

Verkehrsrechtsschutz: Was ist versichert?

Versichert	Nicht versichert
- Anwaltskosten - Expertisekosten - Kosten für Gutachten von Sachverständigen - Gerichtskosten - Analysekosten - Der Gegenpartei zugesprochene Entschädigung - Strafkaution als Vorschuss	- Bussen - Schadenersatzleistungen (Autohaftpflichtversicherung zuständig) - Blutuntersuchungen/medizinische Untersuchungen bei Alkohol- und Drogenkosum - Kosten, die zu Lasten eines Haftpflichtigen oder einer Haftpflichtversicherung gehen

Anmerkung:
Je nach Versicherungsgesellschaft und Angebot können die Ein- und Ausschlüsse stark differieren.

Im Detail ist auf weitere wichtige Umschreibungen des Versicherungsschutzes zu achten, wie z.B. den Schutz bei Streitigkeiten aus Fahrzeug-Leasing oder -Kauf.

Wichtig ist zudem die genaue Bezeichnung der versicherten Personen: Je nach Wunsch sind alle Autolenker, nur der Versicherungsnehmer (für alle von ihm gelenkten Fahrzeuge) oder die ganze Familie des Versicherungsnehmers versichert.

Typische Fallbeispiele

Die untenstehenden Beispiele zeigen alltägliche Versicherungsfälle, bei denen eine Verkehrs-Rechtsschutzversicherung von Nutzen sein kann. Speziell bei einem Autounfall im Ausland kann sie äusserst hilfreich sein, da rechtliche und sprachliche Probleme die Durchsetzung eigener Ansprüche massiv erschweren. In der Regel wird Versicherungsschutz in allen europäischen Ländern, den Mittelmeerrandstaaten sowie auf den Mittelmeerinseln gewährt. Bei Reisen im Grenzbereich lohnt es sich, die genaue örtliche Deckung abzuklären und sich gegebenenfalls eine schriftliche Bestätigung über den Versicherungsschutz geben zu lassen.

Bei einem Schadenereignis ist die Versicherung unverzüglich zu informieren und der Tatbestand von der örtlichen Polizei genau aufzunehmen.

Verkehrs-Rechtsschutzversicherung: Typische Fälle

- Das Occasionsauto hat nach 800 km einen Motorschaden: Der Occasionshändler anerkennt den Schaden nicht.
- Autounfall durch Missachtung des Vortritts: Haftpflichtversicherung des Schuldigen will Schaden nur zum Teil bezahlen.
- Unsachgemässer Ölwechsel führt zu Motorschaden: Garagist streitet jegliche Schuld ab.

Grosse Prämienunterschiede

Verblüffende Prämienunterschiede existieren auch bei dieser Versicherung, am günstigsten sind Verkehrs-Rechtsschutzversicherungen in der Regel für die Mitglieder eines Verkehrsclubs – allerdings ist der Mitgliederbeitrag zu berücksichtigen und die Versicherungsbedingungen sind genau zu prüfen. Speziell bei grobfahrlässig verursachten Schadensfällen bieten die meisten Automobilclub-Versicherungen keinen Versicherungsschutz.

Bei einem Prämienvergleich ist die Zahl der versicherten Fahrzeuge oder die Zahl der zu versichernden Personen massgebend. Je nach Versicherungsgesellschaft wird der Versicherungsschutz auf eine bestimmte Person (Versicherungsnehmer) oder auf ein bestimmtes Fahrzeug (Kontrollschild) abgegeben. Speziell für Familien lohnt es sich, das Fahrzeug zu versichern, um nicht für jede Person einzeln eine Zuschlagsprämie entrichten zu müssen.

Grosse Prämienunterschiede bei Verkehrs-Rechtsschutzversicherungen

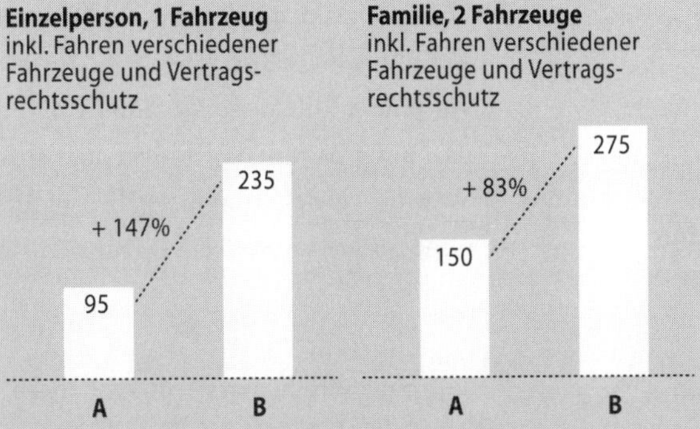

Anmerkungen:
- A = günstigstes Angebot, B = teuerstes Angebot in Fr. pro Jahr
- Die einzelnen Leistungselemente unterscheiden sich von Angebot zu Angebot, deshalb müssen Preis und Leistung immer verglichen werden.

Versicherungen für Selbständige

Eine ganze Palette von speziellen Versicherungslösungen steht Selbständigen zur Auswahl: Angefangen bei der Vorsorge, der in diesem Abschnitt besondere Beachtung geschenkt wird, über die Versicherungen für die Betriebs- und Berufshaftpflicht bis zu den Sachversicherungen für Unternehmen. Eine Übersicht über die wichtigsten Leistungsmerkmale und eine Reihe von Tips für Selbständige machen den Schluss. Es würde den Rahmen dieses Buches sprengen, wenn auch Versicherungen für angestellte Alleinunternehmer in Aktiengesellschaften oder Gesellschaften mit beschränkter Haftung (GmbH) und Versicherungen für angestellte Mitarbeiter von Selbständigen dargestellt würden.

Vorsorge Allgemeine Fragen der persönlichen Vorsorge werden bereits in Kapitel 2 behandelt, doch sind Selbständige in einer besonderen Situation, und die Vielfalt von Absicherungsvarianten, die ihnen offensteht, verlangt eine Vertiefung des Themas. Um Doppelspurigkeiten zu vermeiden, werden die Grundbegriffe aus Kapitel 2 übernommen.

Wer eine selbständige Erwerbstätigkeit aufnimmt, steht vor einem Dilemma: Gerade beim Start ist der Vorsorgebedarf am grössten, das Budget aber beschränkt oder unsicher. Wer die Versicherungsausgaben möglichst klein halten will, ohne zu grosse Risiken einzugehen, hat drei Regeln zu beachten:

1. Bagatellschäden nicht versichern
2. Selbstbehalte und Wartefristen vereinbaren
3. Angebote vergleichen.

Absicherung von Erwerbsausfall und Tod

Gegen die Risiken Erwerbsausfall und Tod durch Krankheit oder Unfall sollten sich Selbständige immer bedarfsgerecht und ohne Leistungsabstriche versichern.

Zwei Fälle von Erwerbsunfähigkeit sind zu unterscheiden: die kurzfristige Arbeitsunfähigkeit und die Invalidität. Im ersten Fall kann der Absicherungsbedarf sehr hoch sein, weil neben den Lebenshaltungskosten auch fixe Kosten der Firma, beispielsweise Miete oder Kapitalkosten, zu versichern sind. Im Invaliditätsfall wäre der Bedarf kleiner: Das Geschäft würde möglicherweise liquidiert, so dass nur die Lebenshaltungskosten zu versichern sind. Vor einer Entscheidung ist eine persönliche Vorsorgeanalyse wertvoll (vgl. dazu Seite 145).

Planung der Altersvorsorge

Die Altersvorsorge muss sorgfältig geplant werden. Es ist durchaus vernünftig, in der Startphase möglichst wenig finanzielle Verpflichtungen einzugehen. Nach zwei, drei Jahren sollte aber eine konsequente Altersvorsorge einsetzen – schon aus steuerlichen Gründen: Einlagen in die Altersvorsorge der dritten Säule können von den Steuern abgezogen werden. Und langfristig muss das eigene Geschäft doch so viel abwerfen, dass eine Vorsorge in der Grössenordnung eines Angestelltenverhältnisses möglich wird; in einem Vergleich sind nicht nur die eigenen Beiträge als Arbeitnehmer, sondern auch die Arbeitgeberbeiträge zu berücksichtigen, deshalb liegt die gesamte Belastung in der Regel etwa bei 30 % des Brutto-Salärs.

Ergänzung der AHV/IV-Leistungen über zweite oder dritte Säule?

Grundsätzlich stehen Selbständigen zwei Varianten der Vorsorge zur Verfügung, um die obligatorischen AHV/IV-Leistungen der ersten Säule zu ergänzen:

- Selbständige können sich freiwillig einer Pensionskasse anschliessen, auch wenn sie – anders als Angestellte – nicht dem Versicherungsobligatorium der zweiten Säule unterstellt sind (berufliche Vorsorge über UVG/SUVA oder BVG/Pensionskasse).

- Eine Alternative sind die privaten Lebensversicherungen der dritten Säule. Der Vergleich in der folgenden Grafik zeigt, dass bei gleichwertigen Leistungen eine private Lebensversicherung oft günstiger zu stehen kommt; zudem kann sie viel flexibler den Bedürfnissen eines Selbständigen angepasst werden. Den Ausschlag gibt letztlich immer der persönliche Bedarf und ein konkreter Preis-/Leistungs-Vergleich.

Kosten von Vorsorgekonzepten für Selbständigerwerbende

Beispiel für ein Jahreseinkommen von 72'000 Fr., Mann, 35jährig, verheiratet

Absicherung	Erwerbstätigkeit:	80% des Einkommens
	Tod:	70% des Einkommens
	minimale Altersversorgung:	60% des Einkommens

Versicherung/ Absicherung	**Leistungen**	**Gesamtaufwand für ...**	
		Vorsorge über 1. und 2. Säule	**Vorsorge über 1. und 3. Säule**
1. Säule			
- AHV/IV	Gesetzlich	6'840 Fr.	6'840 Fr.
2. Säule			
- UVG (Unfall)	Gesetzlich	1'200 Fr.	
- BVG (Krankheit/Alter)	Gesetzlich	7'500 Fr.	
- BVG-Zusatz	Ergänzung IV/Todesfall	3'000 Fr.	
- Taggeld	80% ab 30. Tag	700 Fr.	800 Fr.
3. Säule			
- Tod/Invalidität	Rente 35'000 Fr. p.a.		3'500 Fr.
- Alterssparen	Rente 20'000 Fr. p.a.		5'500 Fr.
Total Aufwand Personenversicherung		**19'240 Fr.**	**16'640 Fr.**

Ersparnis pro Jahr 2'600 Fr.

Vorsorgekonzept 1: mit zweiter Säule (berufliche Vorsorge)

Die Grafik zeigt im Überblick die Möglichkeiten eines Selbständigen, über die zweite Säule vorzusorgen. Die Unterschiede zur Vorsorge eines Angestellen: Der Selbständige entscheidet sich freiwillig für die zweite Säule und kann Leistungen und Leistungsträger frei bestimmen.

Diese Vorsorgevariante wählen Selbständige mit Vorteil, wenn sie den Leistungsrahmen optimal ausschöpfen können (vgl. Kapitel 2, Seite 116ff), oder wenn sie an einem

Vorsorgekonzept für Selbständigerwerbende im Rahmen der 1. und 2. Säule

Beispiel für ein Jahreseinkommen von 72'000 Fr.

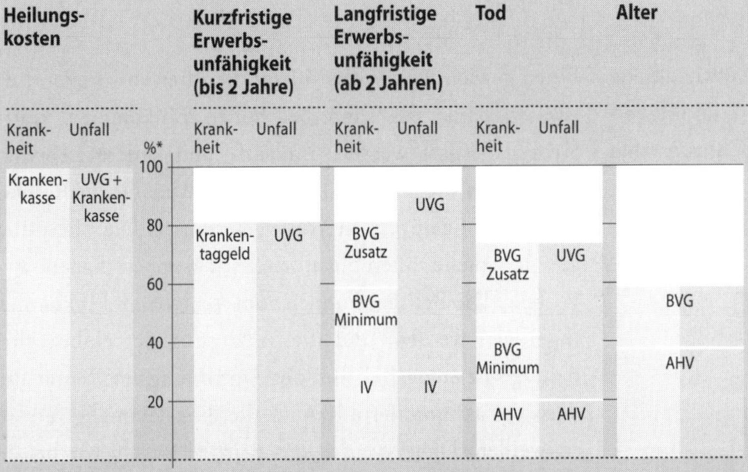

* Leistungen in % des Lohnes

Anmerkungen
- Konzept beruhend auf gesetzlich notwendigen Versicherungen und üblichen Versicherungen wie Krankentaggeld ohne Selbstvorsorge und ohne Leistungen für Kinder
- Private Vorsorge im Rahmen der steuerlich begünstigten 3. Säule ergänzt die Leistungen der 1. und 2. Säule

Abkürzungen
- AHV = Alters- und Hinterlassenenversicherung (1. Säule, staatliche Vorsorge)
- IV = Invalidenversicherung (1. Säule, staatliche Vorsorge)
- UVG = Unfallversicherungsgesetz (2. Säule, berufliche Vorsorge)
- BVG = Bundesgesetz über die berufliche Alters-, Hinterlassenen- und Invalidenvorsorge (2. Säule, Pensionskasse

Gebrechen leiden und von einer Versicherung abgelehnt würden. Auf die gesetzlichen Minimalleistungen haben alle ein Anrecht, ungeachtet ihres Gesundheitszustandes.

Nachteil der gesetzlichen Versicherungen: Eine starre Leistungsdefinition, abhängig vom deklarierten AHV-pflichtigen Lohn, der vor allem zu Beginn einer selbständigen Erwerbstätigkeit tief ist, oft aus steuerlichen Überlegungen. Unabhängig vom deklarierten Lohn gibt es jedoch einen Absicherungsbedarf, der durchaus grösser sein kann. Dieses Problem ist über die zweite Säule langfristig nicht befriedigend zu lösen. Deshalb ist es für Selbständige oft naheliegend, sich über Versicherungen der dritten Säule zu behelfen.

BVG-Beiträge sind steuerabzugsfähig

Einen gewichtigen Vorteil bietet die Altersvorsorge mit der zweiten Säule: Es kann bei hohen Einkommen kräftig Steuern gespart werden. Einkäufe und andere freiwillige Beiträge an die Pensionskasse erfolgen häufig im Rahmen von überobligatorischen Vorsorgelösungen. Die Einzahlungen in solche überobligatorische Lösungen haben zwei Vorteile: Die Beiträge können vom steuerbaren Einkommen abgezogen werden, und die Verzinsung der einbezahlten Beiträge ist steuerfrei. Bei der Auszahlung im Rentenalter muss das akkumulierte Kapital allerdings einmalig versteuert werden. Dabei werden die gleichen Regeln wie bei der Säule 3a angewendet: Die Besteuerung erfolgt getrennt vom übrigen Einkommen zu einem (kantonal unterschiedlichen) Rentensatz, der wesentlich tiefer ist als der übliche Einkommenssteuersatz.

Ausgestaltung der Vorsorge

Wer die überobligatorischen Spielräume im Rahmnen der zweiten Säule zur besseren Vorsorge und zur Steueroptimierung nutzen will, muss Fragen der Möglichkeiten und

Grenzen der Vorsorgeeinrichtung klären, damit die Steuerbehörde nicht unerwartet die Anerkennung verweigert.

Aus diesem Grund müssen verschiedene Rahmenbedingungen erfüllt sein. Diese Steuersparmöglichkeit mit ihren Rahmenbedingungen wird ausführlich im Kapital 5, ab Seite 377 beschrieben. Dazu ein Beispiel des Steueroptimierungseffektes: Können beispielsweise 50'000 Fr. pro Jahr in die Altersvorsorge im Rahmen der zweiten Säule einbezahlt werden, so ergibt sich bei einem Grenzsteuersatz von 40% eine Steuerersparnis von 20'000 Fr. pro Jahr. Ein Vergleich der effektiven jährlichen Einzahlungen nach Steuern von 30'000 Fr. mit dem Netto-Auszahlungsbetrag von 1'008'000 Fr. zeigt eine Netto-Rendite auf das eingesetzte Kapital nach Steuern von 10,7%.

Beispiel: Steuereffekte einer Vorsorge im Rahmen der zweiten Säule

Basis: Steuerpflichtiger Stadt Basel, verheiratet, ref.

Steuereffekt bei der Einzahlung	Jährliche Einzahlung vor Steuern	50'000 Fr.	
	Steuerersparnis (Grenzsteuersatz 40%)	- 20'000 Fr.	
	Effektive Einzahlung nach Steuern	**30'000 Fr.**	
Steuerfreier Kapitalaufbau	Anzahl Jahre der Einzahlungen	15 Jahre	
	Erwartete interne Rendite p.a.	5,5%*	**Netto-Rendite auf dem eingesetzten Kapital nach Steuern: 10,7%**
	Prognostiziertes Kapital am Ende	**1'120'000 Fr.**	
Steuern bei der Kapitalauszahlung	Einmalige Steuer bei Auszahlung	112'000 Fr.	
	Netto-Auszahlungsbetrag	**1'008'000 Fr.**	

* Langfristig realistisch im Rahmen der BVG-Anlagevorschriften; nicht steuerpflichtig

Vorsorgekonzept 2: mit dritter Säule (private Vorsorge)

Die folgende Grafik zeigt, dass Versicherungen der ersten und dritten Säule die Bedürfnisse eines Selbständigen optimal erfüllen mit individuell kombinierbaren und jederzeit anpassungsfähigen Bausteinen. Wesentlicher Vorteil: Der Versicherungsbedarf kann unabhängig vom bezogenen Gehalt festgelegt werden. Allerdings gibt es das Verbot der Überversicherung, an das sich die Versicherungsgesellschaften bei Vertragsabschluss zu halten haben.

Vorsorgekonzept für Selbständigerwerbende im Rahmen der 1. und 3. Säule

Beispiel für ein Jahreseinkommen von 72'000 Fr.

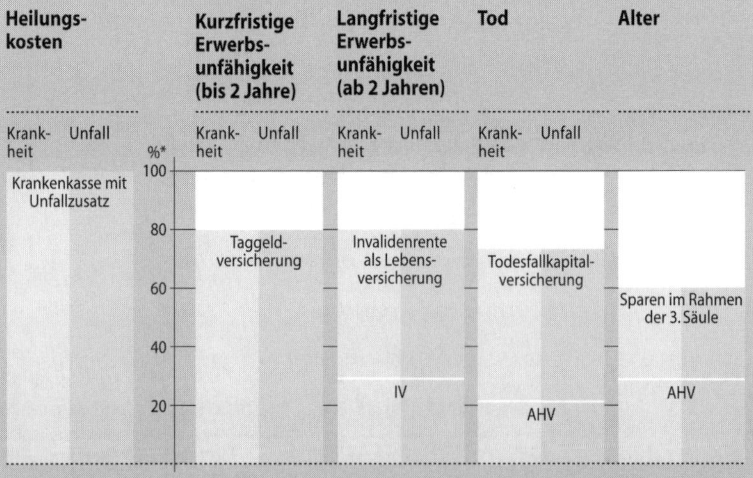

* Leistungen in % des Lohnes

Anmerkungen
- Versicherungsschutz frei definierbar aufgrund der individuellen Bedürfnisse
- Grundsätzlich ist eine Vorsorge mit freiwilliger UVG/BVG-Versicherung (Versicherung wie für Angestellte) möglich. In der Regel ist aber die Vorsorge über 1. und 3. Säule bei Aufnahme der selbständigen Erwerbstätigkeit bis zu 20% günstiger, da eine bedarfsangepasste Absicherung mit maximaler Flexibilität möglich ist. Es kann sich lohnen, Verbandsangebote zu prüfen.

Abkürzungen
- AHV = Alters- und Hinterlassenenversicherung (1. Säule, staatliche Vorsorge)
- IV = Invalidenversicherung (1. Säule, staatliche Vorsorge)

Heilungskosten Wer sich selbständig macht, sollte seine Krankenversicherung mit einem Unfallzusatz ergänzen. Dieser Zusatz ist günstig: In der obligatorischen Grundversicherung beispielsweise steigt die Prämie um 8%.

Kurzfristige Erwerbsunfähigkeit Vor den finanziellen Folgen einer kurzfristigen Erwerbsunfähigkeit von höchstens zwei Jahren wegen Krankheit oder Unfall kann sich ein Selbständiger mit einer Taggeldversicherung schützen. Die meisten Versicherungsgesellschaften führen spezielle Angebote für sogenannte Alleinunternehmer. Der Vergleich lohnt sich: Die Angebote liegen bis zu 100% auseinander. Oft sind Verbandsversicherungen besonders attraktiv.

Eine solche Taggeldversicherung zahlt während höchstens zwei Jahren. Die Wartefrist sollte den finanziellen Möglichkeiten angepasst werden. In der Praxis hat sich eine Wartefrist zwischen einem und drei Monaten bewährt.

Taggeldversicherung: Einfluss der Wartefrist auf die Prämie

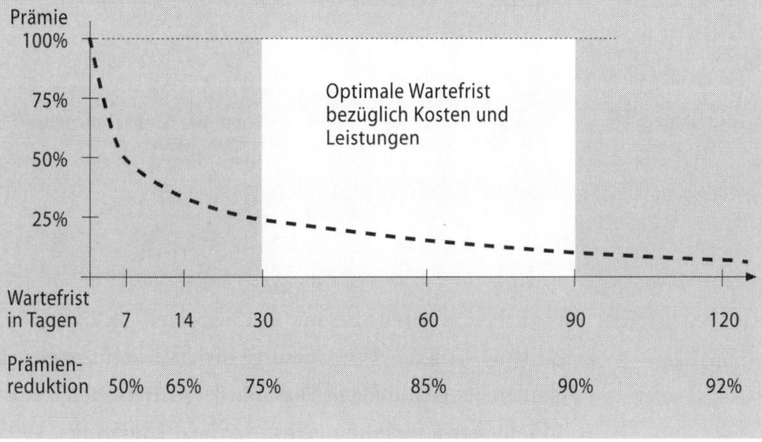

Invalidität

Neben der kurzfristigen Erwerbsunfähigkeit ist die langfristige Invalidität als Folge eines Unfalles oder einer Krankheit ein Risiko. Bei langfristiger Invalidität zahlt die obligatorische Invalidenversicherung, so dass eine Existenzsicherung vorhanden ist. Ergänzend kann eine Erwerbsunfähigkeitsrente versichert werden, um den Finanzbedarf bis zur Pensionierung zu decken. Auch für diese Versicherungen gibt es ein grosses Angebot – mit Prämienunterschieden, die für gleichwertige Leistungen bis zu 60% ausmachen.

Taggeldversicherungen und Invaliden-Renten

	Kollektiv-Taggeld	**Invaliden-Rente (als Risiko-Lebensversicherung)**
Versicherungsnehmer	Unternehmen oder Selbständigerwerbende	Personen, die über die gesetzlichen Versicherungen (BVG, UVG) und die Firma nicht ausreichend abgedeckt sind, oder Selbständigerwerbende
Wartefrist	Kurze Wartefrist (0, 3, 7, 14, 21, 30, 60, 90 oder 180 Tage)	Längere Wartefrist (3, 6, 9, 12 oder 24 Monate)
Leistungsdauer	Kurze Leistungsdauer (1/2 bis 2 Jahre)	Beliebig lang (bis Alter 65)
Jahresprämien für 4'500 Fr. Taggeld pro Monat (Fr. 54'000 p.a.)*	700 Fr. bis 2'000 Fr. (je nach Alter und Unfall-Gefahrenklasse)	1'200 Fr. bis 2'200 Fr. (je nach Schlussalter)
Empfehlung	Gut für Unternehmen und Selbständigerwerbende	Günstigste Lösung bei längerer Leistungsdauer

* Prämienbeispiel jeweils für 3 Monate Wartefrist und für Krankheits- und Unfallabsicherung

Altersvorsorge

Wir haben es bereits betont: Ein Selbständiger darf mittel- und langfristig die Altersvorsorge nicht vernachlässigen. Im Rahmen der gebundenen Vorsorge der dritten Säule kann er 20% des Erwerbseinkommens, maximal 28'656 Fr. (1997), steuerabzugsfähig einsetzen für Risikoversicherungen und Altersvorsorge.

Zu vergleichen sind die Angebote von Banken und Versicherungen, die sich immer ähnlicher werden. Ausschlaggebend für die Wahl des Vorsorgeträgers sind die persönliche Bedürfnisse und Präferenzen. Nebst reinen Versicherungs- und Bankenlösungen haben sich Mischformen bewährt (vgl. dazu auch Kapitel 2).

3. Säule: Bank oder Versicherung?

	Bank (Vorsorgekonto)	**Versicherung** (Vorsorgepolice)
Flexibilität bei Einzahlung	gegeben	möglich, in der Regel aber fix
Vertragsdauer	keine	fixiert, z.B. bis Alter 60
Prämienbefreiung*	nur in Kombination mit einer Versicherung	in der Regel automatisch eingeschlossen
Zinsen	variabel, orientieren sich an den Sätzen der 8-Jahres-Kassenobligationen, vorteilhaft in Hochzinsphasen	Mindesverzinsung von ca. 3% garantiert. Überschüsse variabel (Basis: langfristiger Durchschnitt der Bundesobligationen; vorteilhaft in Niedrigzinsphasen
Einschluss von Todesfall- und Invaliditätsversicherung	nicht möglich	möglich

* Die Fortführung der Beitragszahlungen im Invaliditätsfall wird durch eine Versicherungsgesellschaft geleistet.

Verwendung von Freizügigkeitskapital

Wer aus einem Angestelltenverhältnis in eine selbständige Erwerbstätigkeit wechselt, hat in der Pensionskasse ein Sparkapital aufgebaut, das sogenannte Freizügigkeitskapital. Dieses Kapital kann sich ein Selbständiger auszahlen lassen, er kann es aber auch weiterhin für die Altersvorsorge einsetzen.

Verwendung von Freizügigkeitsgeldern

Verbleib innerhalb 2. Säule (immer möglich)	Auszahlung aus der 2. Säule*
Anlagemöglichkeit	
- Freizügigkeitspolice bei Versicherungsgesellschaft - Festverzinsliches Sparkonto bei Bank - BVG-Fondsanlage im Rahmen der gesetzlichen Vorschriften	- Unbeschränkt
Vorteile	
- Erbschafts- und Konkursprivileg - Geld bleibt zweckgebunden (Altersvorsorge) - Steuerfreie Zinserträge	- Geld frei verfügbar - bei Wiederanlage Investition ohne Rücksicht auf Anlagevorschriften - Begünstigung im Todesfall frei wählbar
Nachteile	
- Kapital frühestens 5 Jahre vor dem AHV-Alter verfügbar - Begünstigung im Todesfall gesetzlich vorgeschrieben	- Laufende Besteuerung der Zinserträge - Keine Erbschafts- oder Konkursprivilegien
Steuern	
In beiden Fällen Besteuerung zum Rentensatz (6-14%) bei Auszahlung des Kapitals	

* Bei Aufnahme einer selbständigen Erwerbstätigkeit oder endgültiger Abreise ins Ausland

Selbständige, die ihr Freizügigkeitskapital nicht benötigen, können es anlegen. Auch mit Geldanlagen im BVG Rahmen lassen sich Renditen erzielen, die denjenigen individueller Anlagedepots vergleichbar sind. Für die speziellen BVG-Anlagekonten gilt wie für alle Anlagen: Der Anlagehorizont bestimmt die Rendite-Erwartung wesentlich.

Bis zu einer endgültigen Entscheidung über Bezug oder längerfristige Anlage kann das Kapital auf dem Standard-Freizügigkeitskonto einer Bank, mit durchschnittlich 4% Zins, parkiert werden.

Anlagevarianten für Freizügigkeitskapital

Beispiel: Frau, Alter 43, Wohnort Glarus, reformiert, Angaben in Fr.

	Variante 1 Verbleib in 2. Säule (z.B. Freizügigkeits-konto)	**Variante 2** Anlage in 3. Säule (z.B. Einmaleinlage)	**Variante 3** Wertschriften-Depot (ausgewogene Anlagestruktur)
Freizügigkeitskapital	121'500	121'500	121'500
Sofortige Besteuerung (Steuersatz 2,75%)	0	3'300	3'300
Verfügbares Kapital zur Anlage	121'500	118'200	118'200
Erwartete Kapitalverzinsung vor Steuern	4%	4%	6%
Erwartete Kapitalverzinsung nach Steuern	4%	4%	5%
Kapital im Alter 64 inkl. Zinsen	276'900	269'900	329'200
Besteuerung bei Kapitalauszahlung (Steuersatz 8,96%)	24'800	0	0
Kapital im Alter 64	**252'100**	**269'900**	**329'200**

Variante 1 Klarer Vorsorgecharakter mit Konkursprivileg. Teilbezüge sind i.d.R. möglich (je nach Reglement)

Variante 2 Klarer Vorsorgecharakter mit Konkursprivileg. Steuervorteile für die Einmaleinlage bei mindestens 5jähriger Anlagedauer, sofern der Anspruchsberechtigte bei Auszahlung mindestens 60 Jahre alt ist.

Variante 3 Wertschriftenanlagen zeichnen sich durch eine hohe Flexibilität aus. Starke Kursschwankungen müssen in Kauf genommen werden. Die Anlagedauer sollte mindestens 5 bis 10 Jahre betragen und konsequent eingehalten werden.

Wer bei Aufnahme einer selbständigen Erwerbstätigkeit oder im Alter Kapital der zweiten Säule (Pensionskasse oder Freizügigkeitskonto) bezieht, wird einmalig zu einem Vorzugssatz besteuert. In den meisten Kantonen wirkt die Steuerprogression, es kann deshalb sinnvoll sein, das Kapital sofort zu beziehen und beispielsweise in eine steuerfreie Einmaleinlage zu investieren. Wiederum gilt: Die Lösung muss den individuellen Bedürfnisse angepasst sein und die Meinung über die verschiedenen Anlagesparformen berücksichtigen. Dazu ein Beispiel (Grafik Seite 281): Als Variante 1 wird das Freizügigkeitsgeld weiterhin im Rahmen der 2. Säule angelegt. Mit Alter 64 wird das angesammelte Kapital besteuert.

Dagegen wird bei Variante 2 das Freizügigkeitskapital sofort bezogen, versteuert und als Einmalprämien-Versicherung angelegt. Beide Varianten sind bezüglich Risikokategorie gleichwertig. Aber bei gleicher Verzinsung von 4% ergibt die Variante 2 ein um 17'200 Fr. höheres netto verfügbares Kapital bei Alter 64. Variante 3 bildet ein Wertschriften-Depot mit ausgewogener Risikostruktur ab. Bei dieser sicherheitsorientierten Anlagepolitik darf nach Steuern eine Kapitalverzinsung von 5% erwartet werden. Dies ergibt nach Steuern ein netto verfügbares Kapital von 329'200 Fr., 59'900 Fr. mehr als bei Variante 2.

Betriebs- und Berufshaftpflicht-Versicherung

Betriebs- und Berufshaftpflicht-Versicherungen, im folgenden kurz: Haftpflichtversicherungen, gehören zu den Kernversicherungen, weil sie Katastrophenrisiken versichern. Meist sind sie nicht obligatorisch, doch sind sie unbedingt zu empfehlen. Analog zur Privathaftpflicht- deckt eine Betriebs- oder Berufshaftpflicht-Versicherung die gesetzliche Haftpflicht für Schäden, die Drittpersonen oder ihre Sachen erleiden. Mit einigen hundert Franken Prämien werden unter Umständen Millionenschäden versichert. Versicherungstechnisch wird scharf getrennt zwischen Haftpflichtschäden im Privat- und solchen im Berufsleben. Es ist ausgeschlossen, eine selbständige Berufstätigkeit in die Privathaftpflicht-Versicherung einzubeziehen, ausser es handle sich um einen unbedeutenden Nebenerwerb.

Funktion der Haftpflicht-Versicherung

Das Wichtigste beim Abschluss einer Haftpflichtversicherung: die präzise Umschreibung der Berufstätigkeit. Grundsätzlich deckt die Versicherung nur Haftpflichtansprüche aus der definierten Tätigkeit; gewisse Risiken können explizit ausgeschlossen, Sondergefahren je nach Bedarf gegen einen Zuschlag individuell versichert werden.

Anders als bei Sachversicherungen, in denen der Versicherungsgegenstand genannt wird, beschreibt die Haftpflichtversicherung vor allem, was nicht versichert ist. Auf den ersten Blick befremdend und negativ – doch ergibt sich diese Praxis aus den Haftungsnormen, die im Schadensfall erst vom Richter konkret ausgelegt werden.

Haftungsnormen

Die wichtigsten Haftungsnormen, die ein Selbständiger kennen muss, sind im Schweizerischen Obligationenrecht (OR) festgehalten. Es wird grundsätzlich unterschieden zwischen der vertraglichen und der ausservertraglichen Haftung.

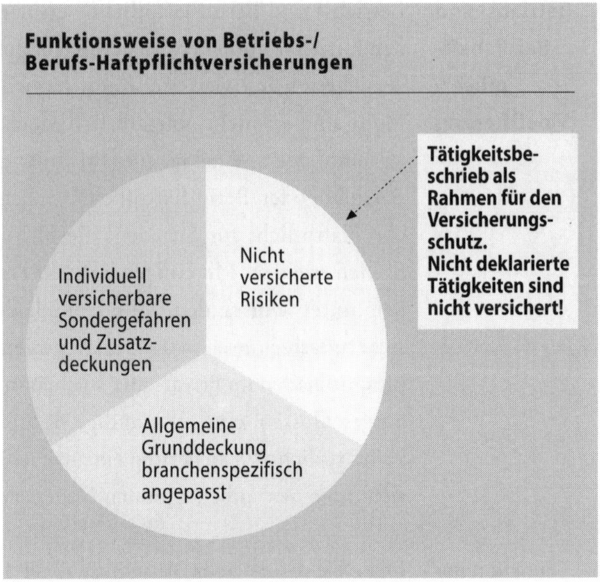

Vertragliche Haftung Die vertragliche Haftung geht von einem schriftlichen oder mündlichen Vertrag, einer gegenseitigen übereinstimmenden Willensäusserung (Art. 1 OR), aus. Im Fall eines Haftpflichtanspruchs kommt der richtigen Vertragserfüllung eine wesentliche Bedeutung zu. Der Schädiger hat sein Nichtverschulden zu beweisen – anders als bei einer ausservertraglichen Haftung ist also die Beweislast umgekehrt und wiegt schwerer für den Verursacher. Am häufigsten lösen Kauf- (Art. 186 ff OR) und Werkverträge (Art. 363 ff OR) Haftpflichtansprüche aus.

Ausservertragliche Haftung Im Fall einer ausservertraglichen Haftung gilt Artikel 41 des OR: «Wer einem anderen widerrechtlich Schaden zufügt, sei es mit Absicht, sei es aus Fahrlässigkeit, wird ihm zum Ersatze verpflichtet.» Grundsätzlich hat der Geschädigte ein Verschulden zu beweisen. Versichert werden können nur fahrlässig verursachte Schäden. Bei Grobfahrlässigkeit kann die Versicherung unter Umständen ihre Leistung kürzen. Dabei stellt sie auf die Gerichtspraxis ab.

Für einen Selbständigen ebenfalls relevant sind die Artikel 55 und 58 des OR. Sie beschreiben die Haftung des Geschäftsherrn für seine Angestellten und Hilfpersonen und als Werkeigentümer.

Im Rahmen dieser Darstellung kann die Haftungsthematik nicht abschliessend erörtert werden. Nicht fehlen aber darf der Hinweis, dass die Haftpflichtversicherung auch als «passive Rechtsschutzversicherung» eine grosse Bedeutung hat: Sie übernimmt im Schadensfall die Verteidigung des Versicherungsnehmers und wehrt unbegründete Ansprüche ab. Der Versicherte kann von der juristischen Erfahrung der Versicherungsmitarbeiter profitieren.

Leistungen der Haftpflicht-Grunddeckung

Die folgende Grafik gibt einen Überblick über die allgemeine Grunddeckung von Haftpflichtversicherungen. Versichert sind im Rahmen der definierten Tätigkeit Personen- und Sachschäden sowie Vermögensschäden als Folge von Sachschäden aus Betriebs-, Produkte- und Anlagerisiken. Eingeschlossen ist die Abwehr unbegründeter Ansprüche.

Ausgeschlossene Risiken sind insbesondere Obhuts-, Bearbeitungs- und Gewährleistungsschäden, weil sie wesentlich abhängen von einer sorgfältigen Arbeitsausführung, also der bezahlten Auftragsarbeit einer Firma. Die auftragsgemässe Ausführung eines Auftrages soll und kann nicht delegiert werden. Auch hier gilt: Keine Regel ohne Ausnahme. Beispielsweise können Architekten, Ingenieure, Ärzte, Anwälte oder Treuhänder Planungs- oder Beratungsfehler versichern. Solche Schäden werden versicherungstechnisch «reine Vermögensschäden» genannt: Es liegt weder ein Personen- noch ein Sachschaden vor, der Schaden betrifft ausschliesslich und direkt das Vermögen.

Betriebs-/Berufshaftpflicht:
Was ist in der Grundversicherung versichert?

Versicherte Personen- und Sachschäden	Nicht versichert
- **Betriebsrisiken** Haftpflicht aus den betrieblichen Vorgängen und Arbeitsabläufen des bezeichneten Betriebes	- Obhutsschäden: Schäden an Dingen, die zu Bearbeitung, Beförderung, Gebrauch oder Aufbewahrung übernommen werden
- **Produkterisiken** Schäden aus Lieferung von Produkten und Arbeiten (Konstruktions-, Fabrikations-, Instruktions- und Entwicklungsfehler)	- Bearbeitungsschäden: Schäden infolge Ausführung oder Unterlassung einer Tätigkeit
- **Anlagerisiken** Haftpflicht als Eigentümer, Mieter oder Pächter von Grundstücken, Gebäuden und Räumlichkeiten, die dem versicherten Betrieb dienen.	- Haftpflicht für Fahrzeuge oder als Bauherr
- Haftpflicht für Umweltbeeinträchtigungen	- Gewährleistungsschäden
- Abwehr von unbegründeten Ansprüchen = passiver Rechtsschutz	- Eigenschäden
	- Schäden von Verwandten
	- Reine Vermögensschäden (ohne Personen-/Sachschäden)
	- Allmählich eintretende Schäden
	- Zu erwartende, wahrscheinliche Schäden
	- Schäden infolge Abgabe von Patenten und Lizenzen
	- Schadenverhütungskosten
	- Schäden an gemieteten, geleasten oder gepachteten Grundstücken, Gebäuden und Räumlichkeiten

* Ausschlüsse aus der Grunddeckung sind teilweise gegen Mehrprämie versicherbar (siehe Sondergefahren/Zusatzdeckungen)

Zusatzversicherungen und Sondergefahren

Versicherbare Sondergefahren, die sich zusätzlich zur allgemeinen Grunddeckung versichern lassen, gibt es beinahe ebenso viele wie Betriebs- und Berufsarten. Die folgende Übersicht soll auf versicherbare Risiken aufmerksam ma-

Wichtige Zusatzversicherungen und versicherbare Sondergefahren

Allgemein	Fabrikation Handel Gewerbe	Verkaufsgeschäfte Büro-, Verwaltungsbetriebe	Architekten Ingenieure	Ärzte Zahnärzte	Anwälte Treuhänder
Eigentümer, Mieter oder Pächter von nicht dem Betrieb dienenden Gebäuden und Grundstücken	Bearbeitungs- und Obhutsschäden	Bearbeitungs- und Obhutsschäden	Reine Vermögensschäden als Folge von Planungsfehlern (sogenannte Bauten- und Anlageschäden)	Reine Vermögensschäden	Reine Vermögensschäden, z.B. als Folge von verpassten Fristen
Schäden an gemieteten Räumen	Schadenverhütungskosten		Tätigkeiten in oder für Arbeitsgemeinschaften erfordern eine gesonderte Versicherung	Rechtsschutz im Strafverfahren	Verwaltungsratsmandate
Kunden-Unfallversicherung	Schadenermittlungs- und Behebungskosten			Tätigkeiten, die aufgrund eines arbeitsvertraglichen oder beamtenrechtlichen Verhältnisses zu Spitälern ausgeübt werden, erfordern gesonderte Abklärungen	**Nicht versicherbar:** Finanz- und Spekulationsgeschäfte
Gemietete PTT-Anlagen	Be- und Entladeschäden an fremden Fahrzeugen				Verlust von Geld und Wertpapieren
	Aus- und Einbaukosten				Geschäftsführende Tätigkeiten
	Nutzungsausfall				
	SBB-Anschluss- und Verbindungsgeleise				
	Ionisierende Strahlen oder Laserstrahlen				

chen, die ein Selbständiger allenfalls näher prüfen sollte. Es ist empfehlenswert, den Rat von Spezialisten einzuholen und Erfahrungen aus Betrieben der gleichen Branche zu nutzen.

Je spezieller der eigene Betrieb und die möglichen Haftpflicht-Probleme, desto höher die Anforderungen an die Versicherungsexperten; es kann sich lohnen, eine Referenzliste zu verlangen. Ähnlich wie bei EDV-Projekten geht es darum, die branchenspezifische Erfahrung zu kombinieren mit dem fachtechnischen Wissen externer Experten, um eine optimale Lösung zu erhalten. Die Bewährungsprobe einer Versicherungslösung ist der Schadensfall, und dann kann die Existenz eines Betriebs auf dem Spiel stehen.

Geltungsbereich

Die örtliche und zeitliche Geltung eines Versicherungsvertrages muss übereinstimmen mit der Tätigkeitsdauer und dem Tätigkeitsgebiet eines Betriebs:

- Der örtliche Geltungsbereich von Haftpflichtversicherungen umfasst in der Regel Europa ohne die Länder des ehemaligen Ostblocks. Wenn Güter in Regionen ausserhalb Europas exportiert werden – direkt oder indirekt, beispielsweise als Teile einer Maschine – muss der örtliche Geltungsbereich überprüft und eventuell angepasst werden.

  Besonders kostspielig sind Versicherungen, die auch in den USA oder in Kanada gelten. Es stellt sich die Frage, ob die Risiken auf eine Versicherung abzuwälzen sind, oder ob vertragliche Vereinbarungen mit Versicherungscharakter getroffen werden können.
- Im zeitlichen Geltungsbereich gibt es drei Deckungsvarianten. Üblicherweise gilt das Schadenverursachungsprinzip: Versichert ist ein Schadenereignis, wenn ein Schaden während der Versicherungsdauer verursacht worden ist.

Ausländische Versicherer wenden teilweise andere Prinzipien an.

Gefährlich sind Systemwechsel, beispielsweise vom Verursachungs- zum Schadeneintrittsprinzip, so dass verhängnisvolle zeitliche Deckungslücken auftreten können.

Varianten der Geltungsdauer des Haftpflichtversicherungsschutzes

Versicherungsvarianten	**Variante A** Schadenverursachungsprinzip	**Variante B** Schadeneintrittsprinzip	**Variante C** Anspruchserhebungsprinzip
Versicherungsschutz besteht, wenn...	Zeitpunkt der Schadenursache = Versicherungsvertragsdauer	Zeitpunkt des Schadenseintrittes = Versicherungsvertragsdauer	Zeitpunkt der Anspruchserhebung = Versicherungsdauer
Verlauf eines Schadens	**Ursache**	**Eintritt**	**Anspruchserhebung der Geschädigten**

Beispiel	Planungsfehler einer Dachkonstruktion	Wasser dringt infolge des Konstruktionsfehlers unbemerkt ins Haus ein	Die Auswirkungen des Schadens werden erst nach Monaten sichtbar, und der Geschädigte erhebt Schadenersatzansprüche

Betriebs- oder Berufs-Rechtsschutzversicherung

Der passive Rechtsschutz einer Haftpflichtversicherung kann ergänzt werden mit einem Rechtsschutz, der dazu dient, Ansprüche aktiv durchzusetzen. Eine Rechtsschutzversicherung kann helfen bei Streitigkeiten aus Arbeits- und Mietverträgen. Streitigkeiten aus Auftragsverhältnissen und Werkverträgen sind in der Regel von der Rechtsschutzversicherung ausgeschlossen.

Betriebliche Sachversicherung

Die Sachversicherung von Betrieben ist zu unterscheiden von der Betriebsunterbrechungs-Versicherung. Die Sachversicherung deckt Schäden am Betriebsinventar (Waren, Einrichtungen, Maschinen, Muster usw.), verursacht durch Feuer, Einbruchdiebstahl oder Wasser. Die Betriebsunterbrechungs-Versicherung kommt auf für Folgen von Sachschäden, die sich auf den Betriebsertrag auswirken.

Einem Selbständigen kann es gelegentlich schwerfallen, zu unterscheiden zwischen Privat- und Firmeneigentum; er kann deshalb die Sachwerte eines reinen Bürobetriebs in der Regel in seiner Hausratversicherung mitversichern. Die Zusatzdeckung muss in der Police explizit erwähnt sein. Diese einfache Lösung bieten im übrigen nicht alle Versicherungsgesellschaften an.

Spezialfälle

Für die besonderen Bedürfnisse von Betrieben, in denen Anlagen und Maschinen mit hohen Sachwerten stehen, gibt es Spezialversicherungen, die zusätzliche Risiken decken: Datenverlust, Beschädigung durch Fehlmanipulation, Kurzschluss, Sabotage und Montagefehler. Sind solche Anlagen und Maschinen vorhanden, lohnen sich eine detaillierte Abklärung und der Vergleich von Kosten und Leistungen.

Die richtige Versicherungssumme

Schon bei der Hausratversicherung verursacht es einiges Kopfzerbrechen, die Versicherungssumme zu bestimmen. Die Sachversicherung eines Betriebs verlangt ein noch feineres Vorgehen, weil beispielsweise bei eigener Herstellung auch Gewinnteile von Waren versichert werden können. Wer die Versicherungssumme richtig festlegen will, muss zuerst die versicherten Waren und Betriebseinrichtungen bewerten. Erst dann kann die Versicherungssumme bestimmt werden. Die nachfolgenden Bewertungskriterien helfen bei dieser Arbeit.

Bewertungskriterien der versicherten Sachen für Versicherungssumme

Waren		Gebrauchsgegenstände/ Betriebseinrichtungen	
Art	**Bewertung**	**Art**	**Bewertung**
Selbsthergestellte Waren	Verkaufspreis = Herstellungskosten + Vertriebs- und Verwaltungs-gemeinkosten (VVGK) + Gewinn – Rabatte, Skonti	Betriebseinrichtungen in Gebrauch	Wiederbeschaffungspreis/Neuwert für gleichen Gegenstand mit gleicher Leistungskapazität inkl. Kosten für die Inbetriebnahme
Ware in Fabrikation	bisherige Herstellungskosten + anteilmässig VVGK + anteilmässig Gewinn	Betriebseinrichtungen nicht mehr in Gebrauch	Zeitwert = Wiederbeschaffungspreis - Wertverminderung durch Abnützung, je nach Lebensdauer der Geräte
Eingekaufte Waren Handelswaren Rohprodukte	Einstandspreis (allgemeingültiger Tagespreis) + Kosten +/- Kursschwankungen – Rabatte, Skonti	Nicht aktivierte Gegenstände (Kleinwerkzeuge)	Schätzwert Wiederbeschaffungspreis (pauschal) + ev. Reservezuschlag
Verkaufte Waren	Verkaufspreis (inkl. Gewinn) + MwSt.		

Drei Versicherungsvarianten stehen zur Auswahl: die Vollwertversicherung, die Erstrisikoversicherung und die Teilwertversicherung.

Vollwert-versicherung

Am häufigsten wird die Vollwertversicherung gewählt. Dabei muss der Versicherungswert der Versicherungssumme entsprechen. Im Fall einer Unterversicherung wird – auch bei Teilschäden – die Leistung anteilig gekürzt, ähnlich wie bei der Hausratversicherung.

Erstrisiko- und Teilwertversicherung

In der Erstrisiko- und der Teilwertversicherung wird bewusst nur ein Teil des Versicherungswertes versichert, etwa weil ein Totalschaden nicht zu erwarten ist oder Versicherungssummen kaum zu bestimmen sind oder stark schwanken. Im Schadensfall werden Entschädigungen bis zur vereinbarten Limite entrichtet, Unterversicherung ist kein Argument.

Festlegung der Versicherungssumme

	Vollwert-versicherung	Erstrisiko-versicherung (ER)	Teilwertversicherung
Beschreibung	Versicherungssumme = Versicherungswert	Versicherungssumme = max. Entschädigung	Versicherungssumme = %-Anteil vom Versicherungswert
Anwendungen	- Normalfall bei Sachversicherung - Vor allem bei Feuerversicherung	- Wenn kein Totalschaden zu erwarten ist - Bei schwer bestimmbarem Vollwert - Bei grossen Schwankungen des Vollwertes	- Wenn kein Totalschaden zu erwarten ist - Diebstahlversicherung - Wasserversicherung

Beispiel Teilschaden

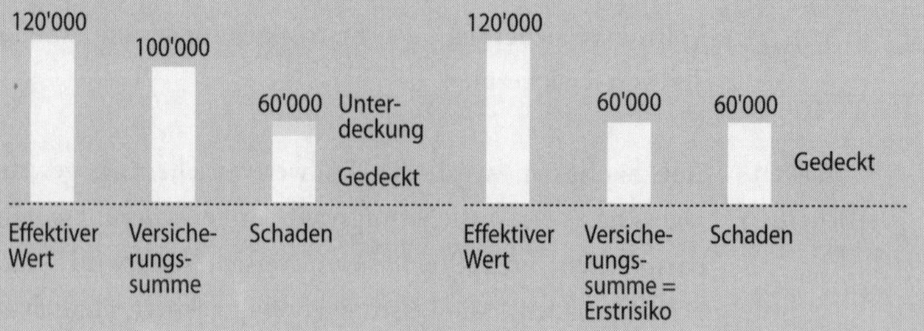

Versicherte Ereignisse

Die Waren und Einrichtungen eines Betriebes können gegen Feuer- Wasser- Einbruch- und Glasschäden versichert werden. Der Deckungsumfang der Risiken entspricht der Regelung in der Hausratversicherung (vgl. Seite 232ff).

In der Sachversicherung können Betriebe Einbruch und Beraubung versichern, nicht aber den einfachen Diebstahl ohne sichtbare Spuren.

Spezielle Bedingungen gelten für Bijouterie- und Uhrengeschäfte und für Diebstähle mit Gewaltanwendung aus Fahrzeugen und Baubaracken. Baubaracken gelten versicherungstechnisch nicht als feste Behältnisse. Ein Versicherungsbedarf kann in einer Zusatzversicherung gedeckt werden. Das Risiko eines Diebstahls aus dem Fahrzeug kann in einer Transportversicherung versichert werden.

Auch spezielle Glasschäden können gedeckt werden: Einzelne Gläser über vier Quadratmeter, Spezialgläser, Glasbeschriftungen und Leuchtschilder können gegen Bruch und Beschädigung versichert werden.

Örtliche Geltung

Die Sachwerte einer Unternehmung sind immer nur am Ort versichert, der in der Versicherungspolice bezeichnet ist. Daher ist es besonders wichtig, der Versicherungsgesellschaft Adressänderungen unverzüglich zu melden.

Bei mehreren Standorten sind die Versicherungen in der Regel grosszügig, sofern die versicherte Sache weniger als ein Jahr an einem anderen als dem bezeichneten Standort steht.

Sobald aber Sachwerte längere Zeit an verschiedenen Orten lagern, beispielsweise in einem permanenten Aussenlager, so ist dieser Ort mit Adresse der Versicherungsgesellschaft zu melden und in der Police einzutragen. Zwischen verschiedenen Standorten besteht eine Freizügigkeit. Es ist die Maximalversicherungssumme je Versicherungsart zu deklarieren.

Wo gilt der Versicherungsschutz?

Wo / Risiko	Am bezeichneten Standort	Bei mehreren Standorten	Zwischen den bezeichneten Standorten	Ausserhalb der bezeichneten Standorte	Besonderes
Feuer	Ja	Separate Deklaration notwendig	Freizügigkeit gegeben; bei Transporten Aussen- oder Transportversicherung notwendig	Aussenversicherung oder Transportversicherung notwendig	
Elementarereignisse	Ja, nur Standorte in der Schweiz	Separate Deklaration notwendig	Nein	Elementar-Spezialversicherung notwendig	Im Ausland lokal versicherbar
Einbruch, Beraubung	Ja	Separate Deklaration notwendig	-	Aussenversicherung notwendig	Für kurzfristige Ausstellungen kann besondere Vereinbarung geschlossen werden
Wasser/ Glas	Ja	Separate Deklaration notwendig	-	-	

Betriebsunterbrechungs-Versicherung

Ein Brand- oder Wasserschaden kann den normalen Betriebsgang erheblich beeinträchtigen oder vollständig zum Stillstand bringen. Der Umsatz geht massiv zurück, die Kosten bleiben gleich oder steigen sogar. Der Verlust ist in vielen Fällen existenzbedrohend: Statistiken zeigen, dass nur gerade 23% der nicht versicherten Betriebe drei Jahre nach einem grösseren Schaden noch existieren. Dieses Risiko können Unternehmen und Unternehmer durch einen Betriebsunterbrechungs-Versicherung absichern. Sie vergütet die ertragswirksamen Folgen eines versicherten Sachschadens.

Wird in Fabrikationsbetrieben Fahrhabe beschädigt oder zerstört, entsteht nicht nur Sachschaden, meist wird auch der Betriebsablauf gestört oder gar lahmgelegt. Schon ein kleiner Sachschaden kann zu einem Betriebsunterbruch und damit einem schwerwiegenden Verlust führen. Die Betriebsunterbrechungs-Versicherung ist eine Vermögensversicherung: Sie versichert den erwarteten Ertrag und anfallende Mehrkosten. Als Grundlage der Schadensbemessung dienen die Werte der Erfolgsrechnung.

Auch politische Unruhen, Streiks, Fehlkalkulationen oder Management-Fehler können zu einem Betriebsunterbruch führen. Versichert werden können jedoch nur Unterbrüche, die sich ergeben aus versicherten Sachschäden durch Feuer, Wasser oder Einbruchdiebstahl.

Bei einer Betriebsunterbrechung laufen die meisten Kosten weiter, sie lassen sich nicht kurz- oder mittelfristig abbauen. Oft fallen zusätzliche Kosten an, z.B. für die Miete von Ersatzräumen, die Auswärtsvergabe von Aufträgen, Konventionalstrafen oder Schichtarbeit. Immer stärker ins Gewicht fallen die Kosten ausserordentlicher Werbekampagnen, die Imageschäden korrigieren und Kunden zurückgewinnen. Die Betriebsunterbrechungs-Versicherung vergütet nach einem versicherten Schadenereignis:

- den ausgefallenen versicherungstechnischen Brutto-Gewinn (Netto-Betriebsgewinn und fixe Kosten)
- die variablen Kosten, soweit sie nicht im Verhältnis zum sinkenden Umsatz abgebaut werden können (z.B. Energiekosten für Maschinen)
- die Mehrkosten zur Aufrechterhaltung des Betriebes, die wegen des Sachschadens anfallen, und zur Schadenminderung (besondere Auslagen i.d.R. bis zu 10% der Versicherungssumme).

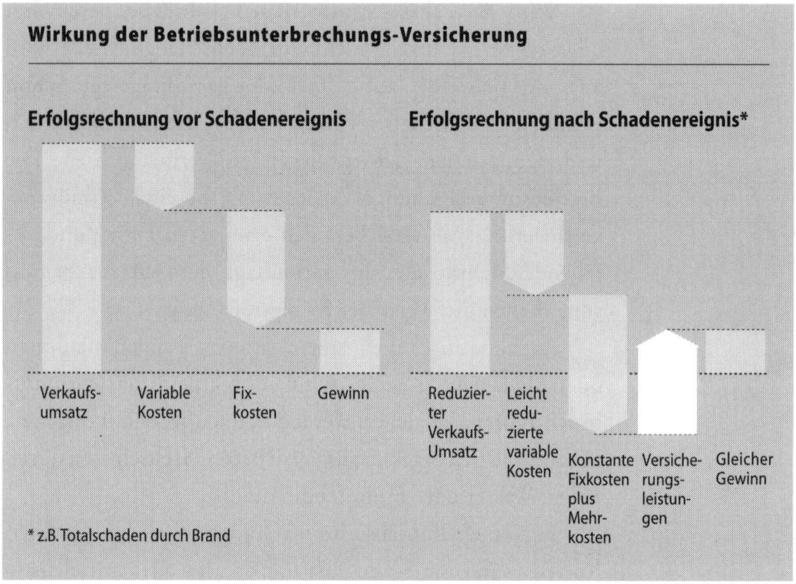

Besonders heimtückisch und nicht automatisch versichert sind Rückwirkungsschäden: Schäden aus einem Betriebsunterbruch nach einem versicherten Sachschaden bei einem Zulieferanten oder Abnehmer. Eine Spezialdeckung ist jedoch nur notwendig, wenn entsprechende Abhängigkeiten bestehen. Ein Beispiel: Eine Druckerei bestellt eine Heidelberger Druckmaschine mit digitaler Vorstufe. Die Maschine soll ab 1. September für die Produktion eines Grossauftrages eingesetzt werden. Kurz vor der Auslieferung der speziell konfigurierten Druckmaschine brennt die Auslieferungshalle des Herstellers vollständig nieder. Die Auslieferung verzögert sich um einen Monat. Die Druckerei muss im September ihren Betrieb teilweise einstellen und ihrem Kunden wegen verspäteter Auftragserfüllung eine Konventionalstrafe zahlen. In diesem Fall gibt es also einen Bedarf, den Rückwirkungsschaden zu versichern.

Tips für den Umgang mit Versicherungen

1. Tip: Abschluss

Folgende Grundsätze sind bei einem Versicherungsabschluss zu beachten:

- Immer zuerst den Bedarf definieren
- Vor Versicherungsabschluss immer mehrere Offerten verschiedener Gesellschaften prüfen oder eine unabhängige Beratungsstelle beiziehen
- Nie unter Zeitdruck eine Versicherung abschliessen
- Spezielle Leistungen schriftlich bestätigen lassen
- Kurze Vertragsdauer wählen, um jederzeit von vorteilhaften Angeboten zu profitieren
- Keine falschen Angaben im Antrag tolerieren
- Police nach Erhalt auf Richtigkeit überprüfen
- Antragskopie oder Deckungszusage mit Unterschrift des Beraters verlangen

2. Tip: Schadensfall

- Keine mündlichen Ablehnung akzeptieren
- Nach einem Autounfall keine Schuldanerkennung unterzeichnen
- Im Zweifelsfall Polizei beiziehen und als Beweis für die Versicherung Vorfall rapportieren lassen
- Gegebenenfalls neutralen Fachberater beiziehen
- Schadensfälle immer unverzüglich bei der Versicherung anmelden
- Belege und Quittungen aufbewahren, weil Versicherter zur Beweisführung verpflichtet ist
- Spätestens vier Wochen nach Vorliegen aller zur Beurteilung eines Falles notwendigen Unterlagen wird die Forderung aus dem Versicherungsantrag fällig (Versicherungsvertragsgesetz VVG Art. 41)
- Forderungen aus Versicherungsverträgen verjähren in der Regel nach zwei Jahren (VVG Art. 46)

3. Tip: Prämie steigt

Bei einer Prämienerhöhung hat der Versicherungsnehmer das Recht, den Vertrag per Datum der Veränderung (in der Regel Prämienverfall) zu kündigen. Diese Kündigung muss bis am letzten Tag vor Prämienverfall erfolgen. Achtung: Vor einer Kündigung auf jeden Fall abklären, ob ein gleichwertiger oder besserer Vertrag bei einer anderen Gesellschaft möglich ist, und sich von der neuen Versicherung eine schriftliche Aufnahmebestätigung geben lassen.

4. Tip: Wechsel der Versicherung

Ein Wechsel ist in folgenden Fällen möglich:

- Ablauf des Vertrages: 3 Monate vor Ablauf kündigen
- Prämienerhöhung oder andere einseitige Vertragsänderungen durch die Versicherungsgesellschaft: Kündigung bis zum letzten Tag vor Prämienverfall möglich
- Handänderung oder Wegfall eines Risikos: Bis 14 Tage nach Kenntnis des Vorhandenseins einer Versicherung kann gekündigt werden.
- Entschädigungspflichtiger Schadensfall: Kündigung bis 14 Tage nach Kenntnis der Schadenszahlung möglich
- Krankenkassenwechsel per 1. Juli. oder 1. Januar, Kündigungsfrist 3 Monate

5. Tip: Wahl der Versicherung

Folgende Kriterien dienen der Beurteilung von Versicherungsgesellschaften und ihren Beratern:

- Schnelligkeit der Bedienung (nicht nur beim Abschluss)
- Know-how in Spezialgebieten; Prämienvolumen in der entsprechenden Versicherungsbranche
- Kompetenz des Beraters, gewissenhaftes Abklären von Wissenslücken oder offenen Fragen
- Wird nur über Vorteile einer Versicherung oder auch über Grenzen der Deckung gesprochen?
- Aufdringlichkeit der Beratung
- Verständlichkeit von schriftlichen Unterlagen.

KAPITEL 4

Immobilien und Hypotheken

Der Schweizer Immobilienmarkt

Warum ist es in der Schweiz eigentlich so teuer, ein Eigenheim zu erwerben? Diese Frage stellen sich viele potentielle Immobilienkäufer. Tatsächlich liegen die Kaufpreise für vergleichbare Objekte in anderen Ländern deutlich unter dem schweizerischen Niveau.

Besonderheiten des Marktes

Die hohen Immobilienpreise sind die Folge von einigen Besonderheiten des Schweizer Marktes. Einige typische Merkmale dieses Marktes:

- Eine wohlhabende Bevölkerung und ein hohes Lohn- und Preisniveau.
- Dicht besiedelte Agglomerationen mit wenig ungenutzten Flächen.
- Zusätzliche Verknappung des überbaubaren Bodens durch tiefe Ausnützungsziffern oder Auszonungen.
- Hohe Baukosten wegen Vorschriften und anspruchsvoller Bauweise (Lärmschutz, Energiesparen usw.), aber auch wegen der kartellähnlichen Anbieterstruktur bei Planung, Herstellung und Baumaterialien.
- Steigende Bauvorbereitungskosten wegen grosszügigen Rekursmöglichkeiten im Bewilligungsverfahren und hohen Land- und Bauzinsen.

All diese Marktfaktoren führen zu hohen Landpreisen und grossen Baukosten – oder volkswirtschaftlich formuliert: Bei einem knappen Angebot gibt es einen strukturellen Nachfrageüberhang. Deshalb haben sich im schweizerischen Immobilienmarkt einige besondere Eigenheiten entwickelt.

Die Schweizer: ein Volk von Mietern

Die Schweiz weist eine der weltweit tiefsten Quoten von Wohneigentum auf: Lediglich 33% der Bevölkerung wohnen in den eigenen vier Wänden. In Norwegen sind es 81, in England 69 und in Deutschland immerhin 42%. Die ländlichen Kantone der Schweiz weisen höhere Quoten aus als die Städte, das Wallis beispielsweise 59%; die Stadt Zürich mit ganzen 6% Wohneigentümern drückt den Durchschnitt im Kanton Zürich auf 21%.

Die Schweizer: ein Volk von Mietern

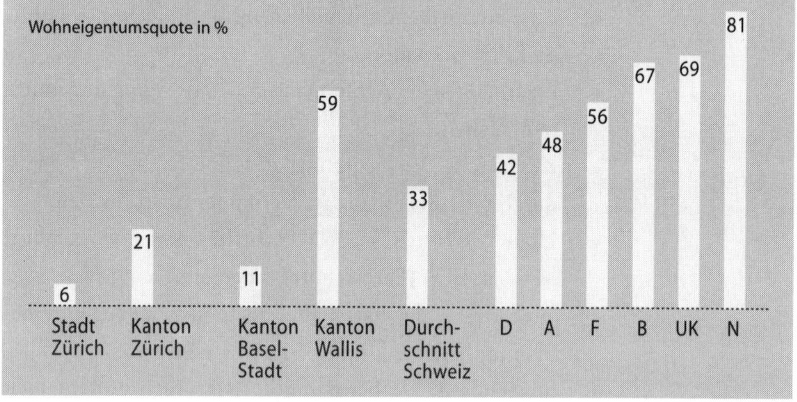

Diese Zahlen verdeutlichen es: Die Schweizer sind ein Volk von Mietern. Das Angebot an Mietwohnungen ist entsprechend gut, ein weitreichender Mieterschutz gesetzlich verankert und alltägliche Praxis.

Politischer Hypothekarzinssatz

Die Zinssätze für Hypotheken haben in der Schweiz eine politische Bedeutung, weil die Mieten jeder Änderung der Hypothekarzinsen, nach oben oder nach unten, angepasst werden müssen. Damit ergibt sich ein direkter Zusammenhang mit der Inflation: Sie wird gemessen an der Preisveränderung eines Warenkorbs, bei dem die Mietkosten eine nicht unerhebliche Rolle spielen. Der Hypothekarzinssatz ist somit politisch brisant und konnte bisher nicht nach rein wirtschaftlichen Kriterien festgesetzt werden.

Eine weitere Besonderheit der Hypothekarzinsen: Kartellähnliche Absprachen unter den wichtigsten Anbietern, den Banken, sind nach wie vor weit verbreitet. Die wichtigen Anbieter bieten einen grossen Teil der Hypotheken zu sehr ähnlichen Konditionen an. Mit wachsendem Wettbewerbsdruck werden diese zementierten Verhältnisse jedoch aufgebrochen. Insbesondere bei neuen Hypothekarformen gibt es bereits heute grosse Unterschiede im Angebot und in den Zinssätzen. Gleichzeitig sind deutliche Tendenzen zu marktgerechteren Lösungen zu erkennen – künftig werden die Hypothekarzinssätze den effektiven Marktgegebenheiten entsprechen.

Wenig private Eigentümer

Trotz staatlicher Massnahmen zur Förderung von privatem Wohneigentum befinden sich viele Liegenschaften im Besitz institutioneller Kapitalanleger, grosser Industrieunternehmen, Banken, Versicherungen und Pensionskassen. Wäre der Immobilienbesitz breiter gestreut, vor allem auch unter einer Vielzahl von Privatpersonen, würde der Liegenschaftenmarkt besser funktionieren, also den Spielregeln des Markts besser gehorchen.

Massive Preiseinbrüche bei Immobilien

In den 70er, vor allem aber in den 80er Jahren sind die Immobilienpreise stark gestiegen. Zu Beginn der 90er Jahre sanken die Preise für Liegenschaften je nach Lage und Objekt zwischen 5 und 50%. Am meisten gelitten haben Büro- und Gewerbeflächen, ebenfalls stark betroffen vom Preiseinbruch waren Einfamilienhäuser. Der geringste Einbruch war bei den Eigentumswohnungen zu verzeichnen.

Inzwischen (1997) haben sich die Preise auf einem tieferen Niveau gefestigt, allerdings gibt es auf dem Markt noch immer viele leere Wohnungen und neue, nicht verkaufte oder vermietete Überbauungen.

Immobilienpreisentwicklung im Kanton Zürich (ohne Stadt Zürich)

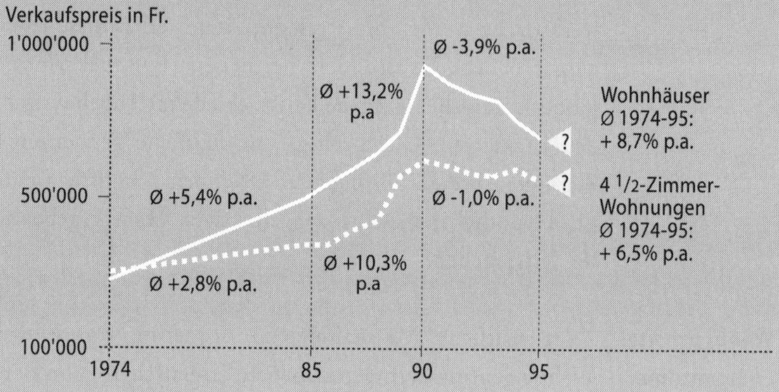

Quelle: Statistisches Jahrbuch des Kantons Zürich 1996/97

Indexierte Preise (real) der Eigentumswohnungen und Einfamilienhäuser in der Schweiz

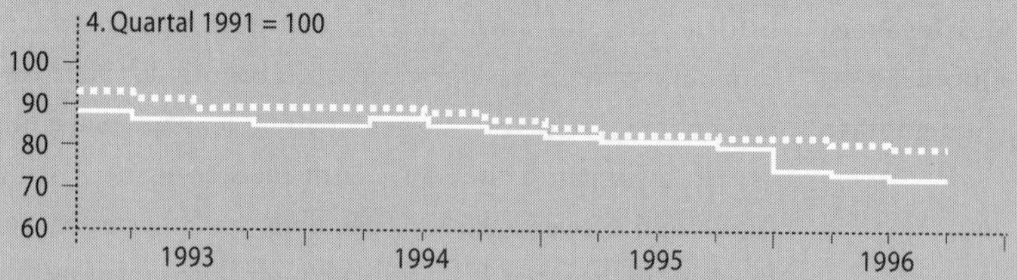

Quelle: Wüest & Partner, Zürich

Der Preiseinbruch in den vergangenen Jahren hat sein Gutes: Es ist günstiger geworden, Immobilien zu kaufen, und die rezessions- und wettbewerbsgeschädigte Bauindustrie lockt mit tieferen Preisen. Zudem sind die Hypothekarzinsen auf einem tiefen, relativ stabilen Niveau. Damit ist eine günstige Marktsituation entstanden, die den Traum vom Eigenheim für viele realisierbar macht.

Vorgehen beim Kauf von Wohneigentum

Ablauf eines Kaufs

Der idealtypische Ablauf beim Kauf von Wohneigentum beginnt mit der Suche nach einem geeigneten Objekt und dem Vorentscheid für eine bestimmte Liegenschaft oder Wohnung.

Nach den Verhandlungen mit dem Verkäufer muss die Finanzierung geregelt werden. Danach steht dem Kaufvertrag und der Eigentumsübertragung nichts mehr im Weg. Der Abschluss des Kaufvertrags und die Eigentumsübertragung können bei bestehenden Objekten auch zusammenfallen und im Grundbuchamt gleichzeitig vollzogen werden. Bei einem Bauvorhaben sind diese Akte mit der Planung und der Realisierung des Baus zu koordinieren.

Ablauf eines Liegenschaftenkaufs ohne Bauvorhaben

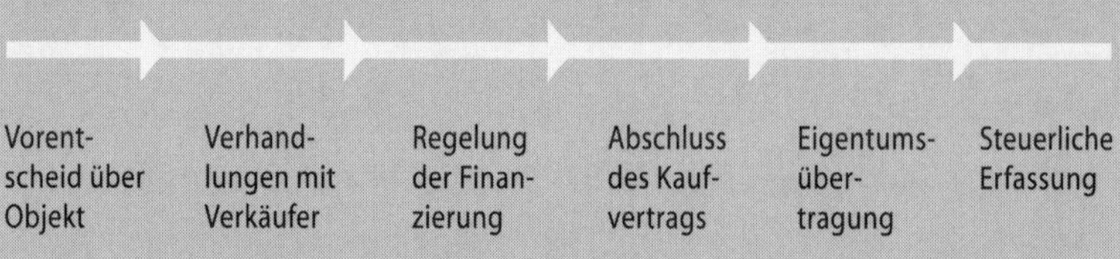

Objektauswahl

Das Vorgehen beim Kauf von Wohneigentum ist natürlich abhängig von der persönlichen Situation – entsprechend sind folgende Aspekte, die beim Kauf eines Objektes zu beachten sind, individuell zu gewichten:

Persönliche Aspekte

- Welche Wohnform entspricht mir/uns?
- Welche Regionen/Ortschaften kommen dafür in Frage?

- Entspricht es der familiären und beruflichen Situation, sich an einen festen Wohnort zu binden?
- Will ich selber bauen oder fertig kaufen?

Lokale Aspekte

- Verkehrsverbindungen, Arbeitsweg
- Infrastruktur, Läden, Schulen
- Erholungsmöglichkeiten, Freizeitaktivitäten
- Klimatische Gegebenheiten
- Steuerverhältnisse

Objektbezogene Aspekte

- Grösse und Art des Objektes
- Lage (Himmelsrichtung, Besonnung, Aussicht)
- Erschliessung (Zufahrt, Leitungen)
- Bauzone (Auflagen, Hausabstände, Nachbarn)
- Immissionen (Lärm, Luft, Gewerbe, Gerüche)
- Bauweise (Grundriss, Ausbaumöglichkeiten, Isolation)
- Gebäudealter, Investitionsbedarf, Unterhaltszustand

In bautechnischen Fragen lohnt es sich, im Zweifelsfall einen Fachmann beizuziehen. Sinnvoll ist es auch, ein Objekt nicht nur einmal, sondern mehrfach zu besichtigen, etwa zu verschiedenen Tageszeiten und bei unterschiedlichen Witterungsverhältnissen.

Finanzielle und rechtliche Aspekte

- Entsprechen die Kosten dem Marktwert?
- Sind alle Zusatzgebühren bekannt (Erschliessung, Versicherungen, Gebühren)?
- Sind die Finanzierungskriterien erfüllt (Eigenkapital, Tragbarkeit)?
- Besteht ein zusätzlicher Versicherungsbedarf?
- Ist ein Erneuerungsfonds zu äufnen?
- Gibt es noch alte Eintragungen im Grundbuch?

Eigentumsformen

Wer sich damit beschäftigt, Wohneigentum zu erwerben, wird feststellen, dass es die unterschiedlichsten juristischen Eigentumsformen gibt. Die Unterschiede zwischen den einzelnen Eigentumsformen zeigen sich vor allem in den güter- und erbrechtlichen Konsequenzen. Die Vor- und Nachteile der einzelnen Varianten müssen klar sein. Allenfalls kann der für die Liegenschaft zuständige Notar weiterhelfen. Folgende Eigentumsformen sind möglich:

Alleineigentum

Der Alleineigentümer hat alleiniges und ausschliessliches Verfügungsrecht über die Liegenschaft.

Miteigentum

Die Miteigentümer sind ohne Aufteilung der Liegenschaft nach Bruchteilen berechtigt. Jeder Miteigentümer kann über seinen (ideellen) Anteil verfügen, ihn verpfänden oder veräussern. Grundsätzlich besitzt er ein Vorkaufsrecht an den anderen Miteigentumsanteilen.

Gesamteigentum

Alle Eigentümer sind an der Liegenschaft als Ganzes beteiligt. Sie treten als Gemeinschaft auf und können nur gemeinsam handeln. Anders als bei Miteigentum gibt es keine frei nutzbaren Teile. Als Gesamteigentümer treten gesetzlich bestimmte Personenverbindungen auf, z.B. eheliche Gütergemeinschaften, einfache Gesellschaften oder Erbengemeinschaften.

Stockwerkeigentum

Der Stockwerkeigentümer ist Miteigentümer einer Liegenschaft. Er besitzt ein Sonderrecht an bestimmten Einheiten (z.B. Wohnung, Keller, Garage). Darüber verfügt er wie ein Alleineigentümer. Die gemeinschaftlichen Teile der Liegenschaft gehören nicht zum Sonderrecht. Im Nutzungs- und Verwaltungsreglement sind die Rechte und Pflichten der Stockwerkeigentümer festgelegt.

Baurecht Das Baurecht ist das Recht, auf fremdem Boden einen Baukörper, also beispielsweise ein Wohnhaus, zu erstellen. Diese Befugnis wird im Grundbuch eingetragen. Der Baurechtgeber (= Landbesitzer) erhält vom Baurechtnehmer (= Hausbesitzer) einen jährlichen Baurechtszins. Die Dauer des Baurechtes ist gesetzlich auf maximal 99 Jahre beschränkt. Nach Ablauf dieser Frist fällt der Bau gegen eine angemessene Entschädigung an den Baurechtgeber zurück (Heimfall).

Im Baurecht müssen für den Kauf eines Eigenheims weniger Eigenmittel aufgewendet werden, weil das Grundstück nicht erworben werden muss. Dennoch sind Vor- und Nachteile des Baurechts umstritten.

Objektbewertung Ein Schlüsselfaktor beim Kauf oder Verkauf eines Objektes ist die Frage nach dem angemessenen Preis, dem Verkehrswert. Der Liegenschaftsmarkt ist nicht transparent, so dass oft Vergleichswerte aus dem aktuellen Markt fehlen.

In der Preiskalkulation ist ein Rendite-Objekt vom selbstbewohnten Eigenheim zu unterscheiden. Wichtige Kriterien für den Verkehrswert sind die Lage des Objektes, die gesetzlichen (Bau-)Bestimmungen sowie bei Rendite-Objekten das Ertragspotential. Nachstehend sind die wichtigsten «Wertbegriffe» und ihre Bedeutung aufgeführt.

Realwert Unter Realwert versteht man den geschätzten Sachwert als Summe aus Bauwert, Baunebenkosten und Landwert. Unter Bauwert versteht man den Gebäude-Zeitbauwert, d.h. den Neubauwert minus Altersentwertung.

Ertragswert Der Ertragswert ist die Summe aller künftigen, auf den gegenwärtigen Zeitpunkt abdiskontierten Erträge (Barwert). Üblich ist eine Kapitalisierung zu einem marktbestimmten

Zinssatz. Er entspricht der Ziel-Rendite und sollte folglich über dem Hypothekarzins liegen. Je nach Alter und Unterhaltskosten des Gebäudes nimmt man als Ziel-Rendite den Hypothekarzins plus 2 bis 3 Prozentpunkte. Damit ergibt sich folgende beispielhafte Rechnung:

- Brutto-Mieteinnahmen (nach Nebenkosten) = 45'500 Fr.
- Ziel-Brutto-Rendite = 7,0% (Hypozins von 4,5% plus 2,5%)
- Ertragswert = 45'500 Fr./0,07 = 650'000 Fr.

Verkehrswert

Beim Eigenheim entspricht in der Regel der Realwert dem Verkehrswert, während bei Rendite-Objekten der Ertragswert den Verkehrswert wesentlich beeinflusst: Man kombiniert den Realwert und den Ertragswert. Je grösser die Abweichung, desto stärker wird in der Mischrechnung der Ertragswert gewichtet. Der Verkehrswert berechnet sich in der Regel wie folgt:
Verkehrswert = ((2 x Ertragswert) + (1 x Realwert)) / 3.

Auswirkungen auf die Vorsorge

Der Wechsel von der Mietwohnung ins Eigenheim wirkt sich oft auf die Vorsorgesituation aus, auch wenn keine Vorsorgemittel der 2. oder der 3. Säule bezogen worden sind (mehr dazu weiter unten). Denn durch eine Finanzierung mit Fremdkapital entsteht eine feste finanzielle Verpflichtung, die auch bei einer schlechten Einkommenslage oder einem Unglücksfall zu erfüllen ist.

Absicherung gegen Risiken

Auf jeden Fall sollte man überprüfen, wie gut man für die Risiken Erwerbsunfähigkeit, Todesfall und Alter versichert ist: Zu addieren sind die jeweiligen Rentenleistungen aus der staatlichen Vorsorge (AHV/IV), der beruflichen Vorsorge (BVG/UVG) sowie allfälligen privaten Vorsorge- oder

Lebensversicherungspolicen. (In Kapitel 2 «Persönliche Vorsorge» wird eine Vorsorgeanalyse im Detail beschrieben und an einem Zahlenbeispiel durchgerechnet.)

In der (noch) klassischen Familiensituation wird das Einkommen mehrheitlich von einem Elternteil verdient, während der andere sich um die Kinder und den Haushalt kümmert. Die Frage für den Fall, dass einem der beiden Partner etwas zustossen sollte: Genügen die Mittel, um die finanzielle Belastung und allenfalls auch die Kosten einer Haushaltshilfe weiterhin zu tragen?

Rechtzeitig vorsorgen

Damit die Familie nach einem Unfall oder gar Verlust eines Elternteils nicht aus Geldnot das eigene Heim veräussern muss (zu möglicherweise schlechten Bedingungen), werden beim Kauf von Wohneigentum häufig Lebensversicherungen abgeschlossen. Aus einer solchen Police würden dann im Unglücksfall die Mittel ausbezahlt, um den Verbleib im Eigenheim zu ermöglichen.

Vorsorgebeispiel

An einem Beispiel sollen Sinn und Zweck einer solchen Versicherung dargestellt werden:
Nach dem Tod des vorsorglich versicherten Vaters erhalten Mutter und Kinder eine einmalige Summe von 250'000 Fr. Damit können sie entweder die Hypothek reduzieren und somit billiger wohnen oder, der Marktsituation angepasst, eine sichere Anlage tätigen, um mit dem Ertrag die Hypothekarzinsen zu decken.

Kompetente und unabhängige Beratung

Es empfiehlt sich auf jeden Fall, die möglichen Szenarien mit einer kompetenten und möglichst unabhängigen Fachperson systematisch zu analysieren, so dass man sich den Bedürfnissen entsprechend versichert und sich nicht für einzelne Risiken unter- oder überversichert.

Offerten vergleichen

Sind die Versicherungsbedürfnisse definiert, lohnt es sich, bei verschiedenen Versicherungsgesellschaften konkrete Offerten einzuholen und zu vergleichen. Nach dem Zerfall der Versicherungskartelle bietet der wachsende Wettbewerb dem wachen Konsumenten attraktive Sparmöglichkeiten.

Wie finanziere ich Wohneigentum?

Die klassische Finanzierung

Bei einem Bau- oder Kaufvorhaben muss zunächst der gesamte Finanzierungsbedarf oder die Anlagesumme berechnet werden. Bei einem Bauvorhaben stützt sich die Berechnung der Anlagekosten auf den Landwert und die Übersicht des Architekten über die einzelnen Baukosten. Bei einem Kauf sind neben dem Verkaufspreis auch die notariellen und steuertechnischen Nebenkosten zu berücksichtigen.

Kauf-Nebenkosten

Die Kauf-Nebenkosten umfassen folgende Bestandteile: Handänderungssteuern, notarielle Gebühren, grundbuchamtliche Gebühren und je nach Fall Gebühren für den Schuldbrief. Die ersten drei Kostenelemente werden in der Regel von Verkäufer und Käufer je zur Hälfte übernommen. Die Nebenkosten sind je nach Kanton unterschiedlich hoch. Im Kanton Zürich beispielsweise betragen die Gebühren für die öffentliche Beurkundung 0,1% des Kaufpreises (plus Auslagen und Mehrwertsteuer). Die Gebühr des Grundbuchamtes entspricht 0,25% des Kaufpreises (plus Auslagen) und die Handänderungssteuer bei über 10jährigem Besitz 1%, bei 5- bis 10jährigem Besitz 1,5% und bei unter 5jährigem Besitz 2% des Kaufpreises.

Eigenmittel und Fremdmittel

Für die Anlagesumme sind bei einer klassischen Finanzierung mindestens 20% Eigenmittel erforderlich. Die übrigen 80% werden bei einem Kreditgeber, z.B. einer Bank, beantragt. Sofern Objekt und Kreditnehmer den Anforderungskriterien der Kreditgeber entsprechen, werden die 80% Fremdmittel als «erste» Hypothek (65%) und als «zweite» Hypothek (15%) aufgebracht. Erste Hypothek bedeutet, dass die Schuld die höchste (die erste) Sicherheit geniesst und bei einem Zwangsverkauf zuerst zurückbezahlt wird.

Da die zweite Hypothek mit einem höheren Risiko behaftet ist, verlangen die Kreditgeber einen Zuschlag zwischen 0,25 und 1,0 Prozentpunkten auf den Hypothekarzins der ersten Hypothek. In welchem Rang sich eine Hypothek oder ein Schuldbrief befindet, entscheidet die Eintragung im Grundbuch. Im allfälligen Konkursfall des Schuldners hängt vom Rang ab, welche Gläubigeransprüche zuerst aus der Verwertung gedeckt werden. Die folgende Abbildung stellt die übliche Finanzierungsstruktur dar.

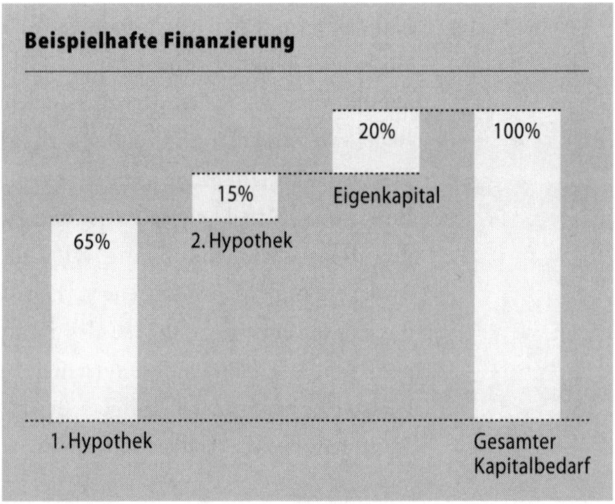

Hypothekarkredit Liegenschaften werden über Hypothekarkredite finanziert, langfristige Darlehen an Kreditnehmer, die eine Liegenschaft besitzen oder erwerben. Eine Hypothek ist eine Forderung, die durch ein im Grundbuch eingetragenes Pfandrecht an einem Grundstück gesichert ist. Der Kreditnehmer entrichtet dem Kreditgeber für die Hypothek einen Schuldzins, den sogenannten Hypothekarzins.

Belehnung Grundlage der maximalen Belehnung ist der beurkundete Kaufpreis oder der von der Bank geschätzte Verkehrswert. Die Schätzung macht ein Gutachter, meist ein Vertrauensarchitekt der Bank. Ausgehend vom Schätzwert werden in der Regel erste Hypotheken von 65% und zweite für weitere 15% gewährt.

Kreditvergabe Bei der Kreditvergabe beurteilt der Kreditgeber zwei Hauptkriterien: Erstens sollte der Käufer in der Regel mindestens 20% eigene Mittel aufbringen, zweitens sollte die jährliche Belastung aus dem Kauf (Zinsen, Amortisation, Unterhalt) nicht mehr als ein Drittel (30 – 33%) des gesamten Brutto-Einkommens ausmachen.

Die Kreditgeber prüfen die Qualität des Objekts und die Bonität des Kreditnehmers: die Wahrscheinlichkeit, dass der Kreditnehmer die Schuldzinsen und die notwendigen Amortisationsbeiträge aufbringen kann. Dabei werden je nach Kredit gewährendem Institut andere Richtlinien und unterschiedlich strenge Massstäbe angewandt.

Sicherheiten Als Sicherheiten für Hypothekarschulden dienen in der Schweiz folgende Grundpfandrechte: Schuldbrief, Grundpfandverschreibung oder Gült. Eventuell wird vom Kreditgeber zusätzlich eine bereits bestehende oder neu abzuschliessende Lebensversicherung für den Fall der Erwerbsunfähigkeit und/oder den Todesfall als Sicherheit verlangt.

Kündigung Hypothekarkredite können meist auf eine Frist von 3 bis 6 Monaten von beiden Parteien gekündigt werden. Festhypotheken können in der Regel nur dann vorzeitig gekündigt werden, wenn der Kreditnehmer bereit ist, den potentiellen Verlust der Bank zu entschädigen.

Amortisation Die erste Hypothek muss in der Regel nicht amortisiert, also abbzahlt werden. Die zweite Hypothek hingegen wird über rund zwanzig Jahre oder mit einem Prozent der Gesamthypothek pro Jahr amortisiert. (Details zum Thema Steuervergünstigungen und geringere Kostenbelastung durch die «indirekte Amortisation» weiter unten und im Kapitel «Steuern».)

Zinssatz In der Regel verlangen Banken höhere Zinssätze für zweite Hypotheken, ebenso für Zweitobjekte, zum Beispiel Ferienwohnungen, für Gewerbe- und Industriebauten und für Landhypotheken. Zudem ist zu unterscheiden zwischen den Zinssätzen für variable und feste Hypotheken.

Ist die Rede vom Hypothekarzins, geht es in der Regel um den Satz der ersten variablen Hypothek. Er hat sich in den letzten Jahren zyklisch bewegt in einer Bandbreite von 3,5 bis 7% (vgl. folgende Abbildung).

Die Entwicklung des Hypothekarzinses (1944-1997)

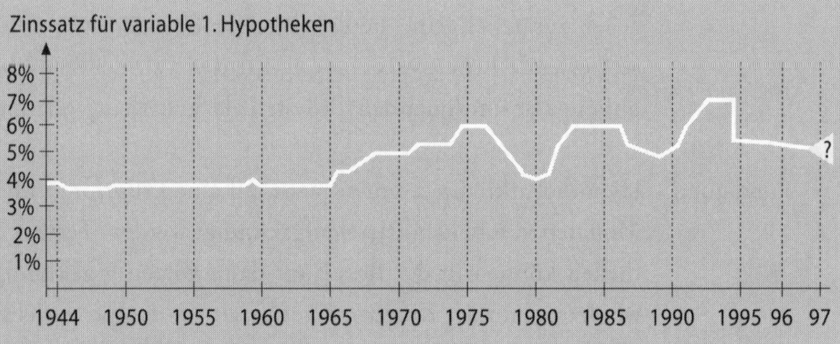

Quelle: VZ Investment-Research

Wichtig für die Bestimmung des Hypothekar-Zinssatzes sind die Möglichkeiten der Banken, Geld auf dem Kapitalmarkt zu beschaffen. Da die inländischen Mittel aus Spareinlagen oder Kassenobligationen nicht ausreichen, um diese Kredite vollständig zu refinanzieren, nehmen die Banken am internationalen Kapitalmarkt Gelder auf.

Insbesondere das Geld für Festhypotheken, mit einer fixierten Laufzeit beispielsweise auf fünf Jahre, beschaffen sich die Banken auf den internationalen Märkten. Damit unterliegen vor allem die Zinsen für feste Hypotheken grösseren Schwankungen. Im Extremfall können die Angebote der Kreditgeber in diesem Bereich täglich variieren. Neue Hypothekarmodelle, zum Beispiel die Euro-Hypothek, funktionieren ähnlich; die Banken refinanzieren sich am kurzfristigen Euro-Geldmarkt (meist mit einem 6-Monats-Zinssatz).

Beschaffung von Fremdkapital

Um den zur eigenen Situation am besten passenden Hypothekarkredit zu finden, sind zwei Auswahlkriterien zu beachten:

1. Wer ist der geeignete Kreditgeber?
2. Welches ist die geeignete Kreditform?

Mögliche Kreditgeber

Als Kreditgeber kommen in erster Linie Banken, Versicherungen oder Pensionskassen in Frage. Der Grossteil des Marktes wird nach wie vor von den Grossbanken und Kantonalbanken beherrscht, obwohl Versicherungsgesellschaften oder Pensionskassen oft attraktivere Angebote machen – gerade in Hochzinsphasen. Zudem ist absehbar, dass in Zukunft kleinere, sehr spezialisierte Institute sich erfolgreich im Markt etablieren werden. Die Aufteilung des gesamten Hypothekarvolumens der Schweiz (Stand: Ende 1994) zeigt nachstehende Grafik.

Der Hypothekarmarkt der Schweiz (1994)

100% = 487,5 Mrd. Fr.

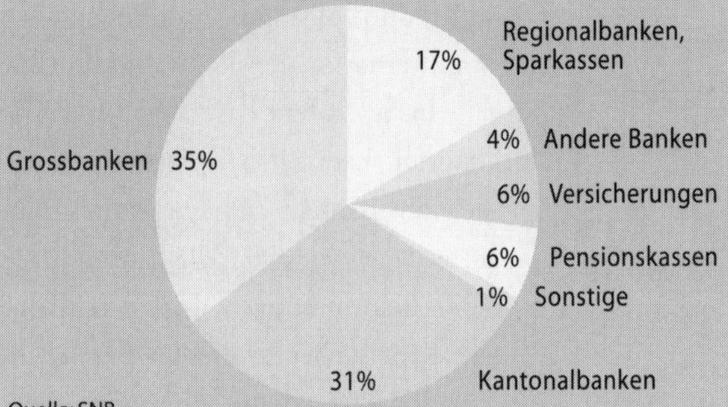

Quelle: SNB

Banken als Kreditgeber

Die Marktaufteilung zeigt, dass es den Grossbanken gelungen ist, in das eigentliche Stammgeschäft der Kantonal- und Regionalbanken einzudringen. Damit hat sich der Margendruck für die kleineren Institute verstärkt. Doch sind die kleineren Banken häufig wettbewerbsfähig geblieben, weil sie flexibler sind als die marktführenden Grossinstitute mit ihrem relativ standardisierten Angebot. In bezug auf speziellere oder persönlichere Lösungen sind kleine Banken häufig flexibler. Dagegen bieten die grossen Anbieter eine breitere Palette von anderen Finanzdienstleistungen.

Versicherungen als Kreditgeber

Es lohnt sich, als Alternative zu den Banken auch die Angebote der Versicherungsgesellschaften zu prüfen. Nicht alle Versicherungen vergeben Darlehen. Dafür haben die grösseren Institute eine Produktpalette, die sich durchaus mit dem Bankenangebot vergleichen lässt.

Versicherungsgesellschaften, die Hypothekarkredite geben, sind nicht am Zinsdifferenzgeschäft interessiert (Zinsdifferenz zwischen Kapitalbeschaffung und -ausleihung), sie wollen vielmehr Gelder, z.B. aus Lebensversicherungsprämien, in werthaltige Immobilien anlegen. Die Vorteile für den Kunden liegen in der langfristigen Zinspolitik. So vollziehen die Versicherungen insbesondere bei Festhypotheken die Zinssatzanpassungen nicht so schnell wie die Banken, sondern lediglich in periodischen Sitzungen. Dadurch können sich dem Konsumenten, vor allem bei steigenden Zinsen, interessante Marktangebote eröffnen. Ein weiterer Vorteil besteht in der ausgezeichneten Bonität der schweizerischen Assekuranz.

Fast alle Versicherungen gewähren ausschliesslich ihren Kunden Hypotheken. Das heisst, dass man entweder bereits eine Police mit einem beträchtlichen jährlichen Prämienaufkommen besitzt oder eine solche als Gegengeschäft abschliesst. Da es für den Käufer von Wohneigentum jedoch ohnehin sinnvoll sein kann, zusätzliche Vorsorgemassnahmen zu treffen, stellt ein Gegengeschäft normalerweise keinen Hinderungsgrund dar, um bei einer Versicherungsgesellschaft eine Hypothek abzuschliessen.

Pensionskassen als Kreditgeber

Eine dritte Quelle für Hypothekarkredite sind die grösseren Pensionskassen. Den Angestellten, die einer Pensionskasse angeschlossen sind, werden Darlehen oft zu vergünstigten Bedingungen gewährt, meist variable Hypotheken. Zu beachten ist, dass bei einem Firmenaustritt die Hypothek meistens abgelöst werden muss.

Bei der Kreditvergabe sind Versicherungen und Pensionskassen zurückhaltender als Banken: Sie setzen die Belehnungsgrenze tief an, indem sie z.B. nur eine erste Hypothek geben, oder sie verfolgen eine sehr vorsichtige und konservative Kreditpolitik, die nur ausgewählte Objekte und besonders gute Schuldner akzeptiert.

Ist man bei der Auswahl des geeigneten Kreditgebers unsicher, sollte man den Rat einer unabhängigen Beratungsstelle suchen. Sie wird je nach Kreditnehmer, Objekt, bevorzugter Kreditform, vorhandenen Mitteln und der aktuellen Marktsituation einen passenden Vorschlag machen.

Unterschiedliche Kreditarten

Die wichtigsten Kreditarten sind die variable und die feste Hypothek. Nebst diesen «Kredit-Klassikern» gibt es heute eine Reihe von Spezialitäten wie z.B. Stufen-Hypotheken, Kombi-Hypotheken oder verschiedene Arten der Zinsabsicherung im Zusammenhang mit Euro- oder Libor-Hypotheken. Deshalb ist es wichtig, die persönlichen Umstände und Bedürfnisse sorgfältig abzuklären, um schliesslich die beste Kreditform auswählen zu können.

Variable Hypothek

Die klassische Hypothekarform ist die variable Hypothek mit einem Zins, der laufend der Entwicklung des Kapitalmarkts angepasst wird. Der Zins ist somit zyklisch, und es ist schwierig, die Zinsbelastung zuverlässig zu budgetieren. Für eine variable Hypothek entscheidet man sich, wenn man

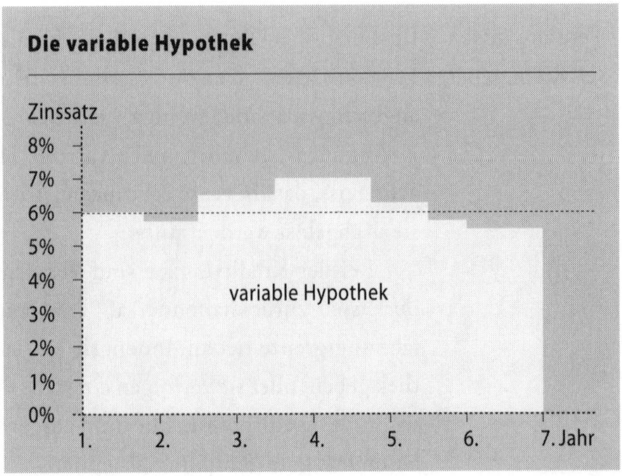

mit konstanten oder eher sinkenden Zinsen rechnet. Die Laufzeiten der variablen Hypothek sind nicht fixiert, sondern offen.

Der Prozess der periodischen Zinsanpassung ist bei vielen Banken sehr intransparent und bis heute stark von politischen Faktoren mitbestimmt. Deshalb werden in Zukunft viele Banken dazu übergehen, den variablen Zinssatz stärker an einen klar definierten Leitzins oder eine Kombination von Zinsen mit unterschiedlichen Laufzeiten zu binden.

Das wichtigste Kriterium bei der Auswahl einer variablen Hypothek ist der offerierte Zinssatz. Zu beachten sind ferner der Zuschlag für eine allfällige zweite Hypothek, die Sicherheiten, die zu erbringen sind, und die Frequenz der Zinszahlungen. Einige Banken fordern den Zins häufiger ein als andere, z.B. quartalsweise, so dass dem Kreditnehmer ein Zinsnachteil entsteht.

Festhypothek

Der Zinssatz einer Festhypothek wird bei Vertragsabschluss für eine bestimmte Laufzeit festgelegt. Damit erhält der Kreditnehmer Gewissheit über die künftige Zinsbelastung.

Die feste Hypothek

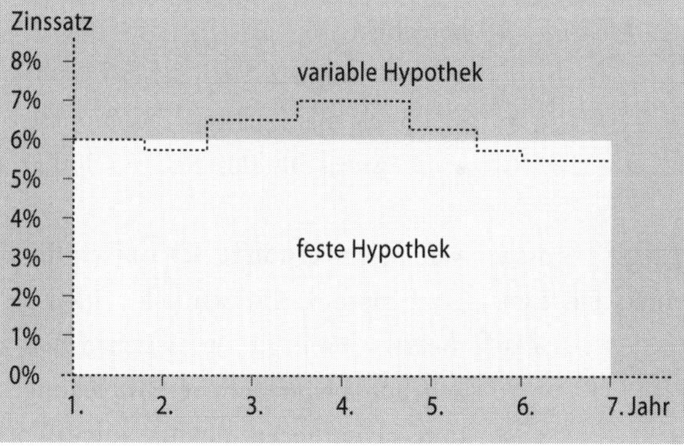

Festhypotheken werden mit Laufzeiten von zwei bis zehn Jahren angeboten. Feste Hypotheken empfehlen sich in Erwartung steigender Zinssätze oder für Leute, die eine gewisse maximale Zinssatzbelastung nicht überschreiten können. Entscheidend ist der Zeitraum, über welchen man eine Zinssatzentwicklung abzusehen glaubt. Häufig werden feste Hypotheken über drei bis fünf Jahre abgeschlossen.

Vorzeitige Kündigung der Festhypothek

Eine vorzeitige Kündigung fester Hypotheken ist grundsätzlich nicht möglich. Will der Kreditnehmer dennoch vorzeitig kündigen, hat er in der Regel eine sogenannte «Vorverfallsentschädigung» zu entrichten. Jeder Kreditgeber setzt sie unterschiedlich hoch an und verlangt sie, wenn er bei Vertragsabschluss Kapital zu einem höheren Zinssatz als dem aktuellen Kapitalmarktzins beschafft hat. Der Kreditgeber hat also einen Verlust in Höhe der Zinsdifferenz erlitten; er verlangt diese Zinsdifferenz, multipliziert mit der Restlaufzeit des Kredites, vom Kunden zurück.

Dazu ein Beispiel: Bei einer Festhypothek von 500'000 Fr., einer Restlaufzeit von zwei Jahren, einem Kapitalmarktzins von 2,5% für Zweijahresgelder (Wiederanlagemöglichkeit der Bank) und Hypothekarzins von 6% bei Abschluss und 4,5% heute wird die Entschädigung wie folgt berechnet:

- 6% minus 2,5% = 3,5% Zinsdifferenz
- 3,5% mal 2 Jahre = 7% einmalige Entschädigung
- 7% mal 500'000 Fr. = 35'000 Fr. Entschädigung

Grosse Unterschiede im Markt

Wie bereits erwähnt, schwanken die Zinssatz-Angebote bei Festhypotheken wesentlich stärker als bei variablen Hypotheken. Somit gibt es zwischen den verschiedenen Marktangeboten häufig grosse Abweichungen. Da die Offerten für feste Hypotheken nur für einige Wochen Gültigkeit besitzen, muss man sich etwa ein bis zwei Monate vor dem Finanzierungsbedarf über die aktuelle Marktsituation informieren.

Vergleich lohnt sich immer

Zwischen dem billigsten und dem teuersten Marktangebot liegen die Unterschiede meist in der Grössenordnung von 0,5 Prozentpunkten (z.B. 6% versus 5,5%). Im Jahr 1997 jedoch betrug diese Marktdifferenz während einiger Monate sogar mehr als einen Prozentpunkt.

Ein Unterschied von einem Prozentpunkt, z.B. von 5,75% zu 4,75%, bedeutet, bezogen auf den zu entrichtenden Zins, ein Einsparungspotential von 17,4%! Also fällt die Zinsbelastung bei Angebot A um 17,4% tiefer aus als bei Angebot B. Bei einer Kreditsumme von 500’000 Fr. führt dies zu 5’000 Fr. Einsparung pro Jahr: 23’750 Fr. Hypothekarzinsen pro Jahr statt 28’750 Fr..

Spezialmodelle

Neben den beiden wichtigsten Hypothekarformen, der variablen und der festen Hypothek, gibt es noch eine Vielzahl von speziellen Hypothekarmodellen. Diese variieren hauptsächlich in der Ausgestaltung der Zinszahlungen, die vereinbart werden.

Stufen-Hypothek

Ein inzwischen recht verbreitetes Spezialmodell sind «abgestufte» Hypotheken: Die Zinszahlungen werden nach einem bestimmten Schlüssel über eine gewisse Laufzeit verteilt. Zunächst wird die Zinsbelastung reduziert. Der Zinssatz nimmt dann mit der Zeit zu. So können zu Beginn, wenn noch diverse andere Ausgaben – etwa für Möbel – anfallen, die Wohnkosten gesenkt und auf einen späteren Zeitpunkt umverteilt werden.

Häufig sind diese Stufen-Hypotheken nur im Rahmen einer Wohneigentumsförderung für junge Familien möglich; sie können nach Ablauf nicht in derselben Form erneuert werden. Die Laufzeiten liegen meistens bei fünf bis acht Jahren. Bei einigen Banken können sogar individuell zusammengestellte Staffelungen vereinbart werden.

Diese Art von Hypothek empfiehlt sich für Kreditnehmer mit einer hohen Belastung des verfügbaren Einkommens. Bei den Stufen-Hypotheken sind die künftigen Zinsbelastungen bekannt und planbar. Eine Kündigung ist wie bei den festen Hypotheken nur bedingt möglich.

Die abgestufte Hypothek

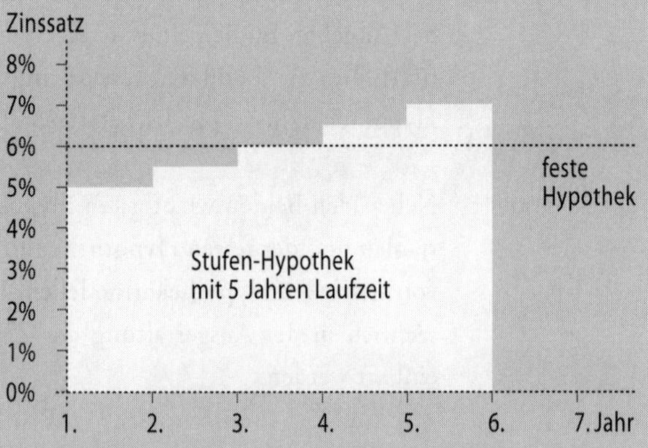

Kombi-Hypothek

Eine weitere Variante ist die sogenannte Kombi-Hypothek, die einige Banken anbieten. Sie kombiniert die Modelle der variablen und der festen Hypothek und teilt die Hypothek flexibel in einen variablen und in einen festen Teil, z.B. im Verhältnis 30 zu 70%. Dadurch wird das Zinsrisiko dosierbar. Die Bedingungen der beiden Teil-Hypotheken entsprechen denjenigen der variablen bzw. der festen Hypothek der jeweiligen Bank.

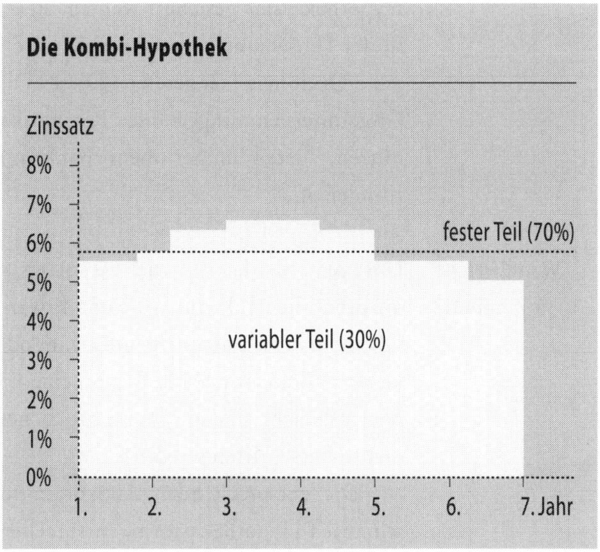

Weitere Spezialmodelle

Der Markt bietet noch weitere Modelle, meist eine Kombination bestehender Hypothekarformen. Ausserdem gibt es heute Modelle, die unerwünschte Zinsschwankungen entschärfen oder bis zu einem gewissen Grad einschränken. Beispielsweise kann gegen eine zusätzliche Prämie ein sogenannter «cap» erworben werden, eine Art Dach, das vor Zins-Ausschlägen nach oben schützt. Dadurch wird eine individuelle Risikogestaltung möglich. Auf dem Markt gibt es noch weitere attraktive «Zinsdach-Hypotheken», die sich gerade im aktuellen Zinsumfeld (1997) einer grossen Nachfrage erfreuen.

Zinssatz-Absicherungen

Die beschriebenen «Zinsdächer» sind Zinssatz-Absicherungen und können mit einer gewöhnlichen Festhypothek kombiniert werden, die erst in einigen Monaten laufen soll. So kann die Kostenkalkulation verbessert werden und ein tiefer

Hypothekarzins gesichert werden. Als Instrumente werden in der Umsetzung sogenannte derivate Finanzinstrumente, z.B. Optionen, eingesetzt. Diese Dienstleistungen, die Grossunternehmungen oder Pensionskassen bereits häufig nutzen, bieten immer mehr Banken nun auch privaten Kunden an.

Wann welche Kreditart?

Um die passende Hypothek zu finden, sollte man zunächst die persönlichen Bedürfnisse und Erwartungen formulieren. Glaubt man an einen steigenden Zins oder eher an einen sinkenden? Braucht man zu Beginn eine Entlastung oder zieht man vielleicht eine etwas erhöhte Sicherheitslimite vor, die nicht überschritten werden kann?

Die entsprechenden Antworten führen zu einer bestimmten Hypothekarform, entsprechend wendet man sich dann an einen Kreditgeber, der diese Hypothek zu attraktiven Konditionen offeriert. Auf alle Fälle lohnt es sich, die Marktangebote zu vergleichen.

Nicht nur die aktuellen Marktbedingungen beeinflussen die Überlegungen zur Fremdkapitalbeschaffung, wesentlich sind auch das Eigenkapital sowie steuerliche und vorsorgetechnische Faktoren.

Eigenkapital

Grundsätzlich verlangen die Kreditgeber Eigenmittel in der Höhe von mindestens 20%. Für Kreditnehmer mit höherem Eigenkapital kann sich eine höhere Fremdkapitalaufnahme rentabilitäts- und steuertechnisch lohnen. Wie sieht es aber aus, wenn nicht genügend Eigenmittel zur Verfügung stehen?

Neben dem gezielten und von einigen Banken mit Vergünstigungen geförderten Bausparen gibt es weitere Möglichkeiten, Eigenkapital zu beschaffen.

Private Darlehen

Oft werden Häuser mit Darlehen aus dem Familien- oder Bekanntenkreis mitfinanziert. Häufig wird für diese Darlehen ein günstigerer Zins vereinbart, als ihn eine Bank offerieren könnte.

Bei Erbschaftsvorbezügen oder Schenkungen sind die Steuern zu berücksichtigen. Es ist auch zu prüfen, ob ein zinsloses Darlehen einer Person ausserhalb der engeren Familie von den Steuerbehörden nicht als zu versteuernde Schenkung betrachtet würde. Es kann sinnvoll sein, die Bedingungen eines Darlehens durch einen Treuhänder ausarbeiten zu lassen, der mit der familiären Situation vertraut ist.

Wohneigentumsförderung

Damit die Wohneigentumsquote nicht weiter sinkt, fördert der Bund die Erstellung und Erneuerung von preisgünstigen Eigentumsobjekten mit dem sogenannten WEG, dem Wohneigentumsförderungsgesetz.

Der Bund verbürgt bis zu 90% der Anlagekosten, so dass 10% Eigenkapital genügen, um ein Eigenheim zu finanzieren. Zusätzlich gibt der Bund einen rückzahlbaren Vorschuss, die sogenannte «Grundverbilligung», um die Eigentümerlasten in den ersten Jahren zu reduzieren. Ähnlich wie bei abgestuften Hypotheken steigt die Belastung allmählich an. Die Laufzeit ist 25 Jahre. Nach ungefähr zehn Jahren ist das kostendeckende Lastenniveau erreicht, und in den folgenden 15 Jahren sind die Bundesvorschüsse zurückzuzahlen.

Bei einem steuerbaren Einkommen von unter 50'000 Fr. (Stand 1997) ist eine weitere Zusatzverbilligung erhältlich, die nicht zurückbezahlt werden muss.

Für die Bundesunterstützung müssen Kreditnehmer und Objekt eine Reihe von Bedingungen erfüllen. Der Kreditantrag ist administrativ relativ aufwendig.

Bürgschaftsgenossenschaften Ähnliche Möglichkeiten werden auch von privaten Hypothekar-Bürgschaftsgenossenschaften angeboten (z.B. im Raum Zürich die «hbw-Programme», verwaltet vom Zürcher Hauseigentümerverband). Deren Bestimmungen lassen mehr Spielraum offen. Dank der langen Laufzeiten profitieren die Kreditnehmer von der Inflation: Die Schulden verlieren an realem Wert. Häufig werden diese Programme allerdings bereits während der Laufzeit abgebrochen und umfinanziert.

Vorsorgemittel Im Rahmen des Gesetzes zur Wohneigentumsförderung kann ein grosser Teil der Mittel eingesetzt werden, die im Rahmen der beruflichen und privaten Vorsorge für das Alter angespart worden sind. Auch Anteilscheine von Wohnbaugenossenschaften können aus diesem Topf bezahlt werden. Voraussetzung für die Nutzung von Vorsorgegeldern: Das so finanzierte Wohneigentum muss selbst bewohnt werden.

Dritte Säule Die steuerbegünstigte Spar- und Versicherungsform der gebundenen Vorsorge, die dritte Säule (Säule 3a), kann als Eigenkapital für Wohneigentum bezogen oder verpfändet werden (mehr dazu in Kapitel 2, «Persönliche Vorsorge»).

Pensionskassengelder Auch Pensionskassengelder (zweite Säule/BVG) können genutzt werden, um Wohneigentum zu finanzieren – gemäss dem «Bundesgesetz über die Wohneigentumsförderung mit Mitteln der beruflichen Vorsorge», das seit 1995 in Kraft ist. Durch die regelmässigen Sparbeiträge von Arbeitnehmer und Arbeitgeber kommen in der Pensionskasse rasch einmal 100'000 Fr. oder mehr zusammen. Der aktuelle Stand des Kapitals geht aus dem persönlichen Pensionskassen-Ausweis hervor, der mindestens einmal pro Jahr verschickt wird.

Beanspruchbar sind der gesamte Freizügigkeitsbetrag sowie allfällige Mittel aus dem überobligatorischen Bereich, jedoch nur bis drei Jahre vor dem Rentenalter (d.h. bei Männern 65 – 3 = 62, bei Frauen 62 – 3 = 59, bzw. ab dem Jahr 2006: 64 – 3 = 61). Ausserdem ist die Freizügigkeitsleistung limitiert auf den Anspruch, der im 50. Lebensjahr bestanden hat. Über 50jährige können maximal die Hälfte des Anspruches im Bezugszeitpunkt beziehen, falls dieser Betrag höher wäre als die Summe im Alter 50. Als Möglichkeiten zur Finanzierung mit Vorsorgemitteln kommen «Barbezug» und «Verpfändung» in Frage.

Barbezug der Vorsorgegelder

Beim Barbezug beantragt man der Vorsorgeeinrichtung, also z.B. der Pensionskasse, die Auszahlung des Kapitals. Das Geld muss als Eigenkapital für das Wohneigentum eingesetzt werden. Wird die Wohnung oder das Haus später wieder verkauft oder nicht mehr selbst genutzt, muss das bezogene Kapital der Pensionskasse zurückbezahlt werden. Rückzahlungen an die Vorsorgeeinrichtung sind im übrigen jederzeit möglich.

Nachteile eines Barbezugs

Der Barbezug von Geldern aus der zweiten Säule ist vor allem für Leute mit hohem Einkommen und wenig Eigenmitteln sinnvoll. Auch für Paare im Konkubinat kann es sich lohnen, sich Pensionskassengelder auszahlen zu lassen. Es gibt jedoch zwei wesentliche Nachteile. Zum einen ist der Barbezug zu versteuern: Die Besteuerung ist einmalig und je nach Höhe des Kapitals und Kanton unterschiedlich hoch, in der Regel zum sogenannten «Rentensatz», meist in einer Bandbreite von 6 bis 12%.

Der zweite Nachteil des Kapitalbezugs: Die versicherten Leistungen der Pensionskasse (Erwerbsunfähigkeits-, Hinterbliebenen- und Altersrente) werden reduziert. Details

Fallbeispiel: Vorbezug der Pensionskassengelder

in Fr.

Kauf eines Hauses in Zürich, der Käufer verfügt nicht über 20% Eigenkapital

Kaufpreis	750'000
Hypothekarkredit der Bank (80%)	– 600'000
Benötigtes Eigenkapital	150'000
Anzahlung aus Erspartem	50'000
Bezug Freizügigkeitsguthaben (Barbezug)	100'000
Einmalige Kosten: Steuern für den Barbezug	6'900
Notwendiger Bezug vor Steuern	106'905
Jährliche Kosten*	etwa 1'100

Reduktion der Altersvorsorge um den Vorbezugsbetrag der mit mindestens 4% verzinsten Pensionskassen-Gelder

* Versicherungsprämie, um weggefallene Vorsorgedeckungen im BVG wieder einzukaufen (Invaliden-Rente 7'200; Witwen-Rente 4'620, je nach Alter beim Abschluss); ohne Zusatzkosten für die Wiederanpassung des bezogenen Kapitals

sind im jeweiligen Pensionskassenreglement geregelt. Allfällige tiefere Leistungen können kompensiert werden durch eine Lebensversicherung; es gibt auch die Möglichkeit, sich später wieder in die Pensionskasse einzukaufen.

Verpfändung – oft vorteilhafter

Die Nachteile des Barbezugs kann man vermeiden, wenn man sich das Kapital nicht auszahlen lässt, sondern es verpfändet. Mit dem Pensionskassenkapital als Pfand gibt die Bank eine zusätzliche Hypothek, manchmal zu einem tieferen Zinssatz (z.B. dem Satz der ersten Hypothek). Als Sicherheit für Kredite akzeptieren die Banken etwa 90% des Wertes der freien Pensionskassengelder.

Eine Verpfändung der Vorsorgemittel ist häufig die günstigere Variante. Das Ziel, Wohneigentum vollständig zu finanzieren, wird genauso erreicht wie beim Barbezug. Doch wird das Pensionskassenkapital steuerfrei gut verzinst, und der volle Versicherungsschutz der Pensionskasse bleibt erhalten. Zu beachten ist allerdings, dass durch die zusätzliche Hypothek die Zinskosten steigen und der Kreditgeber in der Regel für die zusätzlich gewährte Hypothekarsumme eine Todesfallversicherung verlangt.

Die Belastung durch zusätzliche Hypothekarzinsen ist allerdings zu relativieren, weil Hypothekarzinsen steuerlich abzugsfähig sind. Dennoch muss sichergestellt sein, dass das Einkommen ausreicht, um die zusätzliche Belastung zu tragen. Dies vorausgesetzt, ist eine Verpfändung dem Barbezug vorzuziehen.

Steuerliche Folgen von Wohneigentum

Über die gesamte Lebensdauer einer Liegenschaft beeinflusst der Fiskus Kosten und Erträge. Beim Kauf einer Liegenschaft wird eine Handänderungssteuer fällig. Gleichzeitig werden eine Reihe von zusätzlichen Abgaben und Gebühren erhoben. Wesentlich beeinflusst der Besitz einer Liegenschaft das steuerbare Einkommen und Vermögen. Zusätzlich zur Vermögenssteuer fordern eine Reihe von Kantonen und Gemeinden eine separate Liegenschaftensteuer. Beim Verkauf schöpfen alle Kantone nochmals mit der Grundstückgewinnsteuer ab, und auch bei Vererbung und Schenkung greifen die Steuergesetze. Hier sollen diese Steuern und Abgaben nur in den wesentlichen Grundzügen dargestellt werden – Details dazu in der VZ-Publikation «SteuerTip».

Handänderungssteuer

Bei der Eigentumsübertragung wird in allen Kantonen eine Handänderungssteuer fällig. Der Satz dieser Steuer ist je nach Kanton sehr unterschiedlich. Auch die Bemessungsgrundlage zur Berechnung des Steuerbetrages ist nicht gesamtschweizerisch geregelt. Im Kanton Zürich beträgt der Satz beispielsweise 1% nach über zehnjährigem Besitz einer Liegenschaft, bei fünf- bis zehnjährigem Besitz 1,5% und bei unter fünfjährigem Besitz 2% des Kaufpreises. Der Steuerbetrag wird in der Regel zwischen Käufer und Verkäufer hälftig geteilt.

Grundstückgewinnsteuer

Auf der Differenz zwischen dem früheren Kauf- und dem heutigen Verkaufspreis muss eine Grundstückgewinnsteuer entrichtet werden. Sie ist vom Verkäufer zu zahlen und dient auch dazu, Spekulationen mit Liegenschaften zu unterbinden. Die Grundstückgewinnsteuer ist abhängig von Besitzdauer und Wertzuwachs. Im Kanton Zürich beispielsweise liegt sie für Gewinne über 50'000 Fr. bei 50%. Bei einer kurzen Besitzdauer wird der Steuersatz noch verschärft, bei weniger als einem Jahr z.B. um 50%; bei einer langen Besitzdauer wird der Satz gemildert, z.B. nach zwanzig Jahren um 50%.

15 Kantone besteuern Gewinne auf Geschäftsliegenschaften nicht wie Gewinne auf Privatliegenschaften. In 11 Kantonen, darunter auch Zürich, wird auf Gewinne aus Geschäftsliegenschaften generell eine Sondersteuer erhoben. Wird ein Ersatz beschafft, kann die Besteuerung aufgeschoben werden oder gar entfallen.

Steuerwert Der amtliche Steuerwert beeinflusst die Einkommens- und Vermögenssteuern, die vom Besitzer einer Liegenschaft zu entrichten sind. Der Steuerwert entspricht in den meisten Kantonen 60 bis 80% des geschätzten Verkehrswertes. Ausgehend vom Steuerwert werden Vermögenssteuern und Eigenmietwert berechnet.

Eigenmietwert Der Eigenmietwert ist eine steuertechnische Besonderheit – Begründung: Der Eigentümer könnte sein Haus oder seine Wohnung vermieten und einen Ertrag erzielen, der zu versteuern wäre: Deshalb muss bei selbstbewohntem Wohneigentum ein theoretischer Mietertrag versteuert werden – eben der Eigenmietwert.

Der Eigenmietwert entspricht im Grundsatz dem Marktmietwert. Im Kanton Zürich werden bei Einfamilienhäusern 4%, bei Stockwerkeigentum 4,5% des Steuerwertes als Brutto-Eigenmietwert gerechnet. Besitzt man also eine Wohnung im Wert von 800'000 Fr. und geht davon aus, dass der Steuerwert 60 bis 80% des effektiven Wertes beträgt, würde der Eigenmietwert ca. 25'000 Fr. pro Jahr betragen. Die Miete einer vergleichbaren Wohnung wäre wahrscheinlich höher. Fazit: Der Eigenmietwert ist zwar eine absonderliche Steuer, bleibt aber einigermassen im Rahmen. Zudem können je nach Kanton Unterhaltskosten abgezogen werden, die den Eigenmietwert und damit die Steuerbelastung reduzieren.

Abzugsfähige Schuldzinsen

So wie der Eigenmietwert im internationalen Vergleich negativ auffällt, gibt es für Schweizer Wohneigentümer auch eine positive Besonderheit: den Schuldzinsabzug. Sämtliche Zinsen, die für Schulden, also auch für Hypothekarschulden bezahlt werden, können vom steuerbaren Einkommen abgezogen werden.

Unterhaltskosten

Die Unterhaltskosten von Liegenschaften können sowohl bei der Bundessteuer als auch in allen Kantonen vom steuerbaren Einkommen abgezogen werden. Unterhaltskosten werden definiert als Aufwendungen, die erforderlich sind, um den Wert der Liegenschaft zu erhalten, unabhängig ob selbstgenutzt oder vermietet. Im Gegensatz dazu stehen die sogenannten Anlagekosten: Aufwendungen, die den Wert der Liegenschaft vermehren und nicht vom steuerbaren Einkommen abgezogen werden können.

Ausser in Genf besteht in allen Kantonen die Möglichkeit, statt der effektiven Unterhaltskosten eine Unterhaltspauschale abzuziehen. Diese Regelung gilt nur für Liegenschaften im Privatvermögen. Die entsprechenden Sätze werden in Prozent des Eigenmietwerts angegeben und schwanken je nach Kanton und Alter der Liegenschaft zwischen 10 und 30%. Im Kanton Zürich zum Beispiel liegt der Pauschalabzug bei 20% des Eigenmietwerts, unabhängig davon, wie alt die Liegenschaft ist. In vielen Kantonen gibt es die Möglichkeit, in jeder Veranlagungsperiode den Modus für den Unterhaltsabzug (pauschal oder effektiv) frei zu wählen und zu wechseln.

Folgen für die Einkommenssteuer

Insgesamt ergeben sich folgende Auswirkungen von Wohneigentum auf das steuerbare Einkommen:

- Der Eigenmietwert steigert das steuerbare Einkommen: In unserem Beispiel (Grafik weiter unten) erhöht sich das steuerbare Einkommen um knapp 20%.
- Durch effektive oder pauschale Abzüge für Unterhaltskosten reduziert sich das steuerbare Einkommen, in unserem Beispiel um knapp 4'000 Fr.
- Der massgebliche Steuereffekt ergibt sich jedoch aus dem Abzug der Hypothekarzinsen vom steuerbaren Einkommen: Das steuerbare Einkommen wird letztlich um 11,5% reduziert.

Die Beispielrechnung macht deutlich, dass es sich ab einem bestimmten Einkommen lohnt, eine relativ hohe Verschuldung einzugehen. Zumindest sollte die Verschul-

Einkommenssteuer bei Wohneigentum

Beispiel, in Fr.

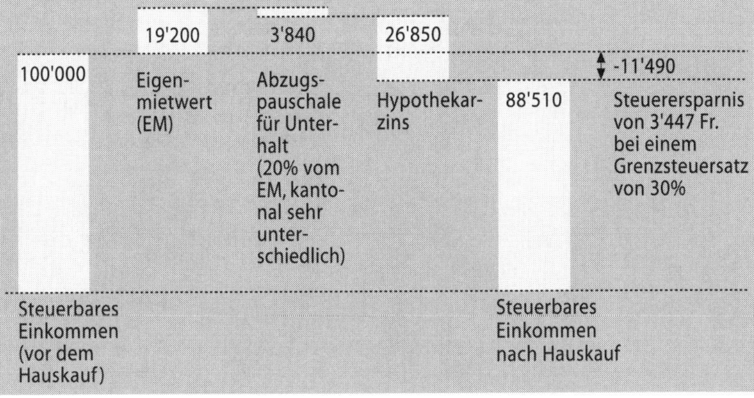

dung so hoch sein, dass sie den Netto-Eigenmietwert (Eigenmietwert minus Unterhaltskosten) vollständig kompensiert.

Ideale Belehnungshöhe

Die Steuerfolgen beeinflussen die Finanzierung von Wohneigentum wesentlich. Gerade die steuerlichen Überlegungen beantworten oft die Frage, wie hoch man sich mit einer Hypothek verschulden soll. Lohnt es sich überhaupt, vorhandene Eigenmittel einzusetzen, oder sollte man nicht besser eine Maximalverschuldung anstreben und die vorhandenen Eigenmittel anderweitig investieren?

Nehmen wir an, dass ein zukünftiger Eigenheimbesitzer genügend Eigenkapital in Form von liquiden Mitteln zur Verfügung hätte. Er könnte dann den Kaufpreis eines Einfamilienhauses von 800’000 Fr. mit 400’000 Fr. Eigenmitteln und einer ersten Hypothek über weitere 400’000 Fr. finanzieren. Die Alternative: Er setzt nur 160’000 Fr. der vorhandenen Eigenmittel ein und nimmt 520’000 Fr. als

Unterschiedliche Finanzierungsvarianten

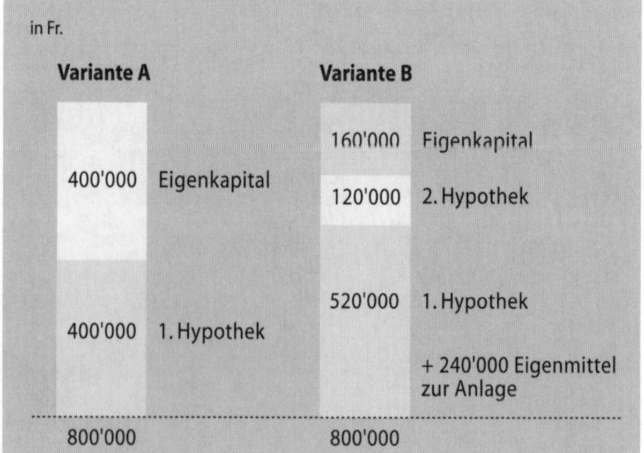

erste und 120'000 Fr. als zweite Hypothek auf. Die restlichen Eigenmittel von 240'000 Fr., die er nicht in das Eigenheim investiert, legt er möglichst gewinnbringend und steuergünstig an.

Kleinere Kosten trotz höherem Zins

Rechnet man die beiden Finanzierungsvarianten durch, kann die Variante B insgesamt günstiger zu stehen kommen: Die Netto-Finanzierungskosten, unter Berücksichtigung sämtlicher Ausgaben und Steuern, sind kleiner – obwohl die Hypothekarzinsen höher sind. Grund: Man spart Steuern, allerdings nur, wenn man aufgrund der persönlichen Einkommenssituation einen hohen Grenzsteuersatz hat (Grenzsteuerbelastung nach Einkommen und Kantonen sowie detaillierte Kalkulation der idealen Belehnungshöhe in Kapitel 5, «Steuern»).

Belehnungshöhe indivduell

Es wäre falsch, immer eine möglichst hohe Verschuldung anzustreben. Grundsätzlich ist immer die persönliche Situation ausschlaggebend. Im wesentlichen sind drei Aspekte optimal aufeinander abzustimmen:

1. Je höher die Hypothek, desto höher die Zinsbelastung – sie sollte nicht mehr als etwa ein Drittel des Netto-Einkommens betragen.
2. Je höher das steuerbare Einkommen, desto höher die Steuerbelastung – steuersparende Massnahmen wie zusätzliche Hypothekarzinsen bringen entsprechend mehr.
3. Mittel, die nicht als Eigenkapital in das Wohnobjekt investiert werden, müssen mit einer ansprechenden Netto-Rendite angelegt werden – würden diese Gelder in eine voll steuerbare Kassenobligation investiert, die lediglich 2,5% vor Steuern und gar nur 1,75% nach Steuern bringt, sähe die Rechnung wieder ganz anders aus.

Die oft geäusserte Meinung, man solle möglichst hohe Schulden machen, ist pauschal ebenso falsch wie die Meinung, man solle niemals Schulden haben. Die ideale Belehnungshöhe ist je nach individueller Situation anders. Wichtig ist, dass man nicht nur die heutige Situation als Basis nimmt, sondern auch mögliche künftige Veränderungen in Betracht zieht.

Ein Beispiel: Das aktuelle Einkommen ermöglicht es, hohe Zinsen zu zahlen, ohne dass der gewohnte Lebensstandard beeinträchtigt wird, und grosse Hypothekarschulden senken die Steuern. Aber: Sinkt das Einkommen, werden die hohen Zinsen zur Last und der Steuereffekt wird bei tieferer Grenzsteuerbelastung geringer. Ist nicht genügend Vermögen angespart, um zumindest einen Teil der Hypotheken zu amortisieren, kann eine unangenehme Zwangslage entstehen.

Ist Amortisieren sinnvoll?

Nur ein Drittel aller ausstehenden Hypotheken ist zurückzuzahlen, weil die Kreditgeber in der Regel nur die Amortisation der zweiten Hypothek verlangen. Freiwillige Amortisationszahlungen leisten Eigentümer, die im Hinblick auf das Alter Schulden und Zinskosten reduzieren wollen. Amortisieren ist nichts anderes als Geld sparen oder Vermögen bilden. Somit ist jede Amortisation sinnvoll. Aus steuerlicher Sicht ist jedoch zu unterscheiden zwischen direkter und indirekter Amortisation.

Direkte Amortisation

Bei der direkten Amortisation wird eine Summe, z.B. die zweite Hypothek, über eine gewisse Laufzeit durch regelmässige Raten abbezahlt. Quartalsweise oder halbjährlich überweist der Kreditnehmer dem Kreditgeber den entsprechenden Betrag. Dadurch sinken Hypothekarschuld und Zinsbeträge.

Direkte Amortisation

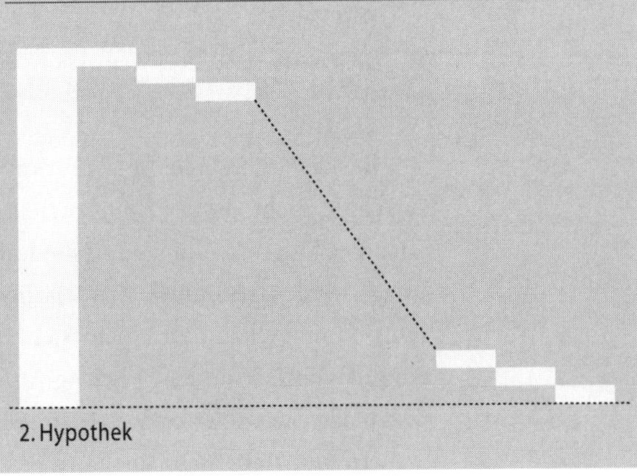

Indirekte Amortisation

Die direkte Amortisation hat einen gewaltigen Nachteil: Jede Rückzahlung führt zu einer geringeren Hypothekarbelastung und somit tieferen Hypothekarzinsen, die steuerlich geltend gemacht werden könnten. Andererseits sollte man einen gewissen Betrag amortisieren, um in ferner Zukunft einmal schuldenfrei zu sein. Eine Lösung dieses Dilemmas ist die indirekte Amortisation: Der Betrag, der für die direkte Amortisation vorgesehen wäre, wird nicht zur Abzahlung genutzt, sondern gespart.

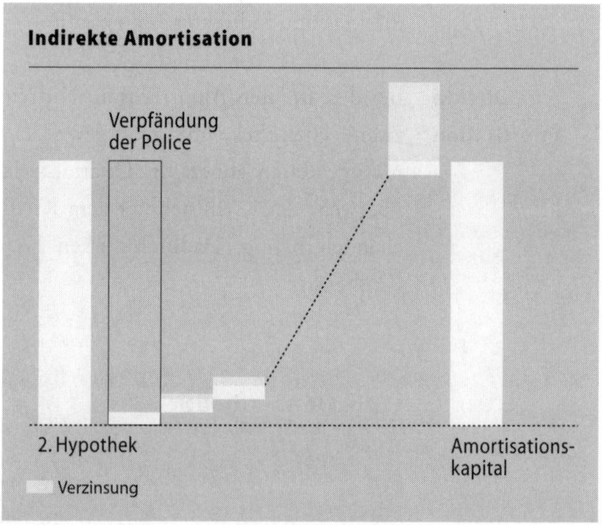

Bei der indirekten Amortisation nimmt die Hypothekarschuld nicht ab, der Steuervorteil der Zinsabzüge bleibt erhalten. Die Einzahlungen in die indirekte Amortisationsanlage werden gesammelt und verzinst. Mit der «Amortisations-Summe» kann zu einem späteren Zeitpunkt die gesamte Hypothek auf einen Schlag zurückbezahlt werden. So sind beide Ziele zu erreichen: Man spart dank der Hypothek Steuern und amortisiert doch.

Ein Beispiel: Bei einer zweiten Hypothek von 100'000 Fr. (mit einem Hypothekarzins von 6%), die über 20 Jahre amortisiert wird, macht der Unterschied zwischen direkter und indirekter Amortisation bei einem Grenzsteuersatz von 25% über 20'000 Fr. aus, bei einem Grenzsteuersatz von 40% sogar gegen 30'000 Fr.

Indirekte Amortisation über dritte Säule

Für den Sparprozess der indirekten Amortisation ist eine gewinnbringende und steuergünstige Anlageform zu wählen. Deshalb kombiniert man die indirekte Amortisation am besten mit den Möglichkeiten der dritten Säule (gebundene Vorsorge). Diese Versicherungs- und Anlageform bietet nebst einer attraktiven Netto-Verzinsung auch Möglichkeiten, Steuern zu sparen.

Insbesondere die Vorsorgepolice ist ein geeignetes Instrument für die indirekte Amortisation: Der steuerfreie Sparprozess kann ideal kombiniert werden mit der Todesfallversicherung, die der Kreditgeber oft verlangt. Wird diese «Amortisationsversicherung» an den Kreditgeber verpfändet, erhält dieser die Garantie, dass die Schuld sowohl im Normalfall als auch im Todesfall amortisiert werden kann. So kommt es, dass die indirekte Amortisation mittlerweile von fast allen Kreditgebern akzeptiert oder sogar begrüsst wird. (Im Kapitel 5, «Steuern», ein detaillierter rechnerischer Vergleich zwischen direkter und indirekter Amortisation über die Säulen 3a und 3b.)

Gesamtbetrachtung: Miete oder Kauf?

Wer den Wunsch hat, in Zukunft in den eigenen vier Wänden zu wohnen, wird die Frage nach den effektiven Kosten immer dringender stellen. Emotional spricht viel für Wohneigentum: Statt über Jahre einem fremden Eigentümer Mietzins zu entrichten, zahlt man Wohnkosten und mehrt im Lauf der Zeit sein Eigentum. Auch der Vergleich zwischen allen Komponenten von Miete und Kauf spricht in vielen Fällen für einen Kauf.

Bei einem Kostenvergleich gibt es eine Reihe von relevanten Fragen – nachstehend die vier am häufigsten gestellten Fragen:

- Wieviel darf ein Haus oder eine Wohnung kosten, damit ich alles in allem nicht mehr bezahle als die heutige Miete?
- Wieviel Wohneigentum könnte ich mir bei meinem Eigenkapital maximal leisten?
- Wieviel Wohneigentum könnte ich mir bezogen auf mein heutiges Einkommen leisten?
- Wie hoch kommen die monatlichen Wohnkosten bei dem konkreten Kaufangebot, das mir vorliegt?

Sämtliche Fragen können nach den gleichen Grundregeln beantwortet werden. Ein konkretes Beispiel soll das Rechnungsschema erläutern. Beantwortet werden soll die letzte Frage nach den monatlichen Kosten eines konkreten Angebots.

Die Ausgangslage präsentiert sich in unserem Beispiel so:

- Das Angebot lautet auf 800'000 Fr.
- Die Finanzierung soll der üblichen Aufteilung folgen: 20% Eigenkapital, 65% erste, 15% zweite Hypothek.

- Die notwendigen Eigenmittel von 20% des Kaufpreises sind vorhanden.
- Die Bank verlangt für die erste Hypothek 4,5 und für die zweite Hypothek 5,5% Zins (variable Hypotheken).
- Der persönliche Grenzsteuersatz des Käufers liegt bei 35%.

Gestützt auf diese Ausgangsdaten können die Kosten ermittelt werden: In unserem Beispiel monatlich 3'240 Fr. netto, also nach Steuern.

Berechnung der Finanzierungskosten

Anlagesumme/Kaufpreis Total		**800'000 Fr.**
Eigenkapital (20%)		160'000 Fr.
1. Hypothek (65%)		520'000 Fr.
2. Hypothek (15%)		120'000 Fr.
Kosten vor Steuern pro Jahr		
Zinsen 1. Hypothek (4,5%)		23'400 Fr.
Zinsen 2. Hypothek (5,5%)	+	6'600 Fr.
Nebenkosten (0,65% der Anlagesumme)	+	5'200 Fr.
Direkte Wohnkosten	=	**35'200 Fr.**
Amortisation (2. Hypothek, 20 Jahre)	+	6'000 Fr.
Erneuerungsfonds/Unterhaltskosten (0,35% der Anlagesumme)	+	2'800 Fr.
Total Kosten vor Steuern pro Jahr	=	**44'000 Fr.**
Auswirkungen auf das steuerbare Einkommen		
Eigenmietwert		19'200 Fr.
Abzugspauschale (20% des Eigenmietwerts)	–	3'840 Fr.
Netto-Eigenmietwert	=	15'360 Fr.
Steuerabzugsfähige Zinsen	–	30'000 Fr.
Netto-Veränderung des steuerbaren Einkommens	=	– 14'640 Fr.
Steuereffekt pro Jahr (35% Grenzsteuerwert)		– 5'124 Fr.
Total Kosten nach Steuern pro Jahr		**38'876 Fr.**
Total Kosten nach Steuern pro Monat		**3'240 Fr.**

In der Rechnung sind alle wichtigen Kosten und Steuereffekte berücksichtigt. Ausgeklammert bleibt jedoch, dass für die 160'000 Fr. Eigenmittel ein «Opportunitätszins» berechnet werden müsste. Denn eigentlich hätte man die Möglichkeit («Opportunität»), die Eigenmittel anderweitig, z.B. für 3% netto nach Steuern, anzulegen. Dieser Überlegung ist jedoch entgegenzuhalten, dass die Amortisation eigentlich keine Kosten darstellt, sondern eine Vermögensbildung: Mit jeder Amortisationszahlung erwirbt man einen zusätzlichen Anteil an «seinem» Haus oder «seiner» Wohnung, ansonsten zu einem Grossteil im Besitz der Bank

Unsere Rechnung ist finanztechnisch also nicht ganz korrekt, beantwortet aber die wichtigste Frage nach der monatlichen Netto-Belastung.

Zusammenfassend ist festzuhalten:

- Zunächst müssen in einem detaillierten Kostenvergleich die monatliche Belastung von Miete oder Kauf gegenüberstellt werden.
- Weiter ist zu berücksichtigen, dass man beim Erwerb von Wohneigentum auf die Verzinsung der eingesetzten Eigenmittel verzichtet.
- Die Investition in Wohneigentum ist jedoch in bezug auf Inflation relativ sicher und bietet die Chance eines Wertzuwachses. Somit können Immobilien auch als Baustein einer umfassenden Vermögensstrategie angesehen werden.
- Eher als emotionales Entscheidungskriterium einzustufen ist die Tatsache, dass die Bindung an eine gekaufte Wohnung höher ist als an eine gemietete. Der Nachteil ist eine Einbusse an Flexibilität, der Vorteil ist ein Gewinn an Wohnqualität und Unabhängigkeit.

Nützliche Tips

Angebote vergleichen

Seit Beginn der 90er Jahre hat sich der Wettbewerb unter den Banken und Versicherungen verschärft. Neue Hypothekar- und Versicherungsarten sind auf den Markt gekommen. Von diesem Wettbewerb können die Kreditnehmer profitieren, wenn sie die Angebote verschiedener Kreditgeber vergleichen. Es lohnt sich – das folgende Beispiel zeigt es: Bezahlt man für eine Hypothek von 500'000 Fr. ein halbes Prozent weniger Zins, spart man in zehn Jahren über 31'000 Fr.! Besonders bei Festhypotheken sind die Unterschiede im Markt zuweilen enorm und Unterschiede von 0,5 bis 1% keine Ausnahme.

Indirekte Amortisation

Oft ist es sinnvoll, eine Hypothek über die dritte Säule oder eine Lebensversicherung indirekt zu amortisieren. Das spart Steuern und vermindert dank dem Zinseszinseffekt auf den Amortisationsrücklagen die anfänglich hohen Gesamtausgaben.

Vorsorgepolice

Wer Geld sparen oder eine Hypothek indirekt amortisieren will, sollte unbedingt von den Steuersparmöglichkeiten des Vorsorgesparens profitieren (Säule 3a). Allerdings lohnt es sich auch in diesem Bereich, die verschiedenen Marktangebote zu vergleichen.

Wer zusätzlich zur günstigsten Amortisation einen Versicherungsschutz sucht, sollte die indirekte Amortisation über eine Versicherung abwickeln und nicht über eine Bank. Damit trifft er zwei Fliegen auf einen Schlag: Er spart Steuern mit der indirekten Amortisation und geniesst Versicherungsschutz.

Steuern optimieren

Beim Immobilienerwerb gibt es einige Möglichkeiten, Steuern zu optimieren. Die Invesitition ist meist langfristig: Es lohnt sich, darauf zu achten, dass es von Gemeinde zu Gemeinde oder zwischen Kantonen erstaunlich hohe Steuerunterschiede gibt. Dann ist die ideale Belehnungshöhe zu finden. Aus steuertechnischer Sicht sollte die Verschuldung mindestens die Belastung durch den Eigenmietwert ausgleichen. Es empfiehlt sich eine Beratung durch den Experten, der je nach Situation weitere Steuersparmöglichkeiten zeigen kann.

Unabhängige Beratung

Das vorliegende Kapitel macht deutlich, dass beim Kauf von Wohneigentum sehr viele einzelne Aspekte zu beachten sind. Persönliche Lastenrechnungen, unterschiedliche Finanzierungsvarianten sowie vorsorge- und steuertechnische Fragen sind gesamthaft zu analysieren und zu optimieren. Durch die Vernetzung der Bereiche Anlagen, Hypotheken und Versicherungen können erhebliche Einsparungen erzielt werden. Deshalb kann eine kompetente Beratung Transparenz schaffen und helfen, Kosten und Steuern zu sparen.

KAPITEL 5

Steuern

Überblick: Besteuerung von Privatpersonen

Das Schweizer Steuersystem ist gekennzeichnet durch eine Vielzahl unterschiedlichster Steuerarten. Hauptmerkmale sind die Aufteilung der Steuerhoheit auf die drei Hoheitsträger Bund, Kantone und Gemeinden und eine starke Übergewichtung der direkten gegenüber den indirekten Steuern.

Steuerarten Gewichtigste Steuerart für Privatpersonen ist die direkte Einkommenssteuer. Sie wird sowohl vom Bund (direkte Bundessteuer) als auch durch die Kantone und die Gemeinden erhoben. Sie ist die wesentlichste Einnahmequelle des Staates. Bei einem durchschnittlichen Privathaushalt liegt die Gesamtbelastung durch die Einkommenssteuer rasch bei 15 bis 20% des Brutto-Einkommens. Sie macht

Die wichtigsten Steuerarten für Privatpersonen

	Einkommenssteuern	Vermögenssteuern	Sonstige Steuern
Bund	- Direkte Bundessteuer - Verrechnungssteuer	-	- Stempelabgaben auf Urkunden (Emission, Umsatz, Versicherungsprämien) - Zölle - Mehrwertsteuer - Tabak-/Biersteuer
Kantone (Staat) und Gemeinden	- Allgemeine Einkommenssteuer - Grundstückgewinnsteuer	- Allgemeine Vermögenssteuer - Liegenschaftensteuer (nur in gewissen Kantonen)	- Erbschafts- und Schenkungssteuer - Handänderungssteuer auf Liegenschaften - Vergnügungs-, Motorfahrzeug-, Hundesteuer etc.

damit neben den Wohnkosten den grössten Ausgabenposten aus.

Einkommenssteuer und öffentlicher Haushalt

Für Gemeinden und Kantone sind die Einkommenssteuern von Privatpersonen die wichtigste Einnahmequelle. Die Kantone decken 65% und die Gemeinden 74% ihrer Ausgaben mit der Einkommenssteuer. Beim Bund liegt der Anteil der Einkommenssteuer (direkte Bundessteuer, früher «Wehrsteuer») nur gerade bei 19%. Der Bund finanziert seinen Haushalt überwiegend mit sogenannten Verbrauchssteuern (Mehrwertsteuer, Zölle usw.).

Aufgrund der offensichtlichen Bedeutung der Einkommenssteuern sowohl für den Steuerpflichtigen als auch für den Staat (Bund, Kanton, Gemeinde und Kirche) konzentrieren sich die Ausführungen in diesem Kapitel auf diese

Anteil der Einkommenssteuern am gesamten öffentlichen Haushalt

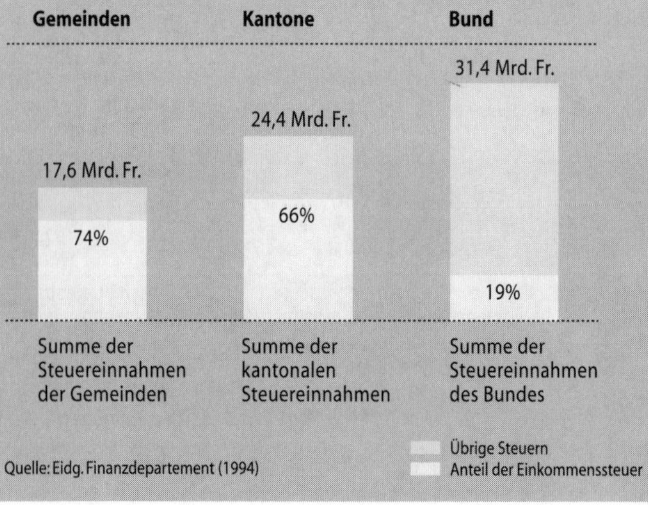

Quelle: Eidg. Finanzdepartement (1994)

Steuerart und zeigen Möglichkeiten zur Optimierung der Einkommenssteuern. In Ergänzung dazu soll am Schluss auf die wesentlichen Eckwerte der Erbschafts- und Schenkungssteuern eingegangen werden.

Grundzüge der Einkommenssteuern

Einkommen und Vermögen werden besteuert aufgrund der Steuererklärung des Steuerpflichtigen und gemäss dem Steuerrecht des Wohnsitzes. Davon ausgenommen sind Einkünfte aus Liegenschaften, einfachen Gesellschaften oder Personengesellschaften, die sich an einem anderen Ort befinden und damit einer anderen Steuerhoheit unterstehen. Gleiches gilt für die Besteuerung des Vermögens. Kriterium für die Bestimmung des steuertechnischen Wohnsitzes ist die Feststellung des «Mittelpunkts der Lebensinteressen» der steuerpflichtigen Person.

Geschuldet sind die Steuern in der Regel für die Periode eines Kalenderjahrs. Sie werden auf der Basis des vorangegangenen Jahres berechnet. Dieses Verfahren nennt man Vergangenheitsbemessung. Nur in Ausnahmefällen kommt die sogenannte Gegenwartsbesteuerung zur Anwendung: Dann werden im Rahmen einer sogenannten Zwischeneinschätzung die gegenwärtigen Einkommens- und Vermögensverhältnisse erfasst, zum Beispiel nach der Pensionierung, dem Wechsel vom Angestellten zum Selbständigerwerbenden oder umgekehrt und in gewissen Kantonen nach einem Erbfall.

Basis für die Festsetzung der Einkommenssteuer ist die definitive Einschätzung des steuerbaren Einkommens durch die Steuerbehörde aufgrund der Steuererklärung.

Das steuerbare Einkommen

Zwischen dem effektiven Einkommen und dem steuerbaren Einkommen gibt es in der Regel eine erhebliche Differenz. Das steuerbare Einkommen ergibt sich aus der detaillierten

Auflistung der einzelnen Einkommensarten. Der wichtigste Teil ist das Salär eines Angestellten oder das Einkommen aus selbständiger Erwerbstätigkeit. Weiter zählen zum Einkommen die Nebeneinkünfte (z.B. Verwaltungsratshonorare), Renten sowie Erträge aus Wertschriften oder Liegenschaften.

Vom Einkommen können gewisse Aufwandposten und Steuerfreibeträge (Sozialabzüge) abgezogen werden: zum Beispiel Berufsauslagen, der Sonderabzug bei Erwerbstätigkeit beider Ehegatten oder Versicherungsprämien. Besondere Abzugsposten, die in diesem Kapitel noch ausführlich behandelt werden, sind Beiträge an die gebundene Vorsorge (Säule 3a), Schuldzinsen und Einkaufsbeiträge an die Pensionskasse. Jeder Kanton und der Bund wenden bei den Abzügen und Steuerfreibeträgen unterschiedliche Regelungen, Bestimmungen und Pauschalen an.

Berechnung des steuerbaren Einkommens

Das Verhältnis zwischen Brutto-Erwerbseinkommen (Brutto-Salär) und effektivem steuerbarem Einkommen, das der Berechnung der Steuerschuld dient, zeigt das folgende Beispiel an einem typischen Fall: ein jüngeres Ehepaar im Kanton Zürich, Mieter, ohne Kinder, wichtigste Verdienstquelle ist die Arbeit des Ehemannes. Das Brutto-Jahressalär des Ehemannes liegt bei 100'000 Fr. Gemäss Lohnausweis muss er Arbeitnehmer-Sozialleistungen von 15'000 Fr. tragen. Sie zählen nicht zum steuerbaren Einkommen. Hingegen müssen die Erträge aus dem Wertschriftendepot zum Einkommen gerechnet werden. In Summe ein Betrag von 87'000 Fr.

Davon können nun eine Reihe von Abzügen geltend gemacht werden, z.B. Berufsauslagen, Versicherungsprämien, Einzahlungen in die dritte Säule, Schuldzinsen usw., insgesamt 12'000 Fr.

Zieht man das Total der Abzüge von der Summe der Einkünfte ab, ergibt sich das Reineinkommen. Vom Reineinkommen können nun noch die Sozialabzüge (steuerfreie Beträge) abgezogen werden: im Kanton Zürich 10'000 Fr. Das steuerbare Einkommen beträgt somit 65'000 Fr. und entspricht damit zwei Dritteln des Bruttosalärs.

Definition des steuerbaren Einkommens (Beispiel)

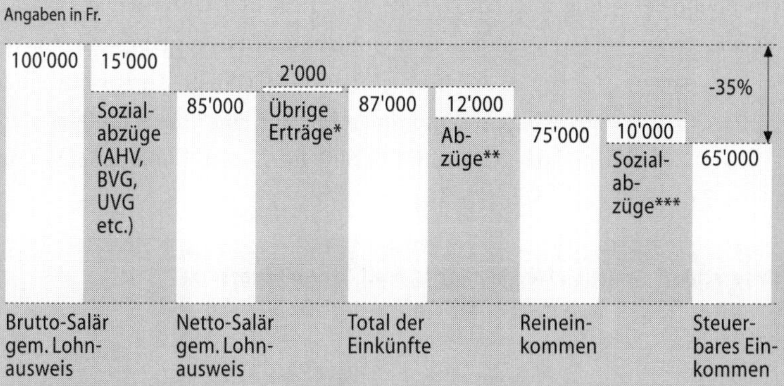

* Aus Nebenerwerb, Liegenschaften, Wertschriften usw.
** Berufsauslagen, Versicherungsprämien, 3. Säule, Schuldzinsen usw.
*** Sozialabzüge sind steuerfreie Beträge

Basis: Verheirateter Steuerpflichtiger im Kanton Zürich, keine Kinder

Grenzsteuer- und Durchschnitts-steuersatz

Mit zunehmendem steuerbarem Einkommen steigen die prozentualen Steuersätze steil: Die Progression wirkt. Wer Steuern sparen will, muss deshalb unterscheiden zwischen dem sogenannten Grenzsteuersatz und dem Durchschnittssteuersatz. Der Grenzsteuersatz ist die Steuerbelastung, die bei einem bestimmten Einkommen auf den nächsten zusätzlichen Einkommensbetrag entfällt. Der Durchschnittssteuersatz hingegen ist der gesamte Steuerbetrag in Prozent des Einkommens und liegt wegen des Progressionsverlaufs vor allem bei mittleren Einkommen erheblich unter dem Grenzsteuersatz, nähert sich bei sehr hohem Einkommen aber dem Grenzsteuersatz an. Für die Steuerplanung ist die Grenzbelastung viel wichtiger als die Durchschnittsbelastung: Der Effekt einer Steuersparmassnahme ist zu berechnen als Reduktion des steuerbaren Einkommens mal den Grenzsteuersatz.

Berechnung des Grenzsteuersatzes

Die folgende Tabelle illustriert den Unterschied zwischen Durchschnitts- und Grenzsteuersatz. Ausgangslage: ein verheirateter Steuerpflichtiger in der Stadt Zürich mit einem steuerbaren Einkommen im Jahr eins von 100'000 Fr. und im Jahr zwei von 120'000 Fr. Dieser Einkommenssprung

Unterschied zwischen Durchschnitts- und Grenzsteuersatz

in Fr.

Situation	Steuerbares Einkommen	Steuerrechnung (Bund, Kanton, Gemeinde, Kirche): Betrag	Steuersatz*	Bemerkungen zu den Steuersätzen
1. Jahr	100'000	18'600	18,6%	Durchschnittssteuersatz auf dem steuerbaren Einkommen von 100'000 Fr.
2. Jahr	120'000	25'100	20,9%	Durchschnittssteuersatz auf dem steuerbaren Einkommen von 120'000 Fr.
Differenz zwischen Jahr 1 + Jahr 2	+ 20'000	+ 6'500	32,5%	Steuersatz auf dem Differenzbetrag von 20'000 Fr. zwischen 100'000 Fr. und120'000 Fr. steuerbarem Einkommen = Grenzsteuersatz**

* Steuerbetrag in % des steuerbaren Einkommens

** In der Regel wird der Grenzsteuersatz auf einem Differenzbetrag von 1'000 Fr. berechnet.

erhöht die jährliche Steuerrechnung von 18'600 auf 25'100 Fr.

Um diesen Steuereffekt zu beurteilen, stellen wir die Zunahme des steuerbaren Einkommens der Differenz der Steuerrechnungen gegenüber. Die Erhöhung des steuerbaren Einkommens um 20'000 Fr. führt zu einer zusätzlichen Steuerrechnung von 6'500 Fr. Mit anderen Worten: Die letzten 20'000 Fr. werden zum Grenzsteuersatz von 32,5% besteuert (6'500 bezogen auf 20'000 Fr.). Um die Vergleichbarkeit zu gewährleisten, werden in der Regel die Grenzsteuersätze auf einem Differenzbetrag von 1'000 Fr. ausgewiesen.

Steuerbelastung unterschiedlicher Einkommen

Sowohl die Durchschnitts- als auch die Grenzsteuerbelastung sind stark abhängig von der Höhe des steuerbaren Einkommens. Wie stark sich die Progression auswirkt, ist am einfachsten an einem Beispiel zu sehen (Ehepaar ohne Kinder, Stadt Zürich, reformiert):

Bei einem steuerbaren Einkommen von 10'000 Fr. betragen der Grenzsteuersatz 7,5 und der Durchschnittssteuersatz 6,3%, das heisst: Insgesamt sind 627 Fr. Steuern zu zahlen. Mit steigendem steuerbarem Einkommen erhöhen sich diese Sätze sukzessive und erreichen Spitzenwerte von über 45% beim Grenzsteuersatz und 37% beim Durchschnittssteuersatz (siehe dazu die Abbildung auf der nächsten Seite).

Grenzsteuersätze im kantonalen Vergleich

Eine weitere Eigenart des schweizerischen Steuersystems: Jeder Kanton wendet zum Teil stark abweichende Bemessungsgrundlagen an, um das steuerbare Einkommen zu bestimmen. Zudem unterscheiden sich die kantonalen Steuersätze sowie die jährlich verabschiedeten Steuerfüsse auf Kantons- und Gemeindeebene erheblich und führen in Summe

Vergleich der Steuersätze nach Einkommensklassen

Steuerbares Einkommen p. Jahr in Fr.	Grenzsteuersatz*	Durschnitts-steuersatz	Steuerbetrag in Fr.
10'000	7,5%	6,3%	627
20'000	10,2%	7,9%	1'578
30'000	15.4%	9,7%	2'917
40'000	16,0%	11,3%	4'511
50'000	20,5%	12,9%	6'455
60'000	20,5%	14,2%	8'498
70'000	23,9%	15,3%	10'688
80'000	24,9%	16,5%	13'171
90'000	25,9%	17,5%	15'737
100'000	30,2%	18,6%	18'567
120'000	35,4%	20,9%	25'071
140'000	37,9%	23,1%	32'307
160'000	37,9%	24,9%	39'887
180'000	37,9%	26,4%	47'467
200'000	40,8%	27,8%	55'507
250'000	43,0%	30,4%	76'121
300'000	45,5%	32,6%	97'741
400'000	45,5%	35,8%	143'111
500'000	45,5%	37,7%	188'481

Basis: Ehepaar, ohne Kinder, Stadt Zürich, reformiert
Gesamte Steuerbelastung inkl. direkte Bundessteuer, Kantons- und Gemeindesteuer, Kirchensteuer (1997)
* Gerechnet auf den letzten 1'000 Fr. des steuerbaren Einkommens
Auswertung mit dem Steuerberechnungsprogramm TRIBUT

zu wesentlichen Differenzen zwischen den kantonalen Steuerbelastungen.

Die Vergleichstabelle (auf der gegenüberliegenden Seite) zeigt diese Unterschiede am Beispiel der Grenzsteuerbelastung. Bei einem steuerbaren Einkommen von 70'000 Fr. bezahlt ein Steuerpflichtiger in Zug auf den letzten 1'000 Fr. Einkommen (Grenzsteuersatz) nur 17%, während das gleiche Einkommen in Genf mit 36% belastet wird. Da die

Vergleich der Grenzsteuerbelastung nach Kantonshauptstädten

		Steuerbares Einkommen: 70'000 Fr.	Steuerbares Einkommen: 140'000 Fr.
Zug	ZG	17%	28%
Stans	NW	20%	30%
Herisau	AR	20%	35%
Schwyz	SZ	21%	31%
Appenzell	AI	21%	32%
Altorf	UR	21%	35%
Sarnen	OW	23%	32%
Sion	VS	23%	41%
Zürich	ZH	24%	38%
Aarau	AG	24%	38%
Lausanne	VD	25%	40%
Chur	GR	26%	38%
Frauenfeld	TG	26%	40%
Schaffhausen	SH	26%	40%
Bern	BE	27%	42%
Liestal	BL	27%	42%
Glarus	GL	27%	42%
Delsberg	JU	28%	40%
St. Gallen	SG	28%	41%
Luzern	LU	29%	38%
Solothurn	SO	29%	40%
Bellinzona	TI	29%	42%
Freiburg	FR	30%	44%
Basel	BS	32%	41%
Neuenburg	NE	32%	42%
Genf	GE	36%	48%

Basis: Ehepaar, ohne Kinder, reformiert, Grenzsteuersatz gerechnet auf den letzten 1'000 Fr. des steuerbaren Einkommens, inkl. direkte Bundessteuer, Kantons- und Gemeindesteuer, Kirchensteuer (1997)

Auswertung mit dem Steuerberechnungsprogramm TRIBUT

kantonalen Steuersysteme zusätzlich noch unterschiedliche Progressionsverläufe kennen, sieht die Rangfolge der günstigsten Kantone in anderen Einkommenskategorien wiederum anders aus (beispielsweise bei einem steuerbaren Einkommen von 140'000 Fr.).

Möglichkeiten der Optimierung

In der gezielten Steuerplanung, der Optimierung der persönlichen Einkommenssteuer, sind zwei grundsätzliche Massnahmen zu unterscheiden:

- Optimierung des Steuerdomizils
- Optimierung des steuerbaren Einkommens am Steuerdomizil

Die erste Massnahme, die Optimierung des Steuerdomizils, hat oft bedeutende Auswirkungen auf die persönlichen Lebensumstände, weil der Wechsel des Steuerdomizils in der Regel zum Wechsel des festen Wohnsitzes zwingt. Die zweite Massnahme ist unabhängig vom Steuerdomizil, muss aber die geltenden kantonalen und kommunalen Rahmenbedingungen und Steuergesetze berücksichtigen.

Wohnortswechsel

Der gezielte Wohnortswechsel kann eine der effektivsten Massnahmen sein, um Steuern zu sparen. Wie gross die möglichen Auswirkungen sind, soll an einem Beispiel erläutert werden:

Ein junges Ehepaar ohne Kinder, mit einem steuerbaren Einkommen von 70'000 Fr. und Wohn- und Steuersitz in der Stadt Zürich, beide Partner arbeiten in einem Angestelltenverhältnis. Mit einem Wohnsitzwechsel in die nahe Vorortsgemeinde Küsnacht, ebenfalls im Kanton Zürich, könnte die Steuerrechnung insgesamt um 14% gesenkt werden (Steuern für Bund, Kanton, Gemeinde und Kirche).

Wirkungsvoller wäre allerdings die Entscheidung dieses Paares, den Wohnkanton zu wechseln, um beispielsweise im nahen Zug zu wohnen. Dann könnte die Steuerrechnung um 27% reduziert werden.

Steuersparpotential beim Wohnortswechsel

	Kanton Zürich		Kanton Zug
	Stadt Zürich	Küsnacht	Stadt Zug
Bund	1'101	1'101	1'101
Kanton	4'158	4'158	3'198
Gemeinde	5'005	3'658	2'925
Kirche (ref.)	424	270	585
Total Steuern	**10'688**	**9'187**	**7'809**
Wohnortswechsel innerhalb des Kantons	→	**-1'501** (-14%)	
Wohnortswechsel in anderen Kanton	→		**-2'897** (-27%)

Basis: 70'000 Fr. steuerbares Einkommen; Ehepaar ohne Kinder; 1997

Optimierung ohne Wohnortswechsel

Wer das steuerbare Einkommen an einem bestimmten Steuerdomizil planen will, muss Einkünfte und Abzüge optimieren, denn diese beiden Faktoren bestimmen das Reineinkommen und, nach Abzug der steuerfreien Beträge bzw. der Sozialabzüge, das steuerbare Einkommen. Das steuerbare Einkommen wiederum dient als Basis, um die Steuerschuld zu berechnen.

Steuerpflichtige, die ihren Lebensunterhalt in einem festen Angestelltenverhältnis verdienen – die grosse Mehrheit der Schweizer Steuerpflichtigen –, können auf der Einkunftsseite insbesondere die Wertschriftenerträge optimieren: durch Vermögensbildung mit steuerfreien Zinsen und Kapitalgewinnen. Wenn Vermögenserträge steuerfrei erwirtschaftet werden, erhöht sich das steuerbare Einkommen nicht. Die Rendite macht sich in der Steuererklärung lediglich als Vermögenszuwachs bemerkbar. Mögliche Geldanlagen müssen deshalb nebst Rendite, Risiko und Liquidität vor allem auch hinsichtlich ihrer steuerlichen Behandlung beurteilt werden (mehr dazu weiter unten und in Kapitel 1, «Geldanlage und Vermögen»).

Wesentlich mehr Spielraum bieten die Abzüge. Neben den individuellen Abzügen von Berufsauslagen, Ausbildungskosten, Versicherungsprämien, Vermögensverwaltungskosten oder gemeinnützigen Zuwendungen gibt es drei sehr wirksame Ansätze, um Steuern zu sparen:

- abzugsfähige Schuldzinsen
- Beiträge an die Säule 3a (gebundene Vorsorge)
- Beiträge an die zweite Säule (Pensionskasse, Kadervorsorge).

Kapitalerträge sind steuerbar

Kapitalerträge, also Zinsen und Dividenden, unterliegen voll der Einkommenssteuer. Bei einem Grenzsteuersatz von 35% wird eine Zins-Rendite von 4%, beispielsweise einer Bundesobligation, auf 2,6% geschmälert. Aufgrund des vielfach unterschätzten Zinseszinseffekts wirkt sich dieser

Steuern auf Kapitalertrag

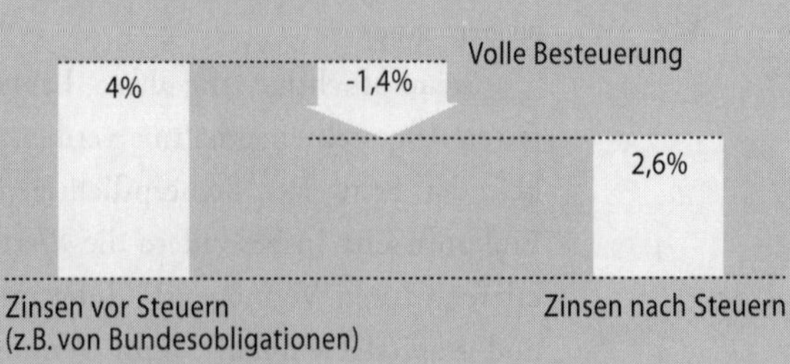

Kapitalertrag = Zinsen, Dividenden, sonstige Ertragsausschüttungen
Annahme: 35% Grenzsteuersatz

Nachteil über eine längere Frist (zum Beispiel zehn Jahre) erheblich auf die zukünftige Vermögensbildung aus.

Verrechnungssteuer

Viele ertragsorientierte Anlagen unterliegen der eidgenössischen Verrechnungssteuer. Diese Quellensteuer in Höhe von 35% wird direkt an der «Quelle» abgeführt, z.B. bei der Depotbank, so dass dem Anleger nur 65% des Ausschüttungsbetrages zufliessen. Mit der Steuererklärung können die Verrechnungssteuerabzüge zurückgefordert werden, und der Vermögensertrag wird mit dem effektiven persönlichen Steuersatz belastet, der tiefer oder höher als die Verrechnungssteuer sein kann. Durch die zeitliche Verzögerung zwischen Verrechnungssteuer und Rückforderung entstehen dem Anleger Verluste in Form entgangener Zinsen – mit ein Grund dafür, dass immer mehr Anleger in nicht ausschüttende oder in nicht verrechnungssteuerpflichtige Anlageformen investieren.

Kapitalgewinne sind steuerfrei

Anders als der Kapitalertrag sind Kapitalgewinne auf sogenanntem beweglichem Privatvermögen grundsätzlich steuerfrei. Kapitalgewinne entstehen vor allem bei Aktien in Form von Kursgewinnen. Damit gewinnen Aktienanlagen, die auf lange Sicht ohnehin die beste Rendite sämtlicher konventioneller Anlageformen erzielen, zusätzlich an Attraktivität. Mit einer Nestlé-Aktie beispielsweise, die am 1. September 1985 für 380 Fr. gekauft und nach zehn Jahren am 1. September 1995 für 1'220 Fr. verkauft wurde, konnte steuerfrei ein Kapitalgewinn von 840 Fr. realisiert werden. Die Aktie erzielte also eine jährliche steuerfreie Rendite von 12,3%. Zur Berechnung der Gesamt-Rendite dieser Anlage müssten noch die jährlich ausbezahlten Dividenden hinzugezählt werden, im Falle der Nestlé-Aktien jährlich etwa 2%.

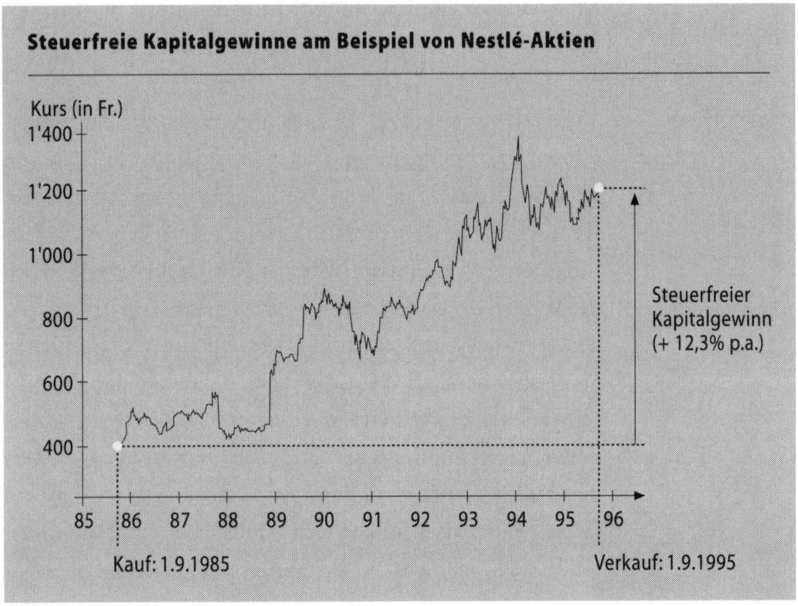

Steuern sparen mit Schuldzinsen

Schulden machen ist grundsätzlich nicht vorteilhaft, insbesondere dann nicht, wenn den Schulden keine oder nur unzureichende Vermögenswerte gegenüberstehen, mit denen die Schulden notfalls beglichen werden könnten. Die Verschuldung muss aber auch im Verhältnis zum Einkommen gesehen werden: Schulden bedeuten immer auch die Pflicht, Zinsen zu zahlen, auch wenn das Einkommen kurzfristig schwankt oder sich sogar definitiv verringert.

Aus steuerlicher Sicht allerdings sind Schulden positiv: Schuldzinsen können vom steuerbaren Einkommen abgezogen werden und sich damit nach Steuern, je nach Grenzsteuersatz, erheblich verbilligen. Deshalb können mit Schulden Vermögenswerte finanziert werden, die nach Steuern eine höhere Rendite bringen, als für die Schulden netto aufgebracht werden muss. Diesen Effekt haben aber nur Vermögensanlagen, die in irgendeiner Weise steuerlich bevorzugt sind, Anlageformen also, deren Zinsen nicht oder nur zum Teil besteuert werden oder deren Rendite in erster Linie auf Kapitalgewinnen fusst.

Beispiel für den Steuereffekt von Schuldzinsen

Das folgende Beispiel verdeutlicht die möglichen Steuerspareffekte unterschiedlicher Anlageformen: Unter der Annahme, dass ein Darlehen zu einem Zinssatz von 5% aufgenommen wird und der Steuerpflichtige einem Grenzsteuersatz von 35% unterliegt, reduzieren sich die «echten» Zinsaufwendungen auf jährlich 3,25%. Stellt man diesen Netto-Aufwendungen die Netto-Erträge von möglichen Anlageformen gegenüber, ergibt sich folgendes Bild:

Steuerspareffekt durch Schuldzinsabzug (Beispiel)

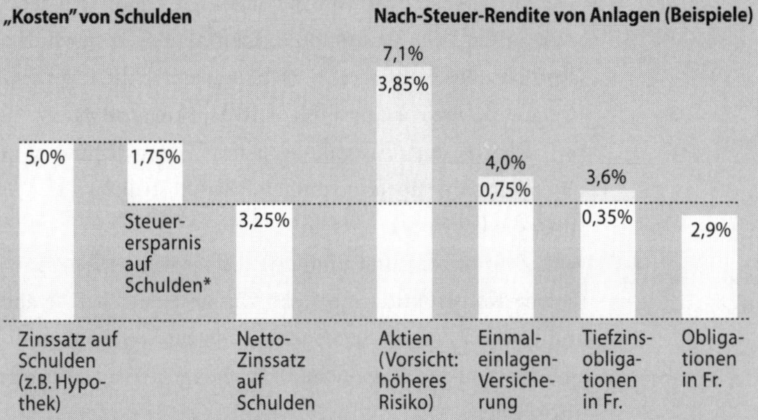

Kommentar
- Je höher die Grenzsteuerbelastung, um so attraktiver sind Darlehenszinsen
- Vorsicht: Höhere Renditen bedeuten immer auch höheres Risiko (z.B. Aktien, Fremdwährungen)
- Vorsicht: Nicht alle Konstellationen werden von den Steuerbehörden akzeptiert

* Steuerersparnis durch Abzugsfähigkeit (Beispiel: 35% Grenzsteuersatz)

- Auf einer Anlage in Schweizer Aktien kann langfristig eine durchschnittliche Jahres-Rendite von 8% erwartet werden (allerdings bei einem bewusst eingegangenen Kursschwankungsrisiko). Da nur der Dividendenteil dieser Rendite der Einkommenssteuer unterliegt, beträgt die langfristige Netto-Rendite jährlich 7,1%. Wird diese Aktienanlage mit Fremdmitteln finanziert, resultiert ein Netto-Gewinn von 3,85%.
- Mit einer Einmalprämien-Versicherung, deren Risiko sehr tief ist, hätte ein Plus von 0,75% pro Jahr erwirtschaftet werden können.
- Mit einer Tiefzins-Obligation wäre der Effekt nur noch leicht positiv (0,35%), während bei normal verzinsten und voll steuerbaren Obligationen die Rechnung nicht mehr aufgeht.

Der Steuerspareffekt von Schuldzinsen ergibt sich jedoch nur unter ganz bestimmten Umständen. Aufgrund der Komplexität empfiehlt es sich, einen fachlich versierten Berater beizuziehen und folgende Aspekte abzuklären:

- Risiko- und Fristenkongruenz: Weisen Schulden und Vermögen eine übereinstimmende Risikostruktur auf? Stimmen die Laufzeiten überein?
- Zeithorizont und Liquidität: Über welche Zeit ist eine solche Konstruktion möglich? Was geschieht bei Veränderungen von Einkommen oder Vermögen? Welche Liquidität ist notwendig, um die Schuldzinsen regelmässig aufbringen zu können?
- Voraussetzungen für die steuerliche Abzugsfähigkeit: Werden die Schulden aus rein steuertechnischen Überlegungen heraus gemacht, oder gibt es sachlich einleuchtende Gründe für die Schulden?

Steuerliche Behandlung von Versicherungsanlagen

Steuerfreie Rendite

Kapital-Lebensversicherungen sind vor allem aus steuerlicher Sicht eine attraktive Anlage- und Sparform. Besondere Vorteile bietet die steuerfreie Kapitalbildung. Die erwirtschafteten Zinsen, die nach Vertragsablauf ausbezahlt werden, unterliegen nicht der Einkommenssteuer. Vor allem Steuerpflichtigen mit höheren Grenzsteuersätzen ist deshalb zu empfehlen, Teile des Vermögens in Versicherungsanlagen zu investieren, also über Versicherungsanlagen zu sparen statt traditionell über eine Bank.

Vermögenssteuer auf Lebensversicherungen

Die Kapital-Lebensversicherung muss in allen Kantonen, nicht aber beim Bund, der keine Vermögenssteuer für Privatpersonen kennt, als Vermögen versteuert werden. Entscheidend ist der sogenannte Rückkaufswert: der Wert der Versicherung, den der Versicherte zum Zeitpunkt der Besteuerung realisieren könnte. Der Rückkaufswert liegt wegen der spezifischen Versicherungsmechanik leicht unter den effektiven Einzahlungen, nähert sich aber bis zum Ablauf des Versicherungsvertrags dem effektiven Auszahlungsbetrag inklusive Zinsen und Zinseszinsen an. Da die Vermögenssteuer ohnehin relativ gering ist, in der Regel zwischen 0,2 und 0,7% des Vermögens, lässt sich nur wenig Vermögenssteuer sparen.

Säule 3a und Säule 3b

Grundsätzlich ist zwischen zwei Formen von Lebensversicherungen zu unterscheiden (mehr dazu in Kapitel 2, «Persönliche Vorsorge»): der freien Vorsorge (Säule 3b), in deren Rahmen man bezüglich der Gestaltung des Versicherungsvertrags (z.B. Laufzeiten, Prämienhöhe oder Begünstigung) völlig frei ist, und der gebundenen Vorsorge (Säule 3a mit klaren Rahmenbedingungen bezüglich Laufzeiten, maximaler Prämienhöhe und Voraussetzungen für eine frühzeitige Kapitalauszahlung).

Begrenzte Abzugsfähigkeit von Lebensversicherungsprämien (3b)

Im Rahmen der sogenannten freien Vorsorge (Säule 3b) kann ein beschränkter Teil der Prämien für Lebensversicherungen beim Bund und in fast allen Kantonen vom steuerbaren Einkommen abgezogen werden. In der Regel gibt es einen Pauschalabzug, der neben den Lebensversicherungsprämien auch die Prämien für die Krankenkasse und gewisse Unfallversicherungen sowie die Zinsen auf Sparkapitalien umfasst. Der Abzug ist je nach Zivilstand und Kinderzahl unterschiedlich hoch. Angesichts der Höhe der heutigen Krankenkassenprämien bleibt zumeist nicht mehr viel Raum für die Lebensversicherungsprämien. Folglich ist die Attraktivität der freien Vorsorge als Anlage- und Sparinstrument auch weniger in der Abzugsfähigkeit der Prämien begründet als vielmehr in der steuerfreien Auszahlung der Zinsen.

Steuervorteile der Säule 3a

Im Gegensatz zur Säule 3b geniesst das Instrument der gebundenen Vorsorge (Säule 3a) sowohl das Privileg der Abzugsfähigkeit bis zu einem bestimmten Betrag als auch die Steuerfreiheit der Kapitalbildung. Allerdings ist dabei zu beachten, dass die Auszahlung des angesparten Kapitals einmalig zu einem speziellen, reduzierten Tarif als Einkommen besteuert wird.

Die folgende Übersicht zeigt, für welchen Zweck sich die Säulen 3a und 3b eignen und wie Einzahlungen (jährliche Sparbeträge), Kapitalbildung (Zinsen) und Kapitalauszahlung steuerlich behandelt werden.

Im Rahmen des Drei-Säulen-Konzepts des schweizerischen Vorsorgesystems wird die dritte Säule immer zentra-

Unterschiede in der steuerlichen Behandlung der Säulen 3a und 3b

	Säule 3a – Gebundene Vorsorge	Säule 3b – Freie Vorsorge
Zweck	Abdeckung von Vorsorgelücken, die nicht durch die 1. oder 2. Säule bereits gedeckt sind (Invaliditäts- und Todesfallrisiko sowie Aufbau von Alterssparkapital)	Aufbau von Sparkapital bei gleichzeitigem zusätzlichem Risikoschutz (in der Regel Einschluss eines Todesfallkapitals); Nutzung auch für die indirekte Amortisation von Hypotheken
Steuerliche Behandlung		
- Einzahlung	Voll abzugsfähig vom steuerbaren Einkommen bis zu einem definierten Maximalbetrag*	Beschränkt abzugsfähig im Rahmen der Abzugspauschalen für Lebensversicherungs- und Krankenkassenprämien
- Verzinsung des Kapitals	Steuerfrei	Steuerfrei
- Kapitalauszahlung	Steuerbar zu einem reduzierten Satz, getrennt vom übrigen Einkommen	Steuerfrei
Besonderheiten	Angespartes Kapital erst abrufbar bei Pensionierung oder in Spezialfällen**	Freie Vertragsgestaltung hinsichtlich Laufzeit, Einzahlungsbetrag usw.

* 1997: 5'731 Fr. p.a. für Angestellte; 28'656 Fr. bzw. 20% des Einkommens für Selbständigerwerbende

** Bei Verwendung für selbstgenutztes Wohneigentum, im Invaliditäts- oder Todesfall, bei Verlassen der Schweiz oder beim Wechsel vom Angestellten- zum Selbständigenstatus

ler. Weil die gesetzlichen Mindestversicherungen der ersten und zweiten Säule (AHV/IV und BVG/UVG) dem Vorsorgebedarf vieler Haushalte nicht mehr genügen, wird es immer wichtiger, mit der dritten Säule Vorsorgelücken auf individueller und privater Basis zu decken.

Säule 3a: Abzugsfähige Einzahlungen, steuerfreie Zinsen, steuerbegünstigte Auszahlung

Die jährlichen Einlagen im Rahmen der Säule 3a können bis zu einem jährlich festgelegten Maximalbetrag vom steuerbaren Einkommen abgezogen werden. Für die Steuerperiode 1997 gelten folgende Ansätze: Angestellte 5'731 Fr., Selbständigerwerbende 20% des Erwerbseinkommens, jedoch nicht mehr als 28'656 Fr. Die angesparten Gelder werden frühestens im Alter von 60 Jahren ausgezahlt. Deshalb wird die Säule 3a auch als «gebundene» Vorsorge bezeichnet. Allerdings besteht die Möglichkeit, für ein Eigenheim, beim Wechsel des Erwerbsstatus oder beim Wegzug ins Ausland die Vorsorgegelder kurzfristig zu nutzen.

Bei der Auszahlung gilt ein spezieller Einkommenssteuertarif, der sogenannte Rentensatz. Bei einer Besteuerung zum Rentensatz wird nicht der Betrag der Kapitalauszahlung als steuerbares Einkommen betrachtet, sondern eine aus dem Kapital resultierende mögliche Rente. Diese theoretische Rente entspricht je nach Berechnungsart zum Beispiel nur 1/15 des Kapitals. Der Rentenbetrag wird besteuert unabhängig davon, wieviel steuerbares Einkommen der Steuerpflichtige sonst noch zu versteuern hat. Die theoretische Rente und das übrige Einkommen werden also nicht zusammengezählt. Wegen der kantonal unterschiedlichen Richtlinien über die Besteuerung von Kapitalauszahlungen der Säule 3a sollte man sich von einem Experten die effektive Steuer berechnen lassen. Als Faustregel kann man davon ausgehen, dass die einmalige Steuerbelastung bei 6 bis 15% des Kapitals liegt.

Beispiel für den Steuereffekt der Säule 3a

Die folgende Darstellung erläutert den Steuerspareffekt der Säule 3a an einem Beispiel: Ein verheirateter 35jähriger Mann in Zürich mit einem Grenzsteuersatz von 35% nutzt die vom Gesetzgeber vorgesehene Limite von 5'731 Fr. voll aus. Mit dem Abzug dieser jährlichen Einlage vom steuerbaren Einkommen reduziert sich der effektive Kapitaleinsatz um den Grenzsteuersatz von 35% auf 3'725 Fr. Bei einer jährlichen Verzinsung von 4% ist das Kapital nach 30 Jahren auf 321'400 Fr. angewachsen. Dieses Kapital, das im Alter von 65 Jahren ausbezahlt wird, wird einmalig zum Rentensatz besteuert, 32'300 Fr. sind in unserem Fall fällig. Netto nach Steuern bleibt also die Summe von 289'100 Fr. Vergleicht man nun die effektiven Einzahlungen nach Steuern (3'725 Fr. pro Jahr) mit dem Netto-Auszahlungsbetrag nach Steuern (289'100 Fr.), resultiert eine jährliche Netto-Verzinsung des eingesetzten Kapitals von 5,9%. Dieser Wert liegt deutlich über den sonst üblichen Sparzinsen – noch besser sieht es bei einem höheren Grenzsteuersatz aus: Liegt der Grenzsteuersatz zum Beispiel bei 40%, erhöht sich die jährliche Netto-Verzinsung auf 6,4%.

Beispielrechnung: Netto-Verzinsung im Rahmen der Säule 3a

Steuern bei Einzahlung	Jährliche Einzahlung vor Steuern	Fr.	5'731
	Steuerersparnis durch Abzugfähigkeit	Fr.	2'006
	Effektiver Kapitaleinsatz nach Steuern	Fr.	3'725
Steuern bei Auszahlung	Laufzeit bis Alter 65		30 Jahre
	Steuerfreie Verzinsung des eingezahlten Kapitals während der Laufzeit		4,0%
	Aufgelaufenes Kapital mit 65	Fr.	321'400
	Steuern auf die Kapitalauszahlung	Fr.	32'300
	Effektive Kapitalauszahlung nach Steuern	**Fr.**	**289'100**
Gesamtbetrachtung	Netto-Verzinsung des effektiven Kapitaleinsatzes nach Steuern		5,9% p.a

Basis: 35jähriger Mann, verheiratet, Grenzsteuersatz 35%, Wohnort Zürich

Wer die einmalige Steuerbelastung bei der Auszahlung senken möchte, kann die Auszahlung der Dritte-Säule-Kapitalien nach dem 60. Lebensjahr staffeln und die Steuerprogression erheblich brechen, etwa indem er eine Hypothek gestaffelt amortisiert oder Kapital spart auf zwei Konti oder Policen mit Auszahlungen im Alter von 61 und 64 Jahren. Dieses Vorgehen ist auch deshalb zu empfehlen, weil sämtliche Auszahlungen aus der zweiten und dritten Säule zusammengezählt werden: Es sind also nicht nur Dritte-Säule-Konti und -Versicherungspolicen zu berücksichtigen, sondern auch Kapitalauszahlungen aus der Pensionskasse, aus einer Kadervorsorge oder von Freizügigkeitsgeldern.

Säule 3a: Bank oder Versicherung?

Sowohl Banken als auch Versicherungen bieten Anlagen der Säule 3a. Banken offerieren das beschriebene Vorsorgekonto 3a, während bei Versicherungen auch die Möglichkeit besteht, das Sparen mit einem Risikoschutz für Invalidität oder Tod zu kombinieren (Vorsorgepolicen 3a). Ein weiterer Unterschied liegt darin, dass man sich bei den Banken anders als bei den Versicherungen nicht vertraglich zur jährlichen Beitragszahlung verpflichtet. Für Personen, die sich einem Sparzwang unterwerfen wollen, kann eine vertragliche Bindung sinnvoll sein. Wer flexibel bleiben will, wird die freiwillige Einzahlung bei einer Bank vorziehen. Welche Lösung vorteilhafter ist, kann nicht generell beurteilt werden, sondern muss in einem individuellen Beratungsgespräch abgeklärt werden. Wichtig ist vor allem, die unterschiedlichen Angebote auf dem Markt genau zu prüfen und kritisch zu vergleichen. (Mehr dazu in Kapitel 2, «Persönliche Vorsorge».)

Säule 3b: Sparen mit steuerfreiem Zins

Aus Vorsorgesicht umfasst die Säule 3b sämtliche Vermögenswerte, die nicht schon in der zweiten Säule (BVG) oder der Säule 3a gebunden sind. Dazu gehören zum Beispiel flüssige Kassabestände, Wertschriftenanlagen, Liegenschaften und auch Kapitalversicherungen. Der Gesetzgeber begünstigt den Sparprozess im Rahmen eines Versicherungsvertrages steuerlich: Zinsen und Zinseszinsen werden nicht besteuert. In der folgenden Abbildung ein Vergleich des Versicherungs- mit dem Banksparen.

Vergleich zwischen Sparversicherung und Anlagesparkonto einer Bank

	Anlage-sparkonto	Sparversicherung
Monatlicher Sparbetrag	500 Fr.	500 Fr.
Dauer des Sparprozesses	20 Jahre	20 Jahre
Zins vor Steuern	3,0%	4,0%
Zins nach Steuern	1,95%	4,0%
Angesparter Betrag am Ende der Laufzeit	146'600 Fr.	183'400 Fr.
Bemerkungen	Sparen via Sparversicherung bringt netto 36'800 Fr. mehr Kapital bei gleichzeitiger Absicherung im Todesfall und Weiterführung des Sparbetrages durch die Versicherung im Invaliditätsfall	

Basis: 35jähriger Mann, Grenzsteuersatz 35%

Für einen 35jährigen Mann, der zwanzig Jahre lang monatlich 500 Fr. sparen will und einem Grenzsteuersatz von 35% unterliegt, ist das Resultat eindeutig: Sparen über die Versicherung bringt über 36'000 Fr. mehr Kapital. Zudem ist in die Sparversicherung immer ein minimaler Versicherungsschutz integriert, in diesem Fall ein Todesfallkapital von 100'000 Fr., und die Prämienzahlungen werden durch die Versicherungsgesellschaft geleistet, falls der Versicherungsnehmer invalid würde (Prämienbefreiung). Der Grund für diesen krassen Rendite-Unterschied liegt vor allem in der unterschiedlichen steuerlichen Behandlung, aber auch in der erheblichen Differenz zwischen der Brutto-Verzinsung des Anlagesparkontos der Bank (3%) und der prognostizierten Verzinsung der Versicherung (4%). Über zwanzig Jahre wirken sich diese auf den ersten Blick geringen Differenzen erheblich aus.

Einmaleinlagen-Versicherungen: Zins steuerfrei

Einmaleinlagen-Versicherungen basieren – im Gegensatz zu den bisher diskutierten Versicherungsanlagen mit jährlichen Sparbeiträgen – auf einer einmaligen Kapitaleinzahlung. Die Versicherungsgesellschaft verpflichtet sich, die einbezahlte Summe nach einer bestimmten Laufzeit verzinst zurückzuzahlen. Diese Auszahlung ist unter bestimmten Bedingungen vollständig steuerfrei. Ein weiterer Vorteil: Während der Vertragsdauer ist automatisch ein Todesfallkapital in Höhe von 20 bis 50% der Einlage versichert. Die Höhe des Todesfallkapitals ist abhängig von der Vertragsdauer und fällt je nach Versicherungsgesellschaft und Angebot unterschiedlich aus.

Die Zinsen werden getrennt in einen garantierten Zinsteil und einen sogenannten Überschussanteil, die Zinsanteile, die nicht vertraglich garantiert werden dürfen, bei einer guten Gesellschaft jedoch gemäss Offerte ausbezahlt werden. Damit die Kapitalauszahlung steuerfrei bleibt, muss zwingend ein klarer Vorsorgecharakter erkennbar sein. Dies ist dann der Fall, wenn der Vertrag mindestens über fünf Jahre läuft und die Auszahlung frühestens im Alter von 60

Jahren erfolgt. Zudem müssen die versicherte Person und der Versicherungsnehmer identisch sein.

Keinen Vorsorgecharakter haben sogenannte Erlebensfall-Versicherungen: Im Todesfall wird lediglich die Einmaleinlage zuzüglich einer geringen Verzinsung ausbezahlt. Konsequenterweise ist diese Versicherung nicht steuerfrei. Die folgende Abbildung zeigt die Funktionsweise einer Einmaleinlagen-Versicherung.

Funktionsweise einer Einmaleinlagen-Versicherung

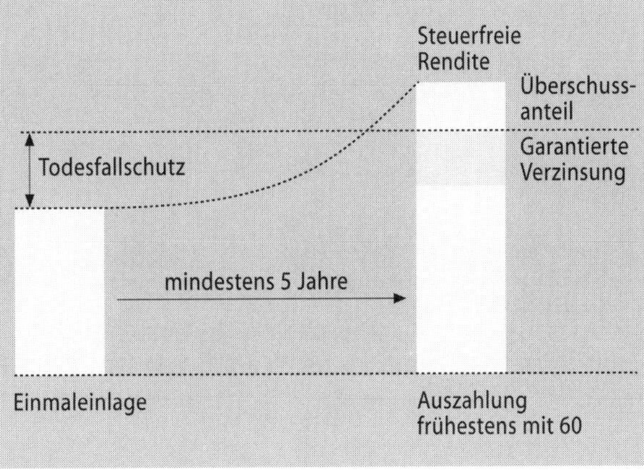

Attraktive Alternativen zu Obligationen

Dank dem klaren Vorteil der steuerlichen Privilegien ist die Einmaleinlagen-Versicherung für viele Anleger ein äusserst interessantes Anlage- und Vorsorgeinstrument. Denn die Einmaleinlage hat alles in allem eine deutlich bessere Rendite als eine steuerbare Obligation – und dies bei erstklassiger Sicherheit (vergleichbar einer AAA-Obligation). Die Zinserträge einer Obligation unterliegen voll der Einkommenssteuer, so dass (wie das untenstehende Beispiel zeigt) bei einer Brutto-Rendite von 4% nach Abzug von angenommenen 35% Steuern noch 2,6% Netto-Rendite bleiben. Werden noch die üblichen Bankgebühren für Depotführung und Inkasso eingerechnet, sieht das Bild noch schlechter aus. Die Renditen von guten Einmaleinlagen liegen hingegen bei einem Obligationen-Zinsniveau von etwa 4% bei etwa 3,75%, also netto nach Steuern deutlich höher als bei jeder Obligation.

Rendite von Obligationen und Einmaleinlagen

	Zinsen		Wert einer Anlage von 100'000 Fr. nach 10 Jahren, inklusive akkumulierte Zinsen und Zinseszinsen nach Steuern
	vor Steuern	nach Steuern*	
Fr.-Obligationen (beste Bonität)	4,0%	2,6%	129'260 Fr.
Fr.-Einmaleinlage**	3,75%	3,75%	144'500 Fr.

* Annahme: Grenzsteuersatz 35%
** Basis: 50jähriger Mann, Vertragsdauer 10 Jahre, durchschnittliches Angebot im Markt, Mai 1997; steuerfrei, wenn Vertragsdauer mind. 5 Jahre und Anleger bei Auszahlung mindestens 60 Jahre alt (Bund), kantonal unterschiedlich

Kein Abschluss ohne Vergleich

Analysiert man die Offerten der Lebensversicherungsgesellschaften, stellt man grosse Unterschiede fest. Zunächst unterscheiden sich die Angebote hinsichtlich der Höhe des Todesfallschutzes und der garantierten Verzinsung im Erlebensfall. Weitere Unterschiede gibt es hinsichtlich der Überschüsse. Ein Vergleich der Offerten ist erschwert, weil die Versicherungsgesellschaften ihre Angebote regelmässig den veränderten Umfeldbedingungen anpassen. Deshalb lohnt es sich immer, vor einem Abschluss die Offerten zu vergleichen oder vergleichen zu lassen.

Leibrenten: Sichere Anlage

Die klassische Leibrente ist in der Regel ebenfalls auf einer einmaligen Einzahlung des Versicherungsnehmers begründet, entspricht von der Einzahlung her also einer Einmaleinlage. Im Gegensatz zur kapitalbildenden Einmaleinlagen-Versicherung verpflichtet sich dabei aber die Versicherungsgesellschaft nicht, das Kapital und die aufgelaufenen Zinsen zu einem bestimmten Zeitpunkt auszuzahlen, sondern garantiert dem Versicherungsnehmer ein lebenslanges Einkommen. Dabei wird zwischen der garantierten Rente und einem Überschuss- oder Bonusanteil unterschieden. Die garantierte Rente macht in der Regel rund 80% der gesamten Rente aus, der Bonusanteil etwa 20%. In der folgenden Abbildung die Funktionsweise der Leibrente.

Funktionsweise der Leibrente

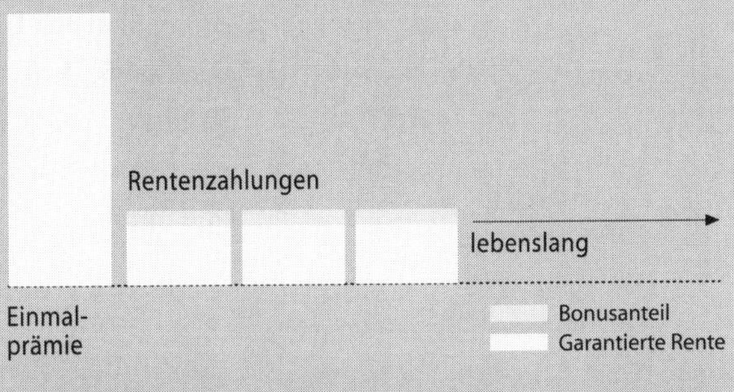

- Höchste Sicherheit
- Lebenslang garantierte Rente
- Einkommen nur zu 60% steuerbar (Bund und meiste Kantone, sofern selbstfinanziert)
- Keine Vermögenssteuer bei sofort beginnenden Rentenversicherungen
- Auf "zwei Leben" möglich
- Flexible Begünstigungsmöglichkeiten
- Konkurs- und Erbschaftsprivileg
- Im Todesfall Auszahlung des noch vorhandenen Kapitals (Einmalprämie minus bereits bezahlte Renten)

Leibrenten gibt es in einer Vielzahl von Varianten und Kombinationen:

- sofort beginnende oder aufgeschobene Leibrenten
- fallende oder steigende Renten (der Bonusanteil der Rente ist zu Beginn höher oder tiefer als in den Folgejahren)
- Leibrenten mit oder ohne Rückgewähr des noch nicht verbrauchten Kapitals im Todesfall
- Leibrenten auf ein oder zwei versicherte Leben (Ehepaar-Rente) mit unterschiedlich hohen Rentenfortzahlungen bei Tod eines Rentners.

Wichtig aus steuerlicher Sicht: Renteneinkommen werden vom Bund und den meisten Kantonen nur zu 60% besteuert, sofern die Rente zu 100% aus Eigenmitteln finanziert ist. Auf sofort beginnende Leibrenten wird keine Vermögenssteuer erhoben. Aufgeschobene Leibrenten werden zum Rückkaufswert als steuerbares Vermögen erfasst. (Die Besonderheiten der Leibrente, ihre Vor- und Nachteile sowie die verschiedenen Varianten sind in Kapitel 2, «Persönliche Vorsorge», ausführlich dargestellt.)

Steuern sparen in der beruflichen Vorsorge (BVG)

BVG-Beiträge abzugsfähig

Eine der tragenden Säulen des schweizerischen Vorsorgesystems ist die berufliche Vorsorge (BVG), ausgestaltet in den Pensionskassen und überobligatorischen Kadervorsorgelösungen (mehr dazu in Kapitel 2, «Persönliche Vorsorge»). Beiträge an die berufliche Vorsorge, mit denen die Altersvorsorge sowie Todesfall- und Erwerbsunfähigkeits-Versicherungen finanziert werden, können vollumfänglich vom steuerbaren Einkommen abgezogen werden. Abzugsfähig sind die gesetzlich verankerten Pflichtbeiträge (BVG-Obligatorium), die je zur Hälfte vom Arbeitgeber und vom Arbeitnehmer erbracht werden. Voll abzugsfähig sind auch freiwillige Beiträge, die über das vom Gesetz vorgeschriebene Mass hinausgehen (Überobligatorium).

Häufig werden die Beiträge an die berufliche Vorsorge bei der Ermittlung des Erwerbseinkommens gar nicht mehr aufgeführt: Das Einkommen wird auf dem Lohnzettel netto, also nach Sozialleistungen wie AHV/IV und BVG, ausgewiesen. Wird das Salär brutto ausgewiesen, sehen die Formulare für die Steuererklärung separate Felder für die Abzüge der staatlichen und beruflichen Vorsorge vor.

Einkäufe in die Pensionkasse

Bei den regelmässigen Pflichtbeiträgen (BVG-Obligatorium) besteht kaum zusätzlicher Optimierungsspielraum. Eine Ausnahme sind Einkäufe in die Pensionskasse, mit denen fehlende Beiträge früherer Jahre in einer oder mehreren Etappen kompensiert werden, beispielsweise von Angestellten, die lange Zeit im Ausland gearbeitet haben und in der Schweiz kein Pensionskassenkapital ansammeln konnten. Diese Einkaufssummen sind abzugsfähig. Ein anderes Beispiel: Ein Angestellter erzielt nach dem beruflichen Aufstieg ein höheres Einkommen, seine bisherigen Pensionskassenbeiträge stellen aber keine ausreichende Altersrente sicher. Auch er kann mit einem abzugsfähigen Einkauf seine spätere Altersvorsorge aufbessern.

Doppelter Steuereffekt

Einkäufe und andere freiwillige Beiträge an die Pensionskasse erfolgen häufig im Rahmen von überobligatorischen Vorsorgelösungen. Diese Lösungen werden für Kadermitarbeiter getroffen, deshalb nennt man sie auch Kadervorsorge- oder Bel-Etage-Versicherungen. Die Einzahlungen in solche Versicherungen haben zwei Vorteile: Die Beiträge können vom steuerbaren Einkommen abgezogen werden, und die Verzinsung der bezahlten Beiträge ist steuerfrei. Bei der Auszahlung im Rentenalter muss das Kapital allerdings einmalig versteuert werden. Dabei werden die gleichen Regeln wie bei der Säule 3a angewandt: Losgelöst vom übrigen Einkommen gilt der (kantonal unterschiedliche) Rentensatz, der wesentlich tiefer ist als der Einkommenssteuersatz.

Kadervorsorge

Wer den überobligatorischen Spielraum zur besseren Vorsorge und Steueroptimierung nutzen will, muss Fragen der Möglichkeiten und Grenzen der Vorsorgeeinrichtung klären, damit die Steuerbehörde nicht unerwartet die Anerkennung verweigert. Aus diesem Grund kommt den nachfolgenden Grundsätzen hohe Bedeutung zu.

Fünf Grundsätze für Vorsorgelösungen

Die berufliche Vorsorge ist bundesgesetzlich geregelt im Zivilgesetzbuch (ZGB Art. 89bis), im Obligationenrecht (OR Art. 331a-c) und im Gesetz über die berufliche Alters, Hinterlassenen- und Invalidenvorsorge. Der Kanton Zürich, für viele andere Kantone in diesem Bereich wegleitend, hat die wichtigsten Grundsätze konkretisiert in der Verordnung der Finanzdirektion über die Steuerbefreiung von Einrichtungen der beruflichen Vorsorge vom 12. November 1986 und der dazugehörigen Wegleitung vom 16. Februar 1987. Für sämtliche Vorsorgeeinrichtungen gelten fünf wesentliche Grundsätze:

1. Ausschliesslichkeit:
Damit eine Einrichtung der beruflichen Vorsorge steuerbefreit ist, darf sie keine anderen Ziele als jene der beruflichen Vorsorge verfolgen. Sie darf also nur die wirtschaftliche Sicherung von Arbeitnehmern und allenfalls von Selbständigerwerbenden im Alter, bei Invalidität und im Todesfall bezwecken.

2. Kollektivität:
Im Gegensatz zur individuellen privaten Vorsorge (Säulen 3a und b) ist die berufliche Vorsorge kollektiv: Es sind stets sämtliche Arbeitnehmer eines Unternehmens in die berufliche Vorsorge einzubeziehen. Der Grundsatz der Kollektivität verbietet damit auf einzelne Personen zugeschnittene Sonderlösungen. Zulässig, und ausdrücklich vorgesehen, ist die Bildung von Versichertengruppen innerhalb des Unternehmens (z.B. Kategorien nach Stellung, Funktion oder Lohnhöhe). Diese Kategorien müssen dem unten beschriebenen Grundsatz der Gleichbehandlung genügen.

3. Planmässigkeit:
Der Aufbau der Vorsorge und die späteren Leistungen müssen in Statuten und Reglementen zum voraus nach schematischen Kriterien festgelegt werden. Ein solches schematisches Vorgehen kann bedeuten, dass bezogen auf die Altersleistungen jährlich Beiträge von 5% des versicherten Lohnes gespart werden. Ergänzend kann ein Leistungsziel in Prozent des Erwerbseinkommens definiert werden, das freiwil-

lig durch zusätzliche Einkäufe von Beitragsjahren erreicht werden kann.

4. Angemessenheit:
Zusammen mit den eidgenössisch geregelten Sozialversicherungen soll die berufliche Vorsorge nach der Pensionierung die gewohnte Lebenshaltung in angemessener Weise ermöglichen. Im Kanton Zürich ist dieses Ziel so konkretisiert: Die Alters-, Hinterlassenen- und Invalidenleistungen aus Vorsorgeeinrichtungen dürfen zusammen mit AHV und IV 100% des letzten Netto-Lohnes bzw. Netto-Erwerbseinkommens nicht übersteigen. Die in der Praxis angewandte Faustregel, wonach die Angemessenheit gewährleistet ist, wenn die laufenden Beiträge 20% des Brutto-Lohnes nicht übersteigen, kann sich nach einer individuellen Berechnung verschieben. Sie kann ein Potential aufzeigen für steuerlich abzugsfähige Einkaufszahlungen. Entscheidend ist, dass die Leistungen aus staatlicher und beruflicher Vorsorge schliesslich höchstens das letzte Netto-Erwerbseinkommen erreichen.

5. Gleichbehandlung:
Der Grundsatz der Gleichbehandlung tritt hinter den bisherigen Grundsätzen zurück. Er ist bereits im Kreisschreiben 1a der Eidg. Steuerverwaltung erheblich relativiert worden, indem er nur für Vorsorgenehmer der gleichen Vorsorgeeinrichtung und der gleichen Gruppe innerhalb einer Vorsorgeeinrichtung gilt. Aus steuerrechtlicher Sicht ist es daher zulässig, dass für verschiedene Kategorien von Vorsorgenehmern verschiedene Beitragssätze oder Aufteilungsschlüssel bestehen. Auch ist es nicht zu beanstanden, wenn unterschiedliche Kategorien von Vorsorgenehmern verschiedene Leistungsziele oder Leistungsarten anstreben.

Die Unterteilung in verschiedene Versichertenkategorien muss den Grundsätzen der Kollektivität und Planmässigkeit genügen und hat nach objektiven Kriterien zu erfolgen. Mögliche Zuteilungskriterien ergeben sich aus der beruflichen Stellung im Unternehmen, wobei auch Alter, Anzahl Dienstjahre oder Lohnhöhe berücksichtigt werden können. Insbesondere bei der Hinterlassenenversicherung sind auch persönliche Kriterien denkbar: Zivilstand, Anzahl Kinder und individuelle Unterstützungspflichten. Hingegen verbietet der Grundsatz der Planmässigkeit die freiwillige Teilnahme an einem Kaderplan. Jeder in die entsprechende Kategorie fallende Mitarbeiter eines Unternehmens ist gezwungen, sich entsprechend zu versichern. Dies gilt auch für paritätisch finanzierte Versicherungen von Kadermitarbeitern.

Finanzierung der Kadervorsorge

Die Planmässigkeit ist der wichtigste Grundsatz für die Finanzierung der beruflichen Vorsorge. Er ist für die laufenden Beiträge stets zu beachten und wird erfüllt, wenn sich die vom Arbeitnehmer und vom Arbeitgeber aufgrund der reglementarischen Bestimmungen regelmässig zu leistenden Beiträge in Prozenten des beitragspflichtigen Einkommens bemessen.

Selbstverständlich sind neben den laufenden Beiträgen auch statutarisch oder reglementarisch vorgesehene Einkaufsbeiträge des Vorsorgenehmers für zusätzliche Beitragsjahre zulässig. Im Gegensatz zu den laufenden Beiträgen hat der Vorsorgenehmer dabei einen gewissen Spielraum, indem es ihm freigestellt ist, Beitragsjahre einzukaufen. In den massgebenden Bestimmungen der Vorsorgeeinrichtung muss allerdings die Einkaufsmöglichkeit vorgesehen sein. Ausserdem muss der Grundsatz der Angemessenheit der Vorsorge erfüllt sein.

Pensionskassen auch für Selbständige

Von den Leistungen der zweiten Säule können nicht nur Angestellte, sondern auch Selbständigerwerbende profitieren, wenn sie sich freiwillig der beruflichen Vorsorge unterstellen. Einem Anschluss an die Pensionskasse, in der auch ihr Personal versichert ist, steht nichts im Wege. Selbständigerwerbende geniessen dann die gleichen steuerlichen Vorteile wie Angestellte. Selbständigerwerbende ohne Personal können der Kasse ihres Berufsverbandes oder der «Auffangvorrichtung», einer vom Bund errichteten Vorsorgeeinrichtung, beitreten. Auf diese Art können auch Selbständigerwerbende von einem attraktiven Kapitalbildungsprozess profitieren und gleichzeitig Steuern sparen.

Steueroptimierung von Wertschriftenanlagen

In diesem Abschnitt finden sich einige Hinweise zur steuertechnischen Optimierung von Wertschriftenanlagen. Vieles muss dabei in Verbindung mit den Aussagen in Kapitel 1, «Geldanlagen und Vermögen», betrachtet werden.

Steuern und Gesamt-Rendite

In höheren Progressionsstufen kann die Steuerbelastung den Brutto-Ertrag von Kapitalanlagen um 45% reduzieren. Unter Berücksichtigung der Inflation bleibt bei normal verzinsten Anlagen gerade noch der reale Wert der Anlage erhalten. Damit wird deutlich, wie wichtig die Steuer-Analyse von Geldanlagen ist.

Zentrale Ansatzpunkte für die Steueroptimierung von Wertschriftenerträgen sind steuerbefreite Anlageformen und die Konzentration auf Kapitalgewinne.

Steuern und Gesamt-Rendite einer Geldanlage

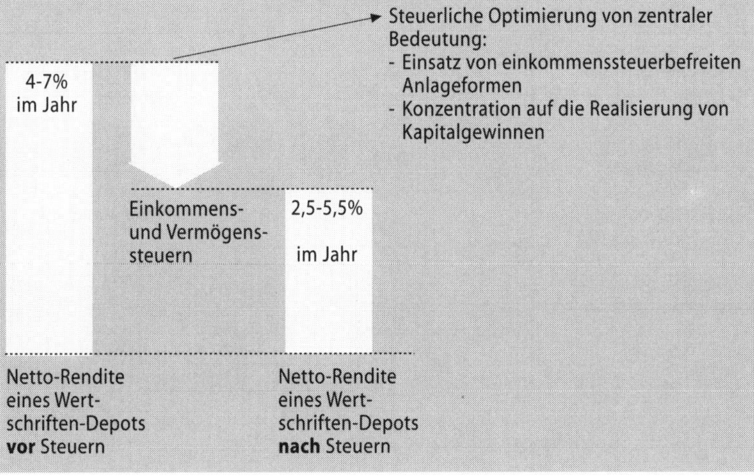

Rendite vor und nach Steuern

Vergleicht man die Anlageformen, die der typische Schweizer Anleger nutzt, zeigen sich erhebliche Unterschiede in der Rendite vor und nach Steuern.

Ein normales Sparkonto bringt im langfristigen Vergleich etwa 3% brutto pro Jahr und wird voll besteuert. Je nach Grenzsteuersatz liegt die Rendite nach Steuern somit unter 2%. Nach Steuern bringt eine Anlage von 50'000 Fr. über zehn Jahre ganze 10'000 Fr. Zins- und Zinseszinsertrag, also ein angespartes Kapital inklusive Zinsen von 60'000 Fr. Damit kann ein realer Werterhalt nach Inflation nicht sichergestellt werden. Auch die Erträge anderer festverzinslicher Anlagen wie Festgeld, Geldmarktfonds oder Obligationen werden voll besteuert. Folglich liegt auch hier die Netto-Rendite in einem Bereich, der die Inflation kaum ausgleichen kann.

Rendite vor und nach Steuern unterschiedlicher Anlageformen

Anlageform	Langfristige Rendite-Erwartung	Verrechnungssteuer (Quellensteuer)
Sparkonto	3,0% vor Steuern 1,95% nach Steuern*	Ja
Money Market Fund (Geldmarktfonds Fr.)	3,75% 2,45%	Nein (Fondsdomizil Luxemburg)
Obligation Fr. (4,5%-Zinscoupon)	4,5% 2,93%	Ja (Ausnahmen: ausländische Oblig.)
Tiefzins-Obligation Fr. (2,5%-Zinscoupon)	4,5% 3,6%	Ja (Ausnahmen: ausländische Oblig.)
Einmaleinlagen-Versicherung	4,25% 4,25%	Nein (Voraussetzungen beachten)
Aktien Schweiz	8% 7,1%	Ja (nur auf ca. 2-3% Dividende)

Inflation ca. 3%

* Annahme: Persönlicher Grenzsteuersatz = Höhe der Verrechnungssteuer = 35%

Anders sieht es bei Einmaleinlagen-Versicherungen aus: Die Rendite bleibt – unter Beachtung der notwendigen Voraussetzungen – steuerfrei. Und dies bei einer Sicherheit, die einer erstklassigen Obligation entspricht. In unserem Rechenbeispiel – einer Anlage von 50'000 Fr. über zehn Jahre – resultieren dank der Steuerfreiheit einer Einmaleinlagen-Versicherung Zinsen von netto 25'000 Fr.

Bei einer Investition in den Schweizer Aktienmarkt hätte sich dieser Betrag, allerdings bei ungleich höherem Risiko, über zehn Jahre gar verdoppelt. Die nebenstehende Abbildung gibt einen Überblick über die unterschiedlichen Anlageformen und ihre steuerliche Behandlung.

Diese Analyse der unterschiedlichen Rendite-Erwartungen nach Steuern macht deutlich, dass in erster Linie drei Anlageformen von Bedeutung sind: Tiefzins-Obligationen, Einmaleinlagen-Versicherungen und Aktien.

Tiefzins-Obligationen

Tiefzins-Obligationen zeichnen sich dadurch aus, dass ein Teil der Zinszahlungen in Form einer Einmalentschädigung am Ende der Laufzeit entrichtet wird. Die Obligation wird ausgegeben mit einem Einschlag (Diskont) auf den Nominalwert, zum Beispiel zu 80%. Die Rückzahlung erfolgt zu pari, das heisst zu 100%. In diesem Fall entspricht die Einmalentschädigung am Ende der Laufzeit also 20% des Werts. Bei sogenannten globalverzinslichen Obligationen erfolgt die Ausgabe zu pari (100% = Nominalwert), dafür werden sie mit einem höheren Betrag (Agio oder Prämie) zurückbezahlt.

Für den Anleger bietet diese Anlageform ganz besondere Vorteile: Ein Teil der Zinszahlungen wird in Form von steuerbefreitem Kapitalgewinn realisiert (Einmalentschädigung am Ende der Laufzeit), und das Wiederanlagerisiko der laufenden Zinszahlungen ist kleiner. Wegen dieser Vorteile ist der Anleger in der Regel bereit, eine gegenüber normalen Obligationen leicht reduzierte Rendite in Kauf zu nehmen, was sich wiederum für den Emittenten (die ausgebende Organisation) auszahlt. Die Steuervorteile von Tiefzins-Obligationen führen in einem konkreten Beispiel zu einem klaren Rendite-Vorteil:

Hat eine Tiefzins-Obligation einen steuerbaren Zinscoupon von 2,5%, und kann ein steuerfreier Kursgewinn von 2% realisiert werden, ergibt sich eine Rendite vor Steuern von 4,5%. Bei einem Grenzsteuersatz von 35% auf dem steuerbaren Teil der Rendite (2,5% Zins-Coupon mal 35% gleich 0,875%) ergibt sich eine Rendite nach Steuern von 3,625%. Eine hochverzinsliche Obligation mit der gleichen Rendite vor Steuern, also mit einem Zinscoupon von 4,5%, würde nach Steuern nur 2,925% Rendite bringen. Der Unterschied von 0,7 Prozentpunkten bedeutet eine um 21,5% bessere Rendite der Tiefzins-Obligation (3,625% bezogen auf 2,925%).

«Herkömmliche» Tiefzins-Obligation steuerfrei

Die Besteuerung bzw. Steuerbegünstigung von Tiefzins-Obligationen wird präzisiert im Bundesgesetz über die direkte Bundessteuer (DBG, Art. 20 Absatz 1), das seit Januar 1995 in Kraft ist. Die Eidgenössische Steuerverwaltung unterscheidet zwischen «herkömmlichen» und «nicht herkömmlichen» Optionsanleihen. «Herkömmliche» Optionsanleihen waren ursprünglich mit Optionen versehen, die auf Beteiligungspapiere des Anleihenschuldners lauteten (Emittent: Unternehmung A; Option auf Aktien der Unternehmung A). Kursgewinne auf diesen Papieren unterliegen keiner Einkommenssteuer.

«Nicht herkömmliche» Optionen teilweise steuerbar

«Nicht herkömmliche» Optionsanleihen beziehen sich nicht auf Beteiligungspapiere des Schuldners (z.B. Emittent: Kanton; Option auf Aktien einer Unternehmung). Bei Optionsanleihen wird in der Praxis der erste Ex-Options-Kurs als Basis (als Ausgabepreis) genommen. Als Kursgewinn gilt die sogenannte Einmalverzinsung, berechnet als Differenz zwischen der Gesamt-Rendite (Rendite auf Verfall) und der periodischen Verzinsung. Bei der Rendite-Berechnung wird auf die Verhältnisse zum Zeitpunkt der Emission abgestellt. Dazu ein Beispiel:

Eine Obligation wird zu 800 Fr. unter pari emittiert (oder: bei einer Optionsanleihe liegt der erste Ex-Options-Kurs bei 800 Fr.). Der Jahreszins beträgt 24 Fr., entspricht also einer periodischen Verzinsung von 3%. Die Rückzahlung erfolgt zu 1'000 Fr., das ergibt eine Gesamt-Rendite

Steuerschema für Tiefzins-Obligationen

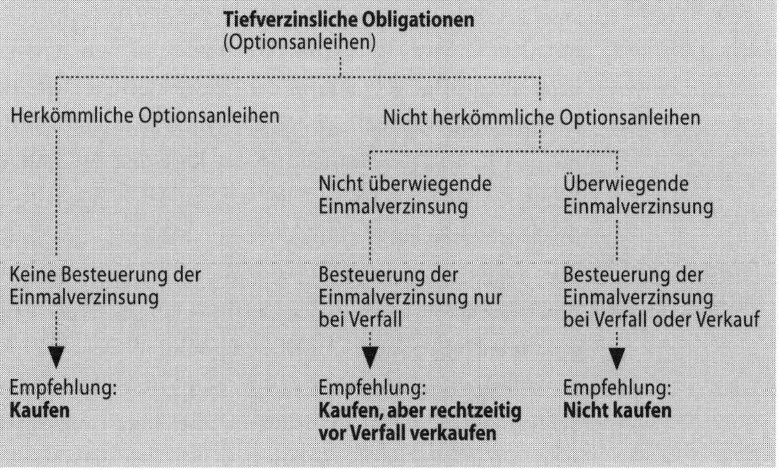

(Rendite auf Verfall) von 5%. Die Einmalverzinsung – d.h. der Kursgewinn – beträgt somit 2%. Wenn diese Einmalverzinsung höher ist als die periodische Verzinsung, wird sie bei einem Verkauf oder bei Verfall des Papiers in jedem Fall besteuert. Die Steuerbehörde spricht hier von einer «überwiegenden» Einmalverzinsung. Ist die Einmalverzinsung tiefer als die periodische Verzinsung, liegt eine «nicht überwiegende» Einmalverzinsung vor – wie in unserem Beispiel (2% Einmalverzinsung gegenüber 3% periodischer Verzinsung). Die Einmalverzinsung wird nur dann besteuert, wenn die Obligation bis zum Verfall gehalten wird. Bei einem Verkauf vor dem Verfalltermin kann also ein steuerfreier Kursgewinn realisiert werden. Die Abbildung auf der vorangehenden Seite zeigt die Besteuerung von Tiefzins-Papieren im Schema.

Kantonale Regelungen unterschiedlich

Sämtliche nach dem 1. Januar 1993 emittierten und an der Schweizer Börse kotierten Obligationen werden von der Eidgenössischen Steuerverwaltung (EStV) gemäss dem oben beschriebenen Verfahren überprüft. Papiere mit überwiegender Einmalverzinsung werden in der Kursliste der EStV mit dem Zusatz «IUP» (intérêt unique prédominant) gekennzeichnet. Wie immer in der Schweiz gelten auch hier kantonal unterschiedliche Regeln. Zwar werden sich die meisten Kantone voraussichtlich der Regelung der direkten Bundessteuer anschliessen. Dies wird jedoch einige Jahre in Anspruch nehmen.

Zero Bonds

Eine Spezialkonstruktion der Tiefzins-Obligation ist die sogenannte Null-Coupon-Anleihe (Zero Bond). Bei dieser Art von Obligation erfolgt die Zinszahlung nur über die am Schluss fällige Einmalentschädigung: Bei einer Laufzeit von zehn Jahren wäre der Emissionspreis zum Beispiel 63% und die Rückzahlung 100% und entspräche einer jährlichen Rendite von 4,8%. Nach neuester Steuerpraxis sind solche Anleihen nicht mehr steuerfrei.

Einmaleinlagen-Versicherungen

Die in diesem Kapitel bereits beschriebene Einmaleinlagen-Versicherung entspricht im Grundsatz einer Null-Coupon-Obligation (Zero Bond). Der einzige Unterschied liegt in der relativen Illiquidität während der Vertragszeit und den klaren Bedingungen, die erfüllt sein müssen, damit die Einmaleinlagen-Versicherung steuerfrei bleibt.

Fremdfinanzierte Einmaleinlagen-Versicherungen

Einmaleinlagen-Versicherungen können grundsätzlich belehnt werden: in der Regel durch Aufnahme eines sogenannten Policendarlehens bei der Versicherungsgesellschaft. Eine Belehnung ist etwa dann sinnvoll, wenn man kurzfristig Liquidität benötigt, die Einmaleinlagen-Versicherung jedoch nicht zurückkaufen will, weil der laufende Vertrag unterbrochen würde. Eine Unterbrechung hat zwei wesentliche Nachteile: Erstens fällt die Verzinsung bei einer vorzeitigen Auflösung in der Regel geringer aus als bei regulärem Vertragsablauf, zweitens können notwendige Voraussetzungen einer Steuerbefreiung verletzt werden (mindestens fünf Jahre Laufzeit, Auszahlung frühestens im Alter von 60 Jahren); die Rendite wäre steuerpflichtiges Einkommen.

Aus diesen Gründen ist bei einem Liquiditätsbedarf die Belehnung bestehender Einmaleinlagen-Verträge der Vertragsauflösung vorzuziehen. Ausserdem entsteht bei der Belehnung ein zusätzlicher Steuerspareffekt, weil die Schuldzinsen steuerlich abzugsfähig sind. Berücksichtigt man diesen Effekt bei der Rendite einer Einmaleinlagen-Versicherung, so ergibt sich je nach Grenzsteuersatz eine Zusatz-Rendite von 1 bis 3 Prozentpunkten.

Steuerliche Akzeptanz von Darlehenszinsen

Bei rückkaufsfähigen Einmaleinlagen, die teilweise oder ganz fremdfinanziert sind, kann die Steuerbehörde eine Steuerumgehung unterstellen, etwa wenn keine sachlich logischen Gründe vorliegen, kein Vorsorgecharakter der Einmaleinlagen-Versicherung erkennbar ist und eine Belehnung ausschliesslich erfolgt, um Steuern zu sparen. Die Absicht, Steuern zu umgehen, wird vom Bundesgericht insbesondere dann vermutet, wenn das Vermögen des Versicherungsnehmers kleiner ist als die Einmaleinlage.

Angesichts der Komplexität des Themas empfiehlt es sich, die Belehnung einer Einmaleinlagen-Versicherung mit einem spezialisierten und erfahrenen Berater zu besprechen. Kann auch der Berater die steuerliche Akzeptanz nicht rückhaltlos bestätigen, sollte die zuständige Steuerbehörde schriftlich angefragt werden.

Steuerfreie Kursgewinne bei Aktien

Aktien sind für langfristig orientierte Anleger besonders attraktiv: Die Kursgewinne von Aktien sind für Privatpersonen steuerfrei, und die Renditen sind höher als bei allen anderen Anlagen mit akzeptablem Risiko. Untersucht man den Schweizer Aktienmarkt der vergangenen zwanzig Jahre und gliedert diesen Zeitraum in Perioden von zehn Jahren, ergibt sich folgendes Bild:

Die jährlichen Gesamt-Renditen in diesen 10-Jahres-Perioden lagen nie unter 6,5% und erreichten im Maximum 12,3% (in der Periode von 1984 bis 1993). Diese Rendite wurde trotz massiver Einbrüche an den Aktienmärkten erzielt (z.B. im Crash-Jahr 1987: -31%). Das deutlich höhere Schwankungsrisiko von Aktienanlagen wird langfristig also erheblich geglättet.

Der Grossteil der Gesamt-Renditen besteht aus steuerfreien Kursgewinnen und nur zu einem geringen Teil aus steuerbaren Dividenden. Aus steuertechnischer Sicht müsste

10-Jahres-Renditen von Schweizer Aktienanlagen

	Kapitalwachstum (Durchschnitt pro Jahr)	Dividende (Durchschnitt pro Jahr)	Gesamt-Rendite (Durchschnitt pro Jahr)
1987-1996	7,5%	2,2%	9,7%
1986-1995	6,4%	2,2%	8,6%
1985-1994	8,6%	2,8%	11,4%
1984-1993	9,3%	3,0%	12,3%
1983-1992	8,0%	2,6%	10,6%
1982-1991	7,4%	2,7%	10,1%
1981-1990	4,4%	2,6%	7,0%
1980-1989	7,1%	2,8%	9,9%
1979-1988	6,2%	2,6%	8,8%
1978-1987	3,9%	2,6%	6,5%
1977-1986	8,4%	2,5%	10,9%
1976-1985	8,2%	2,5%	10,7%
1975-1984	7,1%	2,6%	9,7%

Quelle: SBC General Price Index, VZ-Analysen

man eigentlich schwergewichtig in Aktien investieren. Aus anlagetechnischer Sicht (Streuung des Risikos, Liquidität) gilt dieser Schluss nur mit Einschränkungen (mehr dazu in Kapitel 1, «Geldanlagen und Vermögen»).

Optimierung eines Wertschriften-Depots

Grundsätzlich kann jedes Portefeuille mit den steuerlich interessanten Anlageformen Tiefzins-Obligation, Einmaleinlagen-Versicherung und Aktien umgesetzt werden. Wie positiv sich der Einsatz dieser Instrumente auswirkt, kann am Beispiel eines solid strukturierten, konservativen Wertschriften-Depots verdeutlicht werden:

Das Depot im Wert von 500'000 Fr. unterliegt einem Grenzsteuersatz von 35%, es hat einen relativ geringen Aktienanteil von 20% (Risikoklasse 3), einen festverzinslichen Fremdwährungsanteil von 20% (Risikoklasse 2) und einen festverzinslichen Schweizer-Fr.-Anteil (Risikoklasse 1) von 60%. Bei dieser Struktur kann eine jährliche Brutto-Rendite von 5,22% erwartet werden. Da ein Grossteil als steuerbarer Kapitalertrag anfällt, reduziert sich die Rendite nach Steuern auf 3,67%. Nach zehn Jahren ergäbe sich ein Anlagewert von 716'900 Fr., vorausgesetzt die ausgeschütteten Erträge können zu den gleichen Bedingungen wieder investiert werden (siehe Abbildungen auf der gegenüberliegenden Seite).

Ganz anders sieht dieses Wertschriften-Depot nach einer Steueroptimierung aus. Die bestehende Risikostruktur des Depots wird als gegeben angenommen: Aktien- und Fremdwährungsanteil bleiben im Verhältnis zur Gesamtanlage unverändert. Wichtigster Ansatzpunkt ist die Umschichtung von «normalen», hochverzinsten Obligationen und Kassenobligationen in Tiefzins-Obligationen oder Einmaleinlagen-Versicherungen, sowohl in Fremdwährungen als auch in Schweizer Franken möglich. Bei den Aktien besteht aus steuertechnischer Sicht kein Handlungsbedarf. Mit den Umschichtungen wird die Brutto-Rendite natürlich nicht verbessert. Dafür erhöht sich die Rendite nach Steuern um über einen Prozentpunkt: 4,81% gegenüber 3,67%. Diese eindrückliche Differenz hat vor allem über längere Zeit hohe Bedeutung: Sie macht über zehn Jahre einen Mehrertrag von über 80'000 Fr. aus.

Steueroptimierung am Beispiel eines konservativen Wertschriften-Depots

Vor Steueroptimierung

	Wert Fr.	Anlagemarkt	Ziel-Rendite p.a. Brutto	Netto
Risikoklasse 3	10'000	Aktienfonds Emerging Market	12,00%	11,30%
100'000	15'000	Aktienfonds USA	9,00%	8,30%
20%	45'000	Aktienfonds Europa	8,50%	7,80%
	30'000	Aktienfonds Schweiz	8,00%	7,30%
Risikoklasse 2	20'000	US$-Obligation	6,50%	4,23%
100'000	30'000	Schilling-Obligation	6,00%	3,90%
20%	50'000	DM-Obligation	5,50%	3,58%
Risikoklasse 1	100'000	Fr.-Obligation	4,00%	2,60%
300'000	100'000	Fr.-Kassenobligation	3,75%	1,95%
60%	100'000	Fr.-Kassenobligation	3,75%	1,95%
Total	500'000		**5,22%**	**3,67%**
	716'900	Kapital nach 10 Jahren ←		

Nach Steueroptimierung

	Wert Fr.	Anlagemarkt	Ziel-Rendite p.a. Brutto	Netto
Risikoklasse 3	10'000	Aktienfonds Emerging Market	12,00%	11,30%
100'000	15'000	Aktienfonds USA	9,00%	8,30%
20%	45'000	Aktienfonds Europa	8,50%	7,80%
	30'000	Aktienfonds Schweiz	8,00%	7,30%
Risikoklasse 2	20'000	US$-Tiefzinsobligation	6,50%	5,36%
100'000	30'000	Schilling-Tiefzinsobligation	6,00%	4,95%
20%	50'000	DM-Einmaleinlage-Versicherung	5,25%	5,25%
Risikoklasse 1	100'000	Fr.-Tiefzinsobligation	4,00%	3,30%
300'000	100'000	Fr.-Einmaleinlage	3,75%	3,75%
60%	100'000	Fr.-Einmaleinlage	3,75%	3,75%
Total	500'000		**5,20%**	**4,81%**
	799'800	Kapital nach 10 Jahren ←		
	82'900	**Differenz**		

Voraussetzung: Risikostruktur bereits optimiert

* Nach Abzug von Steuern auf Zinsen und Dividenden (Beispiel: 35% Grenzsteuersatz)

Steuer-optimierte Konzepte für die Pensionierung

Gerade für die Anlage des Alterskapitals nach der Pensionierung ist es in vielen Fällen von grosser Bedeutung, das Einkommen möglichst steuergünstig zu erzielen und gleichzeitig einen bestmöglichen Substanzerhalt des Kapitals sicherzustellen.

Wer aus der Pensionskasse eine Rente bezieht, kann nur wenig Steuern sparen. In diesem Fall wird das Einkommen voll besteuert. Für Renten aus Vorsorgeverhältnissen, die vor dem Jahr 2002 fällig werden und bereits vor 1987 bestanden haben, gelten Übergangstarife, die je nach Eigenfinanzierungsgrad zu einer Besteuerung von 60 bis 100% der Renten führen (einzelne Kantone weichen von diesen Regelung ab).

Entscheidet man sich aus Flexibilitäts- oder Erbschaftsüberlegungen für den Kapitalbezug anstatt der Pensionskassenrente, eröffnet sich eine Reihe von steuerlich interessanten Möglichkeiten. Wesentlicher Grundsatz: Das zur Verfügung stehende Kapital wird in zwei Teile gegliedert. Ein Teil dient der Sicherung des Einkommens, der andere dem Substanzerhalt des Gesamtvermögens. Eine Lösung könnte zum Beispiel so aussehen:

Die Hälfte des Kapitals wird über zehn Jahre ausgewogen in Einmaleinlagen-Versicherungen und Aktienanlagen investiert. Ziel dieser Anlage ist ein möglichst steuerfreier Vermögenszuwachs. Je nach Anlagestrategie, d.h. je nach Risikobereitschaft des Anlegers, kann dabei mit Netto-Renditen (nach Gebühren und Steuern) von 5,5 bis 6,5% gerechnet werden. So kann die Ausgangssumme über zehn Jahre knapp verdoppelt werden.

Die zweite Hälfte des Kapitals wird während zehn Jahren sukzessive verzehrt und dient dazu, die Lebenshaltungskosten zu bestreiten. Nach den zehn Jahren ist die zweite Hälfte zwar verbraucht; der inzwischen gewachsene erste Vermögensteil macht jedoch einen Grossteil des

Substanzverzehrs wieder wett. Mit dieser Aufteilung des Kapitals auf einen Einkommens- und einen Wachstumsteil erreicht man zwei wesentliche Ziele: Das Einkommen ist sicher, und das Kapital bleibt weitgehend erhalten. Ein solches Einkommenskonzept bringt nach Steuern gerechnet eine bessere Rendite (Einkommen und Wachstum) als sämtliche anderen Anlageformen wie Pensionskassen- oder Leibrente.

Steuern sparen mit dem Eigenheim

Der Besitz eines Eigenheims beeinflusst die Steuerrechnung erheblich: Der Eigenmietwert der Liegenschaft, die Unterhaltskosten und die Schuldzinsen verändern das steuerbare Einkommen; die vielfach reduzierte steuertechnische Einschätzung des Liegenschaftenwertes wirkt auf das steuerbare Vermögen. Hier sollen einige Themen, die bereits in Kapitel 4, «Immobilien und Hypotheken», angesprochen worden sind, aus Steuersicht vertieft diskutiert werden.

Einkommenssteuer und Wohneigentum

Drei Komponenten beeinflussen das steuerbare Einkommen des Eigenheimbesitzers: Eigenmietwert, Unterhaltskosten und Schuldzinsen. Der Eigenmietwert wird dem steuerbaren Einkommen zugeschlagen, während Unterhaltskosten und Schuldzinsen abgezogen werden. Je nach Höhe der einzelnen Komponenten ergibt sich in der Steuerrechnung ein positiver oder negativer Effekt.

Eigenmietwert

Der Eigenmietwert wird durch die zuständigen kantonalen Behörden auf Objektbasis festgelegt. Er kann vom Eigenheimbesitzer nicht beeinflusst werden. Im Kanton Zürich gilt die Faustregel: Der Eigenmietwert beträgt 4% des Steuerwerts von Häusern und 4,5% des Steuerwerts von Wohnungen (Steuerwert = 60 bis 80% des Verkehrswerts).

Unterhaltskosten

Die Unterhaltskosten sind grundsätzlich definiert als die Aufwendungen, die erforderlich sind, um den Wert der Liegenschaft zu erhalten. Im Gegensatz dazu stehen jene Aufwendungen, die den Wert der Liegenschaft vermehren und deshalb nicht vom steuerbaren Einkommen abgezogen werden können. Insbesondere bei Renovationen ist im Detail abzuklären, welche Kosten steuerlich relevant (werterhaltend) sind und entsprechend das steuerbare Einkommen reduzieren. Auf Bundesebene gilt die Regel, dass pauschal 10% des Eigenmietwerts (20% bei Immobilien, die älter als zehn Jahre sind) als Unterhaltskosten abgezogen werden können. Zudem kann in jeder Veranlagungsperiode entschieden werden, ob eine Pauschale oder die effektiven Kosten abgezogen werden sollen. Diese Regelung weicht von Kanton zu Kanton ab. Im Kanton Zürich zum Beispiel beträgt der Pauschalabzug 20%.

Schuldzinsen

Die Höhe der Schuldzinsen ist abhängig von den aktuellen Zinsen und von der Belehnungshöhe, d.h. der Höhe der gesamthaft aufgenommenen Hypotheken. Je nach Finanzierung kann diese steuerabzugsfähige Kostenkomponente das steuerbare Einkommen erheblich beeinflussen.

Spezialfall: Hausrenovation

Bei Renovationen fallen in der Regel werterhaltende Unterhaltskosten und wertvermehrende Anlagekosten an. Die werterhaltenden Unterhaltskosten können abgezogen werden: zum Beispiel Maler- und Tapeziererarbeiten, der Ersatz von alten Fenstern, Elektroinstallationen, Isolationen oder Wandverkleidungen, Dachsanierungen oder der Ersatz von Heizungen.

Erhöht die Renovation den Wert der Liegenschaft, wird ein Abzug vom steuerbaren Einkommen nicht akzeptiert. Als wertvermehrend gelten zum Beispiel Grundrissveränderungen oder der Ersatz eines Teppichbodens durch Marmorplatten. Einzelne Kantone publizieren dazu Merkblätter mit klaren Definitionen und Abgrenzungen, welche Arbeiten als Unterhaltskosten und welche als Anlagekosten zu gelten haben.

Sowohl die Kosten von Energiesparmassnahmen als auch Investitionen in den Umweltschutz können beim Bund

und in verschiedenen Kantonen ebenfalls als Unterhaltskosten geltend gemacht werden (zum Beispiel die Installation eines energiesparenden Heizkessels oder einer Wärmepumpe).

Steuerliche Auswirkung von Finanzierungsvarianten

Je nach Grenzsteuersatz und Finanzierungsart fallen die Netto-Finanzierungskosten nach Steuern unterschiedlich hoch aus. Vergleichen wir zwei mögliche Finanzierungsvarianten auf der Basis eines Grenzsteuersatzes von 35%, zeigen sich bei einer Gesamtbetrachtung erhebliche Unterschiede (Abbildung auf der folgenden Seite):

Variante A geht von einer hohen Eigenfinanzierung aus: Eigenkapitaleinsatz von 50% der Kaufsumme (400'000 Fr.). Variante B entspricht der Standardfinanzierung: 20% Eigenkapital (160'000 Fr.), 65% erste Hypothek (520'000 Fr.) und 15% zweite Hypothek (120'000 Fr.).

Der Hauptunterschied liegt in der unterschiedlichen Auswirkung auf das steuerbare Einkommen. Bei einem hohen Eigenfinanzierungsgrad reduziert sich das steuerbare Einkommen lediglich um 80 Fr. In der zweiten Variante hingegen macht die Reduktion 12'080 Fr. aus. Die daraus abgeleiteten Netto-Finanzierungskosten (basierend auf den effektiven Zinsausgaben, der Steuerersparnis sowie den Zinsen auf dem jeweils nicht eingesetzten Eigenkapital) zeigen deutlich: Je tiefer der Eigenkapitaleinsatz, desto vorteilhafter die Gesamtkostenbelastung. Allerdings wird diese Rechnung stark beeinflusst von der konkreten Steuersituation. Mit sinkender Steuerbelastung verliert die hohe Fremdkapitalbelastung an Attraktivität und kann rasch zur grossen Last werden. Deshalb ist es gerade im Hinblick auf eine sichere Vorsorgesituation wichtig, dass die Finanzierung nicht nur steuerliche Aspekte berücksichtigt, sondern die gesamten Einkommens- und Vermögensverhältnisse.

Netto-Finanzierungskosten bei unterschiedlicher Belehnungshöhe

	Variante A	Variante B
Anlagewert/Kaufpreis	800'000	800'000
Finanzierung		
+ Eigenkapital	400'000	160'000
+ Fremdkapital 1. Hypothek (4,5%)	400'000	520'000
2. Hypothek (5,5%)	0	120'000
= Total Finanzierung	800'000	800'000
Veränderung steuerbares Einkommen		
– Hypothekarzinsen	– 18'000	– 30'000
+ Netto-Eigenmietwert*	+ 17'920	+ 17'920
= Reduktion steuerbares Einkommen	**– 80**	**– 12'080**
Netto-Finanzierungsausgaben		
– Hypothekarzinsen	– 18'000	– 30'000
+ Steuerersparnis**	+ 28	+ 4'228
+ Zinsen auf nicht eingesetztes Eigenkapital***	0	+ 9'600
= Total Netto-Finanzierungskosten	**–17'972**	**– 16'172**

* Brutto-Eigenmietwert (800'000 x 70% x 4%) = 22'400 minus 20% Abzugspauschale für Unterhalt

** Grenzsteuersatz (Annahme: 35%) mal Reduktion/Erhöhung des steuerbaren Einkommens

*** Die in Variante B weniger verwendeten 240'000 Eigenkapital werden anderweitig investiert (Annahme: 4% Netto-Verzinsung)

Direkte und indirekte Amortisation

In Kapitel 4, «Immobilien und Hypotheken», ist dargestellt, dass der wesentliche Vorteil der sogenannten indirekten Amortisation in der Kombination von zwei Steuereffekten liegt: der Abzugsfähigkeit von Hypothekarzinsen und der steuerbefreiten Verzinsung von Kapitaleinzahlungen. Bei der indirekten Amortisation wird die Hypothekarschuld nicht in regelmässigen Raten zurückbezahlt, sondern über eine Amortisationspolice, die über die Abzahlungsdauer mittels Verpfändung gesichert ist und am Ende der Vertragsdauer mit einer einmaligen Abschlagszahlung die Hypothekarschuld tilgt.

Für den Kapitalaufbau innerhalb einer Amortisationspolice gibt es grundsätzlich den Weg über die Säule 3b oder die Säule 3a. Die Säule 3a bietet zusätzlich den Vorteil, dass die Prämienzahlungen abzugsfähig sind. Das folgende Beispiel gibt Aufschluss über die Mechanik dieser Amortisationsformen:

Ein 35jähriger Mann mit einem Grenzsteuersatz von 35% hat eine 2. Hypothek von 100'000 Fr. zu amortisieren, die zu 6% verzinst werden muss. Die vertraglich fixierte Amortisationsdauer beträgt 25 Jahre, also müssen bei einer direkten Amortisation jährlich 4'000 Fr. bezahlt werden. Bei der indirekten Amortisation sind hingegen nur 2'500 Fr. in eine Amortisationspolice einzuzahlen, weil diese Beträge während der Vertragsdauer eine Rendite erwirtschaften (in unserem Beispiel 3,7% – netto, unter Berücksichtigung der Kosten für den notwendigen Todesfallschutz). Nach 25 Jahren wird die Amortisationspolice in Höhe von 100'000 Fr. ausbezahlt.

Bei einer direkten Amortisation hat der Hypothekarschuldner im ersten Jahr Netto-Ausgaben von 8'350 Franken nach Steuern. Diese Ausgaben reduzieren sich jährlich um rund 150 Fr. und erreichen nach 25 Jahren einen Restbetrag von 4'600 Fr. Weil die Hypothekarschuld linear sinkt, reduziert sich die Zinszahlung jährlich.

Bei der indirekten Amortisation beträgt die Erstjahresbelastung (Säule 3b) lediglich 6'400 Fr. oder. 5'560 Fr. (Säule 3a). Diese Netto-Ausgaben sind über die gesamte Laufzeit konstant hoch. Am Ende der Laufzeit ist die direkte Amortisation zwar günstiger als die indirekte. Über die gesamte Laufzeit gerechnet, ist die indirekte Amortisation jedoch klar vorteilhafter. Im ersten Jahr beträgt die Einsparung sogar 1'950 Fr. (Säule 3b) oder 2'790 Fr. (Säule 3a).

Einer der wesentlichen Pluspunkte der indirekten Amortisation ist die erheblich kleinere Anfangsbelastung, gerade für jüngere Familien mit knappem Budget ein entscheidender Vorteil. Bei weniger angespannten Finanzver-

Beispiel einer indirekten Amortisation

in Fr.	**Direkte Amortisation**		**Indirekte Amortisation**			
			über Säule 3b		über Säule 3a	
Zinsen (6% p.a.)	6'000	linear sinkend	6'000	konstant	6'000	konstant
Todesfall-risikoschutz	450	konstant	0	in Amortisationspolice gerechnet	0	in Amortisationspolice gerechnet
Amortisation (25 Jahre)	4'000	konstant	–		–	
Prämie Amortisationspolice	–		2'500	konstant inkl. Risikoprämie	2'500	konstant inkl. Risikoprämie
Total Ausgaben	10'450		8'500		8'500	
Steuerersparnis	2'100	Zinsabzug	2'100	Zinsabzug	2'940	Zins- und Prämienabzug
Netto-Ausgaben pro Jahr	8'350	sinkend bis zum Jahr 25 auf Fr. 4'600	6'400	konstant	5'560	konstant
Ersparnis im ersten Jahr gegenüber der direkten Amortisation:			**+ 1'950**		**+ 2'790**	

Basis:
35jähriger Mann, 35% Grenzsteuersatz, Amortisation einer Hypothek im 2. Rang von 100'000 Fr. über 25 Jahre

hältnissen kann es sich lohnen, den vollen Betrag der direkten Amortisation (in unserem Beispiel 4'000 Fr.) in die Amortisationspolice einzuzahlen. Die Anfangsbelastung ist dann nicht kleiner, doch wird bis zur Auszahlung der Amortisationspolice erheblich mehr Kapital akkumuliert als zur Tilgung notwendig: In unserem Beispiel würden bei jährlichen Beiträgen von 4'000 Fr. nach 25 Jahren gut 160'000 Fr. ausbezahlt. Nach der Rückzahlung der Hypothek von 100'000 Fr. blieben 60'000 Fr. übrig.

Erbschafts- und Schenkungssteuern

Für viele Kantone werden Erbschafts- und Schenkungssteuern eine immer wichtigere Ertragsquelle. Pro Jahr fliesst ihnen rund eine Milliarde Fr. aus Erbschafts- und Schenkungssteuern zu. Dieser Betrag wird wegen der demographischen und wirtschaftlichen Entwicklung in den nächsten Jahre weiter steigen. Die gut situierte Nachkriegsgeneration wird ihre Vermögenswerte sukzessive den nachfolgenden Generationen übertragen. Dabei werden Steuern fällig mit einer erheblichen Progression, abhängig vom Verwandtschaftsgrad zwischen dem Erblasser (Schenker) und dem Erbe (Beschenkten). Die kantonal unterschiedlichen Sätze können im Extremfall über 50% liegen.

Steuerhoheit Erbschafts- und Schenkungssteuern werden ausschliesslich von den Kantonen erhoben. Der Bund verzichtet auf diese Steuer. In den Kantonen Luzern, Freiburg, Graubünden und Waadt steht die Befugnis, Erbschafts- und Schenkungssteuern zu erheben, auch den Gemeinden zu; mehrheitlich sind sie jedoch nur am Ertrag der kantonalen Steuer beteiligt.

Gegenstand der Steuer Gegenstand der Erbschaftssteuer ist der Übergang eines Vermögens vom Erblasser an die gesetzlichen und/oder die eingesetzten Erben sowie die Vermächtnisnehmer. Zuwendungen unter Lebenden unterliegen der Schenkungssteuer.

Wohnsitz entscheidend Die Erbschaftssteuer wird in jenem Kanton erhoben, in dem der Erblasser seinen letzten Wohnsitz hatte. Ausnahmen existieren nur bei Liegenschaften: Die Steuern werden am Standort der Liegenschaft erhoben. Zu beachten ist, dass es für interkantonale Steuerausscheidungen unwesentlich ist, welche Vermögenswerte und Schulden den Erben oder Vermächtnisnehmern per Testament oder Erbteilung zugewiesen werden. Jeder beteiligte Kanton besteuert die Erben nach ihrer Erbquote. Sie entspricht dem prozentualen Verhältnis zwischen den Aktiven, die dem betreffenden Kanton zugewiesen sind, und den Gesamtaktiven der Erbmasse.

Die Steuer auf Schenkungen (exklusive Grundstücke und Liegenschaften) wird von jenem Kanton erhoben, in dem der Schenker zum Zeitpunkt des Vermögensüberganges seinen Wohnsitz hat. Die Steuer auf eine geschenkte Liegenschaft erhebt jener Kanton, in dem das Objekt liegt.

Schwyz – der Kanton ohne Erbschafts- und Schenkungssteuer

Der Kanton Schwyz macht als einziger Kanton von seiner Kompetenz, Erbschafts- und Schenkungssteuern zu erheben, keinen Gebrauch. Der Kanton Luzern erhebt eine Erbschaftssteuer, verzichtet aber auf eine Schenkungssteuer, sofern die Schenkung mindestens fünf Jahre vor dem Erbgang erfolgt. Zudem verzichten eine Reihe von Kantonen auf die Besteuerung von Erbschaften und Schenkungen im nächsten Verwandtenkreis (Ehegatten und Kinder). Von dieser Steuerbefreiung profitieren allerdings nur die beweglichen Vermögensteile wie Wertschriften, Bank- und Versicherungsguthaben, Kunstgegenstände und ähnliches. Bei Liegenschaften kommen immer die lokalen Steuergesetze zur Anwendung.

Wer ist steuerpflichtig?

Steuerpflichtig sind in allen Kantonen die Empfänger von Vermögen und Zuwendungen: die Erben und Vermächtnisnehmer im Falle der Erbschaftssteuer, die Beschenkten im Falle der Schenkungssteuer. In vielen Kantonen aber existiert, vor allem für Ehegatten und Kinder, die Möglichkeit, von dieser Steuer befreit zu werden. Die folgende Abbildung gibt einen nach Kantonen geordneten Überblick.

Steuerbefreiung im kantonalen Vergleich

	Steuerbefreiung für überlebenden Ehegatten	Steuerbefreiung für Nachkommen (Kinder)	Steuerbefreiung für Vorfahren (Eltern, Grosseltern)
AG	■		
AR	■		
AI	■		
BL	■		
BS	■		
BE	■		
FR		■	■
GE			
GL	■		
GR			
JU			
LU	■	1	
NE	2	■	
NW	■	■	
OW	■	■	■
SH	■	■	
SZ	■ 3	■ 3	■ 3
SO	■	■	
SG	■	■	
TI	■		
TG	■		
UR	■	■	■
VD			
VS	■	■	■
ZG	■	■	
ZH	■		

1 Je nach Gemeinde unterschiedlich
2 Nur Nachlasssteuer, keine Erbanfallsteuer, wenn mind. 1 Kind aus Ehe hervorgegangen
3 Als einziger Kanton kennt SZ keine Erbschaftssteuer

Quelle: Kantonale Steuergesetze (Stand 1997)

Steuer nach Verwandtschaft

Mit Ausnahme von Graubünden wenden alle Kantone ein einheitliches System an: das System der sogenannten Erbanfallsteuer: Die Höhe der Steuer wird nach dem Verwandtschaftsgrad differenziert. Einzelne Kategorien von Verwandten (Ehegatten oder Kinder) sind ganz befreit, für weitere Erben gelten Steuersätze, die nach dem Verwandtschaftsgrad abgestuft sind. Im Kanton Zürich beispielsweise beträgt die einfache Steuer 6% des Erbanfalles, Ehegatten sind von der Steuer befreit, Kinder und Eltern bezahlen die einfache Steuer, während für weitere Verwandte der Steuersatz multiplikativ zunimmt. Nichtverwandte schliesslich bezahlen den sechsfachen Betrag. Bei Konkubinatspartnern kann dies zu bösen Überraschungen führen.

Kantonaler Vergleich

Im kantonalen Vergleich zeigen sich massive Unterschiede: Ehegatten zahlen in mehr als der Hälfte der Kantone keine Steuern. Im Kanton Genf jedoch müssen sie bei einem Erbanfall von beispielsweise einer Million 51'550 Fr. Steuern bezahlen, also gut 5%. Kinder und Nachkommen zahlen am meisten im Kanton Zürich. Für Nichtverwandte gelten allgemein die höchsten Sätze. Bei einem Erbanfall von einer Million Fr. schwankt die Steuerrechnung zwischen null (im Kanton Schwyz) und 525'000 Fr. im Kanton Glarus. In der nächsten Abbildung einige Beispiele für die kantonalen Unterschiede.

Erbschafts- und Schenkungssteuern im kantonalen Vergleich

Steuerbelastung bei steuerbaren Vermögensübergängen
(nach Abzug der jeweiligen Freibeträge)
in Fr.

	Ehegatte		Kinder		Dritte/Nichtverwandte	
Fr.	500'000	1 Mio.	500'000	1 Mio.	500'000	1 Mio.
AG	-	-	20'000	45'000	120'000	280'000
AR	-	-	10'780	21'780	143'000	286'000
AI	-	-	18'000	38'000	90'000	190'000
BL	-	-	22'009	49'005	196'713	415'611
BS	-	-	19'110	41'580	188'244	371'450
BE	-	-	7'130	18'110	171'4500	400'000
FR	15'000	30'000	-	-	150'000	300'000
GE [1]	21'550	51'550	21'500	51'500	127'760	257'760
GL	-	-	16'170	40'095	255'000	525'000
GR	20'000	40'000	20'000	40'000	20'000	40'000
JU [1]	12'500	30'000	12'500	30'000	200'000	400'000
LU [2]	-	-	9'500	20'000	190'000	400'000
NE [1,3]	-	-	-	-	180'000	360'000
NW	-	-	-	-	75'000	150'000
OW	-	-	-	-	100'000	200'000
SH	-	-	-	-	181'000	400'000
SZ [4]	-	-	-	-	-	-
SO [5]	-	-	-	-	150'000	300'000
SG	-	-	-	-	210'000	420'000
TI	-	-	29'000	74'425	211'425	480'000
TG	-	-	15'180	33'600	140'000	280'000
UR	-	-	-	-	150'000	300'000
VD	14'295	33'790	14'295	33'790	125'000	250'000
VS	-	-	-	-	125'000	250'000
ZG	-	-	-	-	70'900	168'400
ZH	-	-	19'600	53'000	153'600	360'000

1 Annahme: Nachkommen sind vorhanden
2 Stadt Luzern
3 Zusätzlich Nachlasssteuer von 27'000 bzw. 60'000
4 Einziger Kanton ohne Erbschafts- und Schenkungssteuer
5 Zusätzliche Nachlasssteuer von 4'000 bzw. 9'000

Steuerbemessung

Bemessungsgrundlage für die Erbschafts- und Schenkungssteuer ist der Verkehrswert des anfallenden oder geschenkten Vermögens. Teilweise wird auf die Werte abgestellt, die für die Vermögenssteuer gelten, bei Liegenschaften auf den amtlichen Schatzungswert, den Steuer- oder Katasterwert. Für Wertschriften gelten besondere Vorschriften. Schulden des Erblassers oder Schenkers, die die Empfänger übernehmen müssen, können abgezogen werden.

Massgebender Zeitpunkt ist im Erbfall der Todestag des Erblassers und für Schenkungen der tatsächliche Vollzug. Mit Erbvorbezügen, das heisst mit gestaffelten Schenkungen zu Lebzeiten, kann die Steuerprogression nicht gebrochen werden. Die meisten Kantone sehen für solche Fälle eine Addition aller Teilbeträge vor. Dies kann zum Zeitpunkt des Todes geschehen oder durch laufende Aufrechnung, in einigen Kantonen beschränkt auf fünf oder zehn Jahre.

Vererben oder Schenken von Liegenschaften

Wer eine Liegenschaft verschenkt oder vererbt, kann die Steuerlast beeinflussen, weil es bei der Bewertung von Liegenschaften einen grossen Ermessensspielraum gibt und sich Liegenschaften besonders gut eignen, um Nutzniessungsrechte zu übertragen.

Nutzniessung zur Optimierung der Erbschaftssteuer

Verschenkt der Besitzer seine Liegenschaft frühzeitig, fallen Schenkungssteuern an. Diese sind oft tiefer als die späteren Erbschaftssteuern, weil sich der Wert von Liegenschaften nicht kontinuierlich entwickelt. Kombiniert man die Schenkung mit einem Nutzniessungsrecht – etwa einem lebenslangen Wohnrecht für den Schenker –, wird der Wert der Schenkung je nach Kanton erheblich reduziert. Der Leistung steht nun eine Gegenleistung gegenüber, die meisten Kantone rechnen die Nutzniessung gegen die Schenkung auf. Je jünger Schenker und Nutzniesser sind, desto grösser der Steuereffekt: Ein Nutzniesser im Alter von 60 Jahren hat eine höhere statistische Lebenserwartung als ein 70jähriger Nutzniesser, der Wert der Nutzniessung steigt und kann vom Liegenschaftenwert abgezogen werden. Das folgende Beispiel für den Kanton Zürich zeigt, dass es möglich ist, bis zu 75% der Steuern zu sparen:

Ein 60jähriger Mann verschenkt im Kanton Zürich eine Liegenschaft im Wert von einer Million Fr. und beansprucht die Nutzniessung. Der Nutzniessungswert beträgt 607'000 Fr. (5% Nutzniessung von einer Million Fr. mal Kapitalisierungsfaktor 12,14, gemäss den Mortalitätstafeln von Stauffer/Schätzle). Im Alter von 70 Jahren würde der Nutzniessungswert aufgrund der kürzeren Lebenserwartung bereits auf 454'000 Fr. sinken.

Beispiel: Erbschafts- und Schenkungssteuern

in Fr.	Fall A: Schenkung an Kind		Fall B: Schenkung an Nichtverwandten	
1. Normale Schenkung	Steuerwert	1'000'000	Steuerwert	1'000'000
	Freibetrag	100'000	Freibetrag	0
	Steuerbarer Wert	900'000	Steuerbarer Wert	1'000'000
	Schenkungssteuer	**53'000**	**Schenkungssteuer**	**360'000**
2. Schenkung mit Nutzniessung	Steuerwert	1'000'000	Steuerwert	1'000'000
	Freibetrag	100'000	Freibetrag	0
	Nutzniessung	607'000	Nutzniessung	607'000
	Steuerbarer Wert	293'000	Steuerbarer Wert	393'000
	Schenkungssteuer	**13'420**	**Schenkungssteuer**	**116'520**
Reduktion der Steuerbelastung		-75%		-68%

Ausgangslage:
Alter, Geschlecht, Wohnkanton des Erblassers/Schenkers: 60 Jahre, männlich, Kanton Zürich
Steuerwert der Liegenschaft: 1'000'000 Fr.
Wert der Nutzniessung: 607'000 Fr.
(5% Nutzniessung von 1'000'000 mal Kapitalisierungsfaktor 12,14)
Verwendung der Mortalitätstafeln von Stauffer/Schätzle

Um die enormen Differenzen bei unterschiedlichen Verwandtschaftsgraden zu illustrieren, wollen wir zwei Fälle analysieren: Im Fall A wird die Reduktion der Schenkungssteuer bei Übergabe an einen direkten Nachkommen, im Fall B die Schenkung an einen Nichtverwandten, einen Lebenspartner im Konkubinat, berechnet. (Siehe dazu die Abbildung auf Seite 409.)

Die Resultate fallen erheblich anders aus. Im Fall A können 75% der anfallenden Schenkungssteuern (oder der künftigen Erbschaftssteuern) dank einer Nutzniessung eingespart werden (13'420 Fr. statt 53'000 Fr. Schenkungssteuer). Im Fall B werden zwar 68% Steuern gespart, doch ist die Steuer für Nichtverwandte beträchtlich höher: 243'480 Fr. werden gespart, doch bleiben 116'520 Fr. (statt 360'000 Fr.) zu zahlen.

Die beiden Beispiele machen deutlich, dass eine vorzeitige Schenkung bei gleichzeitigem lebenslangem Nutzniessungsrecht enorme steuerliche Vorteile bringt. Selbstbewohnte Liegenschaften eignen sich ideal für solche Lösungen.

KAPITEL 6

Anhang

Autoren

Max Bolanz

Mitgründer und Mitglied der VZ-Geschäftsleitung. Nach Abschluss des betriebswirtschaftlichen Studiums in Mannheim (D) und mehrjähriger Tätigkeit als Unternehmensberater bei McKinsey & Company in Zürich gründete Max Bolanz gemeinsam mit Matthias Reinhart im Jahr 1992 das VZ. Max Bolanz ist regelmässiger Gast von Fachsendungen in Fernsehen und Radio und gibt Ratschläge zu Anlagen, Vorsorge, Versicherungen, Immobilien und Steuern.

Matthias Reinhart

Mitgründer und Mitglied der VZ-Geschäftsleitung. Betriebswirtschaftsstudium an der Hochschule St. Gallen. Nach mehrjähriger Tätigkeit bei der Unternehmensberatung McKinsey & Company in Zürich und Chicago gründete Matthias Reinhart gemeinsam mit Max Bolanz im Jahr 1992 das VZ. Matthias Reinhart publiziert regelmässig Fachartikel zu Anlagen, Steuern und Immobilienfinanzierungen

Andrea Dinevski

Senior-Beraterin und Teamleiterin «Anlageberatung und Vermögensverwaltung» im VZ in Zürich. Seit Abschluss des Studiums an der Universität Zürich 1993 im VZ. Schwerpunkt der beruflichen Tätigkeit in Kundenberatung und Vermögensverwaltung. Andrea Dinevski publiziert Fachartikel und ist Gesprächspartnerin zu Finanzthemen in Radio- und Fernsehsendungen. Regelmässige Referententätigkeit an internen und externen Seminaren. Autorin des Buches «Tips zur Pensionierung».

Stefan Thurnherr
Leiter des Geschäftsbereiches «Versicherungsberatung für Privat- und Firmenkunden» im VZ in Zürich. Studium an der Höheren Wirtschafts- und Verwaltungsschule HWV in Zürich. Zuvor mehrere Jahre bei verschiedenen Schweizer Versicherungsgesellschaften; seit 1993 im VZ. Er schreibt regelmässig Artikel für die Tagespresse und ist häufig Gast in Radiosendungen, insbesondere zu Themen wie Deregulierung im Versicherungswesen und Reform des Gesundheitswesens und der Krankenkassen.

Werner Egli
Leiter des VZ-Geschäftsbereiches «Hypothekarberatung». Seit 1994 im VZ, davor 20 Jahre Krediterfahrung bei einer Schweizer Grossbank. Werner Egli ist regelmässiger Interview-Partner des Fernsehmagazins «immoTV» und der Tagespresse zu Fachfragen im Bereich Hypotheken und Wohneigentum. Regelmässige Referententätigkeit an internen und externen Seminaren und Vorträgen.

Kurzportrait des VZ

Das VZ ist ein unabhängiges Beratungsunternehmen, das Transparenz schafft im Banken- und Versicherungsmarkt. Als einziges Unternehmen seiner Art in der Schweiz berät das VZ seine Kunden neutral und umfassend zu Geldanlagen, Hypotheken und Versicherungen. Systematisch analysiert das VZ die Angebote von Banken und Versicherungen, vergleicht Preise und Leistungen und wählt für seine Kunden die besten Lösungen aus.

Das VZ bietet Dienstleistungen in drei verschiedenen Bereichen: In der *Anlageberatung und Vermögensverwaltung* erstellt das VZ Konzepte, um Einkommen, Vermögen und Steuern zu optimieren, und verwaltet Wertschriften-Depots von Kunden. In der *Hypothekarberatung* hilft das VZ bei Finanzierungsfragen, vergleicht die Hypothekarangebote sämtlicher Banken und kann seinen Kunden die Finanzierung mit den besten Konditionen empfehlen. In der *Versicherungsberatung* werden Krankenkassen, Auto-, Hausrat-, Lebens- und Unternehmensversicherungen analysiert und die besten Angebote des Marktes ausgewählt. Als Versicherungsbroker betreut das VZ umfangreiche Versicherungsportefeuilles von Unternehmen.

Private und Firmen können sich in den VZ-Niederlassungen in Zürich und Basel neutral beraten lassen. Weitere Informationen erhalten Sie in Zürich unter der Nummer (01) 202 25 25 oder in Basel unter (061) 279 89 89.

Stichwortverzeichnis

304 Seiten, Leinen
ISBN 3-7064-0273-4

Wirksame Steuertips, einfach und verständlich dargestellt

Mit diesem Buch legen die Autoren einen Steuer-Ratgeber vor, der umfassend und einfach verständlich die Zusammenhänge des Schweizer Steuersystems aufzeigt und wirksame Steuertips gibt.

Bolanz und Reinhart haben ihr Know-how und ihre Erfahrungen aus Hunderten von Beratungsgesprächen und einer Vielzahl von Vorträgen und Seminaren verarbeitet. Für die wichtigsten Steuersituationen werden anhand von Fallbeispielen Besteuerungsgrundsätze, Optimierungs-Spielräume und kantonale Unterschiede aufgezeigt.

Einfache Grafiken veranschaulichen die Zusammenhänge und machen es dem Leser leicht, die konkreten Empfehlungen zum Steuersparen nachzuvollziehen. Umfangreiche Tabellen zeigen für alle wichtigen Steuerarten die kantonalen Bestimmungen und Steuersätze. Checklisten helfen, die aufgezeigten Steueroptimierungmöglichkeiten auf die eigene, persönliche Situation zu übertragen.

Ein wertvolles Nachschlagewerk und ein persönlicher Steuerplaner für jeden, der Steuern sparen möchte.

Max Bolanz und *Matthias Reinhart* sind die Gründer des VZ Banken- und VersicherungsZentrum Zürich, des ersten unabhängigen Finanzberatungsunternehmens der Schweiz. Zusammen mit über 50 Mitarbeitern beraten die Autoren ihre Kunden ganzheitlich im Sinne einer integrierten Steuer-, Vorsorge-, Versicherungs- und Anlageberatung.

Überall im Buchhandel